· 西北大学“双一流”建设项目资助
Sponsored by First-class Universities
and Academic Programs of Northwest University
· 首批国家级一流专业——工商管理专业建设成果

数智化营销与创新专辑

DIGITAL INTELLIGENCE MARKETING AND INNOVATION ALBUM

李纯青　蒿　坡
主　编

中国经济出版社
CHINA ECONOMIC PUBLISHING HOUSE
北　京

图书在版编目(CIP)数据

数智化营销与创新专辑 / 李纯青，蒿坡主编. -- 北京：中国经济出版社，2024.2

ISBN 978-7-5136-7463-8

Ⅰ.①数… Ⅱ.①李…②蒿… Ⅲ.①网络营销-文集 Ⅳ.①F713.365.2-53

中国国家版本馆 CIP 数据核字（2023）第 182368 号

责任编辑 张利影
责任印制 马小宾
封面设计 华 子

出版发行 中国经济出版社
印 刷 者 北京富泰印刷有限责任公司
经 销 者 各地新华书店
开 本 710mm×1000mm 1/16
印 张 24
字 数 370 千字
版 次 2024 年 2 月第 1 版
印 次 2024 年 2 月第 1 次
定 价 88.00 元
广告经营许可证 京西工商广字第 8179 号

中国经济出版社 **网址** www.economyph.com **社址** 北京市东城区安定门外大街 58 号 **邮编** 100011
本版图书如存在印装质量问题，请与本社销售中心联系调换（联系电话：010-57512564）

序 言

数智化是一种数字化与智能化的融合趋势，随着数字化变革的深入，人工智能等智能化技术成为数字化变革的关键部分，强大的数字化能力与人工智能技术及前瞻性的人工智能战略逐渐结合起来。而数智化时代的到来，也使得企业的营销方式与创新方式发生了变革，产生了数智化营销与数智化创新的新方式。数智化营销是运用大数据、人工智能、物联网等技术手段，基于数据分析和数据挖掘，进行个性化定位、场景营销、精准推荐，从而提高用户转化率和客户终身价值，实现企业全渠道数字化转型和营销升级的目标。而数智化创新是一种基于数字技术的创新方法与思路，通过智能化、可视化等方式进行创新实践，以实现企业的转型升级与持续发展。其核心是数字化技术，包括大数据分析、人工智能、物联网、云计算等。

本书精选了西北大学经济管理学院 2022 届工商管理专业 16 篇优秀本科毕业论文，聚焦数智化营销与创新中的理论前沿和现实问题，包括短视频营销、直播营销、口碑营销与病毒式营销、数字化转型与创新、数字化及其工具应用五个部分。入选论文均具有一定的理论价值和较为深刻的现实意义，研究方法较为规范，所提出的管理启示具有一定的实践参考价值。

本书所收录的论文既体现了西北大学经济管理学院工商管理专业本科生在导师指导下对数智化营销与创新等问题的钻研精神，也展示了学院浓厚的学术氛围与优良学风，同时也是西北大学经济管理学院在建设首批国家级一流本科专业——工商管理专业过程中所取得的特色成果。

本书共分为五篇，各篇的写作分工如下：

短视频营销篇：《短视频广告特性对消费者购买意愿的影响研究——在

线评论质量的调节作用》（12468 字）由李媛媛撰写，指导教师为陈关聚老师；《短视频互动效果的影响因素研究——基于短视频创作者的 481 条视频数据分析》（14875 字）由沈显婷撰写，指导教师为刘伟老师；《抖音广告中意见领袖的特征对消费者购买意愿的影响——社会临场感的中介效应》（13435 字）由李瑞撰写，指导教师为谭乐老师；《自嘲式玩梗营销对消费者购买意愿的影响研究》（17839 字），由张彤撰写，指导教师为高艳老师。

直播营销篇：《网络游戏直播情境中互动感知对游戏服务消费的影响研究》（15304 字）由肖瑶撰写，指导教师为谢莹老师；《电商节日服务氛围下网络直播特征对消费者购买意愿的影响——消费者感知的中介效应》（19333 字）由林鸿撰写，指导教师为谭乐老师；《企业家直播效果影响因素及作用机制案例研究》（16298 字）由杨峥璇撰写，指导教师为蒿坡老师。

口碑营销与病毒式营销篇：《抖音平台的用户口碑传播行为——基于社会影响理论的研究》（13933 字）由张汉阳撰写，指导教师为李纯青老师；《基于微信平台的口碑传播研究》（8776 字）由刘雨洁撰写，指导教师为李纯青老师；《病毒式营销对高校消费者购买意愿的影响研究——以蜜雪冰城为例》（17801 字）由李大卓撰写，指导教师为宋思远老师。

数字化转型与创新篇：《商业模式创新、企业技术创新与企业绩效的关系研究》（10039 字）由刘国冰撰写，指导教师为张洁老师；《高管团队异质性、数字化转型投资力度与企业创新绩效的关系研究》（10346 字）由鄢宇轩撰写，指导教师为张宸璐老师；《数字经济对企业创新绩效的影响研究》（10558 字）由杨小露撰写，指导教师为惠宁老师。

数字化及其工具应用篇：《拟人化程度对心理咨询聊天机器人的接受度影响研究》（14630 字）由蔡承诚撰写，指导教师为刘伟老师；《在线零售情境下人机交互对消费者购买意愿的影响——感知价值的视角》（13670 字）由张甜撰写，指导教师为张宸璐老师；《数字化产品的客户满意度影响因素研究》（11253 字）由马启龙撰写，指导教师为张洁老师。

目 录

CONTENTS

第一篇 短视频营销

第二篇 直播营销

第三篇 口碑营销与病毒式营销

第四篇 数字化转型与创新

第五篇 数字化及其工具应用

第一篇

短视频营销

短视频广告特性对消费者购买意愿的影响研究
——在线评论质量的调节作用①

李媛媛

摘要： 随着大众时间碎片化特征越来越突出，短视频行业得以发展，短视频广告成为新的营销形态之一。本文以短视频广告的四个特性为主要研究对象，引入“在线评论质量”作为调节变量，以用户行为决策分析模型为理论基础，通过问卷调查法收集数据，使用 SPSS 26.0 软件进行假设检验和数据分析，得出结论如下：①短视频广告的内容匹配度、娱乐性正向影响消费者的购买意愿，且在线评论质量在其中起调节作用；②感知风险对消费者的购买意愿具有负向影响，而在线评论质量会减弱感知风险与购买意愿之间的负向关系；③隐私侵犯感对消费者的购买意愿具有负向影响，在线评论质量同样减弱了隐私侵犯感与购买意愿之间的负向关系。

关键词： 短视频广告；购买意愿；娱乐性；感知风险；在线评论质量

作者简介： 李媛媛，西北大学经济管理学院 2022 届工商管理系市场营销专业本科生。

一、引言

随着智能手机成为大众的生活必需品，文字和图片不再是传递信息的唯一方式，短视频成为人们获取信息的另一主体。2017 年作为“短视频元年”，以抖音、快手、美拍为主的媒体平台迅速发展起来。中国互联网络信

---

① 本文由陈关聚教授指导完成。陈关聚，西北大学经济管理学院教授，博士生导师，研究方向：创新网络与绿色创新。

息中心（CNNIC）第49次《中国互联网络发展状况统计报告》① 显示，截至2021年12月，我国网络视频（含短视频）用户规模已经达到9.75亿人，其中短视频用户规模为9.34亿人，占网民总体的90.5%。

如今，大众时间的碎片化特征越来越突出，传统的互联网广告已经无法吸引公众的注意力，广告的强行插入甚至还会引起用户的反感和排斥，这为符合大众阅读习惯的短视频广告的发展带来了契机。短视频广告凭借自身算法精准、到达率高的优势成为各大平台流量变现的重要手段，网红经济和粉丝经济的出现也让短视频广告拥有更强大的“带货能力”。但由于短视频广告发展周期较短，在短时间内收获一定效益的同时，也暴露出一系列问题，如广告精准推送涉及泄露个人隐私、广告与主流信息不匹配、未能与用户建立有效沟通机制等。

本文以短视频广告为研究对象，研究短视频广告的各种特性对消费者购买意愿的影响作用，分析在线评论质量在其中的调节作用，并对目前广告实践中存在的某些问题提出相应的策略。

二、文献综述

（一）短视频广告文献综述

在短视频出现的初期，短视频和手机应用还未有清晰的界限，大部分学者把短视频等同于手机App。例如，王晓红等（2015）把移动短视频定义为利用智能手机拍摄时长5~15秒的视频，可以快速编辑或美化并用于社交分享的手机应用，大部分研究把“短”和“精”归结为短视频的两大特征。

刘砚议（2021）把短视频广告定义为以移动网络为投放平台、时长在5分钟以内的视频化广告文本。以“短视频广告”为关键词在中国知网中进行检索，相关文章共524篇，研究方向主要集中于以下两个方面：一是对短视频广告营销行为的研究。短视频广告作为各短视频平台营销传播的重要方式，具有信息到达率高、记忆点深刻的特点。以抖音为例，张静和

① 数据来源：第49次中国互联网络发展状况统计报告。

王敬丹（2020）认为，“移动 + 社交 + 智能”的平台特色刚好与短视频营销传播在网络整合营销时代下的 4I 原则（趣味原则、利益原则、互动原则、个性原则）相契合，但依然存在消费者对广告反感强烈等问题。对此，学者提出增强广告创意、整合营销传播等营销策略。二是短视频侵权问题，通过对大量文献的梳理，学者对短视频广告侵权问题的研究主要有以下三种角度：盗用他人视频广告及创意；虚假夸大广告中产品的功效；个人信息和数据的攫取侵害用户隐私（罗家稷、吴嘉萍、黄洪珍，2021）。这与短视频平台自身的特性息息相关，即短视频准入门槛低、娱乐性强，广告投放成本低，加之行政监管不力，导致短视频广告出现生态困境。

（二）购买意愿以及影响因素文献综述

现如今，人们购物不再受空间、时间的限制，网上购物成为常态，国内外学者对互联网环境下消费者购买意愿和购买决策展开了大量研究。

从消费者的心理角度来看，张旭（2021）研究发现，社会化商务中消费者的感知风险、感知收益和消费者信任对消费者购买意愿有着显著影响。李宝库等（2022）基于认知失调理论，得出在网红特质调节下购买后认知失调负向影响消费者重复购买意愿的结论。

从在线平台的特点来看，林超群等（2022）从电商平台促销的经济性、针对性、互动性以及便捷性四个特点出发，认为平台特性对农产品购买意愿产生影响。在线评论是消费者在平台上获得产品信息最重要的一种形式，赵冬（2012）将在线评论定义为消费者在购物网站或者其他评论网站、论坛上，根据自己的亲身体验或他人的经历对某种产品或服务发表的正面或负面的意见。目前，客户评论对购买决策的影响作用已得到了学者的普遍认可。例如，Ludwig（2013）认为消费者越来越依赖其他消费者的评论来做出购买决定，积极的情感内容在顾客评论中越多，在线零售网站的商品转化率就越高。张喜乐等（2022）研究得出在线评论数量、质量、评论效价、评论者专业性和评论来源网站可靠性均正向影响消费者的购买意愿，感知价值在其中起调节作用。淘宝等专业购物平台的在线评论形式分为图片评论、追加评论和累计评论。有图片的评论往往暗示着更真实的购买行为和更真实的购买感受。追加评论是买方评论完成一段时间后的再次评论，一般会描述这段时间使用商品的个人感受，更真实地反映了消费者的消费情况。累计评论是指总的评论数量，Zulfiqar 等（2021）的研究表明，评论数量越多的商品，说明购买者越多，越受欢迎，正向影响消费者的购买决策。大部分学者的研究都集中于电商平台在线评论，而对于短视频在线评论的研究较少。与专业电商平台不同，短视频广告植入短视频信息流内容中，广告设计需要符合短视频的调性和特点，因此，本文以短视频广告为研究对象，通过在线评论质量的调节作用来验证其对购买意愿的影响。

三、研究假设及理论模型

（一）研究假设

1. 短视频广告与内容匹配度对消费者购买意愿的影响

“内容即广告”是短视频广告区别于其他广告的核心竞争力，短视频广告强调平台的融入性，在形式上需要与所在平台信息流的内容属性保持一致，同时后台时刻关注用户的点击率和分享率，利用大数据分析软件得出用户的兴趣爱好，实现广告的精准定位，并克服了传统广告在投放过程中的不确定性。黄元豪等（2020）的研究表明，短视频网红植入广告时产品与网红匹配度越高、产品与情节匹配度越高、用户对网红喜好度越高，观看短视频的沉浸感就越高；反之，在短视频中植入与内容互斥的广告势必会影响用户沉浸式体验，进而减弱用户对产品的正向感知，同时用户对广告的排斥心理也极大降低了广告的转化效益。由此本文提出以下假设：

H1：短视频广告与内容匹配度正向影响消费者的购买意愿。

2. 短视频广告的娱乐性对消费者购买意愿的影响

用户大部分出于娱乐目的使用短视频 App，在刷视频的过程中，用户会产生愉悦、放松的情绪。万君等（2014）基于 SOR 刺激—反应理论，认为网络视频广告对消费者的唤醒度和消费者体验到的愉悦度是引发购买意愿的主要因素。短视频博主创造的视频大多是一些情景剧，长期连载，在作品曝光度和粉丝数量增加后，广告主便会主动与达人合作，把广告植入视频中，借助其影响力和创意能力实现品牌营销。但这种广告形式具有一定风险，若用户观看广告时毫无娱乐的体验，就会使用户对达人和短视频平台产生反感情绪，效果适得其反。由此本文提出以下假设：

H2：短视频广告的娱乐性正向影响消费者的购买意愿。

3. 感知风险对消费者购买意愿的影响

王夏阳等（2020）将感知风险定义为消费者购买决策中包含对结果的不确定性的感知，包括功能风险、时间风险、隐私风险和社会风险等多个维度。电商平台的目的是让用户消费，用户也可以直接在平台上搜索自己想要的商品，而抖音、快手等短视频 App 本质上是让用户观看短视频，并非一个购物平台，用户在观看短视频时也未带着消费的目的。用户在短视频 App 上消费的途径有两种：一是点击商品链接跳转购物平台，二是直接在短视频平台上购买挂小黄车的商品。因此，相较于淘宝等购物平台，用户在短视频平台消费时往往面临更大的风险。由此本文提出以下假设：

H3：感知风险负向影响消费者的购买意愿。

4. 隐私侵犯感对消费者购买意愿的影响

近年来，越来越多不规范的数据获取方式和隐私泄露事件的揭露，给互联网用户造成了极大困扰。为了解决这一问题，政府出台了很多法律法规以保护个人隐私，然而，各大平台的隐私保护措施依然存在一些问题。例如，如果用户不同意服务条款和隐私协议，不仅不能获得平台针对不同消费者的个性化推荐，甚至不能获得平台的基本服务；又如，在用户安装各种 App 之前，尽管平台会明确告知用户，为了提供个性化服务，平台需要获取消费者的隐私，但是很少有消费者会仔细阅读篇幅较长的详细条款，这种行为导致某些具有欺骗性的广告难以被识别，对用户个人隐私构成威胁。Budak 等（2021）将隐私意识定义为个人在网络环境中对隐私威胁的重要性意识，认为消费者感知到的利益会影响消费者对在线隐私侵犯的容忍度。基于以上问题的研究，王烨娣等（2022）通过实验发现，消费者面对定向广告的推送会更容易表现出规避行为，并且随着隐私显著性的提高，广告规避行为呈 U 形变化趋势。由此本文提出以下假设：

H4：隐私侵犯感负向影响消费者的购买意愿。

5. 在线评论质量的调节作用

现有对短视频广告在线评论的研究相对较少，但在线评论对消费者购买意愿的影响作用已得到学者的普遍认可。例如，张玉林（2021）选取在线评论数量、评论质量、在线评论呈现形式多样性，以及评论者资信度四个衡量维度探究对购买决策的影响，得出在线评论数量对购买决策影响不显著、对评论质量影响最大的结论。由于流行和媒介的互动性，Reyneke（2021）表示很多公司都通过在 YouTube 等发布广告来树立品牌意识，并激发消费者围绕它们的品牌进行对话。

短视频广告的在线评论需要符合短视频本身的特性，与内容更加匹配、娱乐价值更高的广告，能在一定程度上削弱广告属性，容易被用户接受。广告本身做得有趣，内容有创意，即使在视频中植入一些产品，也能让用户进一步浏览在线评论，搜寻产品信息。在短视频平台上购物，消费者接收的信息更多，搜寻到有用信息所花费的时间和精力也更多，质量较高的评论不仅给用户提供准确有用的产品信息，还增加用户对产品的认同感。由此本文提出以下假设：

H5a：在线评论质量正向调节内容匹配度与消费者购买意愿之间的关系。

H5b：在线评论质量正向调节娱乐性与消费者购买意愿之间的关系。

随着市场竞争的日趋激烈，不少商家为了增加销量，通过一系列刷单、好评返现等不良行为来获得消费者认可，这种现象使在线评论的质量变得参差不齐。大部分消费者习惯在购买之前阅读在线评论，希望收集到比较有用的信息，孙怡、鲁耀斌等（2016）提出信息有助于消费者评估替代产品和做出最佳选择。在购买过程中，消费者可能会浏览数十条，甚至数百条产品信息，若这些信息的质量较高，将会给消费者更充分的购买理由，降低消费者隐私侵犯感和感知风险，提高他们的决策效率。由此本文提出以下假设：

H5c：在线评论质量减弱感知风险对消费者购买意愿的消极影响。

H5d：在线评论质量减弱隐私侵犯感对消费者购买意愿的消极影响。

（二）理论模型

用户行为决策分析模型认为消费者从接触信息到最后完成购买，会经历“注意、兴趣、搜索、行动、分享”五个阶段，在浏览短视频的实际过程中，用户看似占据主导地位，但依旧被动接受广告主想要呈现给用户的广告信息。因此，本文不考虑模型中“注意”阶段和“分享”阶段，主要探究消费者从对广告产生兴趣到主动搜索信息，最终做出购买决策的反应过程。

根据学者对短视频广告的研究，本文把短视频广告的特性分为内容匹配度、娱乐性、感知风险和隐私侵犯感。消费者观看完视频内容并对植入的商品产生购买兴趣后，会通过在线评论判断该商品是否值得购买。若商品的评论质量较差，则很难为消费者提供全面、有价值的产品信息；反之，若某一商品的在线评论质量较高，消费者浏览评论后对产品做出预判，帮助其做出准确的购买决策（孙怡、鲁耀斌、魏国基，2016）。基于以上的理论分析，本文从用户的体验和视角出发，通过对短视频广告四个特性的研究，引入在线评论质量作为调节变量，由此得出理论模型，如图 1 所示。

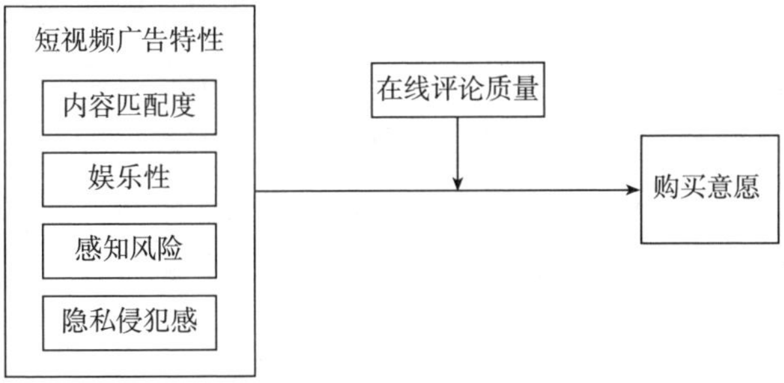

图 1　短视频广告与消费者购买意愿理论模型

四、研究设计与实证分析

（一）变量选取

1. 自变量

本文将从短视频广告的内容匹配度、娱乐性、感知风险以及隐私侵犯感四个特性进行自变量的设置。

对于“内容即广告”的原生广告来说，内容价值性是原生广告相对于其他广告的核心竞争力，短视频将广告植入信息流界面，具有和原生广告相似的特性。用户出于放松、娱乐的目的观看短视频，短视频广告的娱乐价值需要符合用户的使用习惯，由此本文参考了王璐瑶（2020）对原生广告的信息价值和娱乐价值两个自变量，结合短视频广告营销的特性，将“内容匹配度”和“娱乐性”设置为两个自变量。短视频平台不同于淘宝等专业购物平台，用户在类似抖音、快手上消费时往往面临着更大的风险，本文参考叶乃沂等（2014）关于网络购物感知风险对消费者购物决策的影响研究，把感知风险设置为变量之一。越来越多的研究表明，精准定向的广告引发的隐私问题会让大众对该广告产生厌恶情绪。有研究把隐私侵犯感归属于感知风险的一种，但本文认为用户在购买过程中感知到的风险主要表现在商品层面，即对商品价值、售后服务的忧虑，由此本文参考 Baek 和 Morimoto（2012）的研究，把隐私侵犯感单独设置为变量之一。

2. 因变量

本文从短视频广告中商品的销售效果来设置因变量。前人的研究集中于对消费者购买决策和购买意愿的考察。虽然很多电商的后台数据可以直接显示某则广告中商品的销量转换，但在实际消费过程中用户的购买意愿受多种因素影响，用户对品牌的认知、对广告的态度等都会影响购买意愿和倾向，用户接收到广告之后不一定表现出购买意愿。因此，本文将“购买意愿”设置为评估短视频广告营销效果的因变量。

3. 调节变量

根据用户行为决策分析模型，消费者对产品产生兴趣后，会主动搜索产品信息，而主要信息来源就是该商品的“评论区”。在消费者形成明确的需求取向后，通过浏览相关商品的在线评论，结合其他客户对产品或服务的使用体验、产品性能、产品价格给出的评价信息，决定是否购买该商品。消费之后，用户也会以同样的方式将对商品或服务的使用体验发布在短视频评论区，为其他消费者的购买决策提供信息来源。由于当前短视频平台的评论不支持图片评论和追加评论，因此本文只考虑文字评论的质量，把客户的在线评论质量设置为短视频广告的四大特性与消费者购买意愿之间的调节变量。

（二）问卷设计

本文采用调查问卷法收集数据，短视频广告特性和购买意愿的问项使用

Likert 量表进行设计，测量用户对问题描述的满意程度。整个问卷包括 23 个问题，其中设置了一个基本筛选题目，用来剔除没有使用过短视频 App 的问卷对象。为了保证问卷的有效性，问卷采用前人所做出的成熟量表问卷，问卷中短视频广告的内容匹配度与娱乐性部分采用王璐瑶（2020）的量表，感知风险部分采用叶乃沂等（2014）的量表，隐私侵犯感部分采用 Baek 和 Morimoto（2012）的量表，在线评论质量部分采用张玉林（2021）的量表，购买意愿部分采用刘婧瑜（2021）的量表。各变量的具体测量项见表 1。

表 1　各要素的测量项

变量	测量项	参考文献
内容匹配度	我认为短视频广告是经过精心设计的 我认为短视频广告不露痕迹地融入视频中，不显得突兀 我认为短视频广告与其他视频类似，不影响我浏览视频	王璐瑶（2020）
娱乐性	我认为短视频广告可以当作娱乐性视频来观看 我认为短视频广告的推送符合我的兴趣爱好 我认为短视频广告的内容是轻松愉悦的	
感知风险	我担心短视频广告中购买的商品没有质量保障 我担心在短视频 App 上购买商品时存在支付风险 我担心短视频 App 无法提供优质的售后服务	叶乃沂等（2014）
隐私侵犯感	在观看短视频广告时，我时常觉得个人隐私受到侵犯 当短视频利用我的个人信息向我推送相应广告时，我会感到不适 我讨厌短视频 App 利用我的个人隐私向我推送广告	Baek 和 Morimoto（2012）
在线评论质量	短视频广告的评论提供了有用的产品信息 短视频广告的评论对我的购买决策有帮助 短视频广告的评论是真实可靠的	张玉林（2021）
购买意愿	我认为短视频广告中的某个产品值得购买 我渴望获得短视频广告中的某个产品 未来如有需要，我会优先考虑短视频广告中推荐的产品 我会优先购买短视频平台的商品	刘婧瑜（2021）

（三）数据收集与样本描述

在样本选取上，本文主要选取使用过短视频的大学生作为研究对象。一般情况下，样本量要达到问卷中量表题目量的 5 ~ 10 倍，本调查问卷中 Likert 量表的题目共 19 个，故本文的样本量至少达到 95 份。通过问卷星软件制作并发放问卷——《短视频广告的相关调查问卷》，共回收 2022 年 3

月21日至4月2日的问卷217份，其中有20份未使用过短视频，判断为无效问卷被剔除，有效问卷为197份，回收有效率为91%。在所调查的样本中，男性有75人，占比为38%，女性有122人，占比为62%；年龄集中在18~25岁，占比为77.7%；从学历上看，样本集中在本科学历，占比为65.5%（见表2）。

表2 问卷样本描述性统计分析

基本特征	分类	样本数	百分比/%
性别	男	75	38.0
	女	122	62.0
年龄	18岁以下	5	2.5
	18~25岁	153	77.7
	26~40岁	25	12.7
	40岁以上	14	7.1
教育背景	中小学	22	11.2
	专科	30	15.2
	本科	129	65.5
	硕士及以上	16	8.1

（四）信度分析

信度分析又称可靠性分析，本文采用克隆巴赫Alpha检验方法，通过对19个选项测量的6个潜变量（内容匹配度、娱乐性、感知风险、隐私侵犯感、在线评论质量、购买意愿）的检测进行信度分析。测量结果见表3。

表3 信度检验结果

变量	项数	克隆巴赫Alpha值
内容匹配度	3	0.814
娱乐性	3	0.783
感知风险	3	0.793
隐私侵犯感	3	0.803
在线评论质量	3	0.786
购买意愿	4	0.880
问卷	19	0.879

问卷的克隆巴赫 Alpha 值为 0.879，在 0.7 以上，且所有变量的克隆巴赫 Alpha 值均大于 0.7，问卷具有较高的可靠性，且各项变量可信度和稳定性较高。

（五）效度分析

效度是指测量的有效性分析，用于衡量量表内容的准确性和有用性。本文设计的问卷均引用前人文献的成熟量表，通过探索性因子分析方法来检验量表的效度。

1. 短视频广告四个特性的效度分析

本文对短视频广告四个特性量表进行 KMO 和 Bartlett（巴特利特）球形度检验，见表 4。

表 4　KMO 和 Bartlett 检验

KMO 取样适切性量数		0.764
Bartlett 球形度检验	近似卡方	15127.193
	自由度	66
	显著性	0.000

由表 4 得出，KMO 的值是 0.764，大于 0.7，且 Bartlett 检验显著性值小于 0.001，表明短视频广告的四个特性具有良好的相关性。进一步采用主成分分析法提取公因子，进行正交旋转得到总方差解释，如表 5 所示，得到的旋转后的成分矩阵如表 6 所示。

如表 5 所示，对短视频广告特性的 12 个题目提取 4 个公因子，其解释程度由大到小分别为 22.013%、20.908%、19.462% 和 8.399%。所有公因子的解释程度为 71.782%，高于 60%，这说明筛选出的因子具有较好的代表性。

表 5　总方差解释

成分	初始特征值			旋转载荷平方和		
	总计	方差百分比/%	累积/%	总计	方差百分比/%	累积/%
1	5.586	32.856	32.856	3.742	22.013	22.013
2	3.621	21.302	54.159	3.554	20.908	42.921
3	1.998	8.224	62.383	2.308	19.462	62.383
4	1.394	5.848	68.231	1.160	8.399	71.782
5	0.830	4.883	73.114			

续表

成分	初始特征值			旋转载荷平方和		
	总计	方差百分比/%	累积/%	总计	方差百分比/%	累积/%
6	0.696	4.096	77.210			
7	0.633	3.722	80.932			
8	0.499	2.938	83.870			
9	0.418	2.457	91.554			
10	0.322	1.892	95.554			
11	0.259	1.522	98.683			
12	0.224	1.317	100.000			

注：提取方法为主成分分析法。

根据表6可以判断各个题项的因子归属。其中，对内容匹配度设置的三个题项的因子载荷均大于0.6，归属第一个因子；对娱乐性设置的三个题项的因子载荷均大于0.6，归属第二个因子；对感知风险设置的三个题项的因子载荷均大于0.7，归属第三个因子；对隐私侵犯感设置的三个题项的因子载荷均大于0.7，归属第四个因子。

表6 旋转后的成分矩阵

题项	成分			
	1	2	3	4
内容匹配度问题1	0.634			
内容匹配度问题2	0.873			
内容匹配度问题3	0.764			
娱乐性问题1		0.795		
娱乐性问题2		0.629		
娱乐性问题3		0.730		
感知风险问题1			0.700	
感知风险问题2			0.738	
感知风险问题3			0.806	
隐私侵犯感问题1				0.753
隐私侵犯感问题2				0.704
隐私侵犯感问题3				0.791

注：提取方法为主成分分析法。

2. 在线评论质量与购买意愿的效度分析

运用同样方法对在线评论质量量表与购买意愿量表进行KMO与巴特利特球形度检验，结果如表7所示。在线评论质量量表和购买意愿量表的KMO值都在0.7以上，且Bartlett检验显著性值小于0.001，说明两个量表均符合因子分析条件。

表7 KMO和Bartlett球形度检验

KMO和巴特利特球形度检验		在线评论质量	购买意愿
KMO取样适切性量数		0.805	0.827
巴特利特球形度检验	近似卡方	435.943	409.594
	自由度	10	6
	显著性	0.000	0.000

进一步通过主成分分析进行因子提取，结果如表8所示。根据主成分提取结果可以看出，对在线评论质量量表的三个题项以及购买意愿的四个题项各提取一个主因子，各题项的因子载荷均大于0.6，主成分的总方差累计解释率分别为81.476%和73.597%。说明问卷中设计的“在线评论质量”和“购买意愿”的量表具有一定的效度，可以用于研究。

表8 “在线评论质量”旋转后的成分矩阵

维度	题项	成分1	总方差累计解释率/%
在线评论质量	在线评论质量问题1	0.758	81.476
	在线评论质量问题2	0.612	
	在线评论质量问题3	0.756	
购买意愿	购买意愿问题1	0.687	
	购买意愿问题2	0.783	73.597
	购买意愿问题3	0.770	
	购买意愿问题4	0.705	

（六）相关性分析

在相关性分析中，通过显著性和皮尔逊相关性来判断数据的相关程度（见表9）。

表9　变量相关性分析结果

变量		购买意愿
内容匹配度	皮尔逊相关性 Sig.（双尾）	0.501** (0.000)
娱乐性	皮尔逊相关性 Sig.（双尾）	0.666** (0.000)
感知风险	皮尔逊相关性 Sig.（双尾）	-0.542** (0.000)
隐私侵犯感	皮尔逊相关性 Sig.（双尾）	-0.332** (0.001)
在线评论质量	皮尔逊相关性 Sig.（双尾）	0.786** (0.000)

注：** 在0.01级别（双尾），相关性显著。

根据表9的分析结果可以得出，短视频广告的内容匹配度、娱乐性、感知风险、隐私侵犯感、在线评论质量与购买意愿之间的显著性低于0.05，存在显著相关性。具体来看，内容匹配度、娱乐性的“Pearson（皮尔逊）相关性值”均在0.5~0.7，说明这两个变量与因变量之间中度正相关；感知风险、隐私侵犯感的“Pearson相关性值”均在-0.6~-0.3，说明这两个变量与因变量之间中度负相关；在线评论质量的“Pearson相关性值”大于0.7，说明在线评论质量与购买意愿之间具有高度的正相关性。

（七）回归分析

判断出某些变量之间存在相关关系后，进一步通过回归分析对各个变量之间的关系进行定量研究。

1. 短视频广告四个特性对购买意愿的回归分析

由表10可知，模型中的VIF值分别为2.019、1.986、1.569、1.542，VIF值均小于10，证明回归不存在多重共线性问题。调整后的R^2值为0.468，说明内容匹配度、娱乐性、感知风险、隐私侵犯感可以解释购买意愿46.8%的变化原因。

具体来看，短视频广告内容匹配度对消费者购买意愿有显著的正向影响（$Beta = 0.297$，$p < 0.001$）；娱乐性对购买意愿有显著的正向影响

（$Beta=0.608$，$p<0.001$）；感知风险对消费者购买意愿有显著的负向影响（$Beta=-0.392$，$p<0.001$）；隐私侵犯感对消费者购买意愿有显著的负向影响（$Beta=-0.220$，$p<0.001$）。由此，假设 1、假设 2、假设 3、假设 4 均通过检验。

表 10　短视频广告四特性与消费者购买意愿的回归分析

模型	非标准化系数		标准化系数			
	β	标准误	*Beta*	*t*	显著性	VIF
常量	0.217	0.346		0.628	0.000 **	
内容匹配度	0.202	0.078	0.297	1.307	0.000 **	2.019
娱乐性	0.592	0.072	0.608	8.279	0.000 **	1.986
感知风险	-0.307	0.076	-0.392	-4.410	0.000 **	1.569
隐私侵犯感	-0.246	0.072	-0.220	-3.406	0.001 **	1.542
R^2	0.479					
调整 R^2	0.468					
F	44.187					

2. 在线评论质量的调节作用分析

调节作用是研究自变量 *X* 对因变量 *Y* 产生影响时，是否会受到调节变量 *Z* 的干扰。在检验评论质量对短视频广告四大特性与购买意愿关系的调节作用时，本文设置模型 1 和模型 2 来考量。

表 11 中以消费者购买意愿为因变量，以短视频广告的内容匹配度、娱乐性、感知风险、隐私侵犯感为自变量构建模型 1，不考虑调节变量的干扰。在模型 1 的基础上，加入在线评论质量与各自变量的交互项构建模型 2，分析交互项对因变量的影响情况。按此方法依次分析在线评论质量对短视频广告四大特性的调节效应，最后根据各模型中的回归系数做出判断。

表 11　在线评论质量的调节作用分析结果

	变量	*Beta*	*t*	Sig.	VIF	*F*
模型 1	内容匹配度	0.297	3.307	0.000 **	2.019	44.187
	娱乐性	0.608	8.279	0.000 **	1.986	
	感知风险	-0.392	-4.410	0.000 **	1.569	
	隐私侵犯感	-0.220	-2.406	0.001 **	1.542	

续表

	变量	*Beta*	*t*	Sig.	VIF	*F*
模型 2	内容匹配度×在线评论质量	0.523	9.340	0.000**	1.090	36.075
	娱乐性×在线评论质量	0.752	9.309	0.000**	2.009	35.527
	感知风险×在线评论质量	-0.269	-3.128	0.000**	1.104	35.771
	隐私侵犯感×在线评论质量	-0.136	-2.484	0.000**	1.138	37.536
模型 1 调整 R^2		0.468				
模型 2 调整 R^2		0.635				
R^2 变化量		0.167				

注：** 在 0.01 级别（双尾），相关性显著。

如表 11 所示，对数据进行中心化处理后，模型 2 中的 VIF 值分别为 1.090、2.009、1.104、1.138，均小于 10，证明回归不存在多重共线性问题。对四个变量的分析中，模型 1、模型 2 的调整 R^2 分别为 0.468、0.635，R^2 增大了 0.167，说明在线评论质量能增加短视频广告四个特性对购买意愿的解释力。

具体来看，内容匹配度与在线评论质量的交互项对购买意愿有显著的正向影响（*Beta* = 0.523，$p<0.001$），标准化系数由 0.297 增至 0.523，说明内容匹配度对购买意愿的正向影响随着在线评论质量的提高而显著增强。由此，假设 H5a 得到验证。

娱乐性与在线评论质量的交互项对购买意愿有显著的正向影响（*Beta* = 0.752，$p<0.001$），标准化系数由 0.608 增至 0.752，说明随着在线评论质量的提高，娱乐性对购买意愿有更显著的正向影响。由此，假设 H5b 得到验证。

感知风险与在线评论质量的交互项对购买意愿有显著的负向影响（*Beta* = -0.269，$p<0.001$），标准化系数由 -0.392 增至 -0.269，说明随着在线评论质量的提高，感知风险对购买意愿的负向影响减弱。由此，假设 H5c 得到验证。

隐私侵犯感与在线评论质量的交互项对购买意愿有显著的负向影响

($Beta = -0.136$，$p < 0.001$)，标准化系数由 -0.220 增至 -0.136，说明随着评论质量的提高，隐私侵犯感对购买意愿的负向影响减弱。由此，假设 H5d 得到验证。

五、研究结论

（一）主要结论

经过上述分析，本文提出的假设一一得到了验证。

第一，有趣、有价值的广告更能引起消费者的购买意愿。在生活节奏越来越快的当下，短视频可以充分满足人们获取各种信息、解压放松的需求，充分利用碎片化的时间也成为可能，而短视频制作门槛低的特点也可以让越来越多的人发挥创造力。短视频广告“内容匹配度”“娱乐性”的数据显示，广告与内容更加匹配、娱乐价值更高，可以增强广告的影响效果，进一步引发购买意愿。在短视频中植入有趣、有价值的，与内容相融合的广告才能减弱用户对广告的排斥心理，减弱对用户沉浸式体验的影响，进而增强用户对产品的正向感知，促进广告的转化效益。

第二，过度关注感知风险会使消费者不愿进行消费。消费者购买决策中的感知风险来源于消费者对可能威胁自身利益的担忧，包括功能风险、时间风险、隐私风险和社会风险等多个维度。例如，价格越高的商品，消费者所承担的风险就越大，以及对商品质量、售后服务的担忧，对平台上商家的不信任，都会降低消费者购买意愿。抖音、快手等短视频 App 本质上是让用户观看短视频，并非一个购物平台，用户在观看短视频时也未带着消费的目的，因此用户在短视频 App 上购物时往往面临着比电商平台更大的风险。此外，平台利用用户个人信息进行精准化营销会使消费者产生隐私侵犯感，有较强隐私保护意识的用户更容易降低对平台的信任度和好感度，对平台上的营销行为更加抵触。

第三，在线评论质量能优化用户购买决策。在实证检验结果中，在线评论质量对消费者购买意愿发挥着调节作用：首先，在线评论质量高时，内容匹配度和娱乐性对购买意愿的正向影响更加显著，说明在广告的特性无差别时，某一商品的好评数量越多、为消费者提供有价值的产品信息越多、在线评论越真实可靠，越能引起消费者的购买意愿。其次，在线评论质量在一定程度上减弱了用户感知风险和对购买意愿的制约。这反映出即使用户认为该广告存在损害自身利益的风险，在观看到高质量评论后，感知价值大于感知风险，也会产生想要购买的意愿。同时，在线评论质量也能减弱隐私侵犯感对购买意愿的制约，说明即使用户对短视频平台侵犯自身隐私感到不满，但高质量的评论在一定程度上也能削弱这种不满，促发其购买意愿。

（二）管理启示

第一，创作有趣、有价值的广告。有趣且有价值的信息能增强广告的效果。例如，在抖音短视频的信息流界面直接挂上商品链接，用户一看到广告标签便很清楚地知道这是一条广告，不做停留便会划走，这样的广告效果较差。但如果这条视频给用户提供很多“干货”，讲述如何运动健身、传授穿搭技巧，即使植入一些产品，也能让用户完整地看下去，甚至对产品产生购买意愿。娱乐价值与之相似，用户出于娱乐的目的观看短视频，广告主需致力于把广告本身做得有趣，内容有创意，在有限的时间内传达有用、有趣的信息，搭配轻松愉悦的音乐，让用户在观看广告时享受到快乐。

第二，做好短视频平台审查，降低用户感知风险。用户对短视频广告的感知风险主要表现为对商品质量、支付风险、售后服务的担忧，在繁杂多样的产品信息中消费者无法准确辨别出优质的商品，不少广告主为了博取关注故意发布虚假广告信息，损害用户权益，使用户对平台以及广告产生信任危机。这便需要平台切实履行“把关人”的职能角色，对投放的广告加强内容审查，对运营账号实行实名认证，并加强对账号发布内容的审查，同时严格禁止抄袭盗用视频、虚假宣传产品的现象。适度设置一些征信机制，对信誉良好的博主进行奖励，对于挂链接的商品可以与淘宝等第三方购物平台合作，检查商品质量和售后服务。

第三，开发多样化的评论形式，提升在线评论质量。由于高质量的在线评论对顾客具有足够的吸引力，导致现有市场上商家刷单、刷好评的不良现象时有发生，消费者在看到大量的一致好评后不免怀疑是不是商家背后刷的好评，这大大降低了在线评论的可信度。从问卷调查结果不难看出，用户对短视频广告在线评论的态度偏于负面，认为评论质量较差，可信度低。短视频平台与专业购物平台不同，在线评论的形式较为单一，不支持图片评论和追加评论，加之短视频 App 主要以短视频内容为主，导致关于视频本身的在线评论居多，对植入产品的评论较少。在线评论是吸引顾客的重要手段，因此保证评论的真实可靠对营造透明的线上交易环境极为重要。商家可以把有价值的评论内容进行置顶，但对于消极、不满的差评不可为了一时利益而擅自删除，或者让评论者删除，杜绝刷单、刷评论的不良行为，坚持诚信，营造透明的网购环境。消费者在虚拟的网络环境中购物时，要尽量避免在评论的影响下冲动购物，提高自身辨识能力。消费者在充当评论者的角色时，对产品或服务的评论要尽量做到符合事实，传达自身真实的感受，做到专业严谨。

（三）研究局限性

本文虽然通过实证研究分析了短视频广告的四个特性对消费者购买意愿的影响，以及在线评论质量在这一影响中的调节作用，但也存在一些局限与不足。

首先，本文主要通过线上来收取调查问卷，但对于短视频广告的特性划分尚无准确定论，导致自变量的选取无法完全覆盖短视频广告的特点。被试主体主要集中于大学生，问卷样本量过少，未具有很强的代表性，未来的研究应该注重问卷的全面收取，扩大样本收取范围。虽然调查问卷的问题设计均采用前人的成熟问卷，但问卷填写的都是调查者的主观感受，数据来源的可靠性有待商榷。其次，实际中在线评论与购买意愿之间的关系更为复杂，本文仅考察在线评论质量这一变量过于单一，受各种因素的影响可能会与实验结果存在偏差。

参考文献

[1]王晓红，包圆圆，吕强．移动短视频的发展现状及趋势观察[J]．中国编辑，2015(3)：7－12.

[2]刘砚议．智能时代短视频广告生态研究[J]．青年记者，2021(16)：

87－88.

[3]张静,王敬丹. 新媒体时代下的短视频营销传播:以抖音为例[J]. 杭州师范大学学报(社会科学版), 2020,42(4):113－120.

[4]罗家稷,吴嘉萍,黄洪珍. 短视频广告的侵权形式与治理策略[J]. 青年记者, 2021(17):73－75.

[5]张旭. 社会化商务环境下消费者购买意愿的影响研究[D]. 长春:吉林大学, 2021.

[6]李宝库,姚若羲,南亚峰. 消费者购后认知失调对重复购买意愿的影响:基于网红特质的调节[J]. 经济与管理, 2022,36(2):43－49.

[7]林超群,虞洪. 电商平台促销特性对农产品购买意愿的影响:促销方式的异质性分析[J]. 商业经济研究, 2022(8):98－101.

[8]赵冬. 在线客户评论对消费者购买决策影响的实证研究[D]. 重庆:重庆工商大学, 2012.

[9]LUDWIG S, DE RUYTER K, FRIEDMAN M, et al. More than words: the influence of affective content and linguistic style matches in online reviews on conversion rates[J]. Journal of marketing, 2013,77(1): 87－103.

[10]张喜乐,毛军权. 在线评论对消费者购买意愿的影响:基于感知价值的调节作用[J]. 经济研究导刊, 2022(7):154－158.

[11]ZULFIQAR M, TARIQ F, JANJUA M U, et al. Ethreview: an Ethereum－based product review system for mitigating rating frauds[J]. Computers & security,2021:100.

[12]黄元豪,李先国,黎静仪. 网红植入广告对用户行为回避的影响机制研究[J]. 管理现代化, 2020,40(3):102－105.

[13]万君,秦宇,赵宏霞. 网络视频广告对情感反应和产品购买意愿影响因素研究[J]. 消费经济,2014,30(2):59－65.

[14]王夏阳,陈思霓,邬金涛. 网络预售下消费者购买行为的影响因素分析:基于淘宝2018春夏女装的实证研究[J]. 南开管理评论, 2020,134(5):4－15.

[15]BUDAK J, RAJH E, SLIJEPEVI S, et al. Conceptual research frame-

work of consumer resilience to privacy violation online[J]. Sustainability,2021,13(3): 1238.

[16]王烨娣,席悦,蒋玉石. 隐私显著性与互联网定向广告规避行为的非线性关系研究:基于感知威胁的中介作用[J]. 南开管理评论,2021(3):135-145.

[17]张玉林. 在线评论对消费者购买决策的影响研究[D]. 长沙:中南林业科技大学, 2021.

[18]REYNEKE M. In the lap of luxury: consumer conversation concerning online advertisements of luxury brands[J]. South African journal of business management,2021,42(2): 27-34.

[19]孙怡,鲁耀斌,魏国基. 社交氛围对朋友群组成员的购买意愿和行为的影响[J]. 管理学报, 2016,13(9):1392-1399.

[20]王璐瑶. 抖音短视频广告中用户行为意愿影响因素研究[D]. 南京:东南大学, 2020.

[21]叶乃沂,周蝶. 消费者网络购物感知风险概念及测量模型研究[J]. 管理工程学报, 2014,28(4):88-94.

[22]BAEK T H, MORIMOTO M. Stay away from me[J]. Journal of advertising,2012,41(1).

短视频互动效果的影响因素研究

——基于短视频创作者的481条视频数据分析①

沈显婷

摘要：随着互联网的迅速发展，市场营销方式呈现多样化的发展趋势，不少学者将市场营销理论用于短视频互动效果的研究中。本文通过对短视频创作平台后台数据进行二手数据的档案数据分析、SPSS描述性统计、相关性分析、线性回归分析；同时，通过对在社交媒体上互动效果明显的同学进行深度访谈等，将收集到的一手数据进行整合后，发现短视频创作者自身特征（性别、粉丝量）、短视频的特征（类型、时长、发布时间、话题有无），以及短视频发布的平台特征（平台定位、社区政策、细分市场、流量池等级划分）等因素对短视频的互动效果发挥着显著作用。本文通过对影响短视频互动效果因素的研究，强调了一些专注于短视频营销的创作者在实现更好的营销互动效果方面应关注的因素，为短视频创作者如何迅速提升短视频的互动效果提供参考。

关键词：短视频营销；短视频创作者；社交媒体；互动效果

作者简介：沈显婷，西北大学经济管理学院2022届工商管理系市场营销专业本科生。

---

① 本文由刘伟副教授指导完成。刘伟，西北大学经济管理学院副教授，硕士生导师，研究方向：品牌管理和消费者行为。

一、引言

（一）研究背景及研究意义

1. 研究背景

中国互联网络信息中心于2022年2月25日在北京发布第49次《中国互联网络发展状况统计报告》，通过不同的角度，以多方位、精准的数据形式呈现当前我国互联网使用者的特征：一是互联网使用者的平均上网时间依旧持续稳健增长。截至2021年12月，数据清晰表明我国互联网使用者的每月平均上网时间可长达114小时，与2020年12月数据展示结果相比，时间提升2.3小时，加之新冠疫情的影响，互联网深度融入人们的日常生活、娱乐与工作中。二是上网终端设备使用种类更加多元，截至2021年12月，手机仍是上网的最主要设备，占比达99.7%。2021年，我国互联网用户使用规模保持持续性增长，在线互动、Online通信等应用渗透到日常生活的各个方面。截至2021年12月，在互联网使用领域中，短视频的用户使用率为90.5%，用户规模达9.34亿人，综合反映出2021年上半年我国互联网的发展状况，数字化经济蓬勃且迅速发展，新发展格局不断构建与完善。相较于2020年12月上升2175万人，互联网普及率达71.6%，占据强势的主导地位。短视频营销的市场份额不断扩大，“十三五”时期发布的《2020中国网络视听发展研究报告》中的数据表明，网络视听产业在短视频领域的市场占比约为29%，占比最大，以1302.4亿元稳居第一名（陆朦朦、范彬彬，2021）。由数据可以看出，一线、二线城市用户的短视频使用率低于下沉市场，短视频和即时通信使用率二者持平。以接近10亿的用户体量构建出我国大数据化的社会，以此优势形成了全球规模最大、互联网应用超前于世界的发展状态。例如，广告主通过媒介公司对产品发展的投入资金不断增加，也成为短视频迅速发展的催化剂之一，短视频被绝大多数人作为新的娱乐方式来满足补充碎片化时间的需求，这些都紧逼短视频创作不断创新、迭代，以保持长期、健康、稳定的发展。

随着网络、移动终端的全面普及覆盖，视频营销也从单一的电视广告形式创新发展为多元化的媒介形态，从以往的明星代言发展为如今的“人人皆可播，万物皆能播”的局面。同时，短视频的精确性、可视性、互动性特征越来越凸显（刘斌，2019），作为拥有传播者和用户双重社会角色的用户，日常碎片化时间的商业价值被更加关注（石昫仟，2022）。谢莹等（2021）提出用户对于获取和接纳视频内容的标准变得愈加严格。学者杨曼曼（2019）提出在较短时间内能够展现较大信息量的短视频应用户需求而被创作，使其成为无法忽视的新兴媒介传播载体。

智能手机技术的进步，功能不断增加，通过收集自带相机拍摄，剪映、美图秀秀等 App 在短时间内就能实现一条短视频的剪辑，并能迅速发布到社交媒体。短视频不仅满足了用户在碎片化时间内的娱乐需求，同时还可以根据用户浏览偏好，关注不同类型的短视频。用户通过学习模仿提升自我，或根据短视频创作者对产品的测评实现更好的线上购物体验。

短视频营销在这样的行业环境中发展，使越来越多的人关注和研究短视频创作领域，作为媒体营销的主流和众多互联网企业的营销核心，短视频营销成为学术界专家和企业家讨论的焦点。短视频用户会针对何种短视频进行互动？短视频创作者如何提高社交媒体的互动效果？这些成为短视频创作者、企业、平台共同关注的问题。

2. 研究意义

（1）理论意义

短视频营销是近几年风靡全球的新型营销形式，迄今为止学术界众多学者在短视频营销领域中的研究多集中于直播带货、网红经济、内容营销与购买意愿、新营销的模式与发展趋势、商业价值、传播策略、营销策略等，对短视频互动效果的研究较为单一，因此本文依据 481 条短视频，从定量的角度利用 SPSS、Stata 等应用统计软件进行数据分析，分析影响短视频互动效果的因素。

（2）实践意义

以抖音、快手、小红书等 App 为代表的国内短视频行业正处于企业生命周期的成熟阶段，行业内部竞争愈加激烈。短视频创作者必须思考诸如短视频用户的感受、哪些因素能真正影响短视频互动效果的发挥等问题，为后期创作发展找到可改进的方向。本文通过 SPSS、Stata 应用统计软件进行数据分析，探究影响短视频互动效果的因素，基于数据分析得出的结论，以访谈法作为辅助方法，总结要点，为创作者在今后改善短视频互动效果方面提供可行性建议，供创作者在今后创作短视频的过程中参考。

（二）研究思路及研究方法

1. 研究思路

首先，结合现实生活中短视频营销的发展趋势，找到目前短视频营销中创作者在提高短视频互动性过程中存在的难题。其次，查阅相关文献，对前者已有的研究加以梳理。确定相关概念，明确理论与方法落地之间产生的问题。确定研究流程、主体及方法，建立概念模型，进行样本范围的确定与选取。再次，收集数据，对收集的481条视频的一手数据进行整理，依次录入，利用SPSS、Stata应用统计软件对基本的数据进行预处理，并对性别、粉丝数、类型、时长、发布时间段、有无话题进行分类汇总与分组，进行描述性、相关性、线性回归等统计分析。最后，输出结果，阐述数据分析后的结论，并对短视频创作者提出相关对策与建议。研究流程如图1所示。

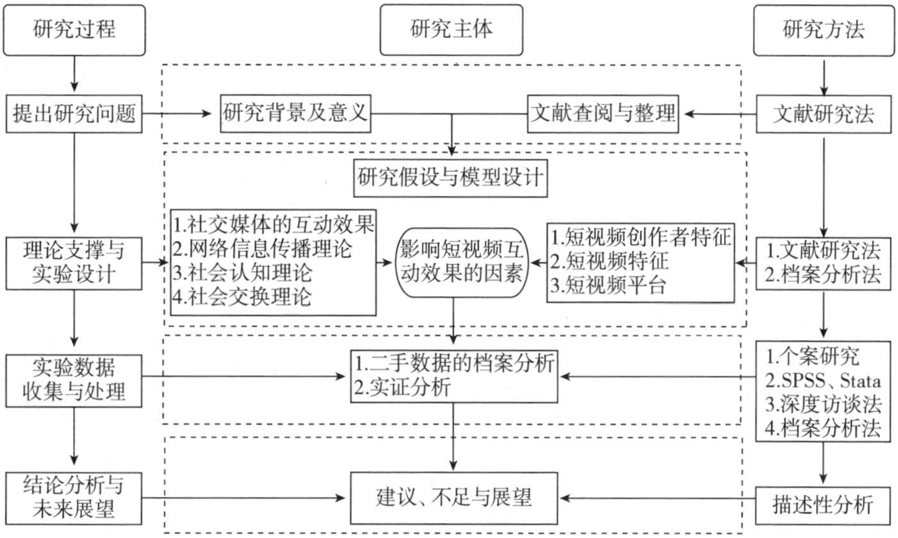

图1 研究流程

2. 研究方法

本文以短视频的互动效果为研究主体，运用文献研究法、二手数据档案数据分析法（利用 SPSS、Stata 应用统计软件进行描述性统计、相关性及线性回归的分析），对互动效果较好的 3 位同学采用深度访谈法进行数据分析输出结论的补充，研究影响短视频互动效果的因素。

（1）文献研究法

通过借阅书籍、收集电子文献相关资料，对短视频营销、广告视频投放、社交媒体的互动性、短视频创作研究、互动效果研究等相关研究方向的文献进行浏览、要点概括后，参考借鉴学术界学者研究理念及方法，并通过研究数据收集实际情况，确定研究流程、研究方法。借鉴前人的信息传播、短视频营销、社交媒体互动性的理论，根据实验所得数据进行调整与改进，得出各变量的测项。

（2）二手数据档案数据分析法

通过对某市场营销班同学作为短视频创作者发布的 481 条短视频进行数据收集，再进行 SPSS 的相关性分析与 Stata 的多元线性回归分析。在收集数据过程中选择截面数据作为参考变量，控制短视频创作者自发性流量投入的行为，即花钱在短视频平台进行推流，购买“Dou +”获取平台流量以提升短视频浏览量、点赞量以及粉丝增长等，增加短视频创作者的曝光度。因为样本都来自短视频初创者，无实际带货能力，所以同时剔除带货数量。带货数量受时间的影响较为显著，属于时间数据，使得样本数据具有非独立性。序列相关性强导致回归分析结果失真、结果相关性不强。

（3）深度访谈法

通过使用应用统计软件工具（SPSS、Stata）对假设进行检验后，为了更深层次了解影响短视频创作者在社交媒体的互动性的实际因素，本文采用深度访谈的研究方法，对样本中互动效果好的 3 名短视频创作者开展关于在改善短视频互动效果方面的访谈，对数据分析得到的结果进行辅助验证、补充和解释，使结论更加全面。

（三）研究内容及研究框架

1. 研究内容

本文研究的问题基于互联网 Web 2.0 迅速发展的趋势及市场营销的多元化发展方式。随着用户需求的增长，短视频创作者为了保持平台稳定的流量支持，避免粉丝因视频不规律发布降低关注度，或者短时间内因未发布新视频而产生“脱粉”等行为，导致流量获取压力和内容发布压力，故短视频创作者要保持有规律的节奏发布，防范这些问题的发生。由中国互联网络信息中心发布的第 49 次《中国互联网络发展状况统计报告》指出，中国互联网使用者每周上网时间增长到 30.8 小时，与近年来相比有显著增长。用户除行政工作的网络行为外，花在直播、视频、阅读等网络媒体上的娱乐时间持续增长。稳定地满足用户体验、保证内容供给的丰富性和保持在社交网络上的互动性，是短视频创作者的一项重要技能。在巨大压力下脱颖而出的短视频创作者所积累的账号用户流量，也是短视频创作者业务变现的重要突破口。本文以某市场营销班短视频初创者为研究对象，围绕影响短视频的互动性因素这一核心问题进行探讨，主要内容如下。

（1）短视频互动性的前因及后果分析

学者在短视频互动性的前因及后果的研究方面取得丰硕的成果，但这些成果并不适用于短视频初创者。本文将以前人的研究为基础，试图探究影响短视频互动效果的因素，以期能够更加贴合短视频初创者提升互动效果的创作需求。

（2）关于影响短视频初创者在社交媒体的互动性因素的各项假设检验

在阅读、理解先前的研究理论后，结合短视频初创者实际的互动效果，通过收集数据进行二手数据档案分析，应用统计软件（SPSS、Stata），在短视频创作者、短视频制作及短视频平台三个维度下进行主要因素与短视频互动效果的具体影响情况相关性分析，短视频在社交媒体上的互动效果表现在视频的浏览量、点赞量、评论量和转发量方面。在控制粉丝基数、创作平台、无推流的短视频发布方面，对收集的数据利用 SPSS 进行描述性统计分析，识别各变量之间的相关性。

(3) 结论及对策建议

根据实证检验的数据，判断各因素之间相关性的强弱，得出最终的研究结论。从短视频创作者、短视频制作及短视频平台三个维度对短视频初创者在社交媒体上的互动效果的改进提出相关的对策及建议，将理论扎根于实践，使得研究具有一定的实用性。

2. 研究框架

本文以短视频的互动效果为研究对象，使用二手数据档案数据分析法与深度访谈法相结合的方法，研究短视频互动效果的影响因素。正文内容如下：

第一部分，引言。该部分为本文的研究背景、意义以及创新之处，并指出展开本文研究的基本研究过程、研究主体和研究方法。

第二部分，文献综述。一是短视频的定义与特征；二是互动性与社交媒体互动效果的学术界观点、理论的概括，对相关研究加以梳理（对互动性概念、学者衡量互动性时所用到的指标）；三是在研究短视频互动效果影响因素过程中，依据的理论分别是网络信息传播理论、社会认知理论、社会交换理论。通过对以上三部分内容的整合，确定短视频互动效果影响因素的相关概念及建立模型、测量指标，对文献进行综述。

第三部分，研究假设与概念模型。依据对前期所收集资料的整理，在短视频互动效果的影响因素研究中，笔者对自变量的划分是从短视频创作者自身特征、短视频制作及短视频平台三个方面出发，一是短视频创作者自身特征（性别、粉丝量）；二是短视频制作内容质量相关变量（短视频类型、时长、发布时间、话题）；三是短视频平台的特征（平台定位、细分市场、社区规则、流量池等级的划分）。本文在分析学者采用短视频互动效果测量方式的基础上，最终选择播放量、点赞量、评论量作为本文视频投放后在社交媒体上互动效果的测量指标。

第四部分，研究设计。主要包含实验样本选取的变量测量、数据收集、分类汇总、描述统计样本数据等内容。

第五部分，数据分析及假设检验与结果。对收集的 481 条短视频的后台表现数据利用 SPSS 23.0 应用统计软件进行描述性、相关性与线性回归分析，提出假设，进行检验及输出结果。

第六部分，建议、不足与展望。输出数据分析结果，结合深度访谈对应用统计软件（SPSS）输出的数据结果进行补充说明、总结结论，从短视频创作者、短视频特征与短视频平台三个维度提出建议，列举本文设计研究流程中的不足之处与对短视频营销未来发展的展望。

（四）研究的创新点

本文的创新点在于主题较为新颖，研究主题是近几年关注度较高的短视频营销。短视频营销方式备受视频创作者、企业、平台欢迎，较之国外，近年来短视频营销在国内的发展形式更为丰富与多样，故本文的研究具有一定的新颖性和研究价值。

本文采用定性与定量相结合的研究方法，将身边同学短视频初创者作为数据样本进行数据分析，建立针对短视频互动效果的影响因素概念模型。

本文采用深度访谈的研究方法，选取了 3 名互动效果表现良好的短视频创作者作为被访谈者开展访谈，对数据分析得到的结果进行辅助验证、补充和解释，使数据分析输出的结论不单薄，使本文的结论有一定的说服力，这也是本文的创新之处。

二、文献综述

（一）短视频

1. 短视频的概念界定

短视频即短片视频，是一种互联网的传播形式。① 为了在短时间内捕捉短视频用户的关注点，通常以音频结合画面展示，为用户构建场景而拍摄的一段时长在 15 秒以内的短视频、5～60 秒的中视频及 60 秒以上的长视频。与此同时，降低短视频用户对直接进行广告投放的排斥感，将短视频用户兴趣吸引到推送视频所附带的商品链接中。

2. 短视频的特征

短视频与文字和图片相对比，故事的阐述、产品使用场景的设定、动态

① https：//mbd. baidu. com/ma/s/N5Phq4eq.

化展现视频包含的信息等，能够带给用户更好的感官体验和更强的视觉冲击，将短视频创作者希望传达的信息更加直观地传达给短视频用户。王海云（2020）的研究表明，因为短视频的时长是有限制的，所以内容的展示都是“干货”，满足短视频用户在碎片化的时间中泛娱乐化的需求，为用户节省大量时间，同时，短视频创作者面临数量与质量的双重压力与挑战。

有学者将短视频的特征分为：①媒体功能集与技术特征。每个视频账号都是一个表演平台（吴雁飞、刘桐，2021），用户就是“观众”，与短视频创作者进行互动。同时，用户可以作为短视频创作者——不仅自己可以剪辑、上传短视频，还可对短视频进行浏览、评论、点赞。通过两种角色的转化，改善短视频创作者与用户间的互动关系。②内容关联。短视频账号的发展必须基于内容，这是最基础的支撑。短视频的内容决定了用户的分类，同时短视频对用户的吸引力来源于视频内容的多样性。③舆论导向性。在快节奏的生活中，出于消遣娱乐需求的短视频用户，在浏览热门视频后，因模仿性会发布自己的同款热门视频到社交媒体上。当短视频创作者的视频被用户喜欢时，用户的互动性被激发，大概率会对其发布内容进行模仿或二次改编创作。当二次创作累积到一定界值时，形成一种趋势，从而吸引更多用户的关注和平台的流量支持。④偏好推荐。推荐方法主要以通过短视频用户长期浏览、点赞、评论、转发、打赏等行为作为推荐的过滤条件，对偏好类似的用户进行分类，若用户对某一类型短视频的观看、互动性高，平台会为用户推荐更多同类型的不同视频（石昀仟，2022）。

（二）互动性与社交媒体互动效果

1. 互动性的概念界定

互动性是一种进行社会交往活动时人类的社会行为展现（谭雯，2020），包括生理感官的互动、情绪的互动和理智的互动。互动性是在公域流量中信息发布门槛低、方式简单导致的直接结果，信息传播者和受众的交流增强，同时整个传播过程中的交流方式也因互动效果而不断调整变化（Sundar et al.，2003）。

2. 社交媒体的互动效果

短视频在社交媒体互动效果的催化作用下，信息不再仅限于某一方的发布，而是在信息传播者和受众双方不断交流的过程中演化。有学者认为互动性是信息传播者和接受者通过面对面直接交流的传播方式交流感受和需求，从而拉近双方的距离，使双方产生亲切感，从而构建较强的传播效果（朱富强，2021）。互动性是社交媒体的显著优势之一，以往在传统媒介环境下用户只能单向接收信息的落后方式被取代。随着 Web 2.0 网络技术的发展和互联网覆盖率的提升，短视频创作者行为的自发性越来越强（赵宇翔、朱庆华，2009）。

真正的互动是在短视频创作者和短视频用户双方交流、倾向、地位平等基础上，通过有效的沟通，这也包括创作者与用户之间的互动行为，用户由被动转变成主动（杨莉明、徐智，2016），可以创造更有效的短视频互动。短视频创作者依赖反馈的有效性，提高互动效果。用户通过社交媒体的浏览、点赞、评论、转发、收藏等行为展现出需求的倾向程度，与短视频制作形成一种间接的互动（冯雪，2020）。

（三）网络信息传播理论、社会认知理论、社会交换理论

在传统的信息传播模式研究中，国外的研究理论丰富且成熟。孙婷婷（2019）的研究中提到，1959 年美国学者莱利夫妇提出了系统传播模式，指出在信息传达的全部过程中包括人际、群体和系统的传达。可以理解为信息传达者和用户都是传达过程当中的一个分支系统，这些分支系统经过衔接构成的人际关系实行互动传达，这个过程既包括信息传达者也包括用户双方，同时该信息传达方式受到经济、政治、文化等很多因素不同程度的影响。

Chang 和 Chen Wang（2008）提出，在网络信息传播的过程中，用户对信息的态度与交流互动行为之间存在一定相关性。国外部分学者以特定的视角分析研究，例如，Galuba 等（2010）从网络的社交性角度，对 Twitter 的网络信息传播规律及内容特征之间的关系展开研究。

Bandura（1986）提出的社会认知理论主张主体行为、个体特征、环境因素相互联结且彼此影响。本文提出短视频创作者在社交媒体上互动效果的影响因素，通过强化短视频用户在交互过程中反应行为的认同点来促进在社交媒体上互动效果的提升（王雨心等，2018）。

社会交换理论认为，在社会交往中的社会原则是互相帮助。这一理论也可以用来解释如何增强短视频创作者与短视频用户的交互性，使短视频创作者发布的视频在社交媒体的互动效果中呈现良性发展的趋势。短视频用户通过积极的、及时的双向沟通向短视频创作者反馈其需求及爱好，使短视频创作者在社交媒体上发布的短视频能够充分满足用户的需求，双方进行价值交换，双方之间的关系得到进一步的强化；双方相互依存，一方提出的诉求另一方做出实际的改变，二者形成良性的互动关系，在社交媒体上展现更好的互动效果（Blau，1964）。

三、研究假设与概念模型

研究结果展示，现在更多的用户倾向于根据体验感做出选择（Holbrook and Hirschman，1982；Schmitt，1999）。前文提到学者在研究短视频互动效果时，会选择浏览、点赞、评论、转发、收藏等指标来衡量互动效果优劣程度。胡仙、吴江等（2020）的研究提出，短视频用户与短视频创作者之间的互动媒介是点赞，点赞这一符号是承载着交互、促进通信的类语言，是复杂的情感结合体；Ziegele 和 Quiring（2013）将研究影响用户互动的所有认可度较高的因素总结为四点，其中就包括用户评论因素。在此基础上，本文选择在控制短视频创作者自发性流量投入的行为（花钱在短视频平台进行推流，购买“Dou +”获取平台流量以提升短视频浏览量、点赞量以及粉丝增长，增加短视频创作者的曝光度等）、短视频创作者自身特征（性别、粉丝量）、短视频特征（类型、时长、发布时间、话题有无）以及短视频平台特征（平台定位、细分市场、社区规则、流量池等级的划分）四个维度，量化分析出四个维度下的指标对短视频初创者所发布视频的浏览量、点赞量、评论量的影响，衡量在社交媒体上的互动效果。因而本文提出以下假设：

创作者自身特征：

H1：性别对短视频互动效果有影响。

H1a：性别对浏览量有影响。

H1b：性别对点赞量有影响。

H1c：性别对评论量有影响。

H2：粉丝量对互动效果有影响。

H2a：粉丝量对浏览量有影响。

H2b：粉丝量对点赞量有影响。

H2c：粉丝量对评论量有影响。

短视频特征：

H3：类型对短视频的互动效果有影响。

H3a：类型对浏览量有影响。

H3b：类型对点赞量有影响。

H3c：类型对评论量有影响。

H4：时长对短视频的互动效果有影响。

H4a：时长对浏览量有影响。

H4b：时长对点赞量有影响。

H4c：时长对评论量有影响。

H5：发布时间对短视频的互动效果有影响。

H5a：发布时间对浏览量有影响。

H5b：发布时间对点赞量有影响。

H5c：发布时间对评论量有影响。

H6：话题有无对短视频的互动效果有影响。

H6a：话题有无对浏览量有影响。

H6b：话题有无对点赞量有影响。

H6c：话题有无对评论量有影响。

同样的视频发布在不同的短视频平台会受到该平台定位的影响，如抖音 App 与小红书 App 平台定位不同，抖音用户覆盖面广，涉及形形色色的不同领域，但小红书 App 的用户偏向女性化，故定位于美妆类、穿搭类较多。同时，抖音 App 与小红书 App 的社区政策不同，因此对短视频创作者所发布的短视频的审核力度与流量支持算法不尽相同。同时，由于短视频平台自有算法的不同，所获得的流量池支持也不同，在抖音 App 中具有流量池等级的划分，所发布的短视频在不同时间段内获得不同等级的流量支持与曝光度后，平台会相对应地在不同等级阶段给予不同的流量支持，然而小红书 App 更加倾向于对素人创作的优质笔记进行流量支持，将一篇优质笔记打造成爆款，使热门笔记获得更多的用户关注，进行良性的互动，从而鼓励短视频创作者不断创作出用户所需的优质作品，使得短视频创作者和短视频用户之间的互动关系趋于更加稳定的态势，双方形成动态的良性互动效果。短视频平台的特征虽无法用具体数据说明，但不能忽视其对短视频创作者在社交媒体上互动效果的影响。本文以短视频创作者自身特征、短视频特征以及短视频平台特征为自变量，以社交媒体的互动效果为中介变量，以短视频的浏览量、点赞量、评论量以及转发量为因变量，提出以下概念模型（见图 2）。

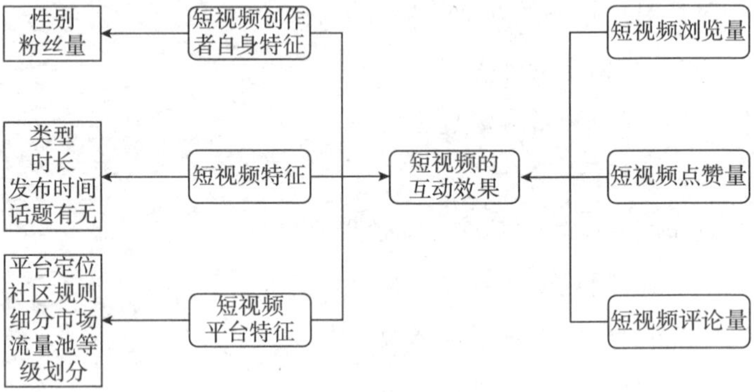

图 2　概念模型

四、研究设计

（一）变量测量

本文研究所采用的变量都是从前人的理论成果和收集到的一手数据中得出，再根据实际情况所需加以调整和修改、选取、确定衡量指标。

（二）数据收集

本文研究流程中，首先进行了预先调查与二手数据档案分析。收集 481 条短视频初创者发布在社交媒体上的视频后台表现数据并进行初步访谈，剔除不精准数据或无效数据。对 481 份数据进行初步数据排序、分类，查找优秀个案，进行所需数据选取，对优秀个案进行访谈。

1. 短视频创作者特征：性别（男 -1，女 -2）

粉丝量具体数字：为了对数据进行相关性及回归分析，对收集到的数据进行分类汇总和数据分组。从收集的数据中可见（见表1），互动效果明显的三位短视频创作者的粉丝量分别是32000、34000、77000。

表1　粉丝量数据分组

粉丝数量	编号
0 ~ 50	1
51 ~ 100	2
101 ~ 150	3
151 ~ 200	4
201 ~ 250	5
32000	6
34000	7
77000	8

2. 短视频特征

类型：根据收集到的481条短视频内容进行分类，分别是穿搭类、技能类、明星剪辑类、美妆类、生活日常类、萌宠类、搞笑创作类（见表2），并对其进行数据分组。

表2　短视频类型数据分组

短视频类型	编号
穿搭类	1
技能类	2
明星剪辑类	3
美妆类	4
生活日常类	5
萌宠类	6
搞笑创作类	7

时长：0 ~ 15秒为1；16 ~ 30秒为2；31 ~ 60秒为3；60秒以上为4。

发布时间：将一天24小时，以每2小时为一个时间段进行分类（见表3）。

表 3 短视频发布时间数据分组

短视频发布时间	编号	短视频发布时间	编号
00：00—02：00	1	12：00—14：00	7
02：00—04：00	2	14：00—16：00	8
04：00—06：00	3	16：00—18：00	9
06：00—08：00	4	18：00—20：00	10
08：00—10：00	5	20：00—22：00	11
10：00—12：00	6	22：00—24：00	12

话题有无：0 – 无话题，1 – 有话题。

（三）样本描述性统计

本文收回的 481 条短视频的后台数据中，数据描述统计如下：

1. 短视频创作者自身特征描述

男性 261 人，占比为 54.3%，女性 220，占比为 45.7%；发布短视频所带粉丝量在 250 人以下的占比为 51.4%，250 人以上的占比为 48.6%。

2. 短视频特征描述

类型分组中：穿搭类 72 条，占比为 15.0%；技能类 251 条，占比为 52.2%；明星剪辑类 30 条，占比为 6.2%；美妆类 30 条，占比为 6.2%；生活日常类 77 条，占比为 16.0%；萌宠类 14 条，占比为 2.9%；搞笑创作类 7 条，占比为 1.5%。从中可以看出，短视频创作者在进行前期内容创作的过程中，倾向于选择技能类视频的概率最大，其次为生活日常类。

时长分组中，在 15 秒内的短视频有 42 条，占比为 8.7%；15 ~ 30 秒的短视频有 143 条，占比为 29.7%；30 ~ 60 秒的短视频有 135 条，占比为 28.1%；60 秒以上的视频有 161 条，占比为 33.5%。

发布时间分组中，在 00：00—02：00 与 02：00—04：00 发布的短视频均有 28 条，占比均为 5.8%；在 04：00—06：00 发布的短视频有 12 条，占比为 2.5%；在 06：00—08：00 发布的短视频有 18 条，占比为 3.7%；在 08：00—10：00 发布的短视频有 67 条，占比为 13.9%；在 10：00—12：00 发布的短视频有 159 条，占比为 33.1%；在 12：00—14：00发布的短视频有 10 条，占比为 2.1%；在 14：00—16：00 发布的短视频有 35 条，占比为7.3%；在16：00—18：00时间段内发布的短视频有24条，占比为5.0%；在18：00—20：00发布的短视频有28条，占比为5.8%；在20：00—22：00发布的短视频有51条，占比为10.6%；在22：00—24：00发布的短视频有21条，占比为4.4%。数据表明，短视频创作者偏好在10：00—12：00和20：00—22：00发布短视频。

在短视频是否带话题的分类中，不带话题的短视频有111条，占比为23.1%；带话题的短视频有370条，占比为76.9%。

本文收集的481条短视频的后台表现数据无须剔除，利用应用统计软件SPSS 23.0工具进行相应分析和验证。

五、数据分析及假设检验与结果

（一）样本相关性分析

Ziegele和Quiring（2013）提出并确定了相关性强弱的衡量标准：一般来说，相关系数取绝对值后，0～0.09为无相关关系，0.1～0.3为弱相关关系，0.3～0.5为中等相关关系，0.5～1.0为强相关关系（Cohen，2013）。

将SPSS 23.0应用统计软件作为数据分析工具，对短视频创作者自身特点（性别、粉丝量）、短视频特征（类型、时长、发布时间、话题有无）进行数据分析。通过不同变量间相关性强弱的分析，可以对实验的假定进行初步的测试。表4显示了相关分析的结果。

表4　样本相关性分析

	性别	粉丝量分组	类型	时长	发布时间	话题有无	浏览量分组	点赞量分组	评论量分组
性别	1								
粉丝量分组	-0.227**	1							
类型	0.110*	-0.441**	1						
时长	-0.131**	0.556**	-0.405**	1					
发布时间	0.255**	0.145**	-0.118**	0.269**	1				
话题有无	-0.220**	0.328**	-0.220**	0.160**	-0.021	1			
浏览量分组	-0.139**	0.816**	-0.460**	0.583**	0.273**	0.279**	1		

续表

	性别	粉丝量分组	类型	时长	发布时间	话题有无	浏览量分组	点赞量分组	评论量分组
点赞量分组	-0.112*	0.647**	-0.361**	0.326**	0.096*	0.197**	0.721**	1	
评论量分组	-0.203**	0.606**	-0.320**	0.305**	0.042	0.298**	0.688**	0.743**	1

注：$p^{*}<0.05$，$p^{**}<0.01$。

1. 短视频创作者自身特征对短视频互动效果的相关分析

根据表4可知，短视频创作者自身特征中的粉丝量正向影响短视频的浏览量、点赞量、评论量，相关系数分别为0.816、0.647、0.606。假设H2、H2a、H2b、H2c得到初步验证，并且粉丝量与短视频的浏览量、点赞量、评论量呈强相关关系。

2. 短视频特征对短视频互动效果的相关分析

同时，短视频特征中的时长正向影响短视频的浏览量、点赞量、评论量，相关系数分别为0.583、0.326、0.305。假设H4、H4a、H4b、H4c得到初步验证，并且时长与浏览量呈强相关关系，与点赞量和评论量呈中等相关关系。短视频特征中的发布时间正向影响短视频的浏览量、点赞量、评论量，相关系数分别为0.273、0.096、0.042。假设H5、H5a得到初步验证，并且时长与浏览量呈弱相关关系，与点赞量和评论量无相关关系。短视频特征中的话题有无正向影响短视频的浏览量、点赞量、评论量，相关系数分别为0.279、0.197、0.298。假设H6、H6a、H6b、H6c得到初步验证，并且时长与浏览量、点赞量、评论量呈弱相关关系。

（二）样本回归性分析

1. 浏览量对短视频互动效果的回归分析

由表5可以看出，该模型的判定系数 R^2 为0.791，回归方程的估算标准误差为1.873，可以接受。德宾—沃森（Durbin - Watson，U）的值为1.511，接近2，以往经验表明德宾—沃森的值越接近2，越是相互独立，不存在自相关。

表 5　浏览量对短视频互动效果的线性回归分析结果

模型	R	R^2	调整后 R^2	估算标准误差	德宾—沃森
1	0.889[a]	0.791	0.788	1.873	1.511

注：a. 预测变量（常量），包括评论量分组、发布时间、话题、时长、粉丝量分组、点赞量分组。b. 浏览量分组。

在显著性中（见表 6）可以看出，粉丝量、时长、发布时间的回归系数显著性检验的 t 统计量的观测值分别为 13.204、6.523、6.151，概率 p 值近似零，显著性水平在 0.05 时，认为短视频创作者粉丝量、时长、发布时间对短视频互动效果的影响效果明显。在容差和 VIF 中可以看出，容差大于 0.1 且 VIF 小于 10，说明粉丝量、时长、发布时间、话题有无、点赞量、评论量之间没有共线问题存在。

表 6　浏览量对短视频互动效果的线性回归分析结果

系数[a]								
模型		未标准化系数		标准化系数	t	显著性	共线性统计	
		β	标准误差	*Beta*			容差	VIF
1	（常量）	-1.252	0.321		-3.903	0.000		
	粉丝量分组	0.716	0.054	0.435	13.204	0.000	0.406	2.462
	时长	0.703	0.108	0.170	6.523	0.000	0.652	1.534
	发布时间	0.188	0.030	0.135	6.151	0.000	0.920	1.087
	话题有无	0.090	0.218	0.009	0.411	0.681	0.861	1.161
	点赞量分组	0.133	0.021	0.221	6.496	0.000	0.380	2.631
	评论量分组	0.229	0.038	0.199	6.046	0.000	0.406	2.460

注：因变量：浏览量分组。

2. 点赞量对短视频互动效果的回归分析

由表 7 可以看出，该模型的判定系数 R^2 为 0.651，回归方程的估算标准误差为 4.019，可以接受。Durbin - Watson（U）的值为 1.749，接近 2，变量之间相互独立，可以进行下一步回归。

表 7　点赞量对短视频互动效果的线性回归分析结果

模型	R	R^2	调整后 R^2	估算标准误差	德宾—沃森
1	0.807[a]	0.651	0.647	4.019	1.749

注：预测变量（常量），包括评论量分组、发布时间、话题有无、时长、粉丝量分组、浏览量分组。

在显著性中可以看出（见表8），粉丝量、时长、发布时间的回归系数显著性检验的 t 统计量的观测值分别为 3.130、-2.676、-0.743，概率 p 值近似零，显著性水平 在0.05 时，认为粉丝量、短视频时长对短视频互动效果的影响效果明显。在容差和 VIF 中可以看出，容差大于0.1 且 VIF 小于10，说明粉丝量、时长、发布时间、话题有无、浏览量、评论量之间没有共线问题存在。

表8　点赞量对短视频互动效果的线性回归分析结果

模型		未标准化系数		标准化系数	t	Sig.	共线性统计	
		β	标准误差	*Beta*			容差	VIF
1	（常量）	-0.297	0.699		-0.425	0.671		
	粉丝量分组	0.422	0.135	0.154	3.130	0.002	0.303	3.300
	时长	-0.641	0.240	-0.093	-2.676	0.008	0.607	1.647
	发布时间	-0.050	0.068	-0.022	-0.743	0.458	0.853	1.173
	话题有无	-1.211	0.466	-0.076	-2.601	0.010	0.873	1.145
	浏览量分组	0.613	0.094	0.369	6.496	0.000	0.228	4.387
	评论量分组	0.855	0.075	0.447	11.439	0.000	0.482	2.077

3. 评论量对短视频互动效果的回归分析

由表9 可以看出，该模型的判定系数 R^2 为 0.623，回归方程的估算标准误差为 2.188，可以接受。Durbin - Watson（U）的值为 1.754 接近 2，变量之间相互独立，可以进行下一步回归分析。

表9　评论量对短视频互动效果的线性回归分析结果

模型	R	R^2	调整后 R^2	估算标准误差	德宾—沃森
1	0.789[a]	0.623	0.618	2.188	1.754

注：a 预测变量（常量）：点赞量分组、发布时间、话题、视频时长、粉丝量分组、浏览量分组。

在显著性中可以看出（见表10），发布时间、话题有无的回归系数显著性检验的 t 统计量的观测值分别为 -2.821、3.544，概率 p 值近似零，显著性水平 0.05 时，认为发布时间、话题有无对短视频互动效果的影响效果明显。在容差和 VIF 中可以看出，容差大于 0.1 且 VIF 小于 10，说明粉丝量、时长、发布时间、话题有无、点赞量分组、浏览量分组之间没有共线问题存在。

表 10　评论量对短视频互动效果的线性回归分析结果

模型		未标准化系数		标准化系数	t	Sig.	共线性统计	
		β	标准误差	Beta			容差	VIF
1	（常量）	0.589	0.380		1.553	0.121		
	粉丝量分组	0.018	0.074	0.012	0.237	0.813	0.297	3.368
	时长	-0.227	0.131	-0.063	-1.734	0.084	0.602	1.661
	发布时间	-0.103	0.037	-0.086	-2.821	0.005	0.866	1.155
	话题有无	0.893	0.252	0.106	3.544	0.000	0.884	1.132
	浏览量分组	0.312	0.052	0.359	6.046	0.000	0.225	4.435
	点赞量分组	0.253	0.022	0.484	11.439	0.000	0.445	2.246

（三）结果

本文通过实证性研究证明在短视频创作者自身特征维度下提出的假设 H1 不成立，即短视频创作者的性别与短视频的互动效果并无相关性。假设 H2 成立，短视频创作者的互动效果与其所拥有的粉丝量相关，并在进行深度访谈法时，有被访者提及短视频创作者在初期创作时，其互动效果主要来源于熟人扮作粉丝与其进行基础互动，从而被平台捕捉到，识别成优秀视频。其做法为在特定的某一时间段熟人粉丝对短视频创作者发布的视频进行浏览、点赞、评论等互动行为，通过裂变效应获得更多流量，进而通过平台算法给予更多流量支持。在短视频创作的维度下提出的假设 H3 不成立，数据分析显示短视频的类型与互动效果不相关，结合实际生活与被访谈者回答，由于短视频用户的需求是多样化的，不同类型的短视频创作者形成不同的粉丝群体，在用户认同一类或几类视频时，其互动行为差异表现并不明显。但时长、发布时间以及话题有无与短视频的互动效果具有不同程度的相关性，时长的特点决定了用户更倾向于时间较短的视频。也有被访谈者补充，短视频的时长决定了视频的完播率，完播率高则表明视频内容质量好，再通过短视频平台的推流，使短视频获得最大程度的曝光，从而提升短视频的互动效果。发布时间要集中于短视频用户的闲暇时间，因此发布时间应避开工作、学习时间；同时，被访谈者建议创作者在发布时间上最好确定一个固定的时间段，培养用户的依赖性，提升用户的忠诚度以此提高短视频的互动效果。话题有无更多的是为了用户在搜索相关内容时，短视频信息被用户主动接收，形成主动的互动行为。被访谈者提出短视频所带的话题与短视频的内容主题要契合，或者添加流量最高、热度最高的话题来引流，促进短视频传播的广度，从而提升互动效果。

六、建议、不足与展望

（一）建议

第一，依据档案数据分析的建议。在前面描述统计的案例中可以得出：就短视频创作者而言，在创作初期，首先，粉丝量的积累对短视频的互动效果起至关重要的作用。其次，短视频的时长、发布时间、话题有无也影响着短视频的互动效果。最后，是平台维度，短视频初创者在早期的视频投放过程就是与各大短视频平台不断磨合与试错的过程，根据自身的特色以及风格，使自己的短视频展现标签化。只有标签化的特征与短视频所投放的平台调性相契合，才能使互动效果指标得以良性的循环发展。

第二，依据访谈法的建议。对三位短视频互动效果表现良好的创作者进行访谈，除了上文数据分析得出的影响因素外，互动性不只局限于短视频创作者与用户之间的互动，同时用户之间的相互留言、转发形成动态的正向影响。被访谈者提出：首先，作为短视频创作者本身要做好自我定位，也就是使短视频用户能迅速产生记忆的特征，个人人设的打造会给予用户强的记忆点。其次，被访谈者指出互动效果活跃的短视频，发布时间集中于10：00—12：00、20：00—22：00这两个时间段内。并且，短视频用户的喜好更倾向于提升自己，视频类型偏好为技能类和生活日常类，通过短视频的浏览学习，进行模仿，以便提升自我价值。最后，是平台维度，被访谈者提及不同社交媒体的定位不同和用户细分市场不同。例如小红书，截至2021年11月，月活量2亿，72%为“90后”，男性占比升至30%，[①]其定位于美妆个护类、服饰穿搭类，以“种草”的方式进行互动，平台流量加持，打造出多款“爆品”。社交媒体的社区规则也是短视频创作者在初

① https：//www. xiaohongshu. com/protocols/about.

期最容易忽略的因素，视频、文案中涉及违背社区规则的词条，视频就会受到限流，互动效果几乎为零。同时提出，因为抖音的算法机制有别于其他社交媒体，抖音 App 设有流量池等级，会把短视频创作者分为头部、腰部、尾部创作者，凭借此划分标准给予不同的曝光度从而影响短视频的互动效果。

（二）不足与展望

该研究的调研对象仅限于某市场营销班的同学，职业、地区、兴趣分布较窄，不满足现有的短视频初创者的特征。对于数据的描述统计部分只做了线性回归分析，并未做进一步的影响因子分析。因为国内外缺乏对于短视频初创者的视频投放营销效果的理论支撑，研究缺乏一定的深度与广度。对于研究的自变量，存在一定的主观偏差与不全面。

未来研究可以从以下几个方面进行拓展：

（1）短视频竞争激烈，革新形成新的市场格局。短视频营销在公域流量中引得各资本间激烈角逐，为了找到新的发展蓝海，越来越多的企业为私域流量的发展注入更多的资本（钟倩，2021；张绪旺，2021）。例如，微信将品牌公众号与视频号相连接，将公众号的流量转移到视频号，展现的内容也由静态文字转向动态的视频宣传，形成了很好的信息传播链路的生态闭环。

从短视频创作者维度来说，他们面临更大的挑战。随着专业视频制作团队的迅速加入，相较于业余的短视频创作者，他们拥有更强的创作能力与专业的视频剪辑技术，故行业竞争压力越来越大，要求每一位短视频创作者要不断学习新的技能，在泛娱乐化的短视频行业环境中，找准自身定位与人设打造，提高账号辨识度（杜锦铭，2021）。

（2）短视频变现呈现多元化趋势，内容将越来越垂直化、专业化。作为各大资本追逐的风口，短视频发展面对的是激烈竞争。平台为保持自身特有竞争力，形成明显的内容垂直化发展调性，垂直领域成为发展突破点。短视频平台的不断涌现，很难形成一家独大的局面。并且，要注重传播渠道的改革，网络视听用户增长的主要动力来源于三线、四线、五线小城市的短视频用户，其增长更有发展空间，要将渠道由中心城市向三、四线城市延伸。因此，短视频用户群体被细分，精准个性化推荐将发挥重要作用。

(3)“短视频+”将成为爆款，精品化是产业链新机会。开发“短视频+”渠道，凸显商业变现的功能，如“短视频+农业”，具备优良的用户土壤，由以往的图片展示转变为视频线上观看的电商模式。同时对经济附加值高的，平台采取一定的内容付费模式，如TikTok推出的Creator Next工具的“赞赏”功能，帮助短视频创作者将内容商品化，为短视频创作者提供收入的同时避免了内容水化（短视频内容质量降低），为短视频平台发展不断提供精品化视频、不断造血，这类基于内容自身变现的模式比流量变现更加健康、持久、稳定。依托人工智能的不断进步，VR和AR等技术特效也将嵌入短视频创作的产业链中。

参考文献

[1]陆朦朦,范彬彬.“十三五”以来我国短视频营销发展盘点与趋势前瞻[J].出版广角,2021(1):19-23.

[2]刘斌.试析短视频助力新媒体内容营销的条件、特点及注意事项[J].新闻知识,2019(3):14-16.

[3]石昀仟.浅谈新媒体领域下短视频传播产生效应[J].中国传媒科技,2022(2):49-51,54.

[4]谢莹,高鹏,李纯青.直播社会临场感研究:量表编制和效度检验[J].南开管理评论,2021,24(3):28-38,71.

[5]杨曼曼.抖音短视频广告效果影响因素研究[D].广州:华南理工大学,2019.

[6]王海云.短视频平台版权侵权责任认定研究[D].蚌埠:安徽财经大学,2020.

[7]吴雁飞,刘桐.新媒体语境下短视频剪辑艺术研究[J].中国传媒科技,2021(6):84-86.

[8]谭雯.情感交互背景下大学生选课App界面设计探究[D].大连:辽宁师范大学,2020.

[9]SUNDAR S, KALYANARAMAN S, BROWN J. Explicating website in-

teractivity: impression formation effects in political campaign sites[J]. Communication research,2003,30(1): 30 –59.

[10]朱富强. 互动性法则对新闻媒体“把关人”角色的冲击[J]. 科技传播, 2021,13(12):111 –113.

[11]赵宇翔,朱庆华. Web 2.0 环境下影响用户生成内容的主要动因研究[J]. 中国图书馆学报, 2009,35(5):107 –116.

[12]杨莉明,徐智. 社交媒体广告效果研究综述:个性化、互动性和广告回避[J]. 新闻界, 2016(21):2 –10.

[13]冯雪. 新闻资讯类短视频传播的互动研究[D]. 济南:山东师范大学, 2020.

[14]孙婷婷. 移动短视频传播效果影响因素研究[D]. 哈尔滨:哈尔滨工业大学, 2019.

[15]CHANG H H, WANG I C. An investigation of user communication behavior in computer mediated environments[J]. Computers in human behavior, 2008,24(5): 2336 –2356.

[16]GALUBA W, ABERER K, CHAKRABORTY D,et al. Outtweeting the twitterers—predicting information cascades in microblogs[R]. In 3rd Workshop on Online Social Networks,2010.

[17]BANDURA A. Social foundations of thought and action[M]. Englewood Cliffs,NJ:Prentice Hall,1986:23 –28.

[18]王雨心,闵庆飞,宋亚楠. 基于感知互动性探究社交媒体用户生成内容的影响因素[J]. 情报科学, 2018,36(2):101 –106.

[19]BLAU P M. Exchange and power in social life[M]. New York: Wiley,1964.

[20]HOLBROOK M B, HIRSCHMAN E C. The experiential aspects of consumption: consumer fantasies, feelings, and fun[J]. Journal of consumer research,1982(2): 132 –140.

[21]SCHMITT B. Experiential marketing[J]. Journal of marketing management,1999,15(1 –3): 53 –67.

[22]胡仙,吴江,刘凯宇,等. 点赞社交互动行为影响因素研究:基于微信朋友圈情境[J]. 情报科学, 2020,38(1):36 - 41.

[23] ZIEGELE M, QUIRING O. Conceptualizing online discussion value [J]. Annals of the international communication association, 2013, 37 (1): 125 - 153.

[24]COHEN J. Statistical power analysis for the behavioral sciences[M]. New York:Routledge,2013.

[25]钟倩. 私域流量营销:实体书店直播转型再思考[J]. 出版广角, 2021(15):79 - 81.

[26]杜锦铭. 基于微信生态的私域流量研究[J]. 遵义师范学院学报, 2021,23(2):104 - 108.

抖音广告中意见领袖的特征对消费者购买意愿的影响
——社会临场感的中介效应①

李　瑞

摘要：电子商务不断发展，导致抖音用户量剧增，出现了一批拥有大量粉丝、对他人决策产生影响的意见领袖。意见领袖具有知名度、专业性和与消费者良好互动的特点，而这些特点会对消费者的购买意愿产生一定的影响。为了了解消费者在观看抖音广告时所产生的一些情感性的表达，多大程度能使其感受身临其境，从而更愿意购买产品，本文找到了社会临场感这一中介变量。本文以问卷的形式收集数据，共得到217份有效数据，以当下流量聚集的抖音为研究情境，以社会临场感这一概念为中介变量，利用SPSS对数据进行分析，探讨意见领袖所拥有的特征是否会对消费者购买意愿产生一定的影响。研究表明：①抖音广告中意见领袖的知名度、专业性、互动性会对消费者购买意愿产生正的影响；②社会临场感具有一定的中介效应。本文研究丰富了抖音的营销内容，完善了意见领袖相关模型。

关键词：抖音；意见领袖；社会临场感；消费者购买意愿

作者简介：李瑞，西北大学经济管理学院2022届工商管理系市场营销专业本科生。

① 本文由谭乐副教授指导完成。谭乐，西北大学经济管理学院副教授，硕士生导师，研究方向：组织行为和人力资源管理。

一、绪论

（一）研究背景

1. 实践背景

2021 年，抖音的每日使用者已经超过了 6 亿人。随着互联网的发展，在用户数量方面，抖音已经超过了昔日处于垄断地位的百度。抖音成为人们社交的一个新场所后，聚集了超高的流量，于是出现了大量专门从事自媒体工作的人群，他们拥有超高的人气，受到粉丝的拥护，在一定程度上会影响部分受众的看法。有一部分网红拥有某一领域的专业知识，积累了大量的购买经验，在频繁的互动中向消费者传递商品信息，分享购买经验，吸引了大量的消费者，成为消费者关注的对象，对消费者购买意愿有一定的影响，符合意见领袖的相关概念。越来越多的商家希望能与这些网红合作，从而提升商品的知名度，扩大销售。商家将广告投放在抖音上，通过与这些网红的合作，让产品更有知名度，消费者就会更愿意购买。

2. 理论背景

意见领袖在某一领域有专业的知识，积累了大量的购买经验，在频繁的互动中向消费者传递商品信息，分享购物经验，吸引大量消费者，成为消费者关注的对象。由于其自身特点与影响力，意见领袖受到了广泛的关注，成为营销领域一个重要的研究内容。意见领袖有着引导舆情、影响他人的作用（林萍等，2021）。黎红艳（2021）研究了社会化媒体中意见领袖的作用，如电商直播、微博等。关于意见领袖特性和消费者购买意向之间的关系，已有研究从微博、微信等多种情境出发，随着抖音的爆火，抖音营销也成为一个重要的方式，但已有研究缺少对抖音广告这一情境的涉及，本文从这一情境出发，填补了已有研究的不足。

社会临场感是指当人们使用现代化产品交流时，更多地感受到的与其他人之间的距离缩短，社会临场感更关注的是心理感受，如消费者的共在意识、心理参与、亲密度等（金恒江等，2021）。社会临场感会使消费者产生从众心理（谢莹等，2021），从而使消费者更加愿意购买。意见领袖特征的专业性、知名度、互动性也会影响消费者的共在意识、心理参与度，专业性越高，消费者感知到的参与度就会越高，越知名的意见领袖消费者会越愿意参与，与之亲密度越高。以往的研究都是从消费者的经济价值角度出发，而本文从消费者的情感角度研究，以社会临场感为中介变量，从消费者感知到的社交价值与他人联系的社会角度研究，无论是在情境还是在变量上都有所创新。

（二）研究意义

1. 理论意义

本文研究的理论意义：第一，从抖音平台出发，是一个创新的情境，丰富了抖音营销理论；第二，社会临场感这一中介变量关注了研究的不足，丰富了中介影响路径。本文以社会临场感为中介变量，分析抖音广告中意见领袖特征与消费者购买的关系，完善了意见领袖特征模型，有一定的进步意义。

2. 实践意义

抖音受到更多人的关注，下载量与平台用户不断增多，电商领域不断扩展，在抖音上投放广告已经成为新的营销方式。通过抖音广告的投放，提高产品的曝光度，使更多人了解产品。抖音广告除了直接投放在广告平台以外，更多的是通过一些网红大 V 推荐产品，他们通过视频的方式传播、推销产品。本文分析了抖音平台中意见领袖特征与消费者购买意愿之间的关系，对于商家在投放广告时对抖音网红的选择具有一定的指导作用。

（三）研究框架

本文的研究框架如图 1 所示。

（四）研究方法

本文采用问卷调查法进行研究。本文根据已有的意见领袖特征及社会临场感量表设计调查问卷，通过问卷星发放问卷，收集相关抖音用户的看法与意见，从而得出结果。

（五）创新点

本文从抖音平台出发，研究抖音广告中意见领袖特征与消费者购买意

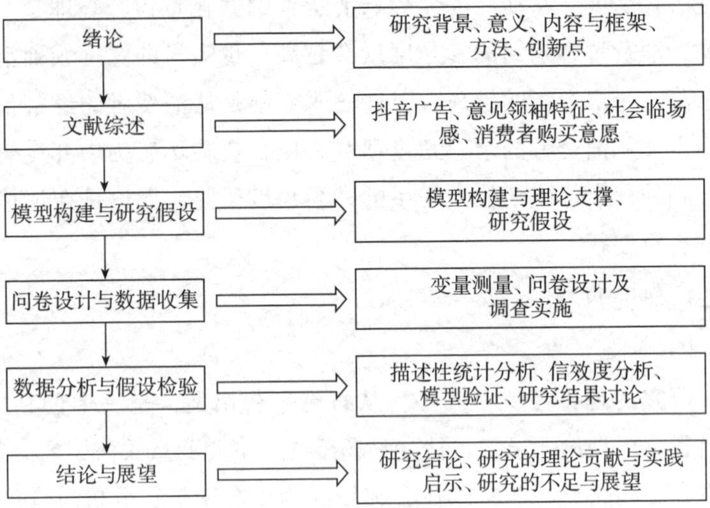

图1　研究框架

愿的关系。已有研究主要以微博、微信等社交平台为背景探究意见领袖对消费者购买意愿的影响，而抖音是短视频分享平台，在用户群体、使用目的等方面都与微博、微信等社交平台有所不同，本文丰富了研究情境。

已有文献中对于消费者自身社会价值感知中介效应的研究还有待丰富，本文研究社会临场感这一变量的中介效应，弥补了这一部分研究的不足，完善了相关模型。

二、文献综述

（一）抖音广告及其相关研究

随着互联网的发展，传统的广告模式受到了巨大的冲击，越来越多的学者将目光投向新的广告模式。随着抖音的爆火、用户量及日活量的增长，学者对抖音广告的研究也不断增多，主要分为以下几类。

一是从抖音广告对消费者的影响角度进行研究。曾鼐（2021）对消费者因观看网络直播而产生购买行为的出发点和影响要素进行了讨论，发现短视频行业的竞争力与品牌个性化会对用户产生影响，企业在投放广告时应注重品牌的个性化特征。

二是抖音广告的市场战略分析。文胜伟等（2021）分析了爆款带货视频成功的创作策略，如选题贴近生活、内容创新、剪辑制作等；李宝等（2021）以抖音为案例，不仅对抖音营销战略的特征进行了探讨，也对其当前发展中面临的问题进行了探讨，并探讨了如何提高自身的竞争力；同时还对不同领域的短视频营销策略进行了分析，如健康科普类、非遗品牌类、文化类等。

三是探讨了通过抖音投放广告产生的法律、伦理问题。例如，姚敬琦（2021）分析了短视频平台的互动性以及算法推荐所造成的一些传播隐患和道德缺失，这需要外部监管部门、短视频平台、用户三方面的协同配合；王小雪（2021）研究分析了直播带货的主体等适用的法律。除此之外，对于抖音广告的研究角度还有很多。

（二）意见领袖特征及其相关研究

1. 意见领袖的概念

杨华寅（2021）指出，意见领袖是指拥有某一领域的专业知识，积累了大量的购买经验，在频繁的互动中向消费者传递商品信息，分享购物经验，吸引大量消费者，成为消费者关注对象的一类人。

2. 意见领袖及其特征

随着电子商务的发展，逐步出现电商直播意见领袖、网红意见领袖等概念。胡学斌（2020）认为，网络媒体时代的意见领袖是一种新兴的舆论领袖。在网络媒体时代，意见领袖的地位有很大的不同，从政府官员到明星，再到微博大V、农民，都有可能成为舆论的领导者。魏国强等（2021）认为自媒体时代意见领袖是移动互联网繁荣的结果，他们拥有很强的传播力，粉丝量巨大，通过流量转化、粉丝变现、广告宣传等方式，在网络上积累了大量的人气。金家新等（2017）认为“网络意见领袖”是指在广大网民中具有显著的影响力，并经常在社交平台上就社会热点问题发表自己的独到见解，其观点被关注、转载、评论的数量在一定的时间和空间条件下能够直接影响公众的意见的一类人。

梦非（2012）在前人研究的基础上，进行扎根分析，将意见领袖特征划分为专业性、产品涉入度、相互性、知名度四个维度；张瑜（2014）认为，意见领袖的特点主要包括专业精神、受欢迎程度、产品参与程度、盈利能力和与消费者的互动；谭羽利（2017）研究意见领袖在专业性、受欢迎程度、互动性和产品参与度方面的特征；张彬（2018）与刘赫（2019）在谭羽利研究的基础上加入了同质性这一特点；李英禹等（2020）主要从专业性、产品涉入度、知名度、视觉信息线索这几个维度开展研究。

通过对以上文献的分析，学者根据不同的情境与背景对意见领袖特征进行划分，没有严格的统一的划分标准。结合已有研究与抖音平台的特征，本文从意见领袖的专业性、知名度、互动性等维度进行分析。

（三）社会临场感及其相关研究

1. 社会临场感的概念

社会临场感具有传递的功能，也就是说，人们在交流时沉浸与投入的程度。Garrison 等（2010）认为社会临场感是社区成员在社交和情感上将自己塑造成当事人的能力，这一视角既可以反映人在媒介中的感受，也反映出学习者的社交临场感知觉依赖于自身的投射状态。

2. 社会临场感的主要研究内容

随着电子商务的不断发展，对于电商情境下社会临场感的研究逐渐增加。戴建平等（2019）认为社会临场感是指消费者在社区购物的情境下，对合作购物者的认知与认同所引起的一种购物的沉浸感。在对社会临场感的研究中，一些学者研究了社会临场感与消费者的关系，这与本文的研究相关。邱钰颖（2021）研究发现，社会临场感对消费者的购买意向有明显的影响，而对社会临场感的重视则能促进消费者的购买意向，对企业发展有利；徐佳琦（2021）研究了移动短视频对社会临场感的影响；温兵（2021）研究了直播营销中社会临场感对线上从众行为的影响；李雪欣等（2019）通过对社会临场感在平台经济环境中的作用，将其分为三个维度，研究发现，顾客忠诚度与社会临场感之间存在显著关系。以上的研究从不同的角度、情境探讨了社会临场感与消费者的关系，对本文的研究有一定的参考和帮助作用。

3. 社会临场感的测量

关于如何测量社会临场感，谢莹等（2021）在传统的量表基础上整理了相关文献，形成了以“共存临场感”“交流临场感”“情绪临场感”为核心的量表，对本文的研究有极大的帮助作用。

（四）消费者购买意愿与意见领袖特征相关研究

1. 消费者购买意愿的概念

消费者的购买意愿是指顾客在多大程度上愿意购买某一商品。Ajzen（2016）认为，意愿是一种行动的先决条件、一种行为的准备。先有购买意向才能有购买意愿，购买意向分为积极意向和消极意向，积极意向表明，消费者更有可能选择某一种产品，而消极行为意向表明不太可能选择该产品。因此，要想使消费者产生更强的购买欲望，需要了解消费者的购买意向。

2. 消费者购买意愿的主要研究

随着电商网络的发展，网上消费者的购物意向逐渐显现，即消费者购买某种商品的可能性，同时由于网络平台的特点，进行网络上购物的群体也有其群体特征。冯雅静（2021）通过对网上直播购物平台消费者的购买意向进行分析，将其分为娱乐性、实用价值和互动性三个方面，且这三个方面会促进顾客的购买意愿；高锦秀等（2020）通过对网络购物的认知风险和在线购买意向进行分析，发现网络购物的认知风险会降低其购买意愿；聂建树（2020）研究了在网络上互动与顾客购买意愿的关系，探讨在线互动的各个因子感知易用性、趣味性、丰富性、互助性对购买意愿的影响；邓朋（2020）研究了在线评论对顾客购买有什么影响；董亚辉（2020）主要探讨了网上个性化定制对顾客购买的影响。关于网上购物意向的研究已有许多，学者从多个视角探讨了消费者的购物意向，并探讨了影响其购买意向的因素、不同的购买环境等。

（五）文献述评

在现有的研究中，许多学者都将注意力集中在了意见领袖和消费者的购买意愿上。肖开红等（2021）以微信购买为例，研究意见领袖特征与促销刺激是否对顾客购买意愿产生影响。社会临场感是近期学者关注的一个热点问题，在互联网时期，人们倾向于线上购物，消费者感知到的联系是非常重要的，大量学者对社会临场感与消费者购买意愿、消费者忠诚度二者之间的关系进行研究，还有学者开发出研究量表，这些都对本文的研究有很大的帮助。

三、模型构建与研究假设

（一）模型构建

基于第二部分对相关理论的文献综述，本文构建了以下研究模型（见图2）。

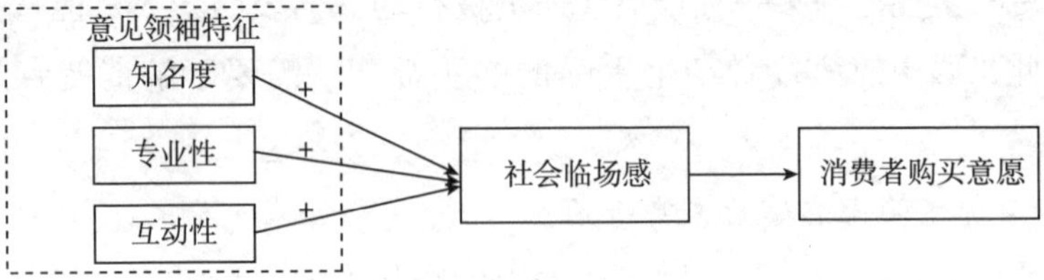

图2 研究模型

（二）研究假设

1. 意见领袖特征对购买意愿的影响

意见领袖通过以往的丰富经验及对产品的运用为消费者提供信息，从而促进消费者的购买。网络意见领袖的职业素养和筛选能力都很强，他们所推荐的产品可以减少信息的不对称性。以往对意见领袖特征探讨的研究中，主要是从专业性、知名度、互动性等角度展开。专业性是影响消费者购买意愿的一个重要因素，意见领袖拥有丰富的专业知识和丰富的购物经验，因此他们能精准地选择好的产品，也更有可能受到消费者的信任。意见领袖的专业精神让那些有购买意向的人更容易产生购买行为。抖音中的意见领袖作为名人，其形象本身也会给产品赋予标签，符合他们的特征，会吸引一部分人购买。抖音广告意见领袖与消费者如果存在高频率的互动，关系越密切越容易让消费者产生归属感，二者建立越强的亲密关系，消费者对该意见领袖就会越熟悉，也更愿意购买该产品。所以，本文提出了以下假设：

H1：意见领袖特征与消费者购买意愿正相关。

H1a：意见领袖的专业性与消费者购买意愿正相关。

H1b：意见领袖的知名度与消费者购买意愿正相关。

H1c：意见领袖的互动性与消费者购买意愿正相关。

2. 意见领袖特征对社会临场感的影响

网络意见领袖具有较为丰富的专业知识与购买经验，有利于解决消费者在购买过程中产生的问题，使消费者产生信任与更多的归属感，感知到其与该意见领袖的联系。知名度越高的意见领袖往往拥有越高的社会认可度与社会参与度，由于他们的知名度较高，会有更多的消费者认可其专业知识与能力。但同时由于意见领袖所处的社会地位也会使消费者感觉到不真实。但是抖音中的意见领袖由于与消费者有高频率的互动，消费者就会熟悉该意见领袖，这种熟悉使消费者能够更深入地了解意见领袖很多方面的特征，更多地分享购买心得、经验，通过多次沟通有利于拉近二者的距离，加深消费者对意见领袖的感知程度。抖音作为时下较火的 App，在抖音广告中插入意见领袖利用专业的知识、较高的知名度及较多的互动传递给消费者产品信息，会使消费者在很大程度上认为自己与该意见领袖有一定联系，会产生身临其境的感觉。意见领袖积极与消费者沟通、互动，以其专业能力向消费者展示产品，拉近与消费者的距离（赵宏霞等，2015）。基于此，本文提出以下假设：

H2：意见领袖特征与消费者社会临场感正相关。

H2a：意见领袖的专业性与消费者社会临场感正相关。

H2b：意见领袖的知名度与消费者社会临场感正相关。

H2c：意见领袖的互动性与消费者社会临场感正相关。

3. 社会临场感对消费者购买意愿的影响

社会临场感衡量的是一种感知价值，美国学者 Robert Lolker 相信，观看视频的人会有一种“社会的临场感”（陈晓琳等，2021）。通过视频的冲击，消费者更容易沉浸其中，虽然不在现场，但是有一种在现场的感觉，这种感觉会使其想要购买。同时，看到抖音中发布广告的人群，会更沉浸于该产品的推荐中。有研究提出消费者在单独选择商品时的购买意愿没有和同伴一起时的高。消费者越熟悉同伴就会越沉溺于该购买环境中，缩短了与产品之间的距离，他们就会越发想购买这个产品。所以，本文提出以下假设：

H3：社会临场感与消费者购买意愿正相关。

4. 社会临场感的中介作用

社会临场感与消费者购买意愿之间有很大的关系，消费者在购买时对意见领袖产生了信任，会在此基础上实施购买行为。消费者在购买时如果在很大程度上感知到与该意见领袖的关联性，则会产生更强的身临其境的感觉，对所推荐的东西会有更强的购买意愿，更愿意相信该产品是对自己有用的，是自己想购买的。所以，本文提出以下假设：

H4：社会临场感在意见领袖与消费者购买意愿之间有中介作用。

H4a：社会临场感在意见领袖的专业性与消费者购买意愿之间有中介作用。

H4b：社会临场感在意见领袖的知名度与消费者购买意愿之间有中介作用。

H4c：社会临场感在意见领袖的互动性与消费者购买意愿之间有中介作用。

四、问卷设计与数据收集

（一）变量测量

本文测量了意见领袖的专业性、知名度、互动性、社会临场感、消费者购买意愿这几个变量。在测量中，由于没有直接的测量题项，本文采用信息传播者的测量。信息传播者又称传播主体，是指在传递信息时，传递信息的一方可以是个人、团体或组织（胡学斌，2020）。抖音广告中的意见领袖符合这一概念，属于信息传播者。本文测量采用五点量表。

1. 专业性的测量

本文参考了 Bansal 和 Voyer（2000）使用的量表来测量抖音广告中意见领袖的专业性，分别是知识、能力、购买和使用后的体验。

2. 知名度的测量

本文参考了梦非（2012）的测量量表来测量抖音广告中意见领袖的知名度，包括粉丝数量、公众知名度、口碑。

3. 互动性的测量

本文采用莱丁斯（2002）的量表对互动性进行了测量，其中包含活跃度、抖音内容点赞、评论转发、回复评论、提问等主题。

4. 社会临场感的测量

本文借鉴学者谢莹等（2021）的研究量表对社会临场感进行了测量，并从三个方面进行了测试。

5. 消费者购买意愿

本文参照 Gilly（1998）、Bansal 和 Voyer（2000）的量表，对抖音上的广告营销中的消费者的购买意愿进行了研究。

（二）问卷设计

1. 问卷内容

调查问卷分为两大部分：一是内容简介，二是主体。问卷描述中包含问卷的用途、有关概念的诠释以及对回答者的感激之情。主体部分包含受访者的基本情况和个别变量的测试题。

2. 调查对象与数据收集

本文选择了曾使用抖音并了解网上意见领袖的网民，利用该网站进行问卷调查。为了使调查到的人群更具有典型特征，本文将问卷集中发放于朋友圈、QQ 空间、微博、知乎、小红书，共获得 217 份有效问卷。

3. 样本特征

由于所处的环境大多是大学生群体及抖音用户，所选取的样本呈现年轻化、城市化的特征，但同时对于样本的选取也包含了一部分中年用户群体，而且在抖音用户中城市消费者较多。因此，样本的选取符合现实情况，具有一定的代表性。

五、数据分析与假设检验

（一）描述性统计分析

对于人口变量的调查有性别、年龄、使用年限以及频率等基本信息，得到如表 1 所示结果。

表1　人口变量分析

变量	数据值	数量/人	占比/%
性别	男	81	37.3
	女	136	62.7
年龄	18岁以下	4	1.8
	18~25岁	70	32.3
	26~30岁	19	8.8
	31~40岁	64	29.5
	41~50岁	18	8.3
	51~60岁	40	18.4
	60岁以上	2	0.9
使用年限	2年以下	40	18.5
	2~4年	76	35.0
	4年以上	101	46.5
频率	每天都会打开	65	30.0
	一周4~6次	74	34.1
	一周2-3次	41	18.9
	一周1~2次	37	17.0

（二）信度与效度分析

1. 信度分析

信度反映了调查问卷的可信度。本文采用Cronbach's α信任系数对调查问卷进行了可靠性评估。Cronbach's α系数一般在0~1，离1越近表示该调查问卷的可信度越高。本文采用SPSS方法，得出结果如表2所示。

表2　信度分析

变量	题目数量	Cronbach's α
专业性	3	0.735
知名度	3	0.732
互动性	3	0.750
社会临场感	4	0.775
消费者购买意愿	3	0.701

如表2所示，分析的Cronbach's α系数超过0.7，这与可靠性标准相对

应，因此问卷的可靠性较好。

2. 效度分析

通常情况下从内容与结构效度两个方面对效度进行衡量。本文数据具有较好的有效性，并参照现有的文献资料，对现有的量表加以借鉴。结构效度是指所反映的特定结构和测度的关系。分析效度时，本文采用探索性因素分析法，得出 KMO 样本的适宜性量数为 0.962，巴特利特球形度检验的显著性为 0，通常认为 KMO 取样的适切性量数大于 0.6，而巴特利特球形度检验的显著性低于 0.05 就可以对原始数据进行探索性因子分析。在此基础上，当提取 5 个因子时，总方差解释大于 0.6，旋转后的成分矩阵见表 3。

表 3　效度分析

成分	1	2	3	4	5
A1	0.765				
A2	0.659				
A3	0.674				
B1				0.641	
B2				0.610	
B3				0.572	
C1					0.540
C2					0.513
C3					0.564
D1		0.653			
D2		0.810			
D3		0.672			
D4		0.573			
E1			0.654		
E2			0.872		
E3			0.617		

根据分析结果可以得出，A1、A2、A3 都被因子 1 解释，命名为专业性；B1、B2、B3 都被因子 4 解释，命名为知名度；C1、C2、C3 都被因子 5 解释，命名为互动性；D1、D2、D3、D4 都被因子 2 解释，命名为社

会临场感；E1、E2、E3 都被因子 3 解释，命名为消费者购买意愿。每一个题项有且只有在一个因子上载荷大于 0.5，属于有效问题，说明该问卷效度较好。

（三）模型验证

1. 模型拟合

本文通过 SPSS 分析软件对这一模型进行拟合，以卡方检验这种大样本数据分析方法进行分析，通过检验得出以下结论（见表 4）。

表 4　模型拟合

	题项	卡方	渐进显著性
专业性	1	214.083a	0.00
	2	279.889a	0.00
	3	326.111a	0.02
知名度	1	192.382a	0.00
	2	344.728a	0.00
	3	264.175a	0.00
互动性	1	302.885a	0.00
	2	275.281a	0.00
	3	297.217a	0.00
社会临场感	1	144.866a	0.01
	2	355.512a	0.00
	3	373.530a	0.00
	4	246.940a	0.02
消费者购买意愿	1	273.668a	0.00
	2	323.622a	0.00
	3	196.433a	0.00

由表 4 可知，渐进显著性值都接近 0，所以显著性较强，说明模型拟合度较高，本文理论模型拟合度良好。

2. 路径分析

为了更直观地看出各变量之间存在什么样的关系，本文通过分析软件得出以下结论（见表 5）。

表5　路径分析

路径	R^2	F值	p值
专业性→消费者购买意愿	0.308	35.112	0.00
知名度→消费者购买意愿	0.345	37.229	0.00
互动性→消费者购买意愿	0.314	58.421	0.01
专业性→社会临场感	0.377	46.165	0.001
知名度→社会临场感	0.346	36.750	0.00
互动性→社会临场感	0.389	48.112	0.03
社会临场感→消费者购买意愿	0.367	45.862	0.00

（1）意见领袖特征对消费者购买意愿的影响数据分析

通过对问卷的收集与假设检验显著性分析的结果可以得出，专业性与消费者购买意愿的R^2为0.308，一般认为R^2在0.3左右即是有效的，相应概率p值为0，由于概率p值低于显著水平，因此可以认为意见领袖的专业性对消费者的购买意愿有显著的积极影响。知名度与消费者购买意愿的R^2为0.345，对应的概率p值为0，同理，可以得出意见领袖的知名度对消费者购买意愿产生了显著影响。互动性与消费者购买意愿的R^2为0.314，相应的概率p值为0.01，因此人们认为互动性对消费者的购买意愿有积极影响。根据数据分析结果，对假设H1进行了验证。

（2）意见领袖特征对社会临场感的影响数据分析

通过对问卷的收集与假设检验显著性分析的结果可以得出，专业性与社会临场感的R^2为0.377，对应的概率p值近似为0.001，由于概率p值小于显著性水平，因此可以认为意见领袖的专业性对消费者的社会临场感产生了显著影响。知名度与社会临场感的R^2为0.346，对应的概率p值为0，同理，可以得出意见领袖的知名度对消费者社会临场感产生了显著影响。互动性与社会临场感的R^2为0.389，概率p值为0.03，因此认为互动性对消费者社会临场感产生了正向影响。通过数据分析结果，验证了假设H2。

（3）社会临场感对消费者购买意愿的影响数据分析

通过对问卷的收集与假设检验显著性分析的结果可以得出，社会临场感与消费者购买意愿的R^2为0.367，概率p值为0，概率p值是小于显著性水平的，所以可以得出结论社会临场感正面影响了顾客购买意愿，说明假设 H3 正确。

3. 中介效应分析

第一，检验模型的回归情况。只有当概率 p 值是小于显著性水平时，才能进行下一步的检验，检验结果如下（见表 6）。

表 6　中介效应分析

路径	相关性	p 值
专业性→消费者购买意愿	0.380	0.00
知名度→消费者购买意愿	0.505	0.00
互动性→消费者购买意愿	0.462	0.00

由表 6 可以明显看出，这一结果是符合做进一步分析条件的。

第二，加入社会临场感这一中介变量后再次进行检验，得出了如表 7 所示的结果。

表 7　中介效应回归

自变量	中介变量	因变量	影响系数及其显著性（未加入中介变量）	影响系数及其显著性（加入中介变量）
专业性	社会临场感	消费者购买意愿	0.636（0.00）	0.425（0.00）
知名度			0.326（0.00）	0.156（0.00）
互动性			0.677（0.00）	0.466（0.00）

根据表 7 可以得出，加入社会临场感这一中介变量后，p 值为 0，仍然产生显著影响，同时专业性、知名度及互动性在加入社会临场感的中介变量后影响系数均降低，因此表明社会临场感在本文构建的模型中起了部分中介作用，说明假设 H4 正确。

（四）研究结果讨论

通过对数据的分析，本文认为意见领袖的专业性、大众对其的了解程度和与消费者的互动频率都会对消费者的购买意愿产生影响。社会临场感在其中起了重要的中介作用，意见领袖特征会对社会临场感产生正向影响，越知名、专业性越强、互动性越高的意见领袖越容易使消费者产生身临其境的感觉，让消费者更加熟悉这一意见领袖，甚至产生朋友或者亲人一样的归属感，缩短二人之间的距离，让消费者愿意为其买单。所以，意见领袖对于消费者的购买意愿的影响是非常重要的，意见领袖可以不断提高自己的专业性，多与消费者进行互动，努力提高自己的知名度。

六、结论与展望

（一）研究结论

本文得出以下三条结论：

第一，抖音广告中的意见领袖的特点对消费者的购买意愿产生了积极影响。在抖音发展势头强劲的情况下，抖音意见领袖已经成为消费者购买时主要的信息来源，他们的自身特征会通过抖音这一平台影响粉丝对他所推荐产品的看法，从而影响消费者的购买意愿及行为。

第二，抖音广告中的意见领袖特征对社会临场感有显著的正向影响。意见领袖有丰富的专业知识与购买经验，有利于解决消费者在购买过程中产生的问题。当消费者购买时，若意见领袖具有良好的专业能力，可以通过识别信息来选择产品，为消费者提供更有效和更高质量的信息，降低消费者搜索信息的成本，并在购买时解决消费者信息不对称问题，则会使消费者产生信任与更多的归属感，感知到其与该意见领袖的联系。知名度越高的意见领袖往往拥有越高的社会认可度与社会参与度，由于他们的知名度较高，所以会有更多的消费者认可其专业知识与能力。但同时由于意见领袖所处的社会地位可能会使消费者与其之间的距离较远，减少其与消费者之间的联系。抖音意见领袖与消费者较高频率的互动可以使消费者更加了解意见领袖，更多地分享购买心得、经验，通过多次沟通有利于拉近二者的距离，加深消费者对意见领袖联系的感知程度。抖音作为时下较火的 App，一些较权威的博主以其自身的专业性、知名度及互动性使消费者在很大程度上认为自己与该意见领袖有一定联系，容易产生身临其境的感觉。

第三，社会临场感是影响意见领袖特征与消费者购买意愿的重要中介变量。在电子商务抖音环境下，抖音意见领袖推荐的一些产品会使消费者产生更多的临场感，更加深刻感受产品的特点，有一种与产品更接近的感觉，以此让消费者更愿意购买。

（二）研究的理论贡献与实践启示

1. 理论贡献

本文研究从抖音平台出发，而以往的研究缺乏对抖音平台的深度探讨，抖音 App 更多的是短视频的分享，在很多方面与微博、微信平台不同，如用户群体、使用目的等，本文从抖音角度出发，丰富了研究情境。

本文加入中介变量社会临场感，将社会临场感与意见领袖特征相结合，以往的研究缺乏对消费者自身社会价值感知的中介效应的研究，本文研究社会临场感这一变量的中介效应，弥补了这一方面的不足，完善了相关模型。

2. 实践启示

通过研究，本文提出以下实践启示。

企业应该选择专业性较高的意见领袖。抖音用户接受更多的是碎片化信息，为了更好地获得产品的特征，他们通常会选择更专业的观点和建议。

企业应该选择知名度较高的意见领袖。企业在投入广告时最好选择知名度较高的意见领袖，一般可以通过抖音博主的粉丝数、消费者熟知度等多个角度来考察意见领袖的知名度。

企业应该选择互动性更高的抖音博主。企业在选择抖音意见领袖时，应该选择经常与粉丝进行互动、及时回答粉丝问题的博主，这样的博主往往与用户有更高的互动性、更容易让粉丝接受，从而提高消费者的购买意愿。

意见领袖应该加强与消费者的互动。抖音博主作为意见领袖应该提高与粉丝互动的频率，回复他们的信息和评论，并回答问题，这样会有更多的粉丝愿意相信该博主。

（三）研究不足与展望

本文在国内外现有文献的基础上，构建理论模型，分析了抖音广告中意见领袖是如何对消费者购买意愿产生影响的，但是，本文也有一些不足之处，需要深入探讨，包括以下问题。

一是统计结果具有局限性。本文由于使用的分析软件较为简单，统计结果的分析比较浅显。同时，由于样本数量有限，反映的结果也不足以全面覆盖，因此需要在后续研究中不断改进。

二是样本选择具有一定的局限性。本文收集问卷的方式是问卷星，主要是线上收集，因此存在样本涵盖不全面、样本量不够多等缺点，需要在后续的研究中提高。

参考文献

[1]黄杰,刘磊杰．抖音短视频信息流广告用户接受度研究:基于 UTA-UT 模型的实证研究[J]．国际品牌观察，2021(25):25－28.

[2]曾鼐．中国短视频广告营销中用户使用动机分析:以抖音平台为例[J]．新闻研究导刊，2021,12(15):48－50.

[3]文胜伟,王鹤云天．抖音平台爆款带货类短视频的创作策略[J]．新闻研究导刊，2021,12(15):42－44.

[4]李宝,范亚宁,王潇曼,等．基于抖音短视频营销策略研究[J]．全国流通经济，2021(15):10－12.

[5]王小雪．直播带货的法律分析与法律适用[J]．法制博览，2021(15):96－97.

[6]姚敬琦．短视频平台原生广告的伦理失范研究:以“抖音小说类广告”为例[J]．声屏世界，2021(8):70－71.

[7]杨华寅．美妆意见领袖对消费者购买意愿的影响研究[D]．上海:上海外国语大学，2021.

[8]梦非．社会化商务环境下意见领袖对购买意愿的影响研究[D]．南京:南京大学，2012.

[9]胡学斌．电商直播中意见领袖对消费者购买意愿的影响研究[J]．现代营销(经营版)，2020(9):152－153.

[10]魏国强,杨晓璇．自媒体时代“意见领袖”的影响力与责任研究[J]．出版广角，2021(17):82－84.

[11]金家新,王云兰．自媒体时代网络意见领袖的特征、问题与引导规制[J]．长江师范学院学报，2017,33(6):115－119,143.

[12]李英禹,王玥．社会化媒体下的品牌建设:网络意见领袖对品牌认

同作用机制的实证[J]. 商业经济研究, 2020(18):78－81.

[13]刘赫. 美妆意见领袖对消费者购买意愿的影响研究[D]. 广州:华南理工大学, 2019.

[14]张彬. 微信电商中意见领袖对消费者购买意愿的影响研究[D]. 济南:山东大学, 2018.

[15]谭羽利. 电商直播中意见领袖对消费者购买意愿的影响研究[D]. 北京:北京印刷学院, 2017.

[16]张瑜. 网络意见领袖对女性消费者购买意愿的影响研究[D]. 上海:上海外国语大学, 2014.

[17]GARRISON D R, CLEVELAND－INNES M, FUNG T S. Exploring causal relationships among teaching, cognitive and social presence: student perceptions of the community of inquiry framework[J]. The internet and higher education, 2010, 13(1－2): 31－36.

[18]腾艳杨. 社会临场感研究综述[J]. 现代教育技术, 2013, 23(3): 64－70.

[19]戴建平,袁志霞,方锐. 社交电商情境下社会临场感效应研究综述[J]. 商业经济研究, 2019(21):75－78.

[20]邱钰颖. 直播创造的社会临场感对消费者购买意愿的影响研究[D]. 济南:山东大学, 2021.

[21]温兵. 直播营销中社会临场感对线上从众消费行为作用机理研究[D]. 南昌:江西财经大学, 2021.

[22]徐佳琦. 基于社会临场感理论的移动短视频用户参与行为研究[D]. 昆明:云南财经大学, 2021.

[23]李雪欣,黄伟杰,郭辰. 平台经济下社会临场感对顾客忠诚的影响[J]. 沈阳师范大学学报(社会科学版), 2019, 43(4):68－73.

[24]孙倩. 网络购物中社会临场感对购买意愿的影响研究[D]. 厦门:厦门大学, 2018.

[25]洪雪娇. 社交媒体中社会临场感与用户生成内容行为的关系研究[D]. 泉州:华侨大学, 2017.

[26]谢莹,高鹏,李纯青. 直播社会临场感研究:量表编制和效度检验[J]. 南开管理评论, 2021,24(3):28 -38,71.

[27] AJZEN I, DRIVER B L. Prediction of participation from behavior, normative and control beliefs: an application of the theory of planned behavior [J]. Leisure science,2016,13: 185 -200.

[28]冯雅静. 网络直播购物平台消费者购买意愿研究[J]. 老字号品牌营销, 2021(2):75 -76.

[29]高锦秀,陈月梅. 感知风险与消费者网络购买意愿的研究综述[J]. 江苏科技信息, 2020,37(17):38 -40.

[30]聂建树. 在线网络互动对消费者购买意愿的影响研究[D]. 哈尔滨:哈尔滨工业大学, 2020.

[31]邓朋. 在线评论类型对消费者购买意愿的影响研究[D]. 成都:电子科技大学, 2020.

[32]董亚辉. 在线个性化定制对消费者购买意愿的影响研究[D]. 上海:上海工程技术大学, 2020.

[33]孙玉苹,郑艳霞. 电商直播中意见领袖对消费者购买意愿的影响研究[J]. 中国市场, 2021(27):126 -127.

[34]肖开红,雷兵. 意见领袖特质、促销刺激与社交电商消费者购买意愿:基于微信群购物者的调查研究[J]. 管理学刊, 2021,34(1):99 -110.

[35]柳春锋,孙源,曹园园. 在线品牌社群意见领袖特征对消费者冲动性购买意愿的影响机制研究[J]. 信息与管理研究, 2020,5(6):22 -35.

[36]杨秋燕. 微博意见领袖的互动性与消费者购买意愿的研究[D]. 武汉:武汉理工大学, 2019.

[37]赵宏霞,王新海,周宝刚. B2C 网络购物中在线互动及临场感与消费者信任研究[J]. 管理评论, 2015,27(2):43 -54.

[38]黎红艳. 网购直播的意见领袖在营销中的作用[J]. 商业文化, 2021(27):51 -53.

[39]周丰祺. 社会化媒体在市场营销中的应用研究[J]. 中国商论, 2021(18):19 -21.

[40]孙玉苹,郑艳霞．电商直播中意见领袖对消费者购买意愿的影响研究[J]．中国市场，2021(27):126－127.

[41]林萍,王晓梅,吕健超,等．基于专业权威成长动态的网络意见领袖预测研究[J]．情报杂志，2021,40(10):59－65.

[42]金恒江,聂静虹．在线健康社区用户满意度研究:社会临场感理论视角[J]．国际新闻界，2021,43(10):120－138.

[43]谢莹,崔芳,高鹏．网络直播情境下共在临场感与社会临场感对从众消费的影响[J]．商业经济与管理，2021(2):68－79.

[44]SCHIFFMAN L G,GACCIONE V. Opinion leaders in institutional markets: do opinion leaders in institutional markets have the same impact as their counterparts in consumer markets? [J]. Journal of marketing,1974,38(2): 49－53.

[45]CHEN J, KOU G, WANG H,et al. Influence identification of opinion leaders in social networks: an agent－based simulation on competing advertisements[J]. Information fusion,2021(76): 227－242.

[46]陈晓琳,刘利湾,雷丑霞．电商直播中的临场感对消费者购买意愿的影响机制研究:以社群认同为中介[J]．声屏世界，2021(3):86－88.

自嘲式玩梗营销对消费者购买意愿的影响研究①

张　彤

摘要：在科学技术的推动下，社交媒体是企业开展营销活动的重要平台，成为消费主力“Z世代”情感宣泄与话题讨论的“公共领域”，吐槽之风盛起。在开放共享、信息爆炸的时代，真诚亲切的品牌角色被热捧，自嘲式玩梗营销应运而生。越来越多的企业通过自嘲坦然承认其不足，以期引起关注和话题讨论，借势营销。本文主要运用文献研究、实证研究和定量分析方法，基于“ABC态度模型”和“S-O-R模型”理论，研究品牌自嘲式玩梗营销对消费者购买意愿的影响。研究表明，自嘲式玩梗营销良好的活动曝光度、话题吸引力、内容匹配度通过影响消费者认知和消费者情感，会对消费者最终的购买行为意愿产生正向的积极影响。本文研究以期提升企业对自嘲式玩梗营销的认知，为企业提高负面事件危机控制能力、树立良好品牌形象提供借鉴。

关键词：自嘲式玩梗营销；消费者购买意愿；ABC态度模型；S-O-R模型

作者简介：张彤，西北大学经济管理学院2022届工商管理系市场营销专业本科生。

---

① 本文由高艳副教授指导完成。高艳，西北大学经济管理学院副教授，硕士生导师，研究方向：人力资源开发与管理。

一、绪论

（一）研究背景与研究意义

1. 研究背景

（1）社交媒体兴起

随着互联网的发展，使用智能移动终端设备上网的用户大幅度增长。2021年，中国互联网络信息中心（CNNIC）发布了《中国互联网络发展状况统计报告》。报告显示，我国互联网普及率达70.4%，网民数量约9.89亿人，手机网民数的占比高达99.7%，即时通信用户数有9.81亿人之多。

社交媒体在移动互联网的推动下，凭借其自身社交通信和媒体传播的双重属性飞速发展。网民在社交媒体上自发地创造、贡献、提取，议论热点事件和话题新闻等资讯，进行分享、交流、探讨，休闲消遣，人与人之间越发互联互通。越来越多的品牌以企业的身份入驻社交媒体，搭建矩阵，打通链路，开展营销宣传。由《2022年中国数字营销趋势报告》可知，2022年中国的数字营销平均增长率和市场整体营销投资的增幅一致，均约为19%，而社交媒体是企业增加营销费用的主要选择。

综上所述，社交媒体是企业开展新型数字化营销的重要平台，人与人、人与货的连接方式被改变，打破传统消费的时空限制，打造全新的消费场景。社交媒体的兴起，为消费者获取品牌信息、品牌方传播营销咨询提供了更为便捷的渠道与方法。

（2）"Z世代"成为消费主力

对于"Z世代"的用语，最早流行于美国，意指在1995—2009年出生的一批人，由于他们出生时间和互联网兴起几乎是同时的，所以又被叫作"互联网世代"。

生产力以及经济水平的迅猛增长，使人们的消费水平得到进一步提升，"Z世代"的消费者不再只注重商品本身，同时也越来越重视消费体验。《2021新青年洞察报告》对"Z世代"进行了深入研究，研究表明，超过83%的"Z世代"所选择的"最喜欢的新闻内容"类型是社会热点，除了关注热点事件的真实性、时效性以外，他们还非常注重热点的来龙去脉并对其进行解读。崇尚“悦己”，追求“质价比”，注重独特体验，玩转“新奇特”，强调消费乐趣。

“Z世代”对新鲜事物的接受程度非常高，调研数据显示，82.08%的“Z世代”乐于尝试新鲜的营销方式。“能显著提升消费乐趣的仪式感”以40.67%的比例位居“Z世代”喜好的产品要素排行首位。可以看到，“Z世代”已经习惯为了生活乐趣和个人体验进行溢价消费。消费收获的快乐和消费代表的意义，高于消费品本身所具有的功能和效用。

与此同时，“Z世代”是注意力极度稀缺的一代人，浅尝辄止地阅览与观赏，逐渐成为他们不可变更的一种生活方式。自嘲、自黑式的表达不仅简单粗暴，而且轻松愉悦易于传播，还能节省不少时间和力气，非常适用于人们越发碎片化的信息浏览需要。

（3）同质化营销泛滥

不同品牌的产品在传播手段、促销策略、分享渠道、价格制定、广告创意等方面相互模仿，出现鱼龙混杂、泥沙俱下的现象，营销的同质化成为一个不容忽视的问题。大多数品牌都在宣传自己的产品如何之好，希望收获赞赏。有的为了实现目的，甚至盲目地自我夸大以掩饰缺陷，通过失实宣传、虚假营销欺骗广大消费者。这种一味吹捧求赞的营销方式不免会让人觉得乏味，不切实际，消费者在购买后形成强烈的心理落差，往往适得其反。

为了在千篇一律的销售模式中脱颖而出，品牌需要“出圈”以引人注目，另辟蹊径，与其他品牌有所差异，拉开距离，获取到关注度显得尤为重要。在营销过程中就需要善于制造话题，吸引大众注意力，调动消费者的好奇心，吸引用户参与讨论，增加曝光率。

2. 研究意义

理论方面，综观国内外从市场营销角度进行的消费者购买行为研究，学者对近年来新兴的新媒体“玩梗”营销关注不足。虽有研究针对自黑式玩梗营销进行浅析，分析其作用机制，但还未细致深究其对消费者认知、情感、购买行为带来的影响。所以，本文基于“ABC态度模型”和“S－O－R模型”，以实证研究方式探讨品牌自嘲式玩梗营销给消费者认知、情感带来的影响。通过消费者认知和情感的中介作用，消费行为意愿产生了怎样的改变。本文通过构建模型，进行相关分析，得出结论，为品牌话题营销中对“自嘲式玩梗”的运用提供理论指导。

实践方面，有助于提升企业对自嘲式玩梗营销的认知，树立营销新理念。与此同时，提升企业应对危机的能力，提高对负面事件的控制能力，树立良好的品牌形象。

在社会化媒体时代，通过自嘲式玩梗对品牌进行传播，博得曝光率，赢得关注度，获取与受众更加深入的互动，是新颖的品牌传播方式。但由于事件内容、话题性质不同，自嘲式玩梗并非适用于所有营销情境。所以，本文在理论研究的基础上，从品牌营销的实践出发，对其适应情境进行梳理，以期指导品牌的营销活动。而一般情况下，大多数企业通过社交媒体后台数据来评价传播活动的效果，很少有企业直接与消费者沟通交流，研究其情绪变化。自嘲式玩梗营销对消费者的认知和态度是否产生了影响？在营销活动各种机制的作用下产生了什么样的影响？自嘲式玩梗营销对消费者购买行为是否产生影响？通过何种路径，产生了怎样的影响？本文构建模型，将有助于企业深入了解品牌自嘲式玩梗营销所带来的影响，了解其营销效果。

（二）研究框架与技术路线

1. 研究框架

本文围绕“自嘲式玩梗营销对消费者认知和情感会产生怎样的影响，进而对其购买行为意愿有何影响？”这一问题开展研究。首先，对各相关概念进行阐述，列举出自嘲式玩梗营销的案例。其次，突出介绍了“ABC 态度模型”“S－O－R 模型”的概念内涵、维度划分、科研成果以及具体的应用实践。本文结合相关理论，提出自嘲式玩梗营销影响消费者购买行为意愿的一系列假设。最后，通过实证分析，对提出的假设进行验证，总结出自嘲式玩梗营销是如何通过影响消费者认知和情感进而对购买行为意愿产生影响的结论，为相关企业和管理部门决策提供参考。

第一，绪论。概括性地论述了自嘲式玩梗营销对消费者购买意愿影响研究的背景，从理论和实践两个方面为本文的研究提供支持。发掘创新点，选择切实可行的研究方法，构建研究框架。

第二，相关概念与理论综述。对本文所涉及的概念“梗”“玩梗”“自嘲”“自嘲式玩梗营销”进行阐释，并列举经典案例，整合与此相关的研究；对本文涉及的“ABC 态度模型”“S－O－R 模型”的维度及相关研究进行梳理。

第三，模型构建及假设提出。根据上文对相关概念的梳理，对模型进行构建，并依据模型路径提出具体假设，从理论上分析这些假设是否合理以及是否必要。

第四，问卷设计。本部分主要以问卷调查的方式对假设检验进行科学的分析，根据量表合理设计题目后，首先对预问卷进行测试演练，形成最终问卷，然后开展正式调研，并回收有效问卷。

第五，实证分析和假设检验。选取科学的研究变量，通过调查问卷收集到变量相关数据，首先对其进行异常值剔除，避免其影响统计结果。其次运用 SPSS 24.0 进行描述性统计分析、信度分析、效度分析、相关性分析、回归分析。验证变量之间的作用关系，为假设的合理性做出科学分析。

第六，结论与展望。通过前面的深入探索分析，本文的假设得到科学的验证，得出“自嘲式玩梗营销对消费者购买意愿的影响”启示，并提出建议。最后立足实际、展望未来。

2. 技术路线

本文的研究技术路线如图 1 所示。

（三）研究方法与创新之处

1. 研究方法

文献研究法。收集和整合现有文献，构建研究框架。主要收集“自嘲式玩梗营销”“消费者情感”“ABC 态度模型”和“S－O－R 模型”的相关数据，对其进行文献综述，在此基础上提出研究假设，并为本文提供相应的理论支持。

定量分析法。其作用是在收集整合数据之后，进行更加深入的统计分析。因此，本文采用 SPSS 24.0 分析统计软件对收集的数据进行整理、筛选和汇总，然后进行规范化的定量分析和检验。

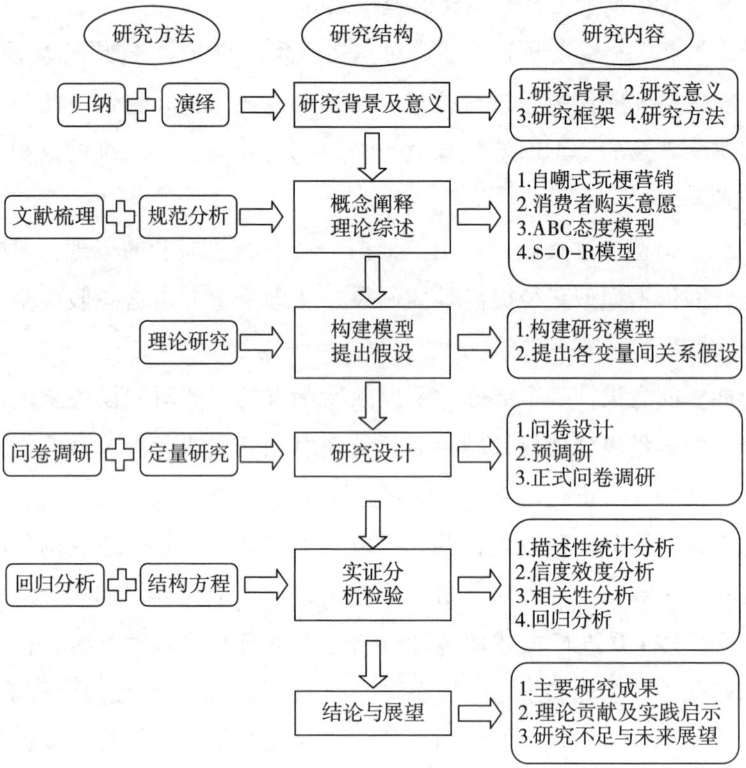

图1　研究技术路线

实证研究法。本文首先对发现的问题做出假设，根据所选择的量表设计问卷。其次，在对问卷进行预先的测试和调整后，发放最终的正式问卷。当样本数量足够时，对收集的问卷进行整理和总结，对数据进行整合梳理。

2. 创新之处

本文具有新颖性，社交媒体的迅速发展对传统的营销互动方式产生了巨大冲击，“玩梗自嘲”这种社交媒体互动行为备受关注。虽然学术界对社交媒体平台上的网红营销、直播营销、互动营销等方式对消费者购买意愿的影响有一定的介绍与研究，但对品牌“自嘲式玩梗营销”研究甚少，而本文丰富了自嘲式玩梗营销的研究。

二、相关概念与理论综述

（一）自嘲式玩梗营销

1. 基本内涵

当下网络中流行的“梗”虽为网民所熟知，但并未被《现代汉语词典》收录。普遍认为“梗”的来源是对“哏”的误用。德云社相声演员郭德纲于2018年在微博中发表过：“‘哏’可以理解为滑稽幽默的语言和动作。由于历史文化以及自然灾害等原因，许多京剧艺人四处漂泊流落他乡，给全国各地带去一批新的词语。但并不是所有人都能准确读出‘哏’的发音，于是便讹读成‘梗’。”此外，也有观点主张“梗”可以被看作“gag”的直接音译，意指笑料。综上所述，“梗”具有逗乐、解颐意蕴（王子健、李凌凌，2021），常出现在综艺节目及网络中，意思是笑点。

“玩梗”从表意上说，就是对梗的运用，使其更具趣味性。具体而言，玩梗是多数网民所共同参与的、具有特定互动场景、运用互动方式、通过某一互动过程进行的一种网络互动行为，其开展围绕着对梗的理解与运用。当个体玩梗时，不仅传达出其对某一事实的看法态度，也隐含着“希望你能懂我”的内涵，接得住梗，犹如懂你一般。“玩梗互动”意为个人通过引用某个作品的某个人物台词、造型、场景等要素，以达到娱乐、嘲讽、自嘲的效果，从而引发群体共鸣（陈钢，2020）。

“自嘲”也是新兴网络热词，即自黑，对自己发起进攻，自我恶搞，给自身抹黑，属于一种逆向思维。自嘲同时具备“幽默”以及“自我贬低”这两项特征。自我贬低是指个体站在对方的立场对自己进行贬低，让对方感知到自己的立场态度。而幽默能够让表达者在其受众眼里看起来更有能力，更加新奇有趣（徐岚、李振全、蒋怡然，崔楠，2018）。

“自嘲式玩梗营销”可理解为品牌用贬低自身的话题进行营销传播，以增加曝光度，提升讨论度，成为热点，吸引流量。作为一种营销模式，“自嘲式玩梗营销”采取了不同于常规企业自卖自夸的营销策略，反向输出，别出心裁。对品牌“反面形象”的“揭短”，坦诚大方承认自己的不足，另类新奇，不按套路出牌（王瑞雪，2017）。

2. 自嘲式玩梗营销经典案例

例1：用Kindle盖泡面的人越来越多，可Kindle官方没有辩解，而是直接坦然肯定了这一现实。尤其在新品发布的一段时间里，它们进行奇葩营销，只要在淘宝首页导航栏中搜索“泡面盖”，在跳出Kindle广告的同时，就会有与Kindle盖泡面相关的吐槽弹幕飘过。网络店铺主页上还显示着“盖Kindle，面更香”的图像和文案（见图2）。这样“自嘲式玩梗营销”让Kindle火速出圈，“Kindle官方盖章泡面盖子”这一话题成为社交平台上热议的内容，“顺应了消费者心意”的Kindle赢得了不少关注和喜爱（张璐，2019）。

(a) (b)

图2 Kindle品牌网店主页自嘲式玩梗广告

例2：汉堡王的宣传海报中，门店内充满了烟雾缭绕与熊熊火光，与汉堡王本身及其产品并无任何正面的关联。汉堡王打出了这样醒目的宣传海报，是因为汉堡王想要借助这种形象的展示，强化品牌在消费者心目中“火烤”的独特形象，甚至毫不掩饰地承认汉堡王门店经营确实容易操作不慎，存在安全隐患的事实。海报推出后引起众多媒体的争相报道，毕竟这是一个“连自己都敢烧烤”的品牌（张璐，2019）。

例3：疫情期间囤货模式开启，超市的货架被一扫而空，其中方便面等速食备受青睐，火速被搬空，但没想到哪怕是方便面也有等级之分。空旷的货架上唯独康师傅香菇炖鸡方便面依旧有留存，网友纷纷调侃，就算是封城防控、物资紧缺、超市脱销，康师傅的香菇炖鸡面还是位居“最难吃方便面口味”之首。网民为了缓解疫情紧张情绪进行的一波无厘头调侃，却成了康师傅营销的噱头。康师傅随即在货架上摆满了“绿油油”的香菇炖鸡面，仿佛在回应：“我让你挑！我让你挑！”不久之后“这是康师傅的报复吗”的话题被炒上热搜榜，微博评论区也成了“康师傅香菇炖鸡面是否公认难吃”的大型辩论现场。原是网友自发的吐槽事件，竟然炸出了康师傅的官方微博出来“辟谣”，被白捡了个广告位。

3. 相关研究

朱华伟等（2017）的研究指出，企业幽默（与非幽默相比）更有利于改善消费者对低负性情绪唤醒引起投诉的品牌态度。除此之外，不同类型的幽默反应具有不同的效果。对于提升消费者的品牌态度而言，自我强化幽默的投诉反应虽然有效，但自嘲幽默的投诉反应对提升消费者品牌态度的作用更为显著。

符加林等（2022）以品牌感知和产品涉入理论为基础，探讨了不同产品涉入下企业自嘲以赢得消费者支持的差异。结果表明，不同类型的自嘲反应具有不同的效果。在产品涉入低的情况下，参与自嘲可以赢得更多的消费者支持；在产品涉入程度高的情况下，纠正性自嘲可以赢得更多的消费者支持。

赵泽宇（2020）从传播学视角和5W模式入手，分析自黑式营销走红的传播学成因，得出创造个性化的“嘲点标签”，借势互动、运用娱乐至上的话题，针对性精准营销，进行多元化媒介传播是自嘲式营销重点的结论。

（二）消费者购买意愿

1. 基本内涵

意愿是一个人参与某一行动的主观选择概率。消费者购买意愿是指消费者在购买某种产品时的主观倾向，主要体现在消费者在购买过程中是否愿意做某事（冯光才，2021），反映了消费者的态度、倾向、心理活动和购买某个品牌或产品的可能性（滕艳，2021）。程华和宝贡敏（2003）的研究表明，顾客对某种商品的积极意向可能会导致购买行为。

2. 维度测量

从心理学角度出发，顾客的购买意愿是顾客渴望得到某产品的主观诉求，在心理层面影响行为，从购买活动的开始到结束的整个过程，购买意愿都起到了重要作用。Zeithaml（1996）在对消费行为影响后果的研究中，将消费者意愿划分为积极和消极两个维度。杨丽华和董冰（2012）在Zeithaml的研究基础上进行了细分，对积极意愿的划分包括了顾客推荐行为、消费者忠诚度、重复购买意愿等；不满情绪与负面评价是消极情绪的构成因素。杨君茹和王小丽（2016）从服务补救的角度对消费者情绪及行为意愿进行了研究。王优（2017）从社会化电子商务平台质量入手，研究顾客行为意向的影响因素，从顾客满意度与顾客信任两个维度对消费者购买意愿进行划分。

（三）ABC 态度模型

1. 模型概念

Hofland 和 Luxembourg 在 1960 年提出了 ABC 态度模型，又称三元态度模型。其基本观点是，态度是一种以某种方式对待特定对象的预设反应倾向，主要由 Cognition（认知）、Affect（情感）、Behavior（行为）三部分构成（见图 3）。

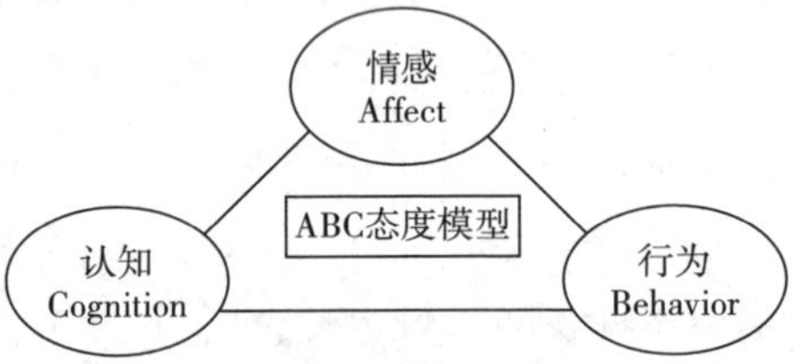

图 3　ABC 态度模型

希尔斯等分别解释了态度分量中的认知、情感和行为倾向：认知是指个体对态度主体的理解和信念，情感是指个体对态度主体的感觉，行为是指个体对态度主体的行动或行为倾向（李琪、王璐瑶，2016）。ABC 态度模型研究总结了消费者的情感态度、认知态度和行为态度三者之间相互影响的关系。它是本文的重要参考模型之一（见图 4）。

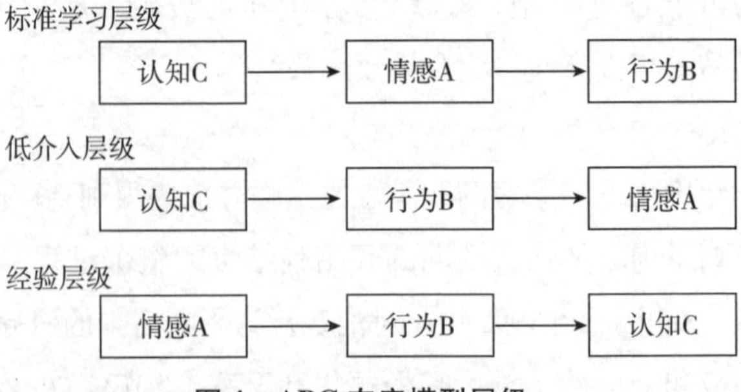

图 4　ABC 态度模型层级

2. 相关研究

熊爱华等（2019）以 ABC 态度模型为基本理论模型，实证分析了消费者认知和情感对农产品品牌忠诚度的影响。研究结果表明，消费者认知以影响消费者情感作为中介，会间接影响农产品的品牌忠诚度。杨伟文等（2010）在探索品牌与消费者关系时发现，与品牌认知和品牌情感相关的品牌意识和品牌形象会影响消费者当前和未来的购买行为。李炅等（2021）通过探索消费者认知忠诚、情感忠诚、意向忠诚和行为忠诚的关系，解释说明影响消费者忠诚的微观机制作用。黄茹倩（2021）基于 ABC 态度模型的低介入层级，构建快时尚品牌可持续营销下消费者态度预设模型并提出研究假设，为品牌可持续营销提供理论指导。

（四）S－O－R 模型

1. 模型概念

梅拉宾等于 1974 年提出的 S－O－R（Stimulus－Organism－Response）模型，即“刺激—机体—反应”模型（见图 5）。环境心理学是它的起源，这个模型能够有效解释和预测不同环境刺激对人的认知、情感及行为的影响，后来被应用在营销领域中。

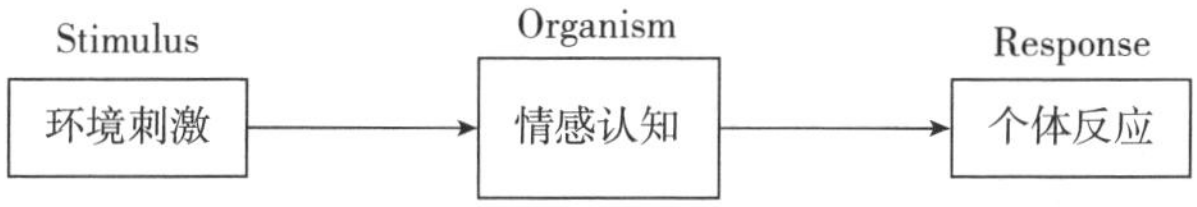

图 5　S－O－R 模型

环境作为一种刺激因素，会通过影响个体的认知和情感进而影响到其行为。刺激是个体外部的影响因素，由营销活动变量和其他环境因素共同组成。

情感认知组成人类的机体变量，介于环境刺激和个体最终做出的反应之间。这个过程是由个人感知、心理、感觉和思考活动构成的（田秀英，2020）。多诺万和罗西特通过研究总结出机体变量包括情感和认知两个维度，其中感知愉悦性、满意度等属于情感范畴，而感知价值等属于认知范畴（Floh and Madlberger，2013）。

最终输出的结果和身体的最终反应是消费者在不同刺激的影响下形成的

反应变量。消费者的反应包括趋近和回避两个相斥倾向。趋近反应是指积极的变化，倾向于一个目标。相比之下，回避反应在外部刺激的作用下导致个体行为的负面变化，这些变化显示出偏离目标的倾向（田秀英，2020）。

2. 相关研究

纪曼和卓翔芝（2020）基于 S－O－R 模型，研究电商直播环境对消费者购买意愿的主要影响因素，得出感知价值和感知愉悦性正向影响消费者购买意愿的结论。周涛和陈可鑫（2018）基于 S－O－R 模型，研究了社会化商业用户行为机理，得出情感支持、信息支持、服务质量显著影响用户的使用行为和分享行为的结论。田秀英（2020）运用 S－O－R 模型，对直播电商情境下消费者冲动购买欲望的影响因素及影响机理进行探索研究，归纳出正向的影响因素以及负面的阻碍因素。黄仕靖和许缦（2021）基于 S－O－R 模型，研究了移动电子商务网络直播对用户在线购买意愿的影响机制，其实证研究结果表明，社交体验对用户的感知愉悦和感知信任有积极影响；丰富的信息和氛围感对购买准备有中间影响。左秀平（2017）基于 S－O－R 模型以移动互联网为研究背景，探索网络消费行为的刺激因素以及消费者的感知价值，进而讨论分析其对购买行为意愿的影响。

三、模型构建及假设提出

（一）构建模型

企业如何有效地使用自嘲式玩梗提高消费者的购买意愿？哪些因素会影响消费者的购买意愿？为了研究这些问题，本文提取了因子，并确定了用于研究分析的变量。

通过“自嘲式玩梗营销”“消费者购买意愿”的概念阐释，以及“ABC 态度模型”“S－O－R 模型”的理论介绍，将自嘲式玩梗营销的三个影响因素作为营销质量变量：活动曝光度、话题吸引力、内容匹配度，并将 ABC 态度模型中的消费者认知与消费者情感作为中介变量，将消费者购买意愿作为因变量。

本文研究可解构为：自嘲式玩梗营销作为来自外界的环境刺激，机体会对其产生相应的认知和情感，最终对影响消费者购买意愿产生反应。其研究模型如图6所示。

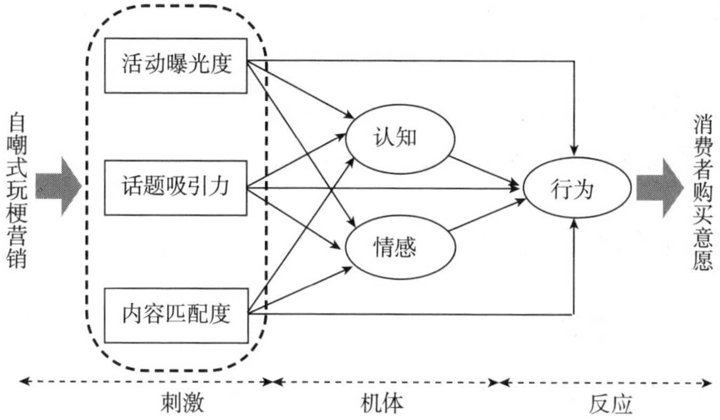

图6　研究模型

（二）提出假设

1. 自嘲式玩梗对消费者行为的影响

基于上述理论模型，本文提出了以下假设：

H1：自嘲式玩梗营销对消费者行为有正向影响。

H1a：自嘲式玩梗营销的活动曝光度对消费者行为有正向影响。

H1b：自嘲式玩梗营销的话题吸引力对消费者行为有正向影响。

H1c：自嘲式玩梗营销的内容匹配度对消费者行为有正向影响。

2. 自嘲式玩梗对消费者认知的影响

基于上述理论模型，本文提出了以下假设：

H2：自嘲式玩梗营销对消费者认知有正向影响。

H2a：自嘲式玩梗营销的活动曝光度对消费者认知有正向影响。

H2b：自嘲式玩梗营销的话题吸引力对消费者认知有正向影响。

H2c：自嘲式玩梗营销的内容匹配度对消费者认知有正向影响。

3. 自嘲式玩梗对消费者情感的影响

基于上述理论模型，本文提出了以下假设：

H3：自嘲式玩梗营销对消费者情感有正向影响。

H3a：自嘲式玩梗营销的活动曝光度对消费者情感有正向影响。

H3b：自嘲式玩梗营销的话题吸引力对消费者情感有正向影响。

H3c：自嘲式玩梗营销的内容匹配度对消费者情感有正向影响。

此外，本文认为消费者的认知和情感均会影响其消费行为，并提出以下假设：

H4：消费者认知对消费者购买行为有正向影响作用。

H5：消费者情感对消费者购买行为有正向影响作用。

四、问卷设计

（一）设计思路

首先，明确问卷研究的核心问题，问题的设置需与研究内容紧密相关。在设计预问卷时，询问被调研对象最了解和关注的自嘲式玩梗的营销事件，在这些成功案例的基础上进行模拟分析，整合梳理，以提高问题设计的准确度及合理性。

其次，设计预问卷并对数据进行整合分析，以提高问卷的合理性。对部分题项进行有针对性的调整，删除与研究内容相关度不高、对研究结果没有显著影响的题项，最终形成正式的调查问卷。

最后，发放正式问卷，总结分析后，对所作假设进行验证。

（二）量表设计

依据已发表的成熟量表，在分析整合的基础上，结合自嘲式玩梗实际营销情境，深入筛选整合，以期制定出更适用、更科学的量表，做好实证研究的基础性工作。

1. 自嘲式玩梗营销活动质量量表

Berry（1969）认为参与者在事件营销中做出的反应能充分地体现出活动特征，如及时性、话题性、参与性、共感性等；卡尔森（1976）研究分析出事件营销主要与五个要素相关：参与性、接近性、话题性、趣味性、创意性；Getz（1997）指出构成事件营销的主要因素包括事件的内容、对象、目的。综合以上维度，本文将活动曝光度、话题吸引力、内容匹配度作为自嘲式玩梗营销质量的界定因素（见表1）。

表 1　自嘲式玩梗营销量表

维度	题项
活动曝光度（A）	A1　我曾对自嘲式玩梗的相关营销信息有所知晓
	A2　我认为这些营销活动曾在短时间内是热点
话题吸引力（B）	B1　这种营销方式曾引起我的兴趣和关注
	B2　我曾参与这类话题的相关讨论
	B3　我曾在社交媒体上转发分享相关内容
内容匹配度（C）	C1　我认为品牌方自嘲所暴露的缺点是真实的、与实际相符的
	C2　我认可接受此类自嘲式玩梗的营销

2. 消费者认知量表

目前，学者对消费者认知的维度还没有达成统一的意见。当消费者认知是一个中介变量时，它通常被视为一维结构。吕鹏（2013）将其解释为品牌信任，珀西（1999）发现消费者的认知是由一系列信念组成的。本文将消费者认知定义为在自嘲式玩梗营销活动影响下，消费者通过自我观察和判断分析，形成对品牌形象的主观认识（见表 2）。

表 2　消费者认知量表

维度	题项
消费者认知（D）	D1　我认为自嘲式玩梗营销是幽默的
	D2　我认为自嘲式玩梗营销是亲切的
	D3　我认为自嘲式玩梗营销是坦诚的
	D5　我认为采用自嘲式玩梗营销策略的品牌是勇敢的
	D6　我认为采用自嘲式玩梗营销策略的品牌是可靠的
	D7　我认为采用自嘲式玩梗营销策略的品牌是成功的

3. 消费者情感量表

本文将情感分为两个维度：积极的和消极的。例如，开心、愉悦、轻松、喜欢、赞许、新奇等为积极情感；不安、惶恐、难过、愤怒、忧虑、厌恶等为消极情感（见表 3）。

表3　消费者情感量表

维度	题项
消费者情感（E）	E1　对于自嘲式玩梗营销我感到新奇有趣
	E2　对于自嘲式玩梗营销我感到轻松愉悦
	E3　对于自嘲式玩梗营销我感到高兴
	E4　对于自嘲式玩梗营销我感到惶恐不安
	E5　对于自嘲式玩梗营销我感到忧虑厌恶

4．消费者购买意愿量表

综合对消费者意愿维度的文献综述，在前人研究成果基础上，本文将消费者购买意愿的测定划分为情感意愿和行动意愿两个维度，包括深入了解、持续关注、支付溢价、进行购买、向他人推荐、保持忠诚（见表4）。

表4　消费者购买意愿量表

维度	题项
消费者购买意愿（F）	F1　我愿了解并关注运用自嘲式玩梗营销的品牌
	F2　我愿为自嘲式玩梗营销的品牌付出更高的溢价
	F3　若有需要，我会购买用自嘲式玩梗进行营销的产品
	F4　我会向身边的人推荐自嘲式玩梗营销的品牌
	F5　我会忠诚于运用自嘲式玩梗进行营销的品牌

（三）确定调查对象

在对预测试问卷的测试分析进行调整之后，为尽可能保证问卷数据真实可靠，在合理设置性别、年龄和职业因素的基础上，在线上和线下随机发放问卷，并严格要求受访者如实回答问题，确保信息的获取真实可靠。

（四）问卷投放与回收

本文采取线上问卷星征集与线下纸质问卷填写相结合的方式，对问卷进行发放和回收。线上问卷传播高速，作答便利，但主要作答人群是精通电子设备的年轻群体，样本的随机性会失之偏颇；填写线下问卷，受众面会更广，但成本消耗大、效率低。因此，本文采用线上与线下相结合的问卷收集方式，互补不足，尽可能保证回收实验数据的随机、真实、有效、全面。

五、实证分析和假设检验

（一）描述性统计分析

历经一个月左右的时间，本文研究进行了问卷的发放与收集工作，共回收233份有效问卷。此外，本文研究的量表题项（23项）与有效调研问卷数量比例为1∶10.13，满足问卷量表的相关标准和要求，能够确保问卷调查的有效性。

1. 样本对象描述性统计

从性别、年龄、职业三个维度对样本主体的基本信息进行分析，具体数据如表5所示。

表5　样本对象描述性统计分析

变量	选项	样本数/个	占比/%
性别	男	96	41.2
	女	137	58.8
年龄	18岁以下	32	13.73
	18～30岁	139	59.66
	30～45岁	40	17.17
	45岁以上	22	9.44
职业	学生	125	53.65
	政府或事业单位职工	26	11.16
	企业职员	32	13.73
	个体工商户	16	6.87
	自由职业者	20	8.58
		14	6.01

注：N＝233。

表5中数据显示，样本性别方面，41.2%为男性，58.8%为女性，分布比较均衡，其中女性样本占比偏高的结果，符合女性群体更加关注热点话题、进行分享讨论的现实。本文研究中的样本具有较好的广泛性和随机性，大体可反映总体特征。其中，18～30岁的群体比例最大，达到样本总数的59.66%；学生有125个样本数据，占比为53.65%。由此可知，调研主体为青年人，他们同时也是社会化媒体营销的主要消费者。

2. 量表题项描述性统计分析

通过选择题项对自嘲式玩梗营销的活动曝光度、话题吸引力、内容匹配度进行数据收集，以“是”和“否”两个选项作为对立面，根据自身实际对自嘲式玩梗营销活动进行选择，对此进行的描述性统计分析如表6所示。

表6　有关自嘲式玩梗营销的量表题项描述性统计分析

题目	选项	样本数	占比/%
对品牌自嘲式玩梗营销有所知晓	是	185	79.4
	否	48	20.06
认为这些营销活动曾在短时间内是热点	是	186	79.83
	否	47	20.17
自嘲式玩梗营销曾引起我的兴趣和关注	是	168	72.1
	否	65	27.9
曾参与与此相关的话题讨论	是	119	51.07
	否	114	48.93
曾在社交媒体上转发分享相关内容	是	94	40.34
	否	139	59.66

借助李克特量表对消费者认知、消费者情感、消费者行为进行衡量，1~5分别表示受访者对题目内容由低到高的同意程度，即非常不同意、比较不同意、不确定、比较同意、非常同意。针对各题项进行的描述性统计分析结果如表7所示。

表7　有关消费者认知、情感、行为量表题项描述性统计分析表

变量	编号	极大值	极小值	均值	标准差	方差	偏度		峰度	
							统计量	标准误	统计量	标准误
认知（D）	D1	5	1	3.70	0.089	1.832	-0.829	0.159	-0.532	0.318
	D2	5	1	3.55	0.082	1.559	-0.619	0.159	-0.570	0.318
	D3	5	1	3.42	0.089	1.840	-0.463	0.159	-1.000	0.318
	D4	5	1	3.64	0.086	1.741	-0.665	0.159	-0.724	0.318
	D5	5	1	3.31	0.085	1.664	-0.298	0.159	-0.945	0.318
	D6	5	1	3.33	0.081	1.525	-0.273	0.159	-0.923	0.318

续表

变量	编号	极大值	极小值	均值	标准差	方差	偏度		峰度	
							统计量	标准误	统计量	标准误
情感（E）	E1	5	1	3.69	0.080	1.490	-0.723	0.159	-0.367	0.318
	E2	5	1	3.33	0.084	1.663	-0.378	0.159	-0.866	0.318
	E3	5	1	2.60	0.089	1.837	0.292	0.159	-1.000	0.318
	E4	5	1	2.56	0.091	1.920	0.428	0.159	-1.000	0.318
	E5	5	1	3.49	0.080	1.492	-0.600	0.159	-0.450	0.318
意愿（F）	F1	5	1	3.09	0.090	1.901	-0.123	0.159	-1.000	0.318
	F2	5	1	3.33	0.077	1.396	-0.359	0.159	-0.698	0.318
	F3	5	1	3.12	0.081	1.534	-0.236	0.159	-0.952	0.318
	F4	5	1	2.86	0.079	1.438	-0.005	0.159	-0.859	0.318
	F5	5	1	3.70	0.089	1.832	-0.829	0.159	-0.532	0.318

由以上数据可得，全部题项的均值在2.56~3.70，表示没有明显偏离的题项，且调研对象对题目设置的内容表示认可，偏度和峰度的绝对值都在1之内，说明样本数据呈正态分布。

（二）信度分析

为验证量表的可靠性，对问卷数据进行信度检验，具体分析结果如表8所示。

表8　信度分析数据

变量	编号	CITC值	删除项后的克隆巴赫系数	克隆巴赫系数
活动曝光度（A）	A1	-0.287	0.855	0.208
	A2	-0.202	0.854	0.202
话题吸引力（B）	B1	-0.398	0.857	0.267
	B2	-0.320	0.857	0.277
	B3	-0.297	0.856	0.324
内容匹配度（C）	C1	0.446	0.842	0.374
	C2	0.560	0.838	0.456

续表

变量	编号	CITC 值	删除项后的克隆巴赫系数	克隆巴赫系数
消费者认知（D）	D1	0.619	0.834	0.597
	D2	0.615	0.835	0.498
	D3	0.582	0.836	0.503
	D4	0.608	0.835	0.579
	D5	0.647	0.833	0.498
	D6	0.594	0.836	0.455
消费者情感（E）	E1	0.663	0.832	0.658
	E2	0.604	0.835	0.541
	E3	0.709	0.830	0.578
	E4	0.097	0.857	0.395
	E5	-0.117	0.866	0.448
消费者购买意愿（F）	F1	0.582	0.836	0.503
	F2	0.438	0.842	0.469
	F3	0.568	0.837	0.519
	F4	0.560	0.837	0.525
	F5	0.518	0.839	0.519

据表8中数据可知，整体删除项后的克隆巴赫系数高于0.8可信度标准，表明问卷可信度较高，整体结构完备，质量较高，具有良好的稳定性以及一致性。

（三）效度分析

对问卷整体和每一项变量进行KMO值和巴特利特球形度检验，结果如表9所示。

表9　效度分析数据

变量	KMO 值	巴特利特球形度检验		
		近似卡方	自由度	显著性
活动曝光度	0.600	8.797	1	0.003
话题吸引力	0.607	64.648	3	0.000
内容匹配度	0.600	27.126	1	0.000

续表

变量	KMO 值	巴特利特球形度检验		
		近似卡方	自由度	显著性
认知	0.867	473.290	15	0.000
情感	0.617	328.120	10	0.000
行为	0.815	383.876	10	0.000

由 KMO 值和巴特利特球形度检验分析结果可知，显著性小于0.05，表明量表和问卷数据适合做因子分析。而本结果 KMO 值均大于 0.6，表明本研究问卷信度可接受，问卷的整体结构和内容都符合要求，可以对相关数据展开进一步的研究。

（四）相关性分析

1. 变量相关性分析

借助 SPSS 24.0 软件对数据进行皮尔逊相关系数分析，由表 10 可知，自嘲式玩梗营销对消费者认知、消费者情感、消费者购买意愿有正向的积极影响作用。

表 10　变量相关性分析数据

		自嘲式玩梗营销	消费者认知	消费者情感	消费者购买意愿
自嘲式玩梗营销	Pearson（相关性）	1.000	0.423**	0.267**	0.191**
消费者认知	Pearson（相关性）	0.423**	1.000	0.644**	0.545**
消费者情感	Pearson（相关性）	0.267**	0.644**	1.000	0.487**
消费者购买意愿	Pearson（相关性）	0.191**	0.545**	0.487**	1.000

注：** 在 0.01 级别（双尾），相关性显著。

2. 变量共线性检验

多重共线性检验之下，所有变量的 VIF 值和条件指数都在标准范围内，表明各变量之间不存在多重共线的问题（见表 11）。

表 11 变量共线性分析数据

变量	共线性统计量		维数	t	显著性
	容差	VIF			
活动曝光度	0. 845	1. 183	2	5. 044	0. 000
话题吸引力	0. 799	1. 252	3	-0. 746	0. 457
内容匹配度	0. 546	1. 832	4	-4. 244	0. 000
消费者认知	0. 364	2. 749	5	0. 852	0. 395
消费者情感	0. 572	1. 747	6	3. 031	0. 003

（五）回归分析

1. 自嘲式玩梗营销对消费者行为的影响

从自嘲式玩梗营销的活动曝光度、话题吸引力、内容匹配度三个维度对消费者行为进行回归分析，结果如表 12 所示，可知模型 1 的调整 R^2 为 0. 510，活动曝光度、话题吸引力、内容匹配度可以解释购买行为 40. 2% 的变化原因，模型较为合理，且显著性水平低于 0. 001，模型整体显著。模型 2 的调整 R^2 为 0. 316，解释程度良好，活动曝光度、话题吸引力、内容匹配度的回归系数分别为 0. 401、0. 775、0. 277，表明这三项因素会对消费者购买行为产生正向影响，即假设 H1、H1a、H1b、H1c 均成立。

表 12 自嘲式玩梗营销对消费者行为影响回归分析结果

变量	行为	
	模型 1	模型 2
性别	-0. 322	-0. 284
年龄	-0. 178	-0. 135
职业	0. 112	0. 098
活动曝光度		0. 401
话题吸引力		0. 775
内容匹配度		0. 277
F	0. 251	0. 578
R^2	0. 063	0. 334
调整后 R^2	0. 510	0. 316

2. 自嘲式玩梗营销对消费者认知的影响

从自嘲式玩梗营销的活动曝光度、话题吸引力、内容匹配度三个维度对消费者认知进行回归分析，结果如表 13 所示，可知模型 1 的调整 R^2 为 0.020，表示模型较为合理，拟合优度为 33%，且显著性水平低于 0.001，模型整体显著。模型 2 的调整 R^2 为 0.056，解释程度良好，活动曝光度、话题吸引力、内容匹配度的回归系数分别为 0.610、0.419、0.556，表明这三项因素会对消费者认知产生正向影响，即假设 H2、H2a、H2b、H2c 均成立。

表 13　自嘲式玩梗营销对消费者认知影响回归分析结果

变量	认知	
	模型 1	模型 2
性别	-0.147	-0.092
年龄	-0.144	-0.093
职业	-0.048	-0.039
活动曝光度		0.610
话题吸引力		0.419
内容匹配度		0.556
F	0.054	0.000
R^2	0.330	0.519
调整后 R^2	0.020	0.056

3. 自嘲式玩梗营销对消费者情感的影响

从自嘲式玩梗营销的活动曝光度、话题吸引力、内容匹配度三个维度对消费者情感进行回归分析，结果如表 14 所示，可知模型 1 的调整 R^2 为 0.013，活动曝光度、话题吸引力、内容匹配度可以解释购买行为 25% 的变化原因，模型较为合理，且显著性水平低于 0.001，模型整体显著。模型 2 的调整 R^2 为 0.216，解释程度良好，活动曝光度、话题吸引力、内容匹配度的回归系数分别为 0.124、0.400、0.268，表明这三项因素会对消费者购买行为产生正向影响，即假设 H3、H3a、H3b、H3c 均成立。

表 14　自嘲式玩梗营销对消费者情感影响回归分析结果

变量	情感	
	模型 1	模型 2
性别	-0.188	-0.170
年龄	-0.112	-0.077

续表

变量	情感	
	模型 1	模型 2
职业	0.022	0.012
活动曝光度		0.124
话题吸引力		0.400
内容匹配度		0.268
F	0.115	0.000
R^2	0.250	0.236
调整后 R^2	0.013	0.216

4. 消费者认知对消费者行为的影响

从消费者认知角度对消费者行为进行回归分析，结果如表 15 所示，可知模型 1 的调整 R^2 为 0.051，表明消费者认知可以解释购买行为 63% 的变化原因，模型较为合理，且显著性水平低于 0.001，模型整体显著。模型 2 的调整 R^2 为 0.350，解释程度良好，消费者认知的回归系数为 0.544，表明此项因素会对消费者购买行为产生正向影响，即假设 H4 成立。

表 15　消费者认知对消费者行为影响回归分析结果

变量	行为	
	模型 1	模型 2
性别	-0.322	-0.242
年龄	-0.178	-0.100
职业	0.112	0.138
消费者认知		0.544
F	0.002	0.000
R^2	0.630	0.360
调整后 R^2	0.051	0.350

5. 消费者情感对消费者行为的影响

从消费者情感角度对消费者行为进行回归分析，结果如表 16 所示，可知模型 1 的调整 R^2 为 0.051，表明消费者情感可以解释购买行为 63% 的变化原因，模型较为合理，且显著性水平低于 0.01，模型整体显著。模型 2 的调整 R^2 为 0.261，解释程度良好，消费者情感的回归系数为 0.582，表明此项因素会对消费者购买行为产生正向影响，即假设 H5 成立。

表 16　消费者情感对消费者行为影响回归分析结果

变量	行为	
	模型 1	模型 2
性别	-0.322	-0.212
年龄	-0.178	-0.113
职业	0.112	0.099
消费者情感		0.582
F	0.002	0.000
R^2	0.630	0.274
调整后 R^2	0.051	0.261

（六）假设验证结果

借助 SPSS 进行数据的分析与处理后，各变量关系检验结果如表 17 所示。

表 17　假设验证结果量表

研究假设	假设内容	验证结果
H1	自嘲式玩梗营销对消费者行为有正向影响	成立
H1a	自嘲式玩梗营销的活动曝光度对消费者行为有正向影响	成立
H1b	自嘲式玩梗营销的话题吸引力对消费者行为有正向影响	成立
H1c	自嘲式玩梗营销的内容匹配度对消费者行为有正向影响	成立
H2	自嘲式玩梗营销对消费者认知有正向影响	成立
H2a	自嘲式玩梗营销的活动曝光度对消费者认知有正向影响	成立
H2b	自嘲式玩梗营销的话题吸引力对消费者认知有正向影响	成立
H2c	自嘲式玩梗营销的内容匹配度对消费者认知有正向影响	成立
H3	自嘲式玩梗营销对消费者情感有正向影响	成立
H3a	自嘲式玩梗营销的活动曝光度对消费者情感有正向影响	成立
H3b	自嘲式玩梗营销的话题吸引力对消费者情感有正向影响	成立
H3c	自嘲式玩梗营销的内容匹配度对消费者情感有正向影响	成立
H4	消费者认知对消费者购买行为有正向影响	成立
H5	消费者情感对消费者购买行为有正向影响	成立

六、结论与展望

本文探讨了自嘲式玩梗营销对消费者购买意愿的影响，结果表明，自嘲式玩梗营销会对消费者认知和消费者情感产生显著影响，即在一定程度上对消费者购买意愿产生影响。其中，消费者认知和消费者情感在自嘲式玩梗营销与消费者购买意愿之间起到部分中介影响。

（一）研究结论

1. 自嘲式玩梗营销与消费者行为

自嘲式玩梗营销的活动曝光度、话题吸引力、内容匹配度均对消费者行为有正向影响，因此自嘲式玩梗营销对消费者行为有正向的影响，即在自嘲式玩梗营销活动的作用之下，消费者会更容易产生购买意愿。

消费者对自嘲式玩梗营销的知晓度较高，这些话题也会一度成为社交媒体上的热点内容，普遍引起大家的兴趣和关注。问卷参与者基本上都认为品牌方自嘲所袒露的缺点是真实的，是与实际相符的，并认可和接受这样的营销方式。这些正向的反应使消费者产生了持续深入地了解并持续关注、支付更高溢价、进行购买、向周围人推荐、忠诚于品牌等一系列行为意愿。

2. 自嘲式玩梗营销与消费者认知

自嘲式玩梗营销的活动曝光度、话题吸引力、内容匹配度均对消费者认知有正向影响，因此自嘲式玩梗营销对消费者认知有正向的影响，即在自嘲式玩梗营销活动的作用下，消费者会对品牌产生正向的认知。

问卷参与者基本上都认为品牌方自嘲是真实的，并认可和接受这样的营销方式。这些正向的反应使消费者感受到营销活动的幽默、亲切、坦诚，对品牌形象形成勇敢、可靠、成功的认知，树立了正面的品牌形象。

3. 自嘲式玩梗营销与消费者情感

自嘲式玩梗营销的活动曝光度、话题吸引力、内容匹配度均对消费者情感有正向影响作用，因此自嘲式玩梗营销对消费者情感有正向的影响作用，即在自嘲式玩梗营销活动的作用下，消费者会对品牌产生积极的情感。

问卷参与者基本上都认为品牌方自嘲是真实的，并认可和接受这样的营销方式。这些正向的反应使消费者产生新奇有趣、轻松愉悦、喜爱赞扬等积极情绪，拉近品牌与消费者之间的距离。

4. 消费者认知与消费者行为

消费者认知对消费者购买行为有正向的影响作用。消费者感受到营销活动的幽默、亲切、坦诚，对品牌形象形成勇敢、可靠、成功的认知，在认知层面树立起正面的品牌形象，使消费者产生了了解并持续关注、支付更高溢价、进行购买、向周围人推荐、忠诚于品牌等一系列行为意愿。

5. 消费者情感与消费者行为

消费者情感与消费者购买行为之间存在正向关系。消费者在自嘲式玩梗营销中产生了新奇有趣、轻松愉悦等积极情绪，促使消费者产生了了解并持续关注、支付更高溢价、进行购买、向周围人推荐、忠诚于品牌等一系列行为意愿。

（二）管理建议

1. 企业在营销过程中要敢于直面问题

当危机发生时，企业品牌声誉可能会遭受严重损害。在这样的状况下，品牌要敢于直面问题，不能一味掩盖和逃避，而要积极面对，不断改进，提升顾客满意度。同时，放低姿态，诚恳地与消费者沟通交流，将品牌的劣势和不足转化为吸睛的热点话题，火速“出圈”，提升公众关注度和认可度。

2. 营销要“有趣”，敢于创新“玩梗”

网络互联互通，社交媒体平台开放共享、平等尊重、轻松沟通，被切实需要。自嘲式玩梗的营销方式体现了品牌与用户平等的沟通态度，使人倍感轻松愉悦。当品牌深陷舆论风波时，主动出击制造话题并运用话题，创造幽默风趣的沟通氛围，更有利于得到消费者的理解与支持。这就要求企业在进行营销活动时要善于借助社交媒体平台制造话题，吸引消费者参与讨论，以达到病毒式的传播效果。

3. 把握好“度”，适度自嘲

自嘲式营销所调侃的话题，往往不是产品或服务本身的质量不足，并不影响其使用价值，只是在茶余饭后引起消费者消遣的“槽点”。品牌自身足够强大，具有核心竞争力，在市场上有一定的消费者基础，才能以强者的身份进行自嘲自黑。如果自身存在缺陷，不加以完善改正，而以此漫天说笑、盲目媚俗，长久以后便会被市场淘汰。

（三）研究局限与未来展望

1. 研究局限

问卷发放以微信小程序问卷星为载体，主要在笔者的朋友圈范围进行扩散传递，并非实地调研。虽回收问卷数量较多，但还是不具备全面普遍性。

采取问卷调查的方法对数据进行收集，所获数据为截面数据，文献研究过程中相关文献的支持力度不足，对研究结论的可靠性会产生一定影响。

对各种维度的量表信息收集不够全面，分析不够透彻。在总结归纳相关领域的部分文献后，综合作者主观意愿进行变量设置，科学性不够严谨。

2. 未来展望

开展动态化研究。问卷数据形式虽能直观地测量出消费者购买意愿，但无法切实测量其购买意愿是否确实转化为购买行为，在之后的研究中可以运用案例研究的方法进行追踪。

开展实验研究。控制变量结果表明，消费者购买意愿会受到性别、年龄、职业等因素影响，而个人收入和性格也会影响消费者的购买行为，未来可以通过实验的方法控制样本的内生特性，用对照实验方法进行定性比较，得出差异化的研究结论。

进一步探索自嘲式玩梗营销。自嘲式营销的作用机制、表现形式、影响因素、作用效果等方面均有待进一步探讨研究。作为近年来新兴的营销词语，仍有很大的探索空间。

参考文献

[1]徐岚,李振全,蒋怡然,等．品牌犯错情境下的自黑式回应策略[J].

中国工业经济，2018(1):174－192.

[2]刘伟，樊晓婷．在线品牌契合的前因和后果研究[J]．软科学，2018，32(6):125－128，144.

[3]符加林，赵喜．企业自黑方式、产品涉入度与消费者支持[J]．软科学，2022，3(20):1－11.

[4]王好．事件营销对消费者购买行为影响研究[D]．西安：西安理工大学，2019.

[5]朱华伟，张艳艳，龚璇．企业幽默能否化解消费者抱怨：幽默类型与关系范式的匹配[J]．心理学报，2017，49(4):526－538.

[6]王子健，李凌凌．网络"梗"文化的意蕴内涵与传播逻辑[J]．青年记者，2021(14):109－110.

[7]陈钢．符号互动理论视角下玩梗互动行为研究[D]．哈尔滨：黑龙江省社会科学院，2020.

[8]王瑞雪．疯狂点赞时代下的自黑式品牌营销[D]．大连：大连工业大学，2017.

[9]张璐．品牌自嘲营销新方式[J]．成功营销，2019(Z3):50－51.

[10]赵泽宇．传播学视角下的自黑式营销[J]．新媒体研究，2020，6(7):72－73.

[11]李琪，王璐瑶．基于ABC态度模型的消费者重复购买意愿研究[J]．商业研究，2016(11):17－23，52.

[12]熊爱华，韩召，张涵．消费者的农产品品牌认知与情感对品牌忠诚度的影响研究[J]．山东财经大学学报，2019，31(1):62－72.

[13]杨伟文，刘新．品牌认知对消费者购买行为的影响[J]．商业研究，2010(3):158－162.

[14]李炅，陈李红，严新锋．基于服装品牌形象感知的消费者忠诚度影响因素分析[J]．服装学报，2021，6(2):175－181.

[15]黄茹倩．基于ABC态度模型的快时尚品牌可持续营销策略研究[D]．武汉：武汉纺织大学，2021.

[16]张蓓佳．基于SOR理论的网络退货政策宽松度对消费者购买意愿

影响机理研究[J]. 消费经济, 2017,33(1):83-89.

[17]纪曼,卓翔芝. 基于 SOR 模型的电商网络直播环境下消费者购买意愿的影响因素[J]. 淮北师范大学学报(哲学社会科学版), 2020,41(4):49-57.

[18]周涛,陈可鑫. 基于 SOR 模型的社会化商务用户行为机理研究[J]. 现代情报, 2018,38(3):51-57.

[19]田秀英. 基于 S-O-R 模型的直播电商消费者冲动购买欲望研究[D]. 大连:大连海事大学, 2020.

[20]FLOH A, MADLBERGER M. The role of atmospheric cues in online impulse-buying behavior[J]. Electronic commerce research and applications, 2013,12(6).

[21]张宇琪. 基于 S-O-R 模型的直播电商持续使用意愿研究[D]. 北京:北京外国语大学, 2020.

[22]黄仕靖,许缦. 基于 S-O-R 理论的移动电商网络直播对用户在线购买意愿的影响机制研究[J]. 统计与管理, 2021,36(7):122-128.

[23]左秀平. 移动互联网背景下网络消费者感知价值提升路径研究[J]. 电子商务, 2017(11):44-45.

[24]宋蒙蒙,乔琳,胡涛. 基于 S-O-R 理论的社交网络互动对旅游行为的影响[J]. 企业经济, 2019(5):72-79.

[25]冯光才. 新零售背景下线上线下交互体验对消费者购买意愿的影响研究[D]. 西安:西安理工大学, 2021.

[26]滕艳. 电商直播场景下的消费者购买意愿研究[D]. 重庆:重庆工商大学, 2021.

[27]程华,宝贡敏. 网上购物意向决定因素的实证研究[J]. 数量经济技术经济研究, 2003(11):150-153.

[28]诸雪峰,贺远琼,田志龙. 西方制造型企业服务战略的实践与启示[J]. 科技进步与对策, 2011,28(2):83-86.

[29]毕继东. 负面网络口碑对消费者行为意愿的影响研究[D]. 济南:山东大学, 2010.

[30] ZEITHAML V A, BERRY L L, PARASURAMAN A. The behavioral consequences of service quality[J]. Journal of marketing, 1996, 60(2): 31-46.

[31] 杨丽华, 董冰. 休闲农庄游客满意度与购后行为实证研究：以长株潭城市群为例[J]. 中国农学通报, 2012, 28(29): 310-316.

[32] 杨君茹, 王小丽. 服务补救对消费者情绪及行为意向的影响研究[J]. 统计与决策, 2016(5): 117-119.

[33] 董大海, 金玉芳. 消费者行为倾向前因研究[J]. 南开管理评论, 2003(6): 46-51.

[34] 王优. 社会化电商平台质量对顾客行为意向的影响研究[D]. 北京：北京交通大学, 2017.

[35] PAN J, LIN J. Construction of network entrepreneurial platform leadership characteristics model: based on the grounded theory[J]. Journal of business economics and management, 2019, 20(5): 958-978.

[36] BERRY L L. Components of department store image - theoretical and empirical analysis[J]. Journal of retailing, 1969, 45(1): 3-20.

[37] 龚艳萍, 董艳惠. 事件争议程度对事件营销效果的影响研究：兼谈消费者态度矛盾性的调节作用[J]. 商业经济研究, 2016(24): 49-51.

[38] 王珊. 短视频平台中网红信息源可信度对消费者购买意愿的影响研究[D]. 北京：北京交通大学, 2021.

[39] 吕鹏. 网络口碑信息来源可信度、产品涉入对消费者品牌态度的影响研究[D]. 湘潭：湘潭大学, 2013.

[40] 诺明. 电商直播感知互动对消费者购买意愿的影响研究[D]. 呼和浩特：内蒙古大学, 2021.

[41] 于子贺. 电商直播互动性对消费者购买意愿的影响研究[D]. 延边朝鲜族自治州：延边大学, 2021.

[42] 何霞. 从"自嘲卖萌"到"化危为机"看品牌社交媒体营销的新探索[J]. 声屏世界, 2021(16): 74-76.

[43] 魏加晓. "自黑"型广告发展探析[J]. 新闻研究导刊, 2019(5): 23-24, 65.

[44]黄敏学,姚舜禹,刘茂红．自强还是自嘲？名人代言如何提升社会化媒体广告的营销效果[J]．心理学报,2018,50(8):907－919.

[45]孙丰国,陶鹏辉．品牌梗营销创意研究[J]．中国广告,2021(5):88－90.

[46]夏璐．品牌营销传播中的自嘲手法研究[D]．湘潭:湘潭大学,2021.

第二篇

直播营销

网络游戏直播情境中互动感知对游戏服务消费的影响研究①

肖　瑶

摘要：随着网络游戏在多平台的发展，不同类型的网络游戏充斥着市场，观看网络游戏直播成为许多人休闲娱乐生活中不可缺少的一部分。本文针对当下发展正盛的网络直播流量变现活动的营销方式，从互动感知视角出发，重点研究网络游戏直播情境中互动感知对大学生游戏服务消费的影响因素，运用扎根分析的研究方法，建立了网络游戏直播情境中互动感知对游戏服务消费的影响因素模型，从而得到了游戏主播以及直播平台的7个相关特质，这些不同主体的特征要素构成了形成互动感知的三个维度，即互动关系、互动要素和互动过程。通过以上三个维度不同主体间各具特色的形象，在观看直播的过程中，各方都沉浸于直播互动当中，感知情感态度发生变化，经过一段时间和程度的积累，最终形成互动感知。互动感知又会对感知价值、行为反应和互动性等产生影响，以上三个影响又可细分为多个观众消费心理及行为表现，这些因素能够提高玩家的满意度，进而产生游戏消费。

关键词：互动感知；游戏直播；购买意愿与行为

作者简介：肖瑶，西北大学经济管理学院2022届工商管理系市场营销专业本科生。

---

① 本文由谢莹副教授指导完成。谢莹，西北大学经济管理学院副教授，硕士生导师，研究方向：消费者决策与神经营销。

一、引言

新冠疫情的出现催化了“宅文化”的发展，使电竞直播平台加速发展，用户规模出现快速增长。目前，我国主要的游戏直播平台会对知名电竞游戏赛事进行直播，同时短视频玩家如抖音与快手也嗅到商机并开始布局电竞直播领域，衍生而来的影视、综艺、动漫、网文等在用户群体中也已经有了一定的渗透，从游戏本身到游戏直播，再延伸到其他游戏周边，网络游戏直播体现了超越游戏本身的其他情感意义。游戏直播平台作为电竞游戏及电竞赛事最主要的传播渠道，极大地影响着用户的电竞观赛体验。对于用户的电竞观赛体验，多个直播平台都拥有赛事以及个人主播直播回放的功能，玩家、观众、用户可以不用担心因为时间问题而错过精彩的比赛。对于用户的电竞互动体验，直播互动目前不仅仅依靠发弹幕和观众打赏送礼物的形式，也出现越来越多的玩法，直播平台也融合了云游戏、主播带货等形式开展线下活动。流量变现的大潮也开始涌入游戏直播行业，电竞用户调研数据显示，在2021年中国电竞用户中，个人月收入在5000～8000元的占比最高，达到28.6%；个人月消费集中在1001～5000元，占比达到61.6%，网络游戏直播消费逐年上升。因此，本文对互动感知形成的构成因素，以及互动感知所带来的游戏消费影响进行讨论，运用扎根分析方法，对网络游戏直播情境中所产生的互动感知对游戏服务消费的影响进行分析，构建模型。最后，对互动感知的形成提出相关建议。

二、文献综述

（一）互动感知

1. 互动感知的定义

互动性是互联网的独特优势与关键属性，有时也被称为“交互性”。当顾客在网络平台进行多方互动时，如果他们的互动体验很好，就会认为该网络平台具有较高的互动性（张初兵等，2016）。学术界对互动性的研究源于20世纪90年代，Newhagen等（1995）基于观众对美国全国广播公司

(NBC) 所播出的系列新闻的电子邮件内容的分析，将顾客感知互动性视为一种心理变量，首次提出了顾客感知互动性的概念。传统的互动性主要是指：个体之间的活动关系，以及可以直接与对方接触，并能够感受到对方反应的能力。January (2012) 研究认为，感知互动是用户在接受企业的产品或服务过程中对企业所采用的方式或风格的感知，所以我们也可以将互动感知定义为消费者或用户在面对线上直播，对直播者或直播展示的商品、营销方式的不同所产生的不同情感共鸣、情感认知。

2. 互动感知对顾客购买意愿影响研究综述

在传统购物的情境下，Wu (1999) 研究发现顾客感知互动性正向影响顾客购买行为产生的概率。潘华丽等 (2019) 研究发现，感知互动性对预期互动性和顾客满意度以及持续产生购买意愿具有中介作用。

在电商直播情境下，大多数研究探究的是顾客感知互动性对顾客购买意愿的直接影响，即顾客感知互动性越好，顾客购买意愿越高，进而产生购买行为。如 Song 等 (2008) 在社会化媒体环境研究中发现，网站感知控制、传播、响应会积极促进正面口碑相传和重复购买意愿的产生；Cyr 等 (2009) 研究发现，用户感知互动性越好，其对网站各个方面的综合评价越积极，越能够进一步增强用户再次访问的意向；陈凯等 (2019) 研究发现，在网络中人们并不会一味地排斥广告，反而有些网络绿色广告能够通过增加感知互动性进而促进顾客消费。

（二）网络游戏直播

网络游戏直播是指平台或玩家通过 PC 端与移动端将正在操作的游戏进程进行直播，其特征是同游戏相关，且进行直播（杨异，2021）。游戏直播一般可以分为官方的赛事直播和游戏玩家们的个人直播；个人直播又可以分为草根直播、退役或者在役选手直播以及职业游戏解说的直播。2017 年，中国电竞网络直播行业的市场规模和用户规模呈上升趋势，2020 年网络游戏直播市场规模已经达到 300 亿元。

在目前的研究中，关于网络游戏直播版权的归属以及游戏画面侵权等的文章较多，对于研究互动感知效果以及网络游戏直播影响玩家消费意愿的文章较少。对于网络游戏直播的研究，苑宁 (2016) 主要从社会临场感的角度进行分析，主要分析了近年来网络游戏直播日益火热的原因，并从网络游戏直播中临场感的架构、主播的引导和玩家互动等方面提出了未来网络游戏直播平台的发展建议。对于网络游戏主播的研究，李玥（2018）认为网络游戏直播平台的主播既是内容的构建者，也是传递游戏精神、展示游戏行业发展面貌的人，需找准自己的定位，向人们传输正向观念，避免落入俗套。对于网络游戏直播体验的研究，黄燕（2018）主要从用户心灵体验、网络直播中的沉浸感体验和情感上的体验三个方面进行分析，最后提出了提高用户体验的建议。

（三）顾客购买意愿

目前，学术界对顾客购买意愿的定义没有一个统一的界定。赵杰坤（2017）认为，在一定环境下，顾客在购买产品或服务的过程中产生的心理活动，能够用来预测其未来购买决策和购后行为；Zeithhaml 等（1998）将顾客购买意愿定义为顾客结合自身经验、兴趣偏好，综合考量外部环境，基于各种信息对客观事件做出判断后，是否产生购买想法的一种内在心理。顾客购买意愿体现了顾客对产品的态度和判断，是关联和预测顾客后续购买行为的核心要素（Fishbein et al.，1977），且顾客购买意愿越高，最终产生购买行为的可能性和概率就越大（Peter et al.，1999）。

顾客满意度是影响顾客购买的重要因素，只有产品达到顾客预期或是超出顾客预期，顾客的购买意愿才会更强烈，这也是影响顾客最终购买行为的关键指标。顾客满意度测量的内容主要有以下几个方面：一是理性的判断，明白自己的购买动机，搜寻相关资料与同类产品进行对比；二是需求的满意程度判断，明白自己的真实需求，判断产品是否能够满足个人需求；三是带给个人精神上愉悦性的判断，能否给自己带来更多情感上的收获；四是对购物经历的评价（田雨琪，2021）。

三、研究方法与研究设计

（一）研究方法

本文以互动感知视角下网络游戏直播对玩家游戏消费的影响因素模型为主要研究内容，是一种探索性的研究，因此将扎根分析作为本文的研究方法。主要有五个步骤：一是收集相关资料，对资料进行整理，归纳相关概念，并把所得的资料进行记录；二是将收集的这些资料不断地与生成的概念进行对比，进而生成与概念相关的理论性问题；三是整理出理论性的概念，将概念与概念之间的关系厘清；四是理论性抽样，对资料进行编码；五是建构理论，力求获得理论概念的密度、变异度和高度的整合性。

（二）数据收集

本文主要通过文献整理和深度访谈的方式对数据进行收集。首先，查阅关于互动感知的内涵、维度以及网络游戏直播等研究资料。其次，选用半结构化的访谈方式，以访谈扎根为主。根据艾瑞咨询发布的《2021 年中国电竞行业研究报告》可知，在中国的电竞用户中，整体呈现出年轻化的分布，19～24 岁的网络游戏用户占 54.1%，所以本文所选的访谈对象是 19～24 岁的人群。最后，随机选取 4 条访谈记录用作理论饱和度检验，其他 16 条访谈记录用作框架模型构建。

四、案例模型构建

（一）网络游戏直播与互动感知作用关系编码结果

1. 开放编码

首先，对线上访谈的资料进行整理，找出在网络游戏直播中影响观众互动感知的因素，并将这些具有相似性的因素概括为某一概念，再归纳概念形成范畴，划入不同的感知互动维度，比如“直播抽奖送皮肤”“直播随机选择幸运观众”。其次，归纳这两个概念形成范畴，用“直播抽奖”标识。最后，根据访谈文本总结出 23 个概念，进而提炼出了 20 个范畴，分别是“语言幽默”“语言真实诚恳”“行为搞笑”“玩家与玩家弹幕互动”“玩家与主播弹幕互动”“游戏技术好”“主播具有电竞精神”“主播三观正”“直播抽奖”“平台设计”“直播风格亲切”“平台广告营销”“直播风格诡异”“草根玩家直播”“游戏解说直播”“职业选手直播”“主播夺冠”“主播颜值高”“表达清晰有逻辑”以及“用词文雅考究”。本文提炼出的范畴以及相应的资料语句如表 1 所示。

表1　开放编码过程

引用语举例	概念化	范畴化
主播与直播间的观众配合得很默契，使用幽默的语言和粉丝互动来活跃直播间的气氛。主播直播过程中会讲解一些技巧和方法，经常会产生一些意想不到的直播效果	幽默的语言	语言幽默
我喜欢的主播一般为职业选手，他们不以游戏直播为生，不依靠观众送礼物打赏生活，所以他们推荐的东西都是自己用的，会依据自己的喜好，诚恳、认真地介绍新英雄、新装备，不会夸大其词	语言真实不夸张	语言真实诚恳
主播在直播时会做出一些比较夸张、搞笑的动作，比如英雄联盟的职业选手 doinb、硬币哥在精彩操作后都会群魔乱舞，看到他们很欢快，我也很欢快	夸张地庆祝动作	行为搞笑
弹幕里面讨论游戏人物服装和打卡点时会让我产生消费的欲望，因为那时能看到人物穿上服装在游戏里面的整体效果如何，并且游戏里面还有很多打卡点，如果配上美美的衣服，那么打卡效果会很好，这时我就很想进行游戏消费	与弹幕玩家讨论服饰与打卡点	玩家与玩家弹幕互动
一般我喜欢的主播都会和我一起互动，我问什么，他看到了就会回答，我就会很开心，没被主播回复过的人是感受不到这种喜悦的	主播与弹幕互动	玩家与主播弹幕互动
观看直播时，我主要看一些职业选手直播，因为职业选手都经过了培训，在游戏里面能进行极限操作，并且他们有很好的判断能力，观看的过程中我可以学到很多打游戏的技巧，从而提高自己的游戏水平	主播具有专业判断能力	游戏技术好
因为是经过培养、训练和筛选的选手，在道德规范和游戏精神方面都比草根选手更可靠，选手所在的俱乐部会进行引导。更重要的是，职业选手的确比草根玩家的游戏操作好，技巧多、意识强	更具备道德规范、游戏精神	主播具有电竞精神
我喜欢张大仙的原因就是看到他私下做了一些慈善，资助了一个偏远农村的建设，以及为疫情、洪涝灾害捐款。总的来说，张大仙是一个比较符合观众价值观的人，当然他的直播也很有看点	主播做慈善	主播三观正
张大仙会让直播间的学生不要送礼物，在谈到直播行业时也会劝年轻人和小孩子要以学业为重	主播劝学	

续表

引用语举例	概念化	范畴化
主播会在直播时进行抽奖，可以抽一些皮肤或者限定商品什么的，当抽出好的东西时，我会觉得自己可能也有这样的运气，就想去尝试，进而进行消费	直播抽皮肤	直播抽奖
随机抽取幸运观众进行游戏充值。总以为会是自己，很期待能够是自己，没中之后就会一直想，之后可能就比较想充值	主播随机选择幸运观众	
我一般用快手看直播，因为快手比较方便，既能看游戏直播还可以看其他短视频，一举两得	多功能平台	平台设计
喜欢的游戏主播是直播英雄联盟的陆雪琪，因为她的直播风格比较亲切自然，人也长得很好看，看她的直播很舒服	观看直播感到舒适	直播风格亲切
平台的游戏广告营销对我有一定影响，因为我本来就是要消费的，能够花同样的钱买到更多东西，让自己的游戏体验得到提升，这是一件很划算的事情	平台广告营销能够买到更多产品	平台广告营销
直播风格诡异，游戏效果拉满，经常给人意想不到的惊喜，一般不取悦观众，只顾自己开心，我很喜欢这样不按常理出牌的主播	游戏直播效果突出	直播风格诡异
我一般喜欢看的游戏主播是草根玩家，因为职业选手的操作太专业了，入门玩家根本看不懂也学不会专业操作，看草根玩家的直播能学到很多基本操作知识，而且草根玩家的直播很有综艺效果，他们相比职业选手更看重直播效果，草根玩家的直播比较适合入门玩家观看学习	学习草根玩家的基本操作	草根玩家直播
最近迷上了管泽元，看他直播总会有神反转的效果，每当他说到自己支持的队伍好的时候，弹幕就会要求他闭嘴，作为游戏解说他有自己的风格	以上帝视角分析赛场局势	游戏解说直播
比较喜欢看职业选手的直播，虽然他们打比赛的技巧我们不一定能用到，但是他们不仅能教会我们手法，还会灌输游戏意识，虽然我达不到他们的操作水平，但看他们直播真的很棒，我就很喜欢看一个英雄联盟的选手直播，专门开设有他的操作小课堂	学习职业选手的操作	职业选手直播

续表

引用语举例	概念化	范畴化
主播获得世界冠军，因为喜欢主播，所以想感受他的喜悦、支持他，这是他的荣誉，官方给出皮肤时就会在游戏里充钱消费	购买与主播相关的产品	主播夺冠
突出的特质是时而帅气、时而可爱，三百六十度无死角	主播长得帅	主播颜值高
突出的特质是陆雪琪外表虽然看上去呆萌可爱，但是游戏操作却十分犀利	外表呆萌，有反差感	
有时候也会看游戏官方解说的直播，这些主播讲解比赛时口齿更清晰，也更有逻辑，他们的游戏讲解既有趣又有干货	口齿清晰有逻辑	表达清晰有逻辑
“他盛大登场打断了完美谢幕，然后惊鸿过隙，魅惑到烬，给了加速，再闪现过来轻舞成双回到了女警身边”这是管泽元的一段游戏解说词，当时就觉得好美啊，既有文采又完美阐释了选手的操作	语言优美且专业	用词文雅考究

2. 主轴编码

通过开放编码后，我们得到了23个概念、20个范畴，根据初始范畴内涵的某些相似性将初始范畴提升总结得到主范畴。将开放编码形成的“语言幽默”“语言真实诚恳”“表达清晰有逻辑”“用词文雅考究”4个初始范畴整合为“主播语言”；将“平台设计”“平台广告营销”2个初始范畴整合为“直播平台策划”；将“职业选手直播”“草根玩家直播”和“游戏解说直播”3个初始范畴整合为“主播身份”；将“玩家与玩家弹幕互动”“玩家与主播弹幕互动”2个初始范畴整合为“弹幕互动”；将“行为搞笑”“游戏技术好”“直播抽奖”“主播夺冠”4个初始范畴整合为“主播行为”；将“主播颜值高”“主播具有电竞精神”“主播三观正”3个初始范畴整合为“个人魅力”；将“直播风格亲切”“直播风格诡异”2个初始范畴整合为“直播风格独特”。最终得到以下7个主范畴，如表2所示。

表 2　主轴编码形成的主范畴

主范畴	对应范畴	范畴内涵
主播语言	语言幽默	幽默的语言会使直播观看者心情愉悦，主播的幽默也会感染并传递给观看者，说到感兴趣的话题时观看者乐意参与到直播间的互动当中
	语言真实诚恳	主播亲切的语言、真实诚恳的态度能让直播间的粉丝相信主播所说的话，更能引起观看者的喜欢与互动
	表达清晰有逻辑	口齿清晰的解说、有逻辑的游戏主播可以更好地讲解游戏操作技术，有逻辑地阐述游戏操作思路，使一些看起来很高级的操作在经过讲解后变得不那么难以操作，将观看者从直播引流到游戏当中，学习专业选手的操作技巧
	用词文雅考究	优美且富有诗意的解说在一众游戏主播中显得难能可贵，每一次的优秀解说不仅会在游戏圈引起讨论，还会引发“破圈”
直播平台策划	平台设计	不同的直播平台所侧重的领域方向不同，比如快手既能看游戏直播又能看其他短视频，在观看直播的同时还能看到主播以往的短视频集锦，以便对主播了解更多
	平台广告营销	直播平台的游戏产品营销首页推荐是观看者了解游戏的第一步，再通过游戏主播们的试玩氛围，激起观看者的游戏试玩欲望
主播身份	职业选手直播	职业选手直播一般为俱乐部公司的直播，没有特别绩效考核，只需要把每月的直播时长播完就可以，所以在直播推荐中并不会为了带货而带货，所推荐的游戏产品更多的是发自内心的喜欢，不会推荐坑人的产品
	草根玩家直播	草根玩家一般都具有较好的游戏操作技巧和风趣幽默的直播风格，对于游戏有一定的理解，更能给观看者带来欢乐
	游戏解说直播	作为游戏主播能利用自身职业优势为直播观众带来更专业的知识
弹幕互动	玩家与玩家弹幕互动	玩家与玩家之间的交流，即最真实的消费者的交流互动，在讨论与对比中互动，得到最真实的玩家评价与建议
	玩家与主播弹幕互动	玩家与主播共同讨论游戏中的小技巧，互相分享关于游戏的见解，主播更好地展示自己，在交流中增进感情
主播行为	行为搞笑	游戏主播搞笑的行为、富有戏剧性的场面会给直播间的网友带来欢乐，契合网友的观看意图，给网友留下深刻印象
	游戏技术好	拥有高水平游戏能力的主播在直播时会更专业、更具技术观赏性，适合“技术党”观看
	直播抽奖	直播抽奖一般都是主播的宠粉活动，在直播间参与互动，主播就会随机挑选幸运儿为其在游戏中消费，或者直接发红包当作游戏基金，吸引众多粉丝参与
	主播夺冠	每一项游戏的世界赛都会吸引来自世界不同赛区的队伍参加，能拿到世界冠军的队伍都会被大力宣传，更有利于进行游戏文化的输出

续表

主范畴	对应范畴	范畴内涵
个人魅力	主播颜值高	高颜值主播首先会在视觉上给网友很好的体验感，长得好看又有技术的主播更容易受到网友的青睐
	主播具有电竞精神	电竞精神讲究不到最后一刻决不放弃，在游戏中奋战到最后一刻，能够给玩家们树立榜样，遵守游戏规则，引导树立正确的游戏态度
	主播三观正	主播能够输出一些符合大众价值观的观点，与观众的价值观契合，交流就会感觉到愉快，使观众觉得自己没有喜欢错人
直播风格独特	直播风格亲切	亲切的直播氛围会让观看的人感到舒适与放松，忘掉现实生活中的烦恼，找到一个直播间隐藏起来，对游戏主播以及游戏产生好感
	直播风格诡异	游戏效果拉满，经常给人意想不到的惊喜，更能抓住观看者的眼球，会对游戏留下深刻的印象

3. 选择编码

选择编码是根据以上编码结果，继续提炼核心范畴并建立核心范畴和主范畴之间对应关系的过程。依据开放编码及主轴编码所得范畴，继续提炼出互动关系、互动要素、互动过程三个核心范畴，如表3所示。

表3　选择编码形成的核心范畴

核心范畴	主范畴	二者关系
互动关系	弹幕互动	互动关系主要包括人机互动、人与系统互动以及人与人之间的互动。弹幕互动即人与人之间的互动，直播平台策划则为人与系统之间的互动，在进行互动时需要运用电子设备如电脑、手机才可以进行的互动为人机互动。不同类型的游戏主播在面对直播间的观众时与观众的互动程度和交流方式、感知爱意的表现都不相同。和平友爱的互动关系会让观众对主播的依赖认可程度更高
	直播平台策划	
	主播身份	
互动要素	个人魅力	直播中的互动要素主要由主播语言、主播行为、弹幕互动、直播平台策划以及主播个人魅力构成，平台为观众与主播提供互动的空间，幽默的语言以及搞笑的行为会让直播间充满欢乐，适时地与弹幕进行互动、交流会拉近主播与观众的距离，增进双方的了解，人品好的主播也会提高观众对直播的信任度
	直播风格	
	主播语言	
	主播行为	
	弹幕互动	
	直播平台策划	
互动过程	主播语言	互动过程主要是一个编码解码的过程，主播有逻辑、有条理的直播解说会让观众更加清晰地了解游戏内的各种情况，语言措辞准确通俗，再搭配上得体合适的肢体语言，进行随机互动等可以增加直播的感染力，营造良好的直播氛围，这些都会使观众产生信任感
	主播行为	
	弹幕互动	

（二）互动感知与网络游戏消费作用关系编码结果

1. 开放编码

首先，整理出访谈资料中所反映的互动感知对网络游戏消费的影响因素相关现象，并将同类现象提炼为同一概念，如“好看的游戏皮肤”“正确玩法”。其次，归纳这两个概念并进一步形成范畴，用“功能认知”表示。最后，根据访谈资料总结出了12个概念、9个范畴，分别是“功能认知”“情感价值认知”“感知风险”“重复购买”“使用意向”“安利推荐”“双向沟通”“及时响应”和“可控性强”，本文提炼出的范畴以及相应的资料语句如表4所示。

表4　开放编码过程

引用语举例	概念化	范畴化
好看的皮肤自己看着赏心悦目，感觉会更有面子，加上武器的加持，觉得自己也能像主播一样一路开挂，成为峡谷的王者	好看的游戏皮肤	功能认知
新出的英雄或者装备一般都会比较强势，但是像我们这样的普通玩家就不太能很快地“get到它的用法”，但是又很想尝试新产品，观看这些游戏主播操作，就能很快上手，不走弯路	正确玩法	
英雄联盟S8赛季中国的战队第一次夺冠，看直播夺冠后那种激动与荣誉感是前所未有的，我把那一年IG的冠军皮肤全都买了，虽然有些英雄我不太玩，但就是觉得自己一定要有，比起它的使用价值，我觉得更有纪念意义	买具有纪念意义的产品	情感价值认知
因为是在官方的合作平台看直播，所以下单的时候会比较放心，主播不靠谱我还可以找平台，官方售后有保障，而且那么多人都在关注，感觉还是比较靠谱的	平台有保障	感知风险
除平台靠谱外，也会在大博主或者自己相信的博主介绍下买一些游戏中的小东西，一般会比在其他地方买多一些优惠，但也是通过正规渠道交易，不会跟个人交易	正规渠道交易	
很少会在不熟悉的主播推荐下买游戏中的道具，但如果是主播自己花钱充值都要买的产品，并且游戏体验不错，我也觉得有趣的话，也会跟着购买，达到一定的信任水平就会在主播的推荐下多次购买一些我需要的产品	多次购买	重复购买
有时候其实也不需要那些主播推荐，就是无意间看见的，比如我喜欢的职业选手在休赛期就会玩一些其他的小游戏，比如双人小游戏、分手厨房等，看着主播玩，自己也想玩，就会去下载购买这些游戏	使用主播同款游戏产品	使用意向

续表

引用语举例	概念化	范畴化
在熟悉的主播推荐游戏产品后就或多或少会更加关注，然后去体验，如果这个产品确实很好或者很划算的话，自己也会安利其他人	给其他人推荐	安利推荐
不仅主播会给我们推荐好用的游戏产品，在弹幕上交流时观众也会给主播推荐，我们观看的人之间也会一起讨论交流，推荐更适合我们的搭配玩法	互相推荐好产品	双向沟通
如果发弹幕和主播交流一直得不到回应的话，尤其是问他游戏相关技巧他不回应时，就会觉得他很不专业，不会相信他的专业能力	及时回应疑问	及时响应
有些游戏主播会很在意弹幕，游戏时专注于游戏，在游戏间隙就会一直看弹幕，回答弹幕的问题，和我们一起讨论，让我感觉我们是平等的，不是我们单方面地输出	及时回应弹幕问题	
在看直播时有时不愿意花钱，有时互动的氛围到了才会花钱，我喜欢的主播也会及时劝说学生不要乱花钱，平台也会有消费警示	自己与平台都会控制花钱数目	可控性强

2. 主轴编码

在进行开放编码之后，原始访谈文本被归纳为12个概念，形成9个范畴。根据主轴编码范畴之间具有某些相似特性，明确了整理出的初始范畴之间的逻辑与关系，将这些初始范畴根据相关指标整合成主范畴。开放编码形成的“功能认知”“情感价值认知”和“感知风险”3个初始范畴可整合为“感知价值”；“重复购买”“再访问”和“主播推荐”可整合为“行为反应”；“双向沟通”“及时响应”和“可控性强”可整合为“互动性”。最终得到以下3个主范畴，如表5所示。

表5　主轴编码形成的主范畴

主范畴	对应范畴	范畴内涵
感知价值	功能认知	玩家消费一般可以分为两类，为了好看的皮肤或是为了更高级的装备，游戏主播会与游戏制造商合作，在新英雄、新产品正式出品以前会先让主播试玩。在主播的解说介绍下，以及看到产品在游戏里的作用功效以后观众会更确定自己是不是真的需要这款新产品，甚至在主播的激情试玩下下单
	情感价值认知	情感价值认知更多的是一种怀旧、一种念想，代表了一代人的记忆，比起单纯地买东西，更多的是为情怀买单，唤起了一代人的回忆，打感情牌，刺激游戏消费

续表

主范畴	对应范畴	范畴内涵
感知价值	感知风险	感知风险的高低与游戏消费意愿成反比，让观众感到越正规、越有信任感的主播所推荐的东西越被观众接受，信誉好的主播与平台会让游戏产品的消费售后更有保障，产品出现问题也有后台及时处理，让游戏玩家没有后顾之忧
行为反应	主播推荐	游戏主播不同于卖货主播，很少有销量 KPI，大都是推荐自己使用过后体验感较好并且会一直用的产品，也正因为没有销量 KPI，主播想说什么就说什么，不会考虑到销量，主播推荐的可信性较高，玩家使用起来感到舒服，就越愿意分享到游戏圈安利这款产品，让更多的人购买，让更多的玩家了解这位主播
	再访问	玩家与主播或者平台以及玩家有第一次的友好交流体验后，或者使用了主播推荐的相关产品，提升游戏体验后，就会增强对主播、平台的信任，越信任越认可，就会再次访问
	重复购买	建立互动感知后，观众心动则会选择购买，重复购买无疑是玩家对游戏主播和游戏产品的双重肯定，与游戏主播的互动感知越多越正向，就会导致重复购买
互动性	双向沟通	两人以及两人以上的共同参与才构成了互动，只有一个人一直输出是展示，游戏直播领域的主播更在意与观众的互动，让直播间的气氛热烈起来，双向沟通让双方都处于一个平等的地位，给观众朋友一样的感觉
	及时响应	响应速度的快慢体现了主播对直播间观众重视程度的高低，响应速度快的主播更能让观众留在直播间，进而观看直播，引起消费兴趣
	可控性强	与主播的正向交流，平台的正向引导可以增强主播与观众关系的牢固程度。而且花不花钱，怎样花钱都是自己可以决定的

3. 选择编码

依据开放编码及主轴编码所得范畴，进一步研究、分析，最终提炼出“互动感知形成促进网络游戏消费”这一核心范畴。选择编码阶段遵循以感知价值、互动性和行为反应——网络游戏消费的逻辑展开，如表6所示。

表6　主范畴的典型关系结构

核心范畴	关系结构内涵
感知价值	观众在主播、平台以及其他观众的互动展示中，了解游戏产品的功能价值和情感价值。一个直播间就是一个交际圈，大家都有这款游戏，自然而然也会产生想要拥有该游戏的想法，使用该游戏不仅能够和其他玩家有更多的共同语言，更重要的是它也会让玩家有更好的游戏体验，更好地顺应游戏时代的潮流

续表

核心范畴	关系结构内涵
互动性	对于互动性与顾客满意度来说，以下三个变量与顾客满意度都呈正向分布，其中影响顾客满意度最多的是及时响应性，然后是双向沟通性，最后是可控性。互动中的及时响应性越高，观众越会觉得自己也是被主播重视的人，这种互动会给观众带来心理的满足，凡事有交代，件件有着落，事事有回音，这样双向的爱会让互动与交流更长久。主播与平台对观众的正确引导会让两者之间的关系更加牢固，减少了过度消费带来的负面新闻，增强了观众对主播的信任度
行为反应	观看游戏直播不同于带货直播，目的不在于直接购物，而在于支持所喜欢的游戏主播，在直播间感受到的互动感知会极大地影响观众的行为反应，在直播间通过主播的试玩、介绍，感知其产品价值，再加上与主播的互动回应，让观众感觉到不仅产品是有用的，而且主播也是值得信任的，感受到彼此的互动，传递出真诚，进而或是出于自己对游戏体验的需求，或是出于想表达对主播支持的感情，就会购买相关的游戏产品，若使用效果突出，就会不自觉地产生推荐与再访问的行为

（三）玩家互动感知对于网络游戏服务消费意愿的影响因素模型

根据前文所述，游戏直播对游戏产品消费影响的路径需要经历游戏主播、平台以及直播中的互动来促进游戏直播观看者产生互动感知，在互动感知中玩家可能会产生游戏体验性消费和情感认同上的游戏产品消费，最终观看游戏直播的观众从潜在消费者转化为游戏产品消费者的过程。所以，本文将网络游戏直播情境中互动感知对游戏服务消费的影响因素模型按此过程进行建构，整理明晰前文中两阶段的开放编码、主轴编码、选择编码，得出图 1 的模型。

1. 游戏直播情境催生互动感知过程

游戏直播催生互动感知的过程一般会受游戏主播、直播平台以及网友互动相关特质的影响，由第一部分的编码结果可知，游戏主播、直播平台、网友互动的相关特质主要可以总结为以下七个方面：主播语言、主播身份、直播平台策划、弹幕互动、主播行为、个人魅力、直播风格。这七个方面交织形成互动感知的三个维度，即互动关系、互动要素、互动过程，这三个维度不同的体验感，促进互动感知的产生。

（1）互动关系

Mcmahan 等（2009）认为存在三种互动关系：一是人与系统互动，如

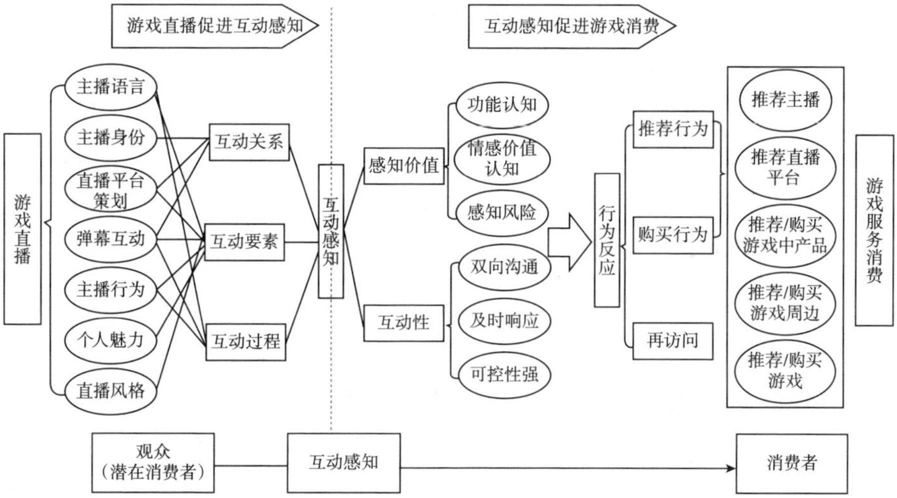

图 1　网络游戏直播情境中互动感知对游戏服务消费意愿的影响因素模型

利用菜单等导航工具浏览网页；二是人与内容互动，如在网站上创建个人主页；三是人与人互动，如借助即时通信工具与他人交流。构成互动关系的第一种关系是人与系统互动，当观众接触到手机、接触到直播平台时就已经形成了人与系统互动，这是网络互动关系的前提；当观众接触到直播间的信息时，对直播间的行为、语言进行解码时就达成了与内容的互动，人们之所以愿意观看游戏直播是因为能够摆脱孤独感，和直播间里具有相同爱好、相同游戏领域的玩家互动。然而，长久的互动关系的形成并不简单，各个平台都有不同的侧重点，比如有些人觉得快手比较方便，既能看游戏直播又能看其他短视频，选择会更多；有些人觉得虎牙更专业，是目前游戏直播平台中规模最大的一个，涵盖范围特别广，收入了国内外赛事的直播版权，还有独家 IP 赛事的创作。依靠各自不同的服务与功能收获需求各不相同的用户，并且虎牙在最近两年越做越大，在企鹅直播宣布退市后，很多出名的游戏主播都选择了签约虎牙，越来越多的观众也从其他直播平台转移到虎牙。网络游戏直播平台的交互设计需要满足多感官体验的人机交互设计原则，在各直播平台内，不同的主播靠着不同的个人魅力与游戏能力吸引着不同的观众，观众在这些直播间里或注重操作，想要学技术，或注重快乐的氛围，寻找幽默且不失风度的主播。除了主播外，在直播间里的粉丝也有自己的个人网页，拥有喜欢的主播品牌，不仅展示着自己的特点，也可以从主播品牌的等级中看出个人消费能力与财富力，在与其他观众交流时彰显身份。比起与主播互动，大多时候都是玩家与玩家在弹幕上互相交流、答疑解惑，发表关于游戏内容的看法。三种互动关系越正常有序地发展，越有利于互动感知的出现。

（2）互动要素

顾客在网络直播平台互动的过程中，会对不同的互动要素进行主观评价，本文所划分的互动要素主要有主播语言、主播行为、个人魅力、直播风格、弹幕互动和直播平台策划六个部分，每一部分在互动交流的过程中都是丰富主播与平台形象的要素，这些互动要素是互动感知产生的框架，观众依据自己的价值观与消费需求，选择具有不同特点的直播观看，满足个人不同的情感需求，在遇到符合自己直播观看需求的主播与直播平台时就会自然而然地产生互动感知。

（3）互动过程

Newhagen 等（2004）指出，人们之间或者人与其他机器互动的过程是一个三层次过程，我们在互动的初期，首先要感知到互动的对象，需要对互动的对象进行识别，然后需要互相对所传输的信息进行编码和解码，最后做出相关的行为反应。基于此，Sohn（2011）认为，只要是有人参与的互动就会包括以下三个维度：知觉（sensory）、语义（semantic）、行为（behavioral）。所以，在网络游戏直播互动的过程中，主播语言、主播行为以及直播风格等不同的特征就可以有一个良好的互动过程。主播语言、主播行为、直播风格会影响观众对于互动感知的感受，主播所展示出的形象在观众心中的可信度越高，观众对主播所介绍的内容越认可，越容易受到主播语言的影响。一个讲话幽默且有礼貌的主播比一个满嘴脏话的主播所说出的话的可信度肯定要更高，观众得到的互动体验也会更加舒适，所以主播的语言表达能力和说话风格会在一定程度上影响观众对直播可信度的判断。主播在直播间所表现出的有涵养的行为也要在现实生活中体现出来，比起原本就有不好的行为或者讲话粗鲁的主播，人们更难接受直播间一套现实生活中又一套的人。游戏主播由于其娱乐性质居多，观众倾向于可以接受幽默搞笑的行为，但绝不要出现低俗的行为。直播间不同的直播风格给观众带来不同的心灵感受，舒服自然的直播风格就会带来舒服自然的互动，搞笑幽默具有感染力的互动行为，也会让观众感到主播的热忱。

2. 互动感知促进游戏消费的过程

感知互动性的影响主要表现在感知价值、互动性，进而促进直播间的观众更好地认知自己的需求，产生相关游戏产品消费。

（1）感知价值

感知价值主要体现在对游戏产品功能认知、情感价值认知以及感知风险三个方面。网络游戏主播不同于带货主播，相比于日用必需品消费的直播，游戏直播更能满足人们精神上的需求，观看直播的观众也都是为了娱乐而去的，或是看直播消遣或是学技术。游戏主播对游戏产品功能的细致讲解与操作演示都能更好地展示新产品的作用以及用途，观众在观看直播的同时也会思考自己的游戏体验中是否真的需要这一产品，购买这一产品是否会给自己带来快乐与好的游戏体验，进而产生试用和购买的想法。情感价值认知更偏向于感性的支持，单纯为了纪念玩家的某段时光或为了支持某个喜欢的主播，尤其是拿过冠军的游戏主播，各大游戏赛事对拿冠军的队伍或表现突出的个人都会推出游戏周边产品。从编码结果可以看出，观众对游戏产品产生功能认知与情感价值认知时，能够对其游戏消费欲望产生冲击，其产品所具有的主播个人特色意义越大，对观众游戏消费的刺激越大。感知风险是感知价值中唯一与消费欲望程度成反比的指标因素，人们对游戏主播越信任，直播平台官方越有保障，人们感知风险越低就越愿意进行游戏产品消费，这一点需要平台与主播共同营造良好的带货氛围。

（2）互动性

互动性对游戏直播而言极为重要，目前我们只需要通过连接互联网登录相关平台或应用就可以获取各种想要的信息。随着网络互动技术的发展，网站的互动性会变得越来越好，屏幕前的人和屏幕里面的人不再只是单向的输出，而是双向的交流与沟通，主播与观众你答我问，其中不仅存在买家与卖家的互动，也存在买家与买家的互动。在网络直播中来自主播与观众之间的点赞、赠礼、文字互动是重要的互动方式，所以网络直播中互动性的提升可能促进消费者形成对主播的信任。主播对互动弹幕的响应速度越快，及时答疑解惑越能更好地满足直播间的观众需求，当直播间的观众个体与主播存在高强度联结时，可以加强互动感知对主播以及平台产生信息信任度的作用，促进其消费。互动的可控性为直播间行为与购后行为提供保障，会让消费者感觉到安全。

（3）行为反应

Van Noort 等（2012）的研究表明，网站感知互动性越高，在线“流”体验就会越强，就会增加使用者的推荐意向、购买意向和再访问意向。在直播平台以及游戏主播的努力下创造的互动感知，一方面，观众感知到的引导越正向、越符合现实，就会越信任当前的主播与平台，进而产生购买意向，再访问并推荐给更多玩家。互动感知所感知到的功能认知会促使观看者购买游戏、购买游戏中产品。另一方面，在主播互动中所感知到的情感共鸣会促使观看者购买与主播相关、主播推荐的游戏周边产品等，为主播打榜。在网络世界中每一个人都是相互联系的，为了自己所支持的游戏或者主播出于日常交际的目的，除自己会进行相关游戏消费行为外，人们也会不自觉地安利给其他人，而被推荐的这些玩家在未来也有可能成为新一轮的游戏产品消费者与推荐者。

（四）理论饱和度检验

将事先预留的 4 份访谈记录与上文归纳出的互动感知视角下网络游戏直播对游戏服务消费的影响共 6 个主范畴进行比较与分析，均没有发现新的范畴，也没有出现新的概念，所以本研究所得到的范畴编码与因素模型达到了理论饱和度要求。

五、结论与建议

以上分析主要是从互动感知视角入手，探索网络游戏直播情境中互动感知对观众游戏服务消费的影响，从而得到了游戏主播以及直播平台的 7 个相关特质，这些不同主体的特征要素形成互动感知的三个维度：互动关系、互动要素和互动过程。通过以上三个维度不同主体间各具特色的形象，在收看游戏直播时，主播与观众、平台与观众、观众与观众之间进行互动，各方都沉浸于直播互动当中，感知情感态度变化，经过一段时间和程度上的积累，最终形成互动感知。互动感知又会带来感知价值、行为反应和互动性等影响，这三个影响又可细分为多个观众消费心理，即行为表现，这些因素再次促进玩家满意度的提升进而产生游戏消费。

所以，作为网络游戏直播参与的个体，在进行网络游戏直播、平台营销策划和玩家互动机制策划时，应当尽可能地增强互动的易操作性，从用户心理的角度思考界面设计的合理性，可以设置区分不同类型的主播，设置常看主播，让观众可以快速找到想要看的主播，根据常看的主播类型，通过大数据以及算法给用户推荐可能感兴趣的其他主播。平台的游戏广告宣传可以存在，但要减少用户在直播休闲娱乐时间的广告推广，太多的广告营销会影响互动体验。合理联名，少割韭菜，主打情怀的同时也要注重游戏体验，游戏内的产品体验才是主打方向。主播在直播时除展示游戏的内容外，也要正确引导观众的消费观，树立正确的价值取向。主播与观众之间的爱是双向的，两者都很注重对方的感受，互动感知才会深。很多时候观众在游戏中的消费都是为了主播买单，主播就要在直播过程中通过聊天互动、游戏互动和抽奖互动的方式来增加与粉丝之间的互动，让粉丝感觉到自己被重视，拉长粉丝停留在直播间的时间，利用短视频引流，合理利用付费推广。网络游戏直播不会自主地产生互动情感，都是在主体的操作互动中激发用户的多种情绪，从而产生情感反馈，产生心理愉悦感。主播与平台都要以了解用户的需求和目的为基本，尽可能营造良好的直播互动氛围，营造用户与主播沉浸式体验的氛围，锁定明确的目标用户，才能够让网络游戏直播行业以及网络游戏行业走得更远。

参考文献

[1]张初兵,吴波. 网站感知互动性研究述评[J]. 中国流通经济,2016,30(6):117-127.

[2]NEWHAGEN J E, CORDES J W, LEVY M R. Nightly@ nbc. com: Audience scope and the perception of interactivity in viewer mail on the internet [J]. Journal of communication,1995,45(3): 164-175.

[3]JANUARY J S. Buyer – seller interaction: A conceptual framework [J]. Advance in consumer research,2012(3): 292 – 298.

[4]WU G. Perceived interactivity and attitude toward web sites[C]. In Proceedings of the Conference – American Academy of Advertising,1999:254 – 262.

[5]潘华丽,史兆敏,陆忱. 基于互动性视角的旅游App用户持续使用意愿研究[J]. 哈尔滨商业大学学报(社会科学版), 2019(1):117 – 128.

[6]SONG J H,ZINKHAN G M. Determinants of perceived web site interactivity[J]. Journal of marketing,2008,72(2): 99 – 113.

[7]CYR D, HEAD M,IVANOV A. Perceived interactivity leading to e – loyalty: Development of a model for cognitive – affective user responses[J]. International journal of human – computer studies,2009,67(10): 850 – 869.

[8]陈凯,严俊杰,王纯. 网络绿色广告对消费者行为的影响——基于感知互动性的中介效应检验[J]. 环境经济研究, 2019(1):56 – 70.

[9]杨异. 网络直播类型化研究[J]. 盐城工学院学报(社会科学版), 2021,34(3):36 – 39.

[10]苑宁. 社会临场感视角下网络游戏直播平台探究[J]. 青年记者, 2016(24):88 – 89.

[11]李玥. 电子竞技类游戏主播的角色定位[J]. 青年记者, 2018(23):106 – 107.

[12]黄燕. 基于用户视角的网络游戏直播研究[D]. 杭州:浙江传媒学院, 2018.

[13]赵杰坤. 顾客感知价值对消费者正面口碑传播意愿的影响机制研究[D]. 北京:北京邮电大学, 2017.

[14]田雨琪. 基于用户体验的网络游戏直播平台交互设计研究[J]. 数字技术与应用, 2021,39(6):132 – 134.

[15]FISHBEIN M,AJZEN I. Belief, attitude, intention, and behavior: An introduction to theory and research[J]. Philosophy and rhetoric,1977,10(2).

[16]PETER J P, OLSON J C,GRUNERT K G. Consumer behaviour and marketing strategy[M]. New York:McGraw – Hill,1999:329 – 348.

[17]田雨琪. 基于用户体验的网络游戏直播平台交互设计研究[J]. 数字技术与应用, 2021,39(6):132 - 134.

[18]MCMAHAN C, HOVLAND R, MCMILLAN S. Online marketing communications: Exploring online consumer behavior by examining gender differences and interactivity within internet advertising[J]. Journal of interactive advertising, 2009,10(1): 61 - 76.

[19]NEWHAGEN J E. Interactivity, dynamic symbol processing, and the emergence of content in human communication[J]. The information society,2004, 20(5): 395 - 400.

[20]SOHN D. Anatomy of interaction experience: Distinguishing sensory, semantic, and behavioral dimensions of interactivity[J]. New media & society, 2011,13(8): 1320 - 1335.

[21] VAN NOORT G, VOORVELD H A, VAN REIJMERSDAL E A. Interactivity in brand web sites: Cognitive, affective, and behavioral responses explained by consumers' online flow experience[J]. Journal of interactive marketing,2012,26(4): 223 - 234.

电商节日服务氛围下网络直播特征对消费者购买意愿的影响

——消费者感知的中介效应①

林　鸿

摘要：在不断宣传推广电商节日的背景中，企业应抓住电商节日的商业契机。而电商节日的直播环境对消费者的购买意愿是否有帮助成为衡量企业在电商节日宣传推广的重要因素。通过电商直播形式，企业可以帮助产品进行宣传推广，通过互联网直播特征影响消费者购买意愿。在管理与实践中，良好的服务场景与直播结合能够对消费者购买意愿产生积极的作用。本研究以综合运用问卷调查法为手段，在新媒体等渠道发放问卷，共收回问卷 261 份，剔除部分无效问卷，可利用有效问卷 226 份，以 SPSS 25.0 软件作为问卷分析工具。研究发现：在电商节日时段内，网络直播特征对消费者的感知存在购买意愿的指向性，进而起到消费感知的中介作用。研究进一步分析发现：首先，网络直播特征对购买意愿起正向作用；其次，网络直播特征对消费者的感知有正向影响；再次，消费者感知对购买意愿呈现正向趋势；最后，消费者感知在网络直播特征与购买意愿的协同作用中呈现中介性趋向。本研究细化了电商节日与消费者购买意愿的相关研究，试图在一定程度上为企业在电商节日时段的营销活动提供理论支撑。

关键词：电商直播；感知价值；感知愉悦性；购买意愿；电商节日

作者简介：林鸿，西北大学经济管理学院 2022 届工商管理系市场营销专业本科生。

---

① 本文由谭乐副教授指导完成。谭乐，西北大学经济管理学院副教授，硕士生导师，研究方向：组织行为和人力资源管理。

一、绪论

（一）研究背景与问题提出

1. 实践背景

近年来，“双十一”“双十二”“618”等电商节日逐渐出现在人们的视野之中，每年在特定的节日到来之际，总能够在各平台看到相关节日的宣发。以天猫平台为例，天猫平台在2021年“双十一”期间的总成交额为5403亿元，再次实现“双十一”销售额的突破。由此可见，电商节日与电商直播相融合已经成为互联网经济下的重要营销方式之一。

中国传统节日包括春节、元宵节、中秋节等。我国的传统节日都有着深厚的文化底蕴内涵。而与此相对的是，如今兴起的电商节日也逐渐成为消费者进行网上购物活动的重要节日，这样的节日逐渐被国内外的消费者认同，这一相关领域的研究也逐渐成为热点问题受到学术界瞩目（Xu et al.，2017）。

关于电商节日的研究，大多围绕电商节日的营销进行。关于“节庆”的概念，国内外学者多从“电商”和“节庆营销”两个概念之间的差异和联系来阐述，或是从节庆的营销策略来阐述，而对电商节日的概念本身却缺乏直接的论述（安旭，2017）。电商侧重的节日，主要有中国的传统节假日、引入的西方节日、店庆促销以及电商生造的“节日”四种类型（杨金宏，2018）。而关于本研究的电商节日，即与传统的中西方节假日均不同，是在电子商务兴起之后，由电商平台提出并推广，成为电商平台周期性宣传推广的吸引消费者购买商品的营销方式。据此可知，电商节日具有平台设立推广、周期性、销售商品目的性、平台赋予时点意义性的特征。当前，最大的电商节庆活动是天猫“双十一”、京东“618”。

如今，各大电商平台都拥有直播平台，电商直播也真正走进千家万户。而在针对电商节日的营销推广上，各大电商总会推出各种标识和特色广告以吸引消费者，从而吸引其浏览活动页面并选择合适的商品购买。在电商节日活动中，如节日展板、主播造型、场景装饰等商品展示形式也层出不穷。这些直播的场景塑造共同影响着消费者对电商节日的认知，以及在节日场景下的消费意愿。

2. 理论背景

网络直播营销是一种新兴的营销手段，具有可视性、娱乐性、真实性、互动性等特征（Ma et al.，2018）。这些特征可以影响消费者的行为感受与观看直播过程中的心理体验，进而影响消费者的行为反应，能够帮助商家实现消费者购买意愿的提升与购买行为的转化。

消费者感知价值包含感知价值与感知愉悦性两个方面的内容。消费者对于产品与服务所能感受到的价值评估是感知价值的主要关注对象，感知愉悦性强调消费者在购物过程中内心愉悦的感受，二者可以影响消费者的购物体验与购买意愿。

购买意愿作为营销学与消费者行为学中的常用研究变量，取得了丰硕的研究成果。消费者的购买意愿是指在心理、情绪、认知等多种因素的作用下，影响消费者的购买意愿。有关互联网直播的四个特征，不同的学者研究发现，四个特征都会对消费者的购买意愿产生巨大的影响。

电商节日是近几年提出的概念，与国内如春节、中秋节等法定的、具有历史文化底蕴的传统节日不同，它是电商平台营造出的节日，是帮助电商平台进行产品的周期性销售。目前，学术界对电商节日的服务场景以及消费者的购买行为之间的研究还存在空白，需要进一步完善相关内容，丰富电商节日、消费者行为与互联网直播营销等领域在电商节日背景下的实践与应用。

3. 研究问题

基于实践背景与理论背景的相关成果，提出本研究问题为“网络直播特征对消费者购买意愿的影响——消费者感知的中介效应”。在已有文献的基础上，本研究发现直播方因素主要是平台影响力以及主播个人的业务能力，而对直播环境以及特定情境氛围和场景变化的研究存在空白。因此，本研究通过直播方式将电商节日与消费者购买心理和行为相结合，具有一定的创新性与必要性。

以S－O－R模型为基础，结合现有研究成果，把电商节日作为研究背景，将网络直播特征中的可视性、娱乐性、真实性和互动性作为自变量。

消费者购买商品不仅能够获得实际的产品，而且在购物过程中获得良好的体验感知，因此选择感知价值和感知愉悦性两个变量作为消费者的机体反应变量，以判断消费者在观看直播的过程中的情绪与态度。将行为选择消费者购买意愿作为变量，主播进行电商直播的主要目的就是实现产品销售的目标，而结合相关的刺激与机体反应成为影响消费者行为的重要因素。

根据以上相关分析，结合直播营销的特征，以管理研究中的S-O-R模型为基础，本文采用网络直播的四个特征作为外在激励“S”，并与环境营造的情景气氛相结合，对消费者在观看直播过程中的身体反应“O”、在电商节日服务氛围下的消费者购买意愿“R”进行研究，用以研究电商节日服务氛围下的服务场景因素，对消费者的购买意愿能够产生什么样的影响。

（二）研究意义

1. 理论意义

研究电商节日服务场景对消费者购买意愿的影响，拓展网络直播特征、消费者行为、消费者感知等诸多研究领域。首先，研究在电商节日服务场景下各大电商平台进行电商节日活动宣传推广的影响，丰富电商直播特征的研究。其次，对消费者的购买行为进行深入研究，研究电商节日服务场景对购买行为的影响。同时，对消费者对于电商节日的整体感知与体验、消费者的心理感受、购买行为会产生感知变化进行探讨。

2. 实践意义

随着国内电商平台、电子商务以及互联网技术对人们生活影响的日益增大，各大平台推出的电商节日也成为消费者每年进行购物的一个重要节点。深入探讨电商节日服务场景下网络直播特征对消费者的影响，对电商企业以及互联网经济下的营销效果均具有重要的实践指导意义。对电商企业来说，明确消费者的行为意向，发现消费者在电商节日时的心理感受，进而创造让消费者有购买意愿的场景，能够更好地帮助电商企业利用在互联网直播中的优势，实现销售业绩的不断提升。同时，帮助消费者进行决策，拥有更好的电商节日购买体验。

（三）研究方法

本研究前期采用问卷调查方式收集数据，后期借助相关统计分析工具对数据加以研究。

通过模型设想与变量选择设计问卷。一方面，采用国内外成熟量表，进行问题设计，结合电商节日的场景背景与中文表达习惯设计题项；另一方面，采用线上问卷收发平台发放与回收问卷。

以 SPSS 25.0 为分析工具，采用信效度、回归分析、相关度等方法进行检验，得出结果后判断各变量间的关系与验证假设。

二、文献综述以及理论基础

（一）网络直播特征与消费者购买意愿的研究

1. 网络直播特征

Ma 和 Mei（2018）指出互联网直播具有可视性（perceived entertainment）、娱乐性（entertainment）、真实性（facticity）、互动性（interactivity）等特征。

可视性是指在与主播进行沟通和互动时，用户对信息的视觉接收和传达，以视觉传达为主要内容，网络相关活动中的可视化包括交互、浸入感等（魏华等，2021）。通过互联网进行的直播营销以各种形式传递信息，如文本、图像等，通过多样的刺激形式吸引消费者，提升临场感。互联网直播营销作为一种“边看边买”的销售方式，能给消费者一种如在实体商店一般的消费体验，通过主播的讲解、使用、评价，消费者可以直观地看到商品以及商品有关的其他信息，进而帮助消费者参与信息评价（顾钰炜，2020）。

娱乐性是指消费者在观看直播时产生的内在愉悦感，以达到消费者在现场观看时的心理愉悦（张宝生等，2021）。直播的受众更偏好通过媒体进行娱乐活动缓解压力，而消费者在直播营销的过程中也更喜爱通过轻松愉悦的方式在消费中实现解压（王晰巍等，2020）。直播过程中主播会给消费者提供与其喜好相关的产品与信息，进而形成情感联系，帮助消费者获得认同感与精神上的情感倾诉（刘忠宇等，2020）。

真实性是个体对于接收到的媒介信息进行判断评价，是对获取信息真实性进行感知的一项重要指标（Beverland M B et al.，2008）。消费者在观看电商直播时，能够看到直播间的实时动态、产品展示。与线上的传统网购方式不同，直播间的产品展示能弥补其不足，让消费者具有更强的代入感与购买选择意向。

互动性是交流双方在信息交换过程中的控制强度，弹幕是进行信息交流的重要方式（喻昕等，2017）。在电商的直播间中，消费者可以向主播提出问题、表达观点、与其他消费者交流等，增强直播间的互动性。刘洋等（2020）通过问卷调查证明网购情境下的互动性可以提高消费者的信任。

2. 网络直播特征对购买意愿的影响

网络直播具有四个特征，结合公开的文献资料可以看出，这四个特征对购买意愿产生正向影响。

喻昕等（2017）从理论层面进行研究，认为可视性、互动性与娱乐性影响消费者的社会临场感，进而产生愉悦心理，正向影响消费者购买意愿。马艳艳等（2021）采用实证方式发现，可视性可以通过在线的交流互动帮助信息共享形成支持关系，影响消费者的购买意愿。

但鸣啸、武峰（2018）通过对直播娱乐性、意见领袖等诸多在互联网直播过程中对消费者行为产生影响的因素进行实证分析，发现直播中的娱乐性对消费者购买意愿的影响最为显著。钱黎春等（2019）发现社交媒体特征中的娱乐性可以正向影响消费者在观看过程中的临场感受，进而影响消费者的购买意愿。直播的娱乐性能够帮助消费者产生对品牌、商家与主播的情感信任，也让消费者得以找到一种精神寄托，提升直播好感度，促进消费者购买意愿的形成（魏华等，2021）。

宋嘉莹等（2017）对网络平台的“好评返现”进行了研究，这样的评价形式降低了用户对产品评价的真实性，导致出现对商品与店家的怀疑，并且降低消费者对产品的信任，降低了购买意愿。赵保国等（2021）对主播言论的真实性进行讨论，认为夸大宣传等行为会影响主播与品牌的口碑。

秦晓（2019）探讨了在网络团购过程中，通过评论等方式的互动能够正向影响消费者的购买意愿。郑兴（2019）通过问卷的方式证实了关系型直播或者任务型直播可以正向影响消费者的交流体验（专注感受和愉悦感受），进而影响消费者的购买意愿。良好的互动体验能够为消费者带来更好的体验感受，进而提高消费者的购买意愿。

结合相关学者的研究可以发现，随着网络信息技术的不断提升，互联网直播特征成为影响消费者购买意愿的重要因素，能够直接或者间接影响消费者观看直播的目的与态度，进而成为产品销售与顾客依赖的重要原因。可视性能够让消费者融入直播的场景当中，成为直播购物环节的参与者。娱乐性帮助消费者缓解生活压力，让消费者更好地融入直播环境之中。真实性能让消费者信任并跟随主播，成为主播的忠实粉丝。互动性则是提升消费者的参与感，使其真正融入相互交流与相互融合的环境之中。

（二）消费者感知与消费者购买意愿的研究

1. 感知价值与感知愉悦性

消费者的感知是指在实际生活中接收到的资讯，包含对产品与服务的感知价值，以及对消费与经验的感知愉悦性。Zeithaml（1988）指出，如果顾客从产品或服务中得到了更多的好处，那么他们的感知价值就会提高，此时消费者就越愿意购买。Sweeney（2001）提出，感知价值是指商品品质、价格、社会价值以及顾客的情绪价值，以上因素均可以影响消费者的购买意愿。结合本文电商场景研究的内容与电商节日研究背景，将根据在线产品销售中消费者的情绪反应分析该变量。

发生在企业与顾客之间的一种感情联系称为感知价值（perceived value），受到质量、价格、社会等多种因素的影响。感知价值越高，越能有效地激发消费者的购买欲望，进而促进消费者购买。感知价值可以帮助消费者与商家建立良好的关系，提升认同感和情感体验。

感知愉悦性（perceived pleasure）是指使用者感觉到一种技术的应用，能让自己感到愉悦，而且这种愉悦来源于技术本身而非技术以外的其他益处（Venkatesh et a1.，2003）。感知愉悦性是一种促使使用者利用科技帮助自己获取内心的欲望（Van der Heijden，2004）。人们对于能够让自己感到愉悦的事物报以好感，而拥有感知愉悦性，人们的行动欲望便会得到增强。Yang 等（2012）发现消费者对手机付款方式的接受程度与其感受愉悦度有关。以娱乐为目的的应用信息系统用户对于意见和建议的采纳会受到感知愉悦性的显著影响（Van der Heijden，2004）。

感知愉悦性是一种能够影响消费者感受的情绪刺激，当感受到直播过程中拥有的正向情绪反应时，可以帮助消费者以一种积极的态度对直播营销产生好感，在观看直播的过程中达到缓解压力的目的，从而产生对主播和直播间的依赖性，增加持续消费的可能。

2. 消费者感知与购买意愿

本研究创新了消费者感知研究的途径，意图呈现消费者在消费过程中的情绪状况，试图将其与消费行为进行联动研究。尝试将消费者感知能力与购买意愿相结合，用于相关性研究。研究发现，感知的价值再现和感知的愉悦程度都能对购买意愿起作用，这种作用对推动企业的销售量具有一定的作用。

周永生等（2021）表明感知价值能积极影响消费者的购买意愿。李宗伟等（2017）发现评价数量与长度、信用等级、店铺时间等，都是提升顾客感知价值的重要因素。翁文静等（2020）研究发现在淘宝直播中，感知愉悦性对冲动购物行为有正面作用，具有较高的愉悦性更能够促进购买行为的转化。张伟等（2020）研究发现积极的情绪影响消费者的购买意愿，当消费者被唤醒兴奋、激动等个人感受时，情绪便可以帮助消费者扩大购买，这也成为购物平台提升消费者体验性的关键。

消费者的感知愉悦性会直接影响其市场行为和消费者的黏性，而消费者的认知会让消费者保持对主播和品牌的忠诚，从而促进消费者消费。

（三）文献评述

通过对网络直播的特征、消费者感知、消费者购买意愿等方面的研究，可以看出，在电商节日服务的背景下，消费者行为的研究尚不够深入。因此，本文的研究具有必要性和实际意义。新兴技术促进了网络直播的发展，同时也开辟了网络产品的销售渠道，特别是网络购物节日的气氛，更是提供了新的营销环境，让产品在不同情况下，达到了相互融合、相互促进的效果。

在网络直播特征的相关研究中，场景的多样化和针对性研究不足，仍需要聚焦与具体化，才能更好地指导实践，同时也需要与人工智能等新的技术发展动态相联系，对服务场景与营销活动进行探索。在消费者认知方面，随着电商直播越来越标准化、多元化，消费者感知到的因素也会越发多样，应该注意与时俱进。现有研究的电商节日大多围绕着“双十一”与“618”进行，多样性不足；服务场景中的结合与运用，研究内容的多样性与创新性或许将成为之后研究的新方向。

三、模型构建与研究假设提出

（一）研究模型设想

消费者在受到外界环境的影响时，会产生情感和行为的相关反应，这是一个由外部刺激引起的结果。Mehrabian 等（1974）最早提出 S－O－R 模型，其包括外部环境因素的刺激（stimulus variables）、机体变量（organism variables）和反应变量（response variables）。S－O－R 模型的理论基础是，外界因素会对受试者的心理、认知等产生反应，进而对受试者的行为产生一定的影响。图 1 是 S－O－R 模型的原理。

图 1　S－O－R 理论模型

外在环境的刺激，是消费者在网络上观看直播的先决条件，以此考察网络直播对消费者的影响。网络直播的四个特征为外在刺激，从而在消费者的视觉和自我认知的基础上，影响购买意愿。

感知价值和感知愉悦性是中介变量，判断在互联网直播特征的影响下，自我的情绪反应与消费者个体经验的感受是否影响消费者的购买意愿。

通过对电商直播时直播特征产生的影响，以及内心感知价值和感知愉悦性的综合评判，可以对消费者的购买意愿及其影响效果进行分析和判断。由此选择消费者购买意愿为结果行为变量。

结合理论与现实背景，得到的研究模型如图 2 所示。

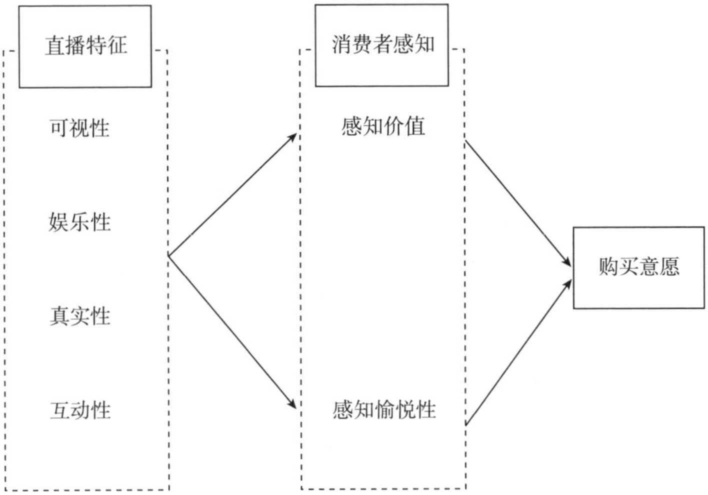

图 2　研究模型设想

（二）研究假设提出

1. 网络直播特征对购买意愿的影响

网络直播特征包括可视性、娱乐性、真实性、互动性四个特征。可视性是消费者通过视觉传递直播的有关信息，这对于观看直播的人来说，是一种巨大的吸引特性。网络直播的可视性主要体现在购物场景的设置、主播与消费者的互动、销售过程的可视性等方面（刘洋等，2020）。消费者观看生动直接的直播画面、实时的销售数据信息等内容，相较于传统的图片、视频展示获得了更加多元有趣的信息，从而影响消费者的行为决策。互联网直播过程中的娱乐性以刺激消费者达到自我的满足与快乐为行为目标，具体表现在娱乐话题、娱乐活动等方面。除此之外，网络直播中的弹幕互动信息、网络语言、悬浮窗口的设置等也能够提升直播过程中的娱乐性感受力，以及消费者在观看直播时的互动体验（喻昕等，2017）。同时，真实的产品推荐与信息回馈，能够提升消费者对直播间、主播与产品品质的认可程度，提升信任度，为品牌与主播增加关注点和粉丝数，为忠实的客户群提供保证。

因此，本文提出以下假设：

H1a：可视性对购买意愿有正向影响。

H1b：娱乐性对购买意愿有正向影响。

H1c：真实性对购买意愿有正向影响。

H1d：互动性对购买意愿有正向影响。

2. 网络直播特性对感知价值与感知愉悦性的影响

在电商直播的场景下，通过屏幕直接展示在消费者眼前的内容十分有限，如主播、产品链接、价格、场景与互动评论区，有限的展示内容需要通过提升直播质量来留住消费者。通过可视性与愉悦性的刺激，帮助消费者感受到直播平台的用心设计与场景的愉悦性，感知到直播的刺激进而影响自我的行为。同时，用真情实感与良好的口碑和产品品质让消费者相信品牌推广，形成忠实的顾客群体和粉丝群体，实现对用户的宣传效果。通过主播与消费者之间、消费者评论区或者弹幕之间的互动交流，提升消费者对直播场景的融入感，增强主体在直播环境下的参与感与真实感，更好地融入直播场景之中。

基于此，本研究在互联网直播营销的活动过程中，提出以下假设：

H2a：可视性对感知价值有正向影响。

H2b：可视性对感知愉悦性有正向影响。

H2c：娱乐性对感知价值有正向影响。

H2d：娱乐性对感知愉悦性有正向影响。

H2e：真实性对感知价值有正向影响。

H2f：真实性对感知愉悦性有正向影响。

H2g：互动性对感知价值有正向影响。

H2h：互动性对感知愉悦性有正向影响。

3. 感知价值与感知愉悦性对购买意愿的影响

消费者在选择和购买商品时，在衡量其价值时，会产生一种基于产品与自我感受的感知价值。消费者对商品的感知价值越高，其购买意愿越强烈，则会促使其进行消费。宋之杰等（2019）的调查结果显示，消费者的感知价值与其购物意向有明显的正相关关系。

感知愉悦性是属于消费者个体心理感受的主观状态，对产品、环境、服务等多样条件下的自我感知与情绪反应形成价值判断，进而影响消费者的行为。

基于以上相关内容，在互联网直播营销的背景下，对感知价值与感知愉悦性和购买意愿做出假设：

H3a：消费者感知价值在电商节日直播营销时对购买意向有积极作用。

H3b：消费者感知愉悦性在电商节日直播营销时对购买意向有积极作用。

4. 感知价值与感知愉悦性的中介作用

结合 S－O－R 的模型框架，冯佳琳（2018）认为消费者在直播平台感受到一系列的社交体验后，会受到信息、情感等因素的刺激去塑造个人的主观感受，进而对个人的行为判断产生影响，由此成为个人行为决策的来源。而对消费者的一系列刺激都会在消费者个体内经历情感、认知等多方面的转变，再产生与刺激相应的行为表现。当消费者在电商直播购物时，价格刺激、折扣刺激、环境刺激等因素能够促进其购买行为（郑灿灿，2019）。在直播过程中的商品展示与主播利用有趣诙谐的语言吸引消费者，同时在商品试用的过程中帮助消费者尝试，从多维度帮助消费者理解商品与直播内容，影响消费者的心理感受，进而影响其购买意愿（张宝生等，2021）。

结合有关学者的研究，本文认为在人的认知与行为产生路径的基础上研究消费者在互联网直播购物过程中的行为特征，可以更贴合消费者需求，从而降低个体差异的影响。消费者在电商直播购物的过程中产生的诸多刺激会影响其主观感知，形成自我的价值判断，从而影响个人决策。基于此，本研究在互联网直播营销过程中，提出中介效应的相关假设：

H4a：感知价值在可视性与购买意愿间起中介作用。

H4b：感知愉悦性在可视性与购买意愿间起中介作用。

H4c：感知价值在娱乐性与购买意愿间起中介作用。

H4d：感知愉悦性在娱乐性与购买意愿间起中介作用。

H4e：感知价值在真实性与购买意愿间起中介作用。

H4f：感知愉悦性在真实性与购买意愿间起中介作用。

H4g：感知价值在互动性与购买意愿间起中介作用。

H4h：感知愉悦性在互动性与购买意愿间起中介作用。

四、研究设计

（一）量表设计

在本研究模型的基础上，以四个网络直播特征为自变量，以消费者感知为中介变量，以购买意愿为结果变量，将对所给模型中的各个变量进行可测定的研究设计。测量采用李克特5级量表打分，1分是绝对不同意，5分是完全同意。所测量的问题如表1所示。

表1　各研究变量的测量指标及文献来源

变量	编号	变量检测项目	来源参考
可视性	PE1	直播间在视觉上令人感到愉悦	Liu 等（2013）
	PE2	直播间拥有让人视觉愉悦的设计	
	PE3	我认为直播间的页面布局很吸引我	
娱乐性	EN1	观看直播时购买商品让我觉得有趣	张宝生等（2021）
	EN2	观看直播时购买商品让我觉得轻松	
	EN3	观看直播时购买商品能够给我带来趣味	
真实性	FA1	根据主播描述，我相信其介绍的产品功能与质量是真实的	张宝生等（2021）
	FA2	主播在介绍商品时，让我增加了对商品的了解	
	FA3	主播的亲身体验，加深了我对商品的认识	
互动性	IN1	我可以在观看直播时与主播互动，增加对商品的了解	Flanagin 等（2001）
	IN2	我可以在观看直播时与其他消费者互动，增加对商品的反馈	
	IN3	我愿意在观看直播时参与互动	
感知价值	PV1	我认为自己可以在直播过程中选择心仪的商品	Shen 等（2010）
	PV2	我感觉直播过程中购买的推荐商品很实用	
	PV3	我非常喜欢直播中推荐的商品	
	PV4	我可以轻松获得所需要的物品，提升购物效率	
感知愉悦性	HV1	我在观看直播过程中体会到了快乐	Zeithaml 等（1996）
	HV2	我和其他参与者（其他观众、主播等）有良好的交流	
	HV3	通过观看电商直播，会让我有好心情	

续表

变量	编号	变量检测项目	来源参考
购买意愿	PI1	直播购物让我对感兴趣的商品有了更多了解	宋泽（2005）
	PI2	电商直播是我购物的好选择	
	PI3	我愿意在观看直播的过程中购买商品	
	PI4	同类商品，我会更倾向于选择电商直播的商品	

（二）问卷发放

为保证问卷发放具有较高的有效性与可靠性，针对问卷填写的对象、发放渠道与填写提示等问题进行了有效控制，并且对收回的问卷进行再次处理。由于问卷以电商节日的直播为背景，因此发放问卷时对于受访者是否观看过电商直播、在电商节日期间是否观看电商直播以及在电商节日期间是否下单作为受访者的筛选条件。本研究于 2022 年 3 月发放问卷，利用问卷星，结合 QQ、微信等聊天软件发送调查问卷，采用“滚雪球”的形式，让熟人帮忙收集数据。截至 2022 年 4 月，共获取 261 份问卷。排除前后矛盾、胡乱作答的无效问卷后，有效问卷共 226 份，有效回收比例为 86.59%。

五、问卷分析与讨论

（一）描述性统计分析

通过对样本特征的分析，可以全面掌握数据的分布特点。本文将从性别、年龄、学历、月收入等维度对样本进行描述性统计，并进行分析（见表 2）。

按性别划分，男 126 名、女 100 名，占比分别为 55.8% 和 44.2%。

在对受访者年龄这一参数的研究中发现，18～25 岁是受访者中最多的，达到 131 人，占总人数的比例为 58%；从 26～30 岁的受访者来看，参与调查的共有 30 人，占总人数的 13.3%；18 岁以下的受访者共有 25 人，占总人数的 11.1%；以 31～40 岁年龄段为中心，共有 24 人，占总人数的 10.6%；40 岁以上的人数达 16 人，占总人数的 7%。

调查对象的教育程度最多的是大学本科，共 127 名，占比为 56.2%；高中及以下学历者 33 名，占比为 14.6%；硕士研究生共 28 人，占比为

12.4%；大专学历共24人，占比为10.6%；博士研究生共14人，占比为6.2%。

收入水平中，月收入2000元以下的受访者是大多数，达到126人，占比为55.7%；月收入在2000～5000元的群体次之，共60人，占比为26.5%；高于5000元的受访者达到40人，占比为17.7%。

受访者观看直播的类型。服装穿搭与美妆护肤是受访者的首选，分别有61人和57人选择观看，占比分别为27%和25.2%；其次是食品类型的直播，有46人选择，占比为20.4%；居家百货与其他类型的受访者较少，分别为33人和29人，占比分别为14.6%和12.8%。

受访者在电商节日期间观看直播的频率。有时观看的人数最多，共94人，占比为41.6%；其次是经常观看的受访者，共69人，占比为30.5%；很少观看的受访者共63人，占比为27.9%。

在直播下单的频率。有时下单和很少下单的人数大致相当，分别为84和83人，占比分别为37.2%和36.7%；经常下单的人数共59人，占比为26.1%。

表2　样本描述性统计分析结果

变量名称	类型	频数/人	百分比/%
性别	男	126	55.8
	女	100	44.2
年龄	18岁以下	25	11.1
	18～25	131	58.0
	26～30	30	13.3
	31～40	24	10.6
	41～50	8	3.5
	51～60	3	1.3
	60岁以上	5	2.2
学历	高中及以下	33	14.6
	大专	24	10.6
	大学本科	127	56.2
	硕士研究生	28	12.4
	博士研究生	14	6.2

续表

变量名称	类型	频数/人	百分比/%
收入水平	1000 元以下	60	26.5
	1000~2000 元	66	29.2
	2000~3000 元	34	15.0
	3000~5000 元	26	11.5
	5000~8000 元	19	8.4
	8000 元以上	21	9.4
观看直播的类型	服装穿搭	61	27.0
	美妆护肤	57	25.2
	食品	46	20.4
	居家百货	33	14.6
	其他	29	12.8
电商节日期间观看的频率	很少	63	27.9
	有时	94	41.6
	经常	69	30.5
电商节日期间下单的频率	很少	83	36.7
	有时	84	37.2
	经常	59	26.1

从以上描述性统计分析结果可知，本研究中数据的主要来源是具有较高学历的年轻群体，这样的特征也与网络直播购物的主要消费对象符合，并且他们对于服装穿搭与美妆护肤都有较大的兴趣，在观看直播频率与正式购买行为转化之间也比较符合实际。因此，本研究得到的样本数据具有一定的代表性，能够较好地分析出电商直播与消费者购买意愿之间的关系。

（二）量表信度与效度检验

1. 信度检验

一般认为信度是对检验结果的认识，检验结果的特点主要呈现一致性和稳定性，以此为准，即信度。理论上表明，信度越高，检验的结果越可信。信度往往使用 Cronbach's α 的数值作为依据：当 $\alpha > 0.8$ 时，表明数据使用的信度较高；当 $\alpha > 0.7$ 时，表明数据使用的信度在可接受范围；当 $\alpha > 0.6$时，表明数据的信度呈现修改状态；当 $\alpha < 0.6$ 时，需要重新设计内

容以达到信度的提升。

利用 SPSS 25.0 软件对结果进行检测，并给出了相应的分析结果（见表3）。从量表中可以得到，Cronbach's α 在所有变量中均大于0.7，而所有变量的 Cronbach's α 系数均小于0.873，具有较好的信度。

表3　量表信度分析结果

研究变量和维度		测量题项	修正后的项与总计相关性	删除项后的 Cronbach's α	Cronbach's α 值	
网络直播特征	可视性	PE1	0.634	0.759	0.808	0.860
		PE2	0.648	0.745		
		PE3	0.686	0.705		
	娱乐性	EN1	0.708	0.755	0.833	
		EN2	0.652	0.811		
		EN3	0.722	0.739		
	真实性	FA1	0.687	0.729	0.816	
		FA2	0.610	0.807		
		FA3	0.712	0.705		
	互动性	IN1	0.664	0.703	0.797	
		IN2	0.642	0.721		
		IN3	0.620	0.746		
消费者感知	感知价值	PV1	0.709	0.825	0.861	0.873
		PV2	0.702	0.827		
		PV3	0.704	0.825		
		PV4	0.724	0.817		
	感知愉悦性	HV1	0.717	0.754	0.836	
		HV2	0.663	0.805		
		HV3	0.714	0.757		
购买意愿		PI1	0.710	0.811	0.855	
		PI2	0.660	0.832		
		PI3	0.702	0.815		
		PI4	0.721	0.806		

2. 效度检验

效度是指实验的真实性和精确度，它与研究的目的紧密相关，只有当研究结果与其目标一致时，它才能起作用，并用效度度量来判定是否达到了目标。效度测量的值越高，越能反映所要衡量问题的实际状况。在效度测试中，通常采用两种测试手段：内容效度和结构效度。

内容效度反映了量表采用的题项设置的内容与范围的完整和准确情况，用其反映研究的内容与现实生活对此概念的认识水平的一致状况。本研究在设计量表的过程中，查阅了国内外的相关文献，采用成熟的测验方法，确保了研究的有效性。因此本研究的问卷量表在内容上的有效性得到了很好的保障。

结构效度是指量表可以用来说明被测理论的结构和特性，并用量表对实验假定与存在论的一致性进行描述，KMO 值大于 0.7 时，为最佳。利用 Bartlett's 球形法进行分析，该方法主要适用于因子分析，其实验结果的关键数值是 $p<0.05$。通过 SPSS 25.0 分析，结果见表 4。

表 4　KMO 和 Bartlett's 球形检验结果

量表	KMO 值	近似卡方	*df*	Sig.
直播特征	0.839	1122.261	66	0.000
消费者感知	0.865	760.263	21	0.000
购买意愿	0.802	394.370	6	0.000

直播特征的因子分析：由表 4 可知，直播特征的 KMO 值均为 0.839 >0.7，而且 Bartlett's 球形度检验的显著性结论也都达到显著性的水平要求（Sig. < 0.001）。由此可以得出，本研究采用的量表适合采用因子分析的方法，提取特征值，结果见表 5。

与表 5 的分析结果相比较，综合解释力为 75.513% >50%，说明了 4 个因子的代表性（因子的加载量如表 5 所示）。每个题目都在相应的因子中，从而得出该量表的结构效度更高。

表 5　直播特征因子分析结果

题项	成分			
	可视性	娱乐性	真实性	互动性
PE1	**0.818**	0.062	0.150	0.128
PE2	**0.794**	0.119	0.106	0.235

续表

题项	成分			
	可视性	娱乐性	真实性	互动性
PE3	**0.823**	0.165	0.157	0.154
EN1	0.098	**0.875**	0.080	0.097
EN2	0.093	**0.787**	0.243	0.104
EN3	0.155	**0.834**	0.189	0.145
FA1	0.158	0.170	**0.788**	0.266
FA2	0.176	0.157	**0.791**	0.059
FA3	0.096	0.185	**0.843**	0.173
IN1	0.170	0.088	0.139	**0.828**
IN2	0.127	0.050	0.226	**0.813**
IN3	0.236	0.234	0.094	**0.756**
特征值	2.186	2.279	2.196	2.160
方差百分比/%	18.217	18.991	18.304	18.001
累计百分比/%	18.217	37.208	55.512	75.513

消费者感知因子分析：由表 4 可知，消费者感知的 KMO 值均为 0.865 >0.7，而且 Bartlett's 球形度检验的显著性结论也都达到显著性的水平要求（Sig. <0.001）。由此可得，适合采用因子分析的方法。提取特征值，结果见表 6。

结合表 6，得出综和解释力为 72.959% >50%，说明所选择的 2 个因子有很好的代表性，因子的加载量如表 6 所示。每个题项均在对应的因子中，由此可得量表具有较好的结构效度。

表 6　消费者感知因子分析结果

题项	成分	
	感知价值	感知愉悦性
PV1	**0.837**	0.168
PV2	**0.803**	0.233
PV3	**0.794**	0.263
PV4	**0.780**	0.331
HV1	0.201	**0.864**

续表

题项	成分	
	感知价值	感知愉悦性
HV2	0.249	**0.807**
HV3	0.301	**0.820**
特征值	2.776	2.331
方差百分比/%	39.663	33.296
累计百分比/%	39.663	72.959

购买意愿因子分析：由表 4 可知，购买意愿的 KMO 值均为 0.802 > 0.7，而且 Bartlett's 球形度检验的显著性结论也都达到显著性的水平要求（Sig. <0.001）。由此可以得出，问卷结果满足因子分析所需的先决条件。利用主成分分析方法，对公因子的抽取以特征值 >1 比特的方法，利用极大方差方法进行旋转，结果见表 7。

表 7　购买意愿因子分析结果

题项	成分
	购买意愿
PI1	0.845
PI2	0.807
PI3	0.839
PI4	0.850
特征值	2.792
方差百分比/%	69.799
累计百分比/%	69.799

与表 7 的分析结果相结合，得出了 1 个因子，其综合解释力为 69.799% >50%，说明所选择的 1 个因子具有很好的代表性（因子的加载量系数见表 7）。每个项目都有相应的要素，由此可得量表具有较好的结构效度。

（三）相关性分析

使用 SPSS 25.0 分析工具、皮尔森相关分析法分析各变量：四个特征（可视性、娱乐性、真实性和互动性）、消费者感知（感知价值和感知愉悦性)、购买意愿。通过对不同变量间关联度的初步考察，可以对实验的假定进行初步的测试。表8显示了相关分析的结果。

根据表8可知，可视性、娱乐性、真实性、互动性四个特征均可以正向影响消费者在电商节日时的购买意愿，相关系数分别为0.489、0.565、0.559、0.548，假设H1a、H1b、H1c、H1d得到初步验证。可视性、娱乐性、真实性、互动性对消费者感知价值的相关系数分别为0.463、0.508、0.562、0.477，假设H2a、H2c、H2e、H2g得到初步验证。可视性、娱乐性、真实性、互动性对消费者感知愉悦性的相关系数分别为0.528、0.417、0.532、0.495，假设H2b、H2d、H2f、H2h得到初步验证。感知价值与感知愉悦性对消费者购买意愿的相关系数分别为0.666和0.575，假设H3a、H3b得到初步验证。

表8 各变量相关性分析结果

	Mean	S. D	1	2	3	4	5	6	7
1. 可视性	3.44	0.86	1						
2. 娱乐性	3.41	0.91	0.319**	1					
3. 真实性	3.51	0.90	0.379**	0.425**	1				
4. 互动性	3.55	0.85	0.442**	0.333**	0.419**	1			
5. 感知价值	3.47	0.82	0.463**	0.508**	0.562**	0.477**	1		
6. 感知愉悦性	3.40	0.90	0.528**	0.417**	0.532**	0.495**	0.559**	1	
7. 购买意愿	3.41	0.87	0.489**	0.565**	0.559**	0.548**	0.666**	0.575**	1

注：** 表示在0.01级别（双尾），具有显著的相关性。

（四）回归分析

回归分析可以深入分析变量的关联性。利用SPSS 25.0软件进行因子回归，控制变量选择性别、年龄、学历与月收入。

表9是关于相关变量间的回归分析表，展示了回归结果与回归关系的相关性。模型1和模型2是网络直播的特征对感知价值的回归分析；模型3和模型4是网络直播的特征对感知愉悦性的回归分析；模型5和模型6则是网络直播的特征在购买意愿方面的回归分析；模型7是消费者感知对购买意愿的回归分析；添加消费者感知价值变量后的中介效应检验为模型8；添加消费者感知愉悦性变量后的中介效应检验为模型9。

表10为变量之间的共线性诊断，即控制变量之间的共线性诊断，加入直播特征的共线性诊断、感知价值中介作用诊断以及感知愉悦性中介作用诊断。

1. 可视性、娱乐性、真实性、互动性对消费者购买意愿的回归分析

以消费者购买意愿为因子，以相关控制变量为自变量进行回归，得出模型5。基于模型5，在自变量中添加网络直播特征的四个属性构成模型6，回归结果见表10。

在上述各因子的回归分析中，结合表10，共线性诊断VIF值为1~2。因此，可以得出上述各变量的多元共线效应并不显著。

结合表9，自变量可视性、娱乐性、真实性、互动性对消费者购买意愿的回归系数分别为0.168、0.318、0.236、0.262，且可视性的回归系数在 $p<0.01$ 水平上显著；娱乐性、真实性、互动性的回归系数在 $p<0.001$ 水平上显著，且自变量的 F 值为34.074（$p<0.001$），R^2 变化量为0.518。对上述数据的具体关系进行分析，可以认为可视性、娱乐性、真实性、互动性与消费者购买意愿呈显著正相关，假设H1a、H1b、H1c、H1d得到支持，即在电商节日的服务氛围下，直播方对直播场景的视觉、乐趣、互动以及真实展现产品功能的设计能够更好地影响消费者在观看直播过程中的购买意向，是转化为购买意愿的前提条件。

2. 可视性、娱乐性、真实性、互动性对感知价值的回归分析

以感知价值为因变量，以相关的控制变量为自变量进行回归，得出了模型1。基于模型1，在自变量中添加了网络直播特征的四个属性，构成了模型2，回归结果见表9。

对于以上变量的回归分析，进行共线性诊断得到表10中VIF的数值为1~2，都处于1~10的合理范围内。因此，可以得出上述各变量的多元共线效应并不显著。

结合表9，自变量可视性、娱乐性、真实性、互动性对感知价值的回归系数分别为0.172、0.265、0.287、0.182，且可视性和互动性的回归系数在 $p<0.01$ 水平上显著；娱乐性和真实性的回归系数在 $p<0.001$ 水平上显著，且自变量的 F 值为26.731（$p<0.001$），R^2 变化量为0.440。对上述

数据的具体关系进行分析，可以认为可视性、娱乐性、真实性、互动性与感知价值呈显著正相关，假设 H2a、H2c、H2e、H2g 得到支持，即在电商节日的服务氛围下，直播方对直播场景的视觉、乐趣、互动以及真实展现产品功能的设计能够更好地影响消费者的心理感知。

表 9　相关变量间的回归分析

预测变量	感知价值		感知愉悦性		购买意愿				
	模型 1	模型 2	模型 3	模型 4	模型 5	模型 6	模型 7	模型 8	模型 9
控制变量									
性别	-0.013	-0.015	0.035	0.047	-0.006	-0.01	-0.010	-0.006	-0.017
年龄	0.035	0.053	-0.049	-0.009	-0.019	-0.003	-0.022	-0.018	-0.001
学历水平	0.020	0.017	0.030	0.050	0.052	0.045	0.033	0.040	0.037
月消费水平	0.227**	0.125*	0.156*	0.031	0.187**	0.087	0.029	0.051	0.082
自变量									
可视性		0.172**		0.288***		0.168**		0.118*	0.123*
娱乐性		0.265***		0.134*		0.318***		0.241***	0.297***
真实性		0.287***		0.275***		0.236***		0.152**	0.193**
互动性		0.182**		0.207**		0.262***		0.209***	0.230***
感知价值							0.496***	0.292***	
感知愉悦性							0.292***		0.156*
R^2	0.456	0.496	0.270	0.465	0.038	0.038	0.506	0.600	0.570
R^2变化量	0.056	0.440	0.270	0.437	0.038	0.518	0.467	0.561	0.531
F	3.293*	26.731***	1.546	23.529***	2.211	34.074***	37.368***	35.944***	31.795***

注：* $p<0.05$；** $p<0.01$；*** $p<0.001$。

表 10　变量间共线性 VIF 诊断

	控制变量诊断	直播特征与控制变量诊断	感知价值中介作用诊断	感知愉悦性中介作用诊断
性别	1.062	1.071	1.072	1.076
年龄	1.045	1.085	1.090	1.085
学历水平	1.046	1.073	1.074	1.078
月消费水平	1.017	1.089	1.120	1.091
可视性		1.463	1.522	1.618
娱乐性		1.316	1.455	1.349

续表

	控制变量诊断	直播特征与控制变量诊断	感知价值中介作用诊断	感知愉悦性中介作用诊断
真实性		1.432	1.595	1.572
互动性		1.404	1.470	1.484
感知价值			1.985	
感知愉悦性				1.867

3. 可视性、娱乐性、真实性、互动性对感知愉悦性的回归分析

以感知愉悦性为因变量，以相关控制变量为自变量进行回归，得出了模型3。基于模型3，在自变量中添加了网络直播的四个属性，构成了模型4，回归结果见表9。

基于表9发现，自变量可视性、娱乐性、真实性、互动性对感知愉悦性的回归系数分别为0.288、0.134、0.275、0.207。在 $p<0.05$ 水平上娱乐性的回归系数表现显著；在 $p<0.01$ 水平上互动性的回归系数表现显著；在 $p<0.001$ 水平上可视性和真实性的回归系数表现显著，且自变量的 F 值为23.529（$p<0.001$），R^2 变化量为0.437。对上述数据的具体关系进行分析，可以认为可视性、娱乐性、真实性、互动性与感知愉悦性呈显著正相关，假设H2b、H2d、H2f、H2h得到支持，即在电商节日的服务氛围下，直播方对直播场景的视觉、乐趣、互动以及真实展现产品功能的设计能够更好地影响消费者在观看直播过程中的内心愉悦。

4. 感知价值、感知愉悦性对消费者购买意愿的回归分析

以消费者购买意愿为因变量，以相关控制变量为自变量进行回归，得出模型5。基于模型5，在自变量中添加了两个感知因素，构成了模型7，并得出了表9的回归结果。

对于以上变量的回归分析，进行共线性诊断VIF的数值为1~2，都处于1~10的合理范围内。因此，可以得出上述各变量的多元共线效应并不显著。

从表9可知，自变量感知价值、感知愉悦性对消费者购买意愿的回归因子分别为0.496和0.292，并且两者的回归系数均具有 $p<0.001$ 的显著性，且自变量的 F 值为37.368（$p<0.001$），R^2 变化量为0.467。对上述数

据的具体关系进行分析，可以认为感知价值、感知愉悦性与消费者购买意愿呈显著正相关，假设 H3a、H3b 得到支持，即在电商节日的服务氛围下，消费者在观看直播过程中自我的心理预期程度以及消费者观看直播带给其的价值感受能够正向提升消费者的购买意愿。

5. 消费者感知的中介效应检验

感知价值对互联网直播特征与消费者购买意愿的中介效应检验：以性别、年龄、学历、月收入水平作为控制变量，网络直播的特征是自变量，而感知价值是中介因素，消费者购买意愿是结果因素。模型 5 为控制变量对消费者购买意愿的回归。模型 6 为控制变量、网络直播特征对购买意愿的回归分析。模型 8 为控制变量、网络直播特征、感知价值对消费者购买意愿的影响，结果见表 9。

由表 9 可知，模型 6 中互联网直播特征的可视性、娱乐性、真实性、互动性对消费者购买意愿的回归系数分别为 0.168（$p<0.01$）、0.318（$p<0.001$）、0.236（$p<0.001$）、0.262（$p<0.001$）。模型 8 中的可视性、娱乐性、真实性、互动性对购买意愿的回归系数分别为 0.118（$p<0.05$）、0.241（$p<0.001$）、0.152（$p<0.01$）、0.209（$p<0.001$），且 4 个回归系数均小于模型 6 的回归分析结果。因此，假设 H4a、H4c、H4e、H4g 成立，即感知价值起部分中介作用。

感知愉悦性对互联网直播特征与消费者购买意愿的中介效应检验：以感知愉悦性作为中介变量，模型 9 为控制变量、网络直播特征、感知愉悦性对购买意愿的回归分析，分析结果见表 9。

模型 9 中的可视性、娱乐性、真实性、互动性对购买意愿的回归系数分别为 0.123（$p<0.05$）、0.297（$p<0.001$）、0.193（$p<0.01$）、0.230（$p<0.001$），且 4 个回归系数均小于模型 6 的回归分析结果。综上分析，H4b、H4d、H4f、H4h 的研究假设成立。由此表明，感知愉悦性在网络直播特征与购买意愿之间起到部分中介作用。

基于以上研究，对本研究的结果进行整理，结果见表 11。

表 11 研究假设与检验结果

研究假设	检验结果
H1a：可视性对购买意愿有正向影响	成立
H1b：娱乐性对购买意愿有正向影响	成立
H1c：真实性对购买意愿有正向影响	成立
H1d：互动性对购买意愿有正向影响	成立
H2a：可视性对感知价值有正向影响	成立
H2b：可视性对感知愉悦性有正向影响	成立
H2c：娱乐性对感知价值有正向影响	成立
H2d：娱乐性对感知愉悦性有正向影响	成立
H2e：真实性对感知价值有正向影响	成立
H2f：真实性对感知愉悦性有正向影响	成立
H2g：互动性对感知价值有正向影响	成立
H2h：互动性对感知愉悦性有正向影响	成立
H3a：消费者感知价值在电商节日直播营销时对购买意向有积极作用	成立
H3b：消费者感知愉悦性在电商节日直播营销时对购买意向有积极作用	成立
H4a：感知价值在可视性与购买意愿间起中介作用	成立
H4b：感知愉悦性在可视性与购买意愿间起中介作用	成立
H4c：感知价值在娱乐性与购买意愿间起中介作用	成立
H4d：感知愉悦性在娱乐性与购买意愿间起中介作用	成立
H4e：感知价值在真实性与购买意愿间起中介作用	成立
H4f：感知愉悦性在真实性与购买意愿间起中介作用	成立
H4g：感知价值在互动性与购买意愿间起中介作用	成立
H4h：感知愉悦性在互动性与购买意愿间起中介作用	成立

六、研究结果讨论与启示

本项研究主要以 S－O－R 模型为分析手段，将其运用到网络直播分析中，研究背景主要围绕网络直播节日的服务，从三个变量切入：直播的特点是什么？消费者的感知是什么？消费者购买意愿是什么？针对上述问题，借助文献并结合前人的经验，本文采用 SPSS 25.0 软件进行分析。笔者在此基础上发放问卷，共收回有效问卷 226 份，借助数据工具，以问题为导向，以假设为前提，得出有关结论，以供企业参考。

（一）研究结论分析

第一，在电商节日的大环境下，四个网络直播特征均对消费者感知有正向影响。可视性即消费者在电商节日期间观看直播时的直观视觉感受；娱乐性是消费者在电商节日期间观看电商直播所带来的直接感受；真实性是消费者在电商节日服务氛围下观看直播过程中，对直播间展示的产品功能、作用、质量等的信赖；互动性是指在观看电商直播时消费者之间、主播和消费者之间的交流互动。电商节日期间，直播间的风格、趣味性，商品的真伪，主播和其他顾客的活跃度，都会影响到观众对直播间的感受，从而提高观众对直播间的满意度，让观众体验到直播的乐趣和直播间的价值。

第二，电商节日服务氛围的背景下，网络直播特征的可视性、娱乐性、真实性和互动性均正向影响消费者的购买意愿。在电商节日的背景下，直播间与相关品牌直播间的场景塑造、品质把控、交流等方面能够直接转化为消费者的购买意愿。

第三，电商节日服务氛围的背景下，感知价值和感知愉悦性能够正向影响消费者的购买意愿。消费者感到产品是有价值的，参与到这个活动之中，能够提升自己的获得感；让消费者真正融入这个活动之中，并且享受到真正的乐趣，能够促进消费者购买意愿的提升。

第四，电商节日服务氛围的背景下，感知价值和感知愉悦性对网络直播的特征与购买意愿有一定的中介效应。研究结果表明，影响消费者购买意向的因素可以通过消费者的感知间接地影响购买意愿。也就是说，消费者在观看直播的时候，消费者对直播间的自我评价和感觉，成为影响其购买意愿的判断来源。

（二）理论贡献与管理启示

1. 理论贡献

第一，结合近年来国内电商节日服务氛围的现实背景，对于网络直播特征、消费者感知以及购买意愿之间的关系，在特定场景下进行深化，丰富现有理论的研究成果，使之更具有中国特色与实践指导的功能。

第二，对消费者对于电商节日的整体感知与体验，对消费者的心理感受、购买行为会产生感知变化进行探讨，明确了电商节日服务氛围下的消费者感知在网络直播特征与购买意愿之间的部分中介效果。

2. 管理启示

基于以上研究结论，本文对参与到电商节日直播营销中的购物主播与直播商家提出一定的营销建议。

第一，营销活动策略的制定要灵活多样。

研究结果表明，网络直播特征对消费者的心理感知与购买意愿具有正向的影响。在电商节日服务氛围的背景之下，要拥有自我品牌与直播间的自主特色，与竞争对手形成差异，在消费者的心中占据主要位置。通过具有特色的场景布置、独特的产品选择以及价格折扣等多样的方式吸引消费者，让消费者留在直播间参与互动，形成直播间稳定的具有黏性的粉丝群，使其具有更高的融入性与体验感，并产生舒适感，获得更多的积极情绪。

第二，积极与消费者互动，获取消费者感知评价。

研究发现，消费者感知能够提升消费者的购买意愿。消费者对直播间的整体感受具有自我的内在评价，要积极为消费者提供评价渠道，鼓励消费者对直播间进行场景以及服务的整体性评价，积极听取消费者的意见并不断优化，提高消费者对主播以及直播间的认可度，促进消费者购买意愿的提升。

（三）研究局限与未来研究展望

1. 研究局限

本文在广泛阅读了国内外有关文献之后，对有关的研究结果进行了归纳和总结，针对现在火爆的电商节日服务场景下的营销活动进行补充和完善，提出了相关的研究模型与研究假设，并通过问卷收集与实证分析，得出相关结论。同时，由于各方面的不确定因素，使得本研究尚存在一些问题。

第一，研究方法的局限。通过向熟人发放问卷调查虽然有助于问卷发放效果的提升，对于受访者完成问卷的情况却有不可控性，如环境干扰、受访者情绪等问题的存在。通过网络发放问卷的形式，无法保证每位填写者都认真并且准确地回答了相关问题。

第二，研究样本的局限。本研究的受访对象主要是大学生群体，对于其他群体的样本数量掌握较少，无法较为准确地涵盖所有的互联网直播受众，而且在不同的群体之中，消费者的心理感受与认知水平也存在巨大差异。

2. 未来研究展望

第一，对研究内容和形式进行创新。结合消费者临场感理论和新闻传播学的相关理论知识，对于电商节日服务氛围下的直播进行多角度的深入研究。同时结合最新的科技手段，对消费者采用身临其境的方式进行研究，提升研究的可靠性。

第二，未来的相关研究可以采用实验法设计，细化服务场景的研究内容，更好地进行变量控制与变量分析，让受访者更好地融入事先设定的实验模拟场景之中，可以减少受访者填写问卷时带来的实验误差而使研究结果更客观。

第三，研究的样本应更具广泛性。本研究的主要对象是大学生群体，但是大学生群体的消费能力以及可支配的经济资源受到较大限制，应当拓展相关的受访人群。

参考文献

[1]BELK R W. Situational variables and consumer behavior[J]. Journal of consumer research, 1975,2(3): 157 – 164.

[2]BEVERLAND M B, LINDGREEN A, VINK M W. Projecting authenticity through advertising: Consumer judgments of advertisers' claims[J]. Journal of advertising, 2008, 37(1): 5 – 15.

[3]FLANAGIN A J, METZGER M J. Internet use in the contemporary media environment[J]. Human communication research, 2001, 27(1): 153 – 181.

[4]MA H, MEI H. Empirical research on the decision – making influence factors in consumer purchase behavior of webcasting platform[R]. In international Conference on Management Science and Engineering Management, 2018: 1017 – 1028.

[5]SHEN Y C,HUANG C Y, CHU C H,et al. Virtual community loyalty: An interpersonal - interaction perspective[J]. International journal of electronic commerce,2010,15(1): 49 -74.

[6]SWEENEY J C,SOUTAR G N. Consumer perceived value: The development of a multiple item scale[J]. Journal of retailing,2001,77(2): 203 -220.

[7]VAN DER HEIJDEN H. User acceptance of hedonic information systems [J]. MIS quarterly,2004,28(4):695 -704.

[8]VENKATESH V, MORRIS M G, DAVIS G B,et al. User acceptance of information technology: Toward a unified view[J]. MIS quarterly,2003,27(3): 425 -478.

[9]XU X, LI Q,PENG L,et al. The impact of informational incentives and social influence on consumer behavior during Alibaba's online shopping carnival [J]. Computers in human behavior,2017(76): 245 -254.

[10]LIU Y, LI H,HU F. Website attributes in urging online impulse purchase: An empirical investigation on consumer perceptions[J]. Decision support systems,2013,55(3): 829 -837.

[11] ZEITHAML V A, BERRY L L, PARASURAMAN A. The behavioral consequences of service quality[J]. Journal of marketing,1996,60(2): 31 -46.

[12]ZEITHAML V A. Consumer perceptions of price, quality, and value: A means - end model and synthesis of evidence[J]. Journal of marketing,1988,52 (3): 2 -22.

[13]安旭. 网络整合营销视角下电商节日营销研究[D]. 乌鲁木齐:新疆大学, 2017.

[14]但鸣啸,武峰. 网络直播营销对购买意愿的影响实证研究[J]. 管理观察, 2018(36):41 -44.

[15]冯佳琳. 移动端购物的社交体验对顾客忠诚度影响的实证研究——基于 SOR 模型的研究路径[D]. 北京:对外经济贸易大学, 2018.

[16]顾钰炜. 电商直播对消费者购买决策影响研究[J]. 价格理论与实践, 2020(2):124 -127.

[17]李宗伟,张艳辉,栾东庆. 哪些因素影响消费者的在线购买决策:顾客感知价值的驱动作用[J]. 管理评论, 2017,29(8):136-146.

[18]刘洋,李琪,殷猛. 网络直播购物特征对消费者购买行为影响研究[J]. 软科学, 2020,34(6):108-114.

[19]刘忠宇,赵向豪,龙蔚. 网红直播带货下消费者购买意愿的形成机制——基于扎根理论的分析[J]. 中国流通经济, 2020,34(8):48-57.

[20]钱黎春,翟玉墨,戴凤兰. 社交媒体特征对消费者购买意愿的影响研究[J]. 安徽工业大学学报(社会科学版), 2019,36(5):20-24.

[21]秦晓. 网络团购中社会互动对消费者冲动性购买意愿的影响研究[D]. 济南:山东大学, 2019.

[22]宋嘉莹,王宁,杨学成."好评返现"对用户感知评论真实性及购买意愿的影响[J]. 北京邮电大学学报(社会科学版), 2017,19(3):12-22.

[23]宋泽. 网上购买意图影响因素实证研究[D]. 长沙:湖南大学, 2005.

[24]宋之杰,唐晓莉. 基于S-O-R模型的价格和评价影响消费者网络购买意愿研究[J]. 数学的实践与认识, 2019,49(14):1-9.

[25]王晰巍,刘伟利,贾沣琦,等. 网络直播App使用行为影响因素模型及实证研究[J]. 图书情报工作, 2020,64(5):22-31.

[26]魏华,高劲松,段菲菲. 电商直播模式下信息交互对用户参与行为的影响[J]. 情报科学, 2021,39(4):148-156.

[27]翁文静,黄梦岚,汤德聪,等. 时间压力对消费者冲动性购买意愿的影响——基于淘宝直播情境的视角[J]. 福建农林大学学报(哲学社会科学版), 2020,23(4):61-70.

[28]杨金宏. 电商节日营销的喧嚣与隐忧[J]. 现代经济信息, 2018(10):345.

[29]喻昕,许正良. 网络直播平台中弹幕用户信息参与行为研究——基于沉浸理论的视角[J]. 情报科学, 2017,35(10):147-151.

[30]张宝生,张庆普,赵辰光. 电商直播模式下网络直播特征对消费者购买意愿的影响:消费者感知的中介作用[J]. 中国流通经济, 2021,35(6):

52－61.

[31]张伟,杨婷,张武康. 移动购物情境因素对冲动性购买意愿的影响机制研究[J]. 管理评论, 2020,32(2):174－183.

[32]赵保国,王耘丰. 电商主播特征对消费者购买意愿的影响[J]. 商业研究, 2021(1):1－6.

[33]郑灿灿. 基于网络购物直播情境的消费者冲动性购买行为影响因素研究[D]. 合肥:安徽大学, 2019.

[34]郑兴. 电商直播互动类型对消费者冲动性购买意愿的影响研究[D]. 重庆:重庆工商大学, 2019.

[35]周永生,唐世华,肖静. 电商直播平台消费者购买意愿研究——基于社会临场感视角[J]. 当代经济管理, 2021,43(1):40－47.

企业家直播效果影响因素及作用机制案例研究[①]

杨峥璇

摘要：2015 年，直播作为一种信息传播的新方式在我国兴起；2016 年，淘宝最早探索了直播与电子商务相结合的模式，自此直播电商在我国蓬勃发展；2019 年被称为直播电商元年，直播电商行业创造了一个又一个“销售神话”；2020 年后，直播营销发展出企业家、政府官员带货等新业态，正式进入“全民直播”时代。本文基于国内企业家直播营销的多案例研究，通过分析 4 个案例，研究直播营销的影响因素。根据传播学 5W 理论研究直播营销的作用机制，致力于探究企业家直播营销的成熟有效模式。

关键词：企业家；直播营销；作用机制；电商直播

作者简介：杨峥璇，西北大学经济管理学院 2022 届工商管理系市场营销专业本科生。

一、引言

（一）研究背景

新冠疫情期间，中小企业面临前所未有的困境。为了挽救企业，有些企业家开启了线上的自救之路，亮相于各个平台直播带货。4 月 1 日，罗永浩在抖音首次开播，也引发了企业家直播的热潮。随后，格力董事长董明珠、银泰的 CEO 陈晓东、上海苏宁经理徐海澜、红蜻蜓的董事长钱金波、

① 本文由蒿坡副教授指导完成。蒿坡，西北大学经济管理学院副教授，硕士生导师，研究方向：组织行为和人力资源管理。

林清轩创始人孙来春等企业家纷纷开设了自己的直播间。

根据相关报告，2020 年直播电商商品交易总额（Gross Merchandise Volume，GMV）1.2 万亿元，2021 年 GMV 达 2.3 万亿元。在这场“全民直播”盛宴中，诸多试水直播营销的企业家都取得累累硕果：2020 年，董明珠全年 13 场直播 GMV 高达 476.2 亿元；梁建章则通过高达 100 场直播 GMV 超 24 亿元；罗永浩开播场次 150 余场，抖音直播 GMV 突破 31 亿元。

（二）研究意义

1. 理论意义

经过梳理文献发现，直播带货是一种新型的网红经济产业，是近两年才火爆的一种产业形式。目前对直播营销的研究主要聚焦在明星、网红、直播平台等主体，而对企业家、政府官员这些新型主体直播营销的影响因素和作用机制的研究较少。本文主要通过对董明珠、罗永浩、梁建章、孙来春 4 位企业家的案例研究，从理论方面探究企业家的直播营销模式和运行机制。

2. 现实意义

在疫情影响下试水直播营销的企业家人数众多，但能长期坚持并取得成效的企业家则寥寥无几，绝大多数企业家仅是浅尝辄止。本文旨在通过案例分析 4 位企业家的直播营销内容、传播方式等因素及作用机制，总结出具有参考价值的企业家直播营销模式与经验。希望为致力于直播营销、探索企业数字化营销的企业家提供一定的经验借鉴。此外，任何事物的野性发展一定是一把“双刃剑”。国内直播营销的快速发展也不可避免地伴随产品过度宣传等问题，需要加强市场监管与自我约束，从而实现可持续发展（魏晓梅，2021）。

国内学者对直播营销的研究主要集中在关注营销模式分析、直播营销的法律监管、直播营销中消费者行为意愿、粉丝经济、直播平台、存在问题及解决方案等方面，国外学者主要关注社交平台直播营销现象。本文主要就企业家直播营销这一新现象，希望通过探究企业家直播营销的影响因素和分析企业家直播营销的作用机制，总结出企业家直播营销的成熟有效模式。此外，希望大众能够合理看待直播，理性消费，正确认识到当前网红经济下直播带货存在的问题，从而促进互联网直播行业绿色、健康、可持续发展。

二、文献综述

（一）国内研究现状

在中国知网检索“直播营销”，共得到1215条检索结果。其中，学术期刊900篇，硕、博论文135篇，学术期刊占比较大。

刘琦、饶志平（2022）分析了直播带货模式对农村电商的重要性，提出了3种直播带货模式在农村电商中的应用对策。石海娥（2019）透过天猫“双十一”这一直播热点，研究了第一批直播营销从业者的经历，探讨了电商主播这一职业的发展和衍生供应链现象。裴培等（2019）采取问答的形式，分析了直播带货存在的必要性，探讨了直播带货的主播、消费群体以及演变和发展模式等。林淼（2020）揭露了直播行业的乱象，提出了法律对直播行业发展的重要意义。翟莉（2021）分析了粉丝经济背景下电子商务直播的特点、商品质量难以保证、数据欺诈、误导消费者等商品直播的常见问题，并探讨了线上直播的优化策略。国内学者的关注点主要在直播营销模式、直播平台、主播、法律监管、消费者行为模式、粉丝经济等方面，内容涉及经济、社会、文化、法治等领域。

（二）国外研究现状

国外学者主要关注电商直播的社交平台，而网红、演员、企业家、政府官员参与直播营销在国外比较罕见，相关的研究比较有限。Cai等（2018）提出了“享乐”和“功利”是消费者观看电商直播的两大动机；Sun等（2019）从技术可供性的角度探究了直播营销对消费者购买意愿的影响。

（三）相关理论

1. 意见领袖理论

拉扎尔斯菲尔德于1944年提出意见领袖理论，指的是那些在人际传播网络中为他人提供意见和建议并对他人施加个人影响力的人。

企业家不仅是意见领袖，而且是“高阶”的意见领袖。企业家与直播活动的结合，通过网络互动拉近与大众的距离，企业家的“意见领袖”属性也进一步加强。不少学者主要研究网红明星对直播营销传播效果的影响，本文选择从特殊的企业家角度入手，旨在探究企业家作为意见领袖对直播营销传播效果的影响。

2. 5W 理论

1948 年，美国学者哈罗德·拉斯韦尔提出了 5W 理论，将 5 个传播要素按一定的结构顺序排列，形成了一个过程模型，即 5W 模型。这 5 个“W”是英语中 5 个疑问代词的第一个字母，即 who、says what、in which channel、to whom、with what effect（见图 1）。

直播营销作为一种传播活动，必然也由传播基础的几大要素构成，笔者选择从最基本的要素入手，即根据拉斯韦尔 5W 模型设计并分析董明珠、梁建章、罗永浩、孙来春 4 位企业家的案例，探究企业家直播营销活动的作用机制。

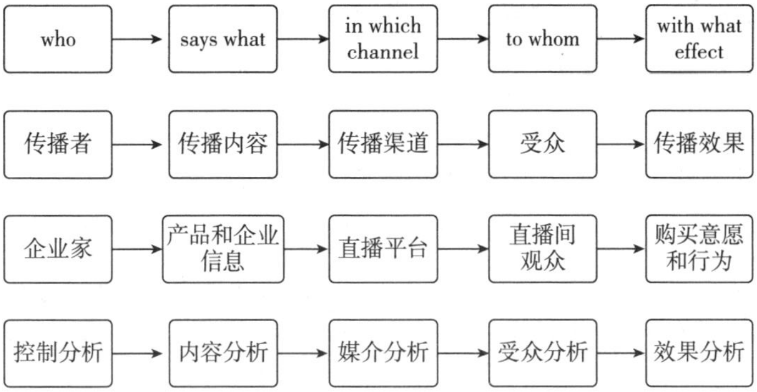

图 1　5W 模型

三、案例选择

（一）案例研究方法选择

1. 文献研究方法

笔者从图书馆、互联网等渠道收集大量文献资料，通过鉴别、整理、提炼的方式，为研究提供有效的理论支持。

2. 案例研究法

本文重点关注后疫情时代企业家的直播营销问题，符合案例研究方法论的适用条件。此外，本文采取多案例研究的方法，更具有普适性。通过多案例比较，能够探寻出有效的企业家直播营销模式和运行方式。

3. 质性研究三级编码

开放性编码。根据质性研究三级编码方法，首先对董明珠、梁建章、罗永浩、孙来春 4 个案例材料进行逐段逐句分析，用简洁的语句进行分类概括。根据归纳概括的条目，概念化、范畴化之后形成了 24 个副范畴。

主轴性编码。根据归纳概括，前一步中的 24 个副范畴根据层次关系和因果关系分为 13 个主范畴。

选择性编码。本研究对 4 个案例中的 13 个主范畴进行了分类，将相关性较强的分为一类，并根据 5W 传播学理论，将 13 个主范畴归纳为 5 个核心范畴，即传播者在特定的沟通方式下通过特定的沟通渠道对受众起作用，最终产生沟通效果。

（二）案例选择原则与数据来源

本文根据研究主题选取 4 位企业家：董明珠、梁建章、罗永浩、孙来春。案例根据国内企业家直播交易额排行，选取榜单前 4 位的企业家，均为尝试互联网直播营销的知名企业家，在国内网络媒体具有较大的影响力，其二手资料易于获取。此外，以上 4 位均为国内较早进行直播营销的企业家，可以完整地呈现不同企业家从事直播营销的过程，有助于构建多样化直播营销模式和运作方式，使本文理论构建信度、效度更佳。以上 4 位企业家的直播方式不同，直播效果也存在明显区别。因此，对以上 4 个案例进行研究，比较不同企业家在直播中的差异。

本文主要从内部资料和外部资料两条途径收集数据。其中，内部资料主要包括企业内部文件、宣传刊物和视频、工作报告、官方网站和公众号等；外部资料主要来源于百度、新浪和搜狐等门户网站。相关数据通过知网、新抖、MBA 智库等数据库获取。

（三）案例描述

1. 董明珠

2020年4月23日晚，格力电器官方微信公众号提前“剧透”：次日晚8点，董明珠直播首秀。当晚，董明珠身着一身墨绿色长裙亮相直播间，在短短1小时的直播里，她如数家珍地向观众介绍空调、生活电器等各类产品，既没有“买它买它”的叫卖，也没有“全网最低价”的噱头，而是认真讲解每个产品的研发故事、设计理念，把格力电器的产品矩阵和创新风貌完整地呈现在观众面前。无奈，直播时的网络卡顿严重影响了网友的观看体验，直播中网友留言最多的就是“卡”字。网络不畅导致直播效果未达预期。据统计，首次直播累计观看人数431.78万，最高峰在线人数21.63万，售出258件商品，GMV为23.25万元。

5月10日，董明珠再战快手平台。汲取了前场的失败经验，董明珠专门设置了一个直播室，形式上更加专业化。和李佳琦这些职业主播一样，董明珠也开始配备助理。此外，这次直播董明珠还联手了快手知名主播二驴夫妇、李鑫，4人同台直播。在直播的过程中，董明珠明显比上次“更接地气”。不仅丰富了互动形式，介绍自己的产品，还亲自演示了格力便携式榨汁杯的使用方法。同时，格力推出的产品价格也更加亲民，部分产品号称“全网最低价”。平价的产品和接地气的销售方式也给格力带来了更好的销量，董明珠开播仅半小时，格力旗下3款产品的GMV超1亿元，1.5小时后GMV超2亿元，3小时突破3.1亿元。

自此董明珠的直播生涯进入“开挂模式”，5月15日在京东直播GMV为7.03亿元；6月1日的直播创造出65.4亿元的全网销售交易纪录；6月18日的直播活动GMV为102.7亿元，刷新了中国家电线上成交纪录。至此，通过5场多平台线上直播，董明珠直播GMV累计超178亿元。

在5场多平台直播之后，董明珠开始了主题为“格力·中国造”的8场全国巡回直播。每到一个地方，董明珠总能将地方文化和格力的产品结合起来，一边弘扬地方文化，一边为格力产品代言，甚至为当地特产带货。从江西赣州开始，2020年格力全国巡回直播途经临沂、澳门、桂林等城市，最终在格力大本营广东珠海收官。2020年，董明珠共进行了13场直播，

GMV 累计达 476.2 亿元。

2. 梁建章

2020 年年初的疫情给旅游业带来重创。2020 年 5 月 29 日，携程发布的一季度财务业绩显示，2020 年前 3 个月的营业亏损达 15 亿元。顶着“旅游产品无法通过直播带货”“单价高、低频、非刚需”“直播种草的意义大于带货的意义”等一系列压力，3 月 23 日梁建章在海南亚特兰蒂斯酒店开启直播首秀。

“当天直播时，没有专业的摄像设备，网络信号时好时坏，灯光忽明忽暗，没有提前做任何准备。”对于首场直播的点点滴滴，梁建章依旧印象深刻。这场直播上架了“三亚·亚特兰蒂斯”的 3 个产品，GMV 虽只有 1000 多万元，但给了梁建章很大的信心。自此，每周三晚上 8 点梁建章都会准时开启直播。从 3 月 23 日在三亚开始第一场直播，一直到 5 月 20 日，梁建章一共做了 10 场直播，分别在三亚、西江苗寨、湖州、常州、腾冲、深圳、宁波、上海、庐山、曲阜。从交易额看，GMV 已经超过了 3.3 亿元，而且全部是高星级酒店。如今，一部手机和一个支架变身为超过 20 人的直播团队，梁建章也在直播间一步步放飞。自己写歌词、说相声、理光头、梳脏辫、扮包公、演曹操、唱越剧、玩摇滚、打快板，梁建章在直播间扮演过的角色有 37 个。

根据“携程直播 2020 年终盘点”，2020 年携程直播了 118 场，GMV 超过 40 亿元。尽管直播带货的成交额仅占到平台交易额的 1%，但是梁建章的直播显然有很强的溢出效应，对携程 2020 年的业绩表现形成了正面带动效应。

3. 罗永浩

2019 年年初，罗永浩将锤子科技的软硬件核心团队和品牌卖给了字节跳动，负债 6 个亿彻底离开了奋斗 6 年的锤子科技。2020 年 3 月 26 日，抖音在微信公众号发文官宣与罗永浩签约。随后 4 月 1 日晚 8 点，罗永浩抖音直播间准时开播，罗永浩正式杀入直播带货行业。在 3 个多小时的带货直播中，共上架了 23 款产品。直播间互动不足、激情不够，报错品牌名、弄错上架时间、节奏拖沓，回炉重新介绍、解说业余、语言混乱，直播间的装饰与各平台头部主播相比也略显“寒碜”。虽然首播来去匆匆，但罗永浩首场直播 GMV 超 1.1 亿元，累计观看人数超过 4800 万。

第二次直播之前，罗永浩在自己的微博上发布了预告，带货商品包括橙子和哈弗汽车等。2020 年 4 月 10 日晚 8 点，罗永浩在抖音平台再次带货直播。根据抖音官方发布的数据，此次直播累计观看人数为 1142.72 万，直播观看人数较首场跌至 20%，GMV 为 3524 万元，下降 67.9%。随后的数次直播带货成交额更是骤降。7 月 10 日的直播成交额更是跌到了极点，仅为 500 万元。

为解决直播交易额持续走低的问题，罗永浩及其团队（交个朋友）开始了直播快速升级迭代。将简约的直播间背景幕布快速升级成巨型的 LED 屏幕；从单调的带货直播，到植入划船、健身等情景，让用户感受最真实的体验；签约明星艺人，孵化自己的直播团队。罗永浩还积极开拓女性市场，在直播间加入了女性主播，邀请了欧阳娜娜、金晨等女演员做客直播间。此外，罗永浩通过参加综艺节目，吸引大量女粉。直播间的女性占比从最初的 20% 提高到现在的 30%。根据相关数据，罗永浩从首播到 2021 年 3 月 24 日，开播场次超过 150 场，总时长超过 800 小时，总 GMV 达 31 亿元。直播不仅带动了 GMV 的增长，也让罗永浩抖音账号的粉丝数量暴增 16 倍，达到 1666 万人。通过不到一年的直播，罗永浩不仅偿还了数亿元债务，而且成为仅次于李佳琪的互联网头部主播。

4. 孙来春

2016 年，当新零售的理念被提出之后，孙来春就开始布局，全面推进数字化转型战略。在新冠疫情暴发之后，林清轩线下一半门店关闭，2000 多名员工“待业”，业绩暴跌 90%，现金流最多能撑 2～3 个月。在企业危难关头，孙来春顺势而为，成为最早入局线上直播营销的企业家。2020 年 2 月 14 日情人节，孙来春开启了他的直播首秀。短暂的寒暄后，他渐渐进入状态，从“修复口罩脸”开始，卖起了林清轩的经典产品山茶花油。在直播间为观众讲述找到山茶花油产品的过程，讲述古代的诗词，讲述自己面对疫情的心情等。这场直播最高峰时有 6 万多人观看，收到 36 万个点赞，GMV 超 40 万元，相当于林清轩一线城市一家门店 2 个月的业绩。

3月8日，孙来春主动发起与红蜻蜓、妙可蓝多、莱绅通灵3家企业的创始人、董事长的直播连线，以及与2位艺人共同组建了一个“直播天团”，合力抗击疫情，积极带货自救。第二次直播时孙来春已快速蜕变成一名合格的主播，介绍产品、上链接、抽奖发福利等环节都做得有条不紊。他与其他3位企业家连麦互动，互相打通粉丝群体，为彼此助力。直播最高峰时有近2.9万人观看，GMV超15万元。在孙来春的积极带动下，林清轩3月的整体销售额同比提升20%，门店平均业绩同比提升22.19%。

四、影响因素分析

（一）消费者因素分析

根据营销中的“消费者行为模式”理论，社会因素（社会地位、家庭状况、社会经历、教育经历）、文化因素（主流文化、亚文化）、个人因素（性格、年龄、职业、爱好、收入、生活习惯）、心理因素（信仰、理性、敏感性）均影响消费者的行为决策。在进入直播间观看企业家直播时，消费者的这些行为会对主播的直播营销策略产生影响。

根据笔者观察，在直播时，商品通常不是提前上架等待消费者消费，而是以限时抢购的形式上架，限量且抢购时间非常短暂。这种“限量抢购”会刺激消费者，同时直播间评论区会出现类似“冲呀”“买买买”“没抢到怎么办”的评论。紧张刺激的抢购环节和评论区大量暗示性购买语言的刺激，会影响消费者对产品信息的筛选和判断，从而直接产生购买欲望或者发生消费行为。

此外，直播间是一个具有较高社会临场感的社交环境，直播间观众之间、观众与主播之间依靠弹幕交流互动。因此，当消费者产生某个行为、做出某种决策时，往往会参考其他人的意见和做法，以确保与直播间大多数人保持一致性。同时，由于企业家身份的特殊性和社会影响力，直播间会有相当数量的粉丝身份的潜在消费者，从而产生一定的“粉丝经济”效应，进而提升直播间的互动氛围。

（二）意见领袖分析

意见领袖，是人际交流网络中经常向他人传递信息、影响他人的“积极分子”，在大众传播效果方面起着重要的中介作用，向受众传播信息，形成两极沟通信息（MBA 智库）。根据意见领袖理论分析和对直播间企业家的观察，企业家不仅扮演了传播者的角色，还是直播间观众的意见领袖。

企业家的身份代表了他们在商业和社会经济领域所取得的成就，而部分企业家和品牌联系起来，在互联网上拥有巨大的个人 IP 效应。衡量企业家作为关键意见领袖（Key Opinion Leader，KOL）对直播营销活动的影响，可以直接参考在各个平台上的粉丝、追随者数量。根据社会临场感理论，对线上消费有一定积极影响的社会临场感会在双方信任与互动中逐渐加强，因此对消费者行为和直播营销策略产生影响。企业家会在直播间通过精致包装的人设、给自己打标签的方式获得受众心理上的连接。把握好产品介绍、与观众互动、时间管理节奏，以期在直播时与观众契合，更好地发挥作为 KOL 的影响力。

（三）其他因素分析

直播大平台的发展整合了互联网直播行业的优势资源，使之规范化发展。因为直播平台集渠道、流量、受众于一体，对直播营销的影响不容忽视。许多企业家都在各大平台开通了自己的社交账号并运营，企业也开通了固定的直播间定期直播。由于企业家参与直播营销的目的性和商业性，与平台保持热度与开发新用户的目的相一致，因此平台会尽力促成企业家目的的达成。例如，罗永浩签约抖音平台后，抖音和罗永浩团队在直播前多次通过微博、抖音短视频的方式宣传预热。在开播之后抖音官方又给予直播间流量上的倾斜，开播 15 分钟就成为各直播间小时榜第 1 位，整场直播累计观看人数超 4800 万人，GMV 达 1.1 亿元。罗永浩首场直播的顺利进行离不开抖音官方的支持，同时抖音也通过罗永浩这个 IP，提高了抖音带货在用户和商家中的认知度。

再参考董明珠抖音平台直播首秀，因为直播设备和网络卡顿，观众观看体验不佳，以 GMV 仅为 23.25 万元惨淡收场。根据相关数据，整场直播观看人数为 431.78 万，最多时近 22 万人同时观看。5 月 10 日的直播，快手官方为董明珠预热，开设了格力专场，3 小时直播累计观看人数为 1600 万，在线人数峰值达 100 万，GMV 为 3.1 亿元。可见，直播平台在企业家直播营销中发挥了重要作用。平台的推介、流量倾斜政策对企业家直播营销的影响巨大。

五、作用机制研究

在收集数据之后，具体分析程序将采取质性研究三级编码形式，具体结果如表1所示。

表1　案例归档编码数据列举

核心范畴	主范畴	副范畴	案例材料列举
传播者	传播者数量	单个主播	董明珠直播首秀、罗永浩直播首秀、孙来春直播首秀
		多个主播	5月10日快手董明珠与二驴夫妇、李鑫4人直播；“618”董明珠与邓亚萍、曹军骥、王自如、柯建生、朱勇等人同台直播；“9·28”德州直播搭档崔贵海、黄鸣等企业家。梁建章直播搭档孙天旭，还邀请过王英伟、快手达人散打哥、浪胃仙等人
			3月8日妇女节，孙来春与红蜻蜓、妙可蓝多、莱绅通灵3家企业的创始人一起直播；罗永浩直播时邀请过卢伟冰、王小川、李诞、蔡康永、呼兰、杨笠、金晨、欧阳娜娜等人
	传播者身份	网络红人	董明珠作为格力集团的董事长兼代言人，多次参加互联网综艺节目，个人IP影响巨大；罗永浩作为锤子科技的创始人，凭借“老罗语录”金句频出，活跃于互联网各大平台；梁建章的少年班神通、人口经济学家身份；孙来春是林清轩品牌创始人、上海松江区人大代表
			董明珠直播时邀请的二驴夫妇在快手平台拥有7000万粉丝，主持人李鑫在快手有370万粉丝；罗永浩直播间邀请的李诞在快手平台有1000万粉丝，金晨有微博粉丝1200万
		意见领袖	做客董明珠直播间的王自如制作电子消费品开箱评测视频300+，网络播放5000万次以上；曹军骥是中科院地球环境研究所党委书记、中科院特聘研究员
传播内容	知识类	一般知识	董明珠直播时向观众介绍空调、生活电器、装备等产品品类；梁建章直播时对旅游行业非常熟悉，对国内外酒店业务范围、亮点、适合人群了如指掌；罗永浩在直播时和搭档朱萧木一同介绍产品的概况参数
			孙来春在直播间分享找到山茶花油产品的过程，讲述客家人1000多年来怎样修复婴儿的红屁股，女生怎么擦脸擦头发，讲述古代的诗词，分享山茶花油与消费者之间的小故事，林清轩如何研发清轩萃等
		专业知识	董明珠在直播间介绍每个产品的研发故事、设计理念、产品性能参数；罗永浩分享自己的创业经历和经验等；梁建章直播时分享景点背后的历史文化典故；孙来春分享疫情下企业的危与机，品牌如何才能持续盈利等问题

续表

核心范畴	主范畴	副范畴	案例材料列举
传播内容	宣传类	软广告	直播间插播广告；企业家直播代言、明星代言；线下导购推介；百度、搜狗等门户网站的广告投放
		硬广告	董明珠赣州直播展示格力机器人乐队、智能家居、灯光秀、无人机表演；用格力智能厨电烹饪桂林美食，与智能书房互动；直播间带领参观格力智能工厂等
			孙来春在直播间现场试用山茶花油，分享林清轩不断创新故事，与全球顶尖科研力量合作研发产品；梁建章在直播间推介美食探店、周末周边短途游、目的地体验旅游等
	娱乐类	娱乐节目	罗永浩直播周年庆和李诞谈初恋，分享中年人治脱发心得；12 月 31 日直播时宣布与左小祖咒成立“左罗乐队”，现场为单曲作词
			梁建章说相声、理光头、梳脏辫、扮包公、演曹操、唱越剧、玩摇滚、打快板、穿古装跳“海草舞”、表演川剧变脸、唱 rap 版苏轼《题西林壁》、18 秒说完包含 30 家高星酒店名称的“报菜名贯口”
			董明珠在河南直播时河南戏曲、河洛大鼓、孟津剪纸等纷纷亮相直播间
	舆论类	公共、社会事件看法	罗永浩在直播周年庆与杨笠、蔡康永、李诞、呼兰等人讨论“应对催婚”“女朋友没有安全感”等话题；梁建章在直播间谈论人口问题、疫情期间旅游业的发展以及相关从业人员该如何应对等社会问题
			孙来春直播时与观众讨论“口罩脸”“消毒手”等因为疫情引起的肌肤问题；董明珠在直播间谈对直播的看法，对制造业线上线下一体化的看法
传播渠道	直播平台	直播平台	抖音、快手、斗鱼直播、虎牙直播、微信小程序、西瓜视频、哔哩哔哩、CC 直播
		电商平台	淘宝、京东、天猫、拼多多、苏宁易购、快手电商、抖音电商、唯品会
	多媒体	应用软件	微博、知乎、百度贴吧、小红书、哔哩哔哩、携程
		新闻网站	百度、新浪网、今日头条、腾讯新闻、网易新闻、搜狐、凤凰网、人民网、新华网
		其他渠道	格力经销商在朋友圈和社交空间推广直播带货的邀请码；罗永浩直播间邀请手语教师无障碍带货

续表

核心范畴	主范畴	副范畴	案例材料列举
传播渠道	线下渠道	城市专场直播	董明珠在洛阳、澳门、德州、临沂、珠海、江宁、赣州、桂林进行全国巡回直播；梁建章在三亚、湖州、常州、腾冲、深圳、宁波、庐山等城市开设直播专场；罗永浩直播间从北京朝阳区移至杭州滨江
		经销商、合作伙伴	格力有3万家线下专卖店，商家共享私域流量，线下门店同步直播；携程与亚特兰蒂斯等国内星级酒店重构规则做直播产业链
		分享会、座谈会	董明珠“桂林分享会”有桂林市政府官员、企业家代表参加；在赣州南康区考察时与市委书记合作交流。梁建章直播时一周两省，与各地政府深度合作
受众	受众来源	行政区划	赣州、洛阳、桂林、德州、珠海、临沂、澳门、江宁、武汉、三亚、西江、湖州、常州、腾冲、宁波、上海、庐山、曲阜、杭州等
	受众特征	性别特征	罗永浩的直播间观众男性占比高，女性占比逐渐提高到30%；孙来春直播间的化妆品消费主力为女性；抖音、快手、淘宝直播的消费主力主要是女性，约占总数的60% ~70%
		年龄特征	观看直播的主流用户集中在18 ~40岁，且这个年龄段正在往高龄发展
传播效果	消费者态度	认知	了解产品品类、品牌知识；了解企业家创业背景和经历；了解产品的使用方法，使用情况；关注主播直播时的状态与问题；了解企业家及其社会行为
		情绪、欲求	想要与主播互动；想购买相关的产品；想了解更多的专业知识与行业内幕；感受到了传统直播对特殊人群的关怀；认为罗永浩首场直播啰嗦、不严谨；“没抢到，像错失一个亿”
	消费者意向	行为、意愿	购买行为，梁建章37场直播GMV为2.4亿元，董明珠15场直播GMV为476.2亿元，罗永浩2020年GMV为19.71亿元，孙来春情人节直播售出40万元山茶花油；关注行为，罗永浩直播一年，粉丝增至1666万人；围观点赞行为，孙来春首场直播获赞36万，6万人同时观看，梁建章直播2020年观看人数总计1.7亿，罗永浩带货首月观看人数达7893.7万，董明珠首场直播累计有431.78万人观看

（一）传播者

1. 企业家个人IP

个人品牌是指某人被相关人员持有的较一致的印象或口碑，以个人为载体，与公众的审美需求或消费心理相吻合，是一种可以被长期认可和广泛接受的资源。

提及空调行业的领导者格力，人们往往能想到雷厉风行的董明珠，董明珠和格力已经深深地联系在一起。为格力家电代言打广告，全国开设格力董明珠店，参加电视节目等一系列活动，让董明珠个人 IP 逐步建立起来，在消费者心中留下深刻印象。提及中国第一代网红罗永浩，往往能想到一句话——彪悍的人生不需要解释！从初入社会四处打工到进入新东方，再到创办英语补习学校、创办锤子科技等，罗永浩的个人经历堪称传奇。长期活跃于互联网，不断辗转于各行各业，罗永浩凭借三寸不烂之舌始终活跃于网民视线中，被称为“罗太君”。

相比董明珠和罗永浩在互联网上的热度，孙来春和梁建章则相对低调得多，但两人出身亦不平凡。孙来春深耕化妆品行业 20 余年，历经非典、金融危机等劫难，在全国 100 多个城市开了 300 多家直营店。梁建章学历显赫，海外学成回国后创建了携程旅行网，在技术、管理、经济社会等学术领域也有多部作品。

以上 4 位知名企业家，在中国的互联网和社会领域有着不同程度的影响力，在粉丝和追随者心中形成了一定的固化印象和口碑。其丰富的个人经历对消费者有一定的吸引力，而且擅长在互联网制造话题，吸引网民视线。由于企业家展现的口碑和人格能让消费者产生信任，因此影响着消费者的判断和行为。

2. *名人品牌联动*

直播时邀请知名人士做客直播间已经是直播行业的固有方式，企业家在直播时也不例外。董明珠在直播时，曾邀请网红二驴夫妇、李鑫、乒乓球冠军邓亚萍、澳门财政司长李伟农、中科院党委书记曹军骥、华晓倩、朱勇、王自如等嘉宾；罗永浩在直播时也邀请了李诞、戚薇、李晨等艺人，为了破圈还邀请了杨笠等网红；梁建章的直播间曾邀请孙天旭、湖州副市长闵云、金沙中国总裁王英伟等做客；孙来春主动发起与红蜻蜓、妙可蓝多、莱绅通灵 3 家企业的创始人直接连线，以及与 2 位艺人共同组建了“直播天团”。

综上所述，企业家在直播营销时邀请的嘉宾跨界颇广，有网红明星、政府官员、新传媒人士、其他领域企业家、体育明星等。这些名人和网红参与直播营销有着先天的优势：第一，拥有强大的知名度和粉丝基础；第二，粉丝对其有一定的信任崇拜，在产生信任感的同时带来一定的粉丝经济。这些企业家在直播营销时，通过名人、品牌多重联动，能够充分激发粉丝经济效应，将粉丝信任在直播间实现商业变现。

3. 直播团队

首次直播时，董明珠败给了网络卡顿。5 月 10 日晚，董明珠第二次直播时专门设置了一个直播室，形式上更加专业化。和李佳琦这些职业主播一样，董明珠也开始配备助理，其直播团队不断壮大。罗永浩背后的“交个朋友”团队更是高达 300 人，其旗下签约的明星主播有李诞、杜海涛、戚薇、吉克隽逸等人。梁建章做第一场直播的时候，只有一部手机和一个支架，信号有时候还不好，灯光忽明忽暗，更是没有准备任何道具服装。但是很快，一部手机和一个支架变身为超过 20 人的直播团队，从背景设置到摄像机机位，都请了专业团队布置。直播内容也更加细分，在继续周三 BOSS 直播的基础上，增加美食探店、周末周边短途游、目的地体验旅游等栏目。孙来春的首场直播也是坐立难安，紧张到数次出入厕所，但在开播时孙来春同时带领 100 多位林清轩工作人员，有计划地孵化直播团队。

一场好的直播带货离不开背后的团队。企业家背后的策划团队和运营团队负责直播脚本的编写、直播节奏的把控，以及商品卖点的挖掘、产品知识培训等重要内容。这些团队通过了解消费者需求选择产品和营销方案，从而更好地满足消费者的需求乃至创造需求。通过直播内容策划，可以增加直播间的人气与互动频率，改善直播效果，从而提高复购率。

（二）传播渠道

1. 直播平台

当前，国内主要的互联网电商直播平台有抖音、快手、京东、淘宝、天猫、苏宁、拼多多等，上述 4 个案例中的企业家最常用的直播平台是抖音、快手和淘宝直播。

从带货模式来看，淘宝属于传统电商平台，快手与抖音均为“社交 + 内容”平台；从活跃用户数量看，淘宝、抖音月活跃用户人数（Monthly Active User，MAU）较高。

从用户画像来看，抖音电商以新一线和低线城市年轻女性用户为主，比较年轻；快手电商以低线城市、31～40岁女性用户为主，较抖音、淘宝直播用户明显下沉；淘宝直播以中高线城市“80后”“90后”后女性为主，较抖音、快手用户城市线级更高、年龄稍大。

表2　淘宝直播、快手、抖音三大平台带货模式对比

平台	淘宝直播	快手	抖音
平台属性	电商	社交+内容	社交+内容
电商载体	站内成交	淘宝、天猫、有赞、京东、拼多多、快手小店	淘宝、天猫、京东、抖音小店
带货KOL属性	头部主播高度集中，代表主播：李佳琦	代表主播：辛巴、散打哥	代表主播：罗永浩
带货商品属性	淘宝体系内全品类，价格区间广	高性价比的白牌商品较多，产业带直播比重较大	美妆+服装百货占比高，商品价格集中在0～200元，有一定知名度的品牌
带货模式	商家自播和达人导购模式	达人直播、打榜连麦、PK等	短视频+直播
转化率	很高	较高	中等
客单价	较中等	中等	较低

因此，企业家在直播时会针对所售产品和用户分布特点选择直播平台。例如，董明珠代表的格力集团的主营产品是白色家电，在各大平台中京东主打3C、家电等电器销售，因此在京东直播成交额在100亿元以上，占全年带货成交额的1/5以上。

2. 其他渠道

每到一个直播城市，董明珠都会很积极地扩大自己的朋友圈，其中有个重要环节，就是和当地政界、企业界人士座谈交流。例如，在桂林直播时，她就在桂林大剧院举办了一场“桂林分享会”，桂林市领导班子成员及企业家代表出席。对于携程创始人梁建章而言，深耕互联网电子商务多年的携程平台也在向线上直播转型。携程App新增“爆款直播间”模块，并与“酒店”“民宿”“特价爆款”并列布局首行。除此之外，携程还在上海总部搭建了专门用于直播带货的直播间。作为中国初代网红的罗永浩更是借助大众传媒多渠道传播其影响力，仅微博一项，就拥有1773万粉丝，腾讯新闻、网易新闻、新浪网等自媒体报道不计其数。此外，这些相关的制造业企业推行线上、线下一体化，通过直播间让线下经销商、代理商广泛参与。通过这种类似社交的电商模式，可以让更多的人参与销售传播，与上游平台共享销售环节中的利润。通过这些线上、线下多方渠道的传播施加影响力，能够深入下沉市场乃至跨界营销，达到拓展消费市场、吸引大量终端消费者的效果。

（三）传播内容

1. 一般知识、专业知识

直播离不开产品介绍，产品介绍离不开一般知识、专业知识。据研究，在电子商务直播的背景下，可以通过品牌识别渠道建立消费者信任，品牌认知度对消费者购买意愿产生积极影响（许霞，2021）。董明珠首场直播时认真讲解每个产品的研发故事、设计理念，把格力电器的产品矩阵和创新风貌完整地呈现在观众面前。后续的直播不仅丰富了互动形式，介绍自己的产品，还亲自演示了格力小家电的使用方法。罗永浩在直播时，喜欢一边介绍产品一边科普，干货满满。梁建章直播时，不仅对旅游产品如数家珍，而且深挖其背后蕴含的民间传说、风俗文化。孙来春在直播时，为观众讲述找到山茶花油产品的过程，讲述古代的诗词等。作为企业的顶层管理者，企业家对自身产品的了解远胜于第三方主播。深入讲解产品知识和性能，可以有效提高消费者对产品和品牌的认知和印象，增强消费者的信任，从而影响消费者的意愿和行为。

2. 娱乐内容

直播电商娱乐化最早可以追溯到2018年的头部电商主播李佳琦。很多观众进入他的直播间，就是想亲眼看看李佳琦涂口红、亢奋的直播状态以及与小助理互动等“娱乐化”内容。为了制造更多的娱乐看点，李佳琦团队还在社交媒体上精心打造了一系列人设和热门话题。梁建章在直播时，更是将娱乐性内容发挥至极——说相声、剃光头、梳脏辫、扮包公、演曹操、唱越剧、玩摇滚、打快板等。孙来春则是如李佳琦一般，现场试用林清轩的化妆品，一边用一边讲。罗永浩直播间金句频出，消费者评价“不是去看直播，而是听老罗说相声”。董明珠的直播间也曾亮相格力的机器人乐队和智能工厂，在全国巡回直播中更有河南戏曲、河洛大鼓、孟津剪纸、德州舞蹈杂技、临沂王羲之书法等表演，堪称文化饕餮盛宴。企业家直播营销中这些娱乐性的活动和话题，在互联网上常常引发巨大的关注和热议，吸引消费者前往其直播间观看停留。这些话题和娱乐互动极大地满足了观众的“追星”心理和娱乐需求，提高了直播电商的用户渗透率，从而实现流量变现。

3. 宣传营销

对企业而言，对外宣传是一种市场行为。尤其在数字化信息时代，企业对外宣传尤为重要，关系到品牌知名度、市场占有率、潜在消费人群等多方面。因此，企业家在直播营销时同样离不开对外宣传营销这个环节。对外宣传营销可以总结为软实力、硬实力两个方面：软实力是公司体制、企业文化、管理方式和管理者形成的无形影响力；硬实力主要是企业的资金实力、科研能力、市场占有率等可见的力量。对格力和林清轩而言，董明珠和孙来春在直播时常常宣传产品的科技创新点、制造工艺等硬实力。而对于互联网企业携程和“交个朋友”团队，梁建章和罗永浩在直播时则凸显企业的服务能力、企业文化这些软实力。

通过在直播时对企业软硬实力的宣传营销，能够让消费者对企业、品牌产生一定的消费认知和信任感，从而在有消费需求时优先考虑这些企业的产品和服务。同时，这些宣传和影响可能将潜在消费者、目标消费者转化为企业的客户。

（四）传播效果

传播效果主要体现在消费者在受众心理、态度、行为上产生的变化。在企业家直播营销活动中，主要是受众进入直播间观看企业家直播营销活动。在企业家的直播营销活动中，会采用传播知识性内容、娱乐性内容、舆论性内容的方式，通过语言沟通互动提升用户的兴趣与参与度。这些具有一定影响力的营销、直播策略，会让观众在观看直播的同时在心理和行为上产生一定的变化，如刷新对某品牌的认知，改变对某企业家的看法，了解到一定的产品信息等。这一系列的变化会使消费者产生一定的消费欲望，从而产生消费行为。

此外，在数字经济时代，传播效果可以通过一定的数据呈现。在企业家直播营销活动中，直播平台会统计观看直播人数、点赞人数、粉丝人数、订单数量、成交额等数据。这些数据越大，说明本场次直播营销的传播效果越好。

（五）受众

受众指一切传播媒介的传播对象，是传播渠道的终端或子终端。在企业家的直播营销活动中，受众作为信息的接收对象存在多样的心理需求，如娱乐需求、好奇心理、追星需求、窥探心理、社交和互动的需求等。这些心理需求也逐渐被平台可视化，形成需求曲线和相关报告。这些信息报告被企业家获取后，就会形成相应的营销策略。在直播营销活动中，企业家主播最关注的是受众在接收到信息后的反应和消费行为。此外，受众也具有一定的社会属性，除接收信息、解读信息外，还会受到个人因素、文化因素以及直播间环境、其他消费群体等因素的影响。

六、企业家直播营销存在的问题及解决措施

（一）企业家直播营销存在的问题

1. 直播观众冲动消费

冲动消费是指由外部因素驱动的购物行为，其特征是客户没有计划或意识，并且由无意识、无计划或外部因素形成（赵一萍，2016）。笔者在对直播间、评论区的调查中发现，观看直播的消费者或多或少存在冲动消费行为。此外，企业家在直播时通常还会连线知名人士、明星网红。随着与这些网红明星互动频率的增加，因为明星网红身份而产生冲动消费行为的现象愈加频繁，当粉丝属性与冲动消费相结合后，此种行为越发普遍。

饥饿营销、抢购等因素也会影响消费者对商品属性的判断，直播间氛围也会诱使消费者产生从众心理，从而造成冲动消费现象。

2. 数据造假

作为商界大佬，直播一呼百应，成交额巨大是必然现象。如今在业界，

如果成交额没有几个亿，都不好意思宣传。这些喜人的业绩背后，有着不少的水分。通过雇用专业的刷单公司在直播间刷单，打折商品计销售额时按原价计算，与线下经销商联系，在直播间将交易变现等方式，画出了一个“大蛋糕”供人欣赏。根据文章《除个别外，直播带酒大都是一场自慰》揭露，直播间交易额的50%是水分，退货率高达60%，除去正常的消费问题导致的退货，虚假刷单在其中占了巨大的份额。映客CEO奉佑生指出，在这个“酒香也怕巷子深”的时代，数据造假、流量造假是普遍使用的手段，但企业不可自欺欺人。

3. 产品问题

作为企业家、社会公众人士，一般会爱惜自己的羽翼，不会坑骗消费者，但这并不代表其销售的产品没有质量问题，作为直播界“一哥”的李佳琦，也有因为“不粘锅”粘锅而翻车的经历。“520”期间，老罗直播间因为销售枯萎的鲜花被消费者投诉。更有甚者，企业与主播联合起来坑骗消费者。产品是企业的名片，中国消费者协会提出，企业直播带货不仅要价格好，更要产品好。此外，在出现质量问题时，企业要重视消费者的反馈，及时提供售后服务。

4. 过度宣传

依据《中华人民共和国广告法》，“直播带货”就是利用互联网的新广告形式销售商品。直播间在营销宣传时如果违反了相关的法律、法规，将会给个人和企业品牌带来巨大的负面影响。王茜在《警惕直播带货那些坑》一文中提出：企业家在直播前和直播时要采取前置措施规避风险，在宣传产品时，切忌使用“最高”“极限”等词语，以免构成虚假宣传。

（二）企业家直播营销问题的解决措施

1. 理智消费

企业家参与直播营销归根结底是通过直播扩大品牌影响力，以达成某些商业目的和效果。企业家直播营销也存在一定的粉丝经济现象，需要消费者理智关注、理智消费。消费者要树立正确的消费观念，提高抵制诱惑的能力，学会控制自己的冲动和欲望。在消费之前要了解自己的客观需求，不为消费欲望所左右。

2. 直播营销方式专业化

第一，塑造企业家个人IP。互联网时代，陈欧的“我为自己代言”曾经打造了基于企业品牌的个人IP，为品牌的推广带来奇效。在今天，企业家通过直播的形式能轻松为企业打造领导人IP，每个企业家都可以通过直播向网友展示自己的专业能力、产品熟悉度、亲和力、人格魅力等。相对于请网红直播、明星代言人，企业家的个人IP打造具有低成本、可持续、无风险等特点，在直播已成趋势的今天，企业家打造个人IP是推动品牌营销的重要方式。企业家直播也不是一场简单的直播，它对于企业品牌的打造和推广、企业家个人IP的孵化和长期运营，远超过带货本身。

第二，品牌联动营销。在碎片化信息爆炸的时代，品牌很难凭借“一己之力”吸引消费者的眼球。品牌与其“单打独斗”，不如合伙“联合作战”。品牌联合营销两个或两个以上的品牌可以互补优势，拓宽市场边界，增强联名品牌的竞争力。目前，上述4位企业家都在尝试联动其他品牌的创始人和有影响力的人物，希望将私域流量结合起来实现破圈，将品牌影响力拓展到各个领域。

3. 企业道德与社会责任

企业道德和社会责任是管理学中的重要因素，也是企业业务可持续发展的重要内容。企业道德是指企业将具体社会经济组织中的道德原则、道德规范和道德活动相结合，依靠社会舆论、传统习惯和固有信念来维持，并以善恶评价为标准。在企业的生产经营中，企业、企业家要遵循相关的行为规范和道德准则，依法、依规，以德经营，避免虚假宣传和坑害消费者等违法问题。

企业社会责任就是企业追求自身行为对社会负责任，是企业在内生的道德动力推动下为社会创造价值福利的行为。在企业的经营中，要重视对社会责任的关注，推动福利事业发展，积极弘扬优秀传统文化，为员工和客户创造良好的发展环境和服务环境。

4. 积极探索数字化营销

“不会带货的企业家不是好企业家!”在“移动互联网+5G”时代，在后疫情时代这个特殊的时间点，企业开展直播营销，积极探索数字化热潮已经成为新的营销发展趋势。即使是在2020年3月还宣布坚持走线下路线的董明珠，在短短半个月后便在抖音上开启自己的直播首秀。企业家直播带货不仅为了挽救企业，更是一次对大数据背景下数字运营的积极探索，其核心是以直播为媒介，连接上下游供应链协同发展，实现供给侧的转型升级，这将是传统企业未来转型的一个发展方向。

参考文献

[1]李檬. 新经济变局[J]. 现代商业银行, 2021(24):30-35.

[2]胡玄晔. 互动仪式链视角下的短视频平台带货直播现象研究[D]. 南昌:江西师范大学, 2021.

[3]魏晓梅. 网红经济背景下直播带货营销问题研究[D]. 青岛:青岛大学, 2021.

[4]袁媛. 企业家道德视角下的企业社会责任建设研究[J]. 北方经贸, 2014(8):20-21.

[5]徐颖. 平台经济视域下网络直播平台的治理困境研究——以网红直播带货为例[J]. 西安石油大学学报(社会科学版), 2020,29(4):37-43.

[6]石海娥. 直播带货[J]. 光彩, 2019(12):24-29.

[7]裴培,高博文,焦杉. 网红直播带货能走多远[J]. 企业观察家, 2019(12):110-113.

[8]林淼. 网络直播带货应自带法治“基因”[N]. 人民法院报, 2020-04-12.

[9]姚瑶. 直播间里的“首席带货官”[J]. 法人, 2020(7):19-21.

[10]姜佳奇. 网红经济下直播对消费者购买决策的影响因素分析[D]. 北京:北京邮电大学, 2019.

[11]刘琦,饶志平. 直播带货模式在农村电商中应用的可行性分析及对策[J]. 对外经贸, 2022(2):77-80.

[12]翟莉. 网络直播带货的粉丝经济研究[J]. 经济研究导刊, 2021(13):110-112.

[13]CAI J, WOHN D Y, MITTAL A, et al. Utilitarian and hedonic motiva-

tions for live streaming shopping[A]. In proceedings of the 2018 ACM international conference on interactive experiences for TV and online video,2018:81 -88.

[14]SUN Y, SHAO X, LI X,et al. How live streaming influences purchase intentions in social commerce: An IT affordance perspective[J]. Electronic commerce research and applications,2019(37).

[15]艾文婧. 微博平台的信息碎片化研究[D]. 西安:陕西师范大学, 2012.

[16]何怡,林升栋. 不同新闻阅读载体对关注点、临场感、信任与态度极化的影响[J]. 汕头大学学报(人文社会科学版), 2020,36(12):61 -72,95 -96.

[17]腾艳杨. 社会临场感研究综述[J]. 现代教育技术, 2013,23(3):64 -70.

[18]凌萍. 关于R化妆品公司微信营销策略的分析研究[D]. 厦门:厦门大学, 2017.

[19]方元. 影视广告的艺术化创作研究[D]. 兰州:西北民族大学, 2011.

[20]黄俊,郭耿轩,刘敏,等. 动态能力视域下我国汽车制造企业智能化转型升级路径研究——对3家本土自主品牌车企的跨案例探讨[J]. 科技进步与对策, 2018,35(23):121 -129.

[21]刘娟."互联网+"情境下商业模式创新与企业跨界成长关系研究[D]. 南京:南京财经大学, 2018.

[22]胡嘉琦,朱耘. 携程如何守住"护城河"?[J]. 商学院, 2021(4):114 -117.

[23]肖芳. 当商业大佬涌入直播间[J]. 现代商业银行, 2020(10):72 -73.

[24]张琼. 基于消费者行为的海底捞营销策略分析[J]. 时代金融, 2018(30):283,285.

[25]程志伟. 市场营销中意见领袖的发现与培养[J]. 企业改革与管理, 2013(8):5 -7.

[26]谭婵. 符号互动视角下电商直播的传播策略分析[D]. 哈尔滨:黑龙江大学, 2021.

[27]戢芳,李晋静,杨玉琴,等. 电商直播特征及情境因素对顾客购买意愿的影响研究:感知价值的中介作用[J]. 湖北经济学院学报(人文社会科学

版)，2021,18(11):53－57.

[28]赵一萍. 消费异化视域下当代大学生消费行为探究[J]. 现代交际，2016(16):120－121.

[29]孙西汀，李侃."直播带货"法律风险前置管理[J]. 法制博览，2020(13):92－93,96.

[30]段学红. 三鹿已矣，警示长存：三鹿奶粉事件对食品企业的警示[J]. 中国经贸导刊，2009(16):102.

[31]陈梦霖，龚丽娜. 当代中国企业的社会责任与道德重塑[J]. 郑州航空工业管理学院学报，2011,29(4):78－81.

第三篇

口碑营销与病毒式营销

抖音平台的用户口碑传播行为
——基于社会影响理论的研究①

张汉阳

摘要：随着移动互联网的快速发展，抖音作为短视频社交软件类平台也获得成长契机，以其用户群体的广泛性、分享的便捷性、较强的互动性而产生了一定的影响力。从社会影响的角度来看，抖音平台的用户通过社交网络形成的网络关系是一种能引起使用者自我表现的典型社会行为，会引起用户的自我表现意识，促使大量在线口碑的产生。本文使用文献研究法从七个方面分析了抖音短视频用户口碑传播行为。使用问卷调查法对数据进行收集，再利用统计分析软件对数据进行分析梳理，得到的结果显示：①用户在抖音平台的口碑传播行为主要受四个方面（来源的专业性、内容的数量、趣味性、利他动机）因素的影响；②用户在抖音平台的口碑传播行为在三个方面（来源的可靠性、利己动机以及负面的口碑）与口碑传播行为并不存在显著的关系。

关键词：口碑；抖音短视频口碑；口碑传播；社会影响理论

作者简介：张汉阳，西北大学经济管理学院2022届工商管理系工商管理（财务管理）专业本科生。

一、引言

随着互联网的不断发展，信息传播方式更加多样化，网络口碑传播

① 本文由李纯青教授指导完成。李纯青，西北大学经济管理学院教授，博士生导师，博士后，研究方向：数智化营销与品牌管理。

的即时性更是超出很多人的想象，口碑传播的重要性也慢慢体现出来。抖音作为短视频社交软件类平台是口碑大量产生以及传播的重要工具之一，只有明确抖音短视频用户口碑传播的因素，才能更好地进行口碑传播的管理。

近年来，随着新媒体的迅猛发展，手机媒体传播获得了良好的发展空间，特别是视觉文化传播发展尤为突出。中国互联网络信息中心（CNNIC）发布第47次《中国互联网络发展状况统计报告》指出：截至2021年2月，我国网络视频（含短视频）已经拥有9.27亿用户，其中短视频用户已有8.73亿人，占全部网民的88.3%，短视频以其快捷的传播形态受到各大平台的青睐，其中也包括抖音平台（陆莉莉，2022）。抖音作为短视频社交软件类平台，凭借其交互性功能（对短视频进行转发、点赞、评论、私信用户等）、碎片化的内容、信息传播快捷性、用户群体的年轻化等特点，在传播信息方面占据了一定的优势。平台用户可以自己创作和发布短视频，凭借其交互性功能、私信用户等行为完成口碑传播。在其多样性的口碑传播方式下，作为一种新兴的社交娱乐平台，抖音以迅雷不及掩耳之势红遍全网。因其受众广泛性以及群体用户的庞大，抖音平台的营销价值也日益凸显。研究抖音平台用户口碑传播行为的影响因素，对促进抖音平台营销价值的提高，具有一定的重要作用。

学者对口碑传播行为的影响因素进行了深入的研究（章晶晶，2007；李志龙，2013；卢玉珊，2015）。随着互联网的不断发展以及大多数人倾向于碎片化信息的接收，抖音成为绝大部分人手机上的必备软件，因此，对抖音平台用户口碑传播行为影响因素的研究具有一定的现实意义。在结合理论和现实的情况下，本文提出以下问题：影响抖音平台用户口碑传播行为的因素有哪些？各因素对用户口碑传播行为的影响程度有多大？负面口碑是不是更能激起用户的口碑传播行为？为保证调查的准确性和严密性，本文以文献研究方法进行理论分析，并参照已有的研究成果，建立模型，紧接着提出假设。研究数据使用问卷调查法收集，再利用统计分析软件对数据进行分析梳理，最后从社会影响理论的角度对数据进行完整性和结论分析。

二、文献综述

互联网打破人际交往的时空限制，拓展了人际沟通交流圈，与此同时，口碑传播的重要性也日益显现，更多的学者投入对口碑的研究中。本文首先对文献进行梳理，明确口碑、抖音短视频口碑、抖音短视频口碑传播等基本概念，其次比较了口碑的影响因素，并对章晶晶（2007）和李志龙（2013）的研究模型进行概述。

（一）基本概念的界定

本小节将根据以前部分学者在文献中对口碑以及网络口碑的定义，总结出本文中关于口碑、抖音短视频口碑以及抖音短视频口碑传播的定义，对口碑、抖音短视频口碑以及抖音短视频口碑传播进行基本概念的界定。

1. 口碑的定义

迪希特和阿恩特两人是研究口碑的开创者（卢玉珊，2015）。迪希特（1996）认为口碑是消费者对商品或服务的自发交流，阿恩特（1967）则认为口碑是传播者与接收者关于产品或服务等的非商业沟通。张惠（2012）发现负面口碑和正面口碑都是信息接收者和发送者有关产品的非商业性、非正式的沟通。张燕（2013）则认为口碑是发送者和接收者之间对于某产品或服务的口头的、人对人的交流，并且在接收者看来是非商业性的传播行为。

鉴于以上说法，本文将口碑定义为：口碑是用户之间涉及产品或服务等的信息交流。

2. 抖音短视频口碑的定义

随着网络技术的发展，特别是微博、微信、抖音等社交平台软件的出现，人们对信息的获取以及信息传播的方式也出现了较大的转变，网络口碑得以出现，其重要性也日益凸显。斯蒂芬（2013）认为网络口碑是借助互联网对产品及服务信息进行交流和传递。张燕（2013）认为网络口碑是消费者通过网络对某些商品或服务发表的正面或负面的评价。余梦雨（2020）觉得网络口碑的研究是传统口碑研究在网络中的一种延伸。

由于抖音短视频口碑是网络口碑的一种，参照以往学者的定义，本文认为抖音短视频口碑是用户在抖音平台上对抖音短视频的点赞、评论、转发，发布短视频以及私信用户关于某些产品和服务等信息，或相关事件正面或负面的评价。

3. 抖音短视频口碑传播的定义

在现实生活中，口碑在不同消费者中的传播通常经历两个过程：一是口碑信息的发布和接收；二是由用户将自己的口碑信息发送出去，也就是所谓的“再传播”，这一过程会以几何倍数的速度传播，也就是所谓的“病毒式传播”（杨梦，2018）。章晶晶（2007）认为网络口碑再传播是在网上对商品口碑的转发，以及与口碑发布者以外的更多消费者进行的讨论。

本文借鉴国内外学者的研究成果，结合抖音平台的特征，将短视频的口碑传播定义为平台用户借助短视频传播和扩散视频内容信息（包括交互行为和发布短视频）的行为。

4. 社会影响理论下的抖音短视频用户口碑传播影响因素

社会影响理论经常被用来解释个体在他人及群体的影响下，个体思想、情感以及行为发生的变化（肖璇等，2017）。社会影响可以是直接由预计行动引发的不同情况，也可以是间接由预计行动变化引发的差异情况（拉贝尔，2011）。黄敏学等（2019）认为从社会影响的观点来看，用户通过社交网络构建的网络关系能更多地表达自己的意愿，进而导致出现更多、更负面的网络评论。社交网络理论认为，网络的组织结构将影响网络中的信息、资源和机会，因此它影响了网络。网络关系表现为节点之间的连接，是节点间重要的传播渠道。信息性影响及规范性影响共同构成社会影响。信息性影响是指外人给自己的行为结果造成了影响，比如抖音短视频给消费者推送了一个产品口碑信息，评论区有大量用户的评论是质量好、会回购等，于是消费者就会决定购买该产品。规范性影响是指为了融入某一群体而产生的消费，如最近自己比较喜欢慢跑，想融入一个慢跑的圈子，发现大家都穿统一的运动服，或者使用相同的计步器软件，这时自己出于想要融入圈子的需要也会购买此类产品。

Latan'e（1981）认为当人们感知到外人时，自己的心理或者行为会有明显差异，三个因素决定社会影响的大小：影响源的数量、影响源的强度、影响源与被影响对象的距离。黄敏学等（2019）指出社会影响是人与人之间因带有目的而出现的相似行为。根据社会影响理论，社会影响的大小会受到影响源强度、接近性、群体规模等行为环境因素的影响，也受到顾客个体意见、沟通强度和推荐数量的影响（张德鹏等，2014）。

影响源的强度集中表现为口碑来源的可靠性、口碑来源的专业性、口碑内容的趣味性以及负面口碑，强度越高，其所构成的社会存在对社会影响就越大。当用户对抖音短视频发布者发布的短视频就其口碑的可靠性、口碑的专业性、口碑的趣味性，甚至负面口碑的强度产生强烈的认同感、归属感时，该抖音短视频发布者就可能被此用户奉为“意见领袖”。对于该短视频发布者的口碑，用户的传播意愿也比较强；影响源的数量或推荐数量表现为口碑内容的数量，对于一个口碑来说，与之有关联的其他用户都会被理解为社会存在，进一步对社会产生影响，用户与此相关的口碑接触次数越多，印象越深刻，就越愿意推广；顾客个体意见对其他人行为的影响可以分为影响用户口碑传播行为的个人利己动机和个人利他动机。当用户的个体意见比较强烈时，对用户口碑的传播也比较有利。以短视频发布者为跑步领域的专业人士为例，该发布者的粉丝用户大多是热爱跑步的人，那么粉丝就更倾向于发布者能够为自己推荐一些跑步的装备以及传授跑步的相关知识，并且乐于把这些分享给自己身边同样喜欢跑步的人。长此以往，用户无论出于个人利己动机或是个人利他动机对于该短视频发布者的口碑传播意愿都比较强。

（二）口碑传播的影响因素研究

本文前面已经对基本概念进行了阐释，在这一部分中，将会从口碑来源、口碑内容、接收者三个方面对口碑传播的影响进行探讨。

1. 口碑来源因素

阿恩特（1967）的研究表明：意见领袖对口碑接收者会产生更强的影响力。这揭示了越专业的口碑信息源，越能萌发用户的口碑传播行为。Dutta - Bergman（2004）认为，在传统的口碑传播中，可靠性决定接收者能否产生认同并接受发送者的建议，那么信息的可靠性对于口碑传播也很重要。

除本文列举的两位学者对口碑来源因素的研究外，还有众多学者也对口碑来源进行了研究，并把口碑来源的专业性和可靠性纳入了研究模型。鉴于此，本文把口碑来源的专业性和可靠性纳入抖音平台用户口碑信息传播行为的影响因素当中。

2. 口碑内容因素

周叶（2018）在对微信口碑信息内容的分析中，把内容分为三个维度：口碑内容的数量、口碑内容的趣味性以及口碑内容的极端性。章晶晶（2007）和李志龙（2013）通过研究表明，口碑内容的趣味性会对接收者的口碑传播意愿产生正向的影响作用。用户对短视频的内容关注度很高，有些短视频乏味无趣用户就会直接划走，但是如果是多次出现重复的内容也能够加深用户的印象，而且可能增加用户关于该视频的分享意愿；如果分享的朋友没有及时回复用户，用户还可能继续分享给其他好友。鉴于此，本文把口碑内容的数量和趣味性纳入抖音平台用户口碑信息传播行为的影响因素当中。

3. 接收者因素

章晶晶（2007）对网络口碑的研究验证了利他动机和自我提升动机正向影响口碑再传播意愿。李志龙（2013）也把利己动机和利他动机纳入研究模型。用户在看到某个视频时产生分享欲望，于是动机就产生了，这种动机即使是无意识的也有很强的主观性。例如，用户从来不会主动把视频分享给和自己关系很一般的人，无论是有趣的视频还是恐怖的视频，或者是伤感的视频等，他们都不会主动与一般朋友分享。他们可能出于逗自己的朋友开心，或者帮助朋友，或者吓唬朋友，或者增进和朋友的感情等动机和朋友分享某个视频。鉴于此，本文把个人利己动机和个人利他动机纳入抖音平台用户口碑信息传播行为的影响因素当中。

（三）以往相关概念研究模型

在研究模型方面，本文主要参考了章晶晶（2007）和李志龙（2013）的研究模型，并结合本文的研究对象对其模型进行优化补充。

1. 章晶晶的研究模型

章晶晶（2007）从三个方面（来源可信度、内容趣味性、接收者）因素对口碑传播意愿展开研究。得出研究的结论：在移动互联网快速发展的今天，这三个方面的因素对口碑传播意愿有显著的影响。

2. 李志龙研究模型

李志龙（2013）从五个方面（口碑来源、口碑内容、在华跨国企业、关系强度、接收者）对网络口碑传播意愿展开了研究，得出这五个方面的因素对网络口碑传播有显著的正向影响的结论。

（四）对以往文献的评述

结合以上对口碑传播影响因素的划分，本文结合了三个方面（口碑的来源、口碑的内容、接收者）的因素对口碑传播进行探析。随着移动互联网的快速发展，抖音作为出现只有几年的短视频社交软件类平台，其平台内的用户口碑传播是否依旧会受到这些因素的影响？同时还需考虑负面口碑对口碑传播是否具有正向影响。

三、研究模型及问卷设计

本部分将在综合理论文献的基础上建构模型，并提出研究假设，定义各变量并开发量表。在此基础上，本研究编制并发放了问卷。

（一）研究模型

基于以上关于口碑传播影响因素的分析，本研究从四个方面（口碑来源、口碑内容、接收者、负面口碑）设计研究模型，并对各方面的影响因素进行了细分，最终形成了本研究的模型，模型如图 1 所示。本研究以该模型为基础，对影响抖音用户口碑传播行为的因素进行了分析。

（二）研究假设

1. 口碑来源因素对用户传播意愿的影响

关于口碑来源，本文主要考虑可信度，而可信度涉及来源的专业性和可靠性。用户在使用抖音的过程中，难免会看到博主关于产品信息或热点信息等方面的口碑信息，如果博主在推荐产品时具有一定的专业性，像一些运动博主推荐用户运动时喝的饮料、运动器械等，就会受到很多用户的青睐。还有一些博主在粉丝眼里的可信度高，带货的口碑好，那么这类博

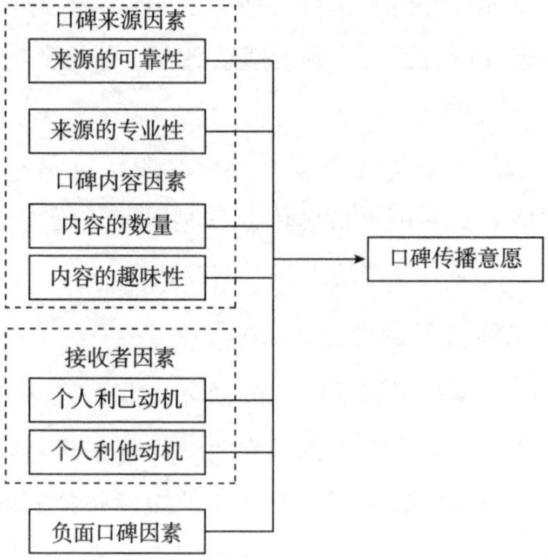

图 1　理论模型

主的口碑信息也会获得广大抖音用户的传播。至于一些官方抖音账号推送的短视频，可靠性以及权威性极高，可以轻松获得抖音用户口碑的传播。本文提出以下假设：

H1：口碑来源的专业性对用户传播意愿有正向作用。

H2：口碑来源的可靠性对用户传播意愿有正向作用。

2. *口碑内容因素对用户传播意愿的影响*

关于口碑内容的研究，本文主要考虑口碑内容信息的数量以及口碑内容的趣味性。抖音短视频的推送符合大数据算法，若用户在一类视频停留时间长或者完整观看某类视频，抖音就会给该用户推送大量同类的短视频，用户就可能由于接收的口碑信息多，而不自觉地在心里对这些口碑信息进行加工，最终会将此口碑信息进行传播。由于抖音私信的用户一般是手机联系人，或者亲人及关注的博主，所以在用户刷到有趣的短视频时，也倾向于分享给自己的抖音好友或博主。还有一些用户直接转发其他社交平台进行口碑的传播，分享喜悦。此外，章晶晶（2007）和李志龙（2013）研究结果显示，口碑内容的趣味性对用户口碑传播具有显著影响。本文提出以下假设：

H3：口碑内容的数量对用户传播意愿有正向作用。

H4：口碑内容的趣味性对用户传播意愿有显著正向作用。

3. 接收者因素对用户传播意愿的影响

本文中接收者因素包含个人利己动机和个人利他动机。用户在接收到某类口碑信息时，如产品口碑的信息，如果是自己需要的产品，用户出于对产品质量信息的求证会进行口碑传播，求证产品质量是否可以得到信任，以及获取其他用户关于此产品的信息；如果用户身边有需要此产品的人，在关系好的情况下，用户也会倾向于口碑信息的传播。其他类型的口碑信息也大致是这种情况，在这里不一一赘述。此外，章晶晶（2007）和李志龙（2013）研究结果显示，个人利己动机和个人利他动机对用户传播意愿有正向作用。本文提出以下假设：

H5：个人利己动机对用户传播意愿有正向作用。

H6：个人利他动机对用户传播意愿有正向作用。

4. 负面口碑因素对用户传播意愿的影响

抖音用户对于接收到的口碑信息的再传播意愿与正面口碑和负面口碑是否有关？口碑信息的负面程度越高，越容易引起用户的不满，并不断进行传播，以此引发吐槽等行为。本文为了研究负面口碑的信息对于用户口碑的传播行为是否具有强正向影响，也把其纳入本文研究模型之中。杨梦（2018）研究验证了再传播意愿受负面口碑的影响。本文提出以下假设：

H7：负面口碑对用户传播意愿有正向作用。

（三）变量定义

通过参考以往的文献，结合抖音平台的特点，对各个变量做出了如下定义，见表1。

表1　本研究各变量的定义

变量	定义	参考文献
口碑传播意愿	抖音平台用户对口碑信息进行传播和扩散的行为，包括在抖音平台对短视频点赞、评论、转发口碑信息，发布短视频进行口碑传播以及私信抖音用户或者分享给其他平台用户	章晶晶（2007） 杨梦（2018）

续表

变量	定义	参考文献
来源的专业性	口碑发送者具备专业能力，是该领域的专家或者在该领域有一定的发言权	李志龙（2013）
来源的可靠性	口碑接收者对发送者及其发送的口碑信息的信任程度	章晶晶（2007）
内容的数量	用户接收到口碑信息的数量、频率、总次数	周叶（2018）
内容的趣味性	抖音用户在浏览口碑信息时的趣味程度	卢玉珊（2015）
个人利己动机	抖音用户通过分享、私信、评论、转发等分享到其他社交平台来获得他人的尊重等	李志龙（2013）
个人利他动机	抖音用户通过传播口碑信息向其他人提供产品或市场等信息，帮助他人了解真正的产品信息或其他信息，以便做出更好的决策	章晶晶（2007）
负面口碑	用户将自己在产品服务或其他方面的不愉快体验和不满情绪发布在抖音上，劝告其他用户或排解情绪的行为	杨梦（2018）

（四）变量测量

通过参考以往学者的文献，结合抖音平台的特点，本研究对各个变量做出了测量，见表2。

表2　本研究各变量测量

变量	序号	测量题项	参考文献
来源的可靠性	A1	我相信该抖音短视频发布者发布的内容	章晶晶（2007）
	A2	我认为该抖音短视频发布者在短视频中提供的信息是可靠的	
	A3	我认为该抖音短视频发布者是诚实、真挚的	
来源的专业性	B1	我认为该抖音短视频发布者具有此领域相关知识	李志龙（2013）
	B2	我认为该抖音短视频发布者具有此领域专业技能	
	B3	我认为该抖音短视频发布者具有此领域丰富的经验	
内容的数量	C1	如果我想购买某个产品，我会关注抖音短视频中发布的该产品口碑信息的数量	王艳（2019）
	C2	如果我想购买某个产品，抖音短视频中关于该产品口碑信息的数量对我很重要	

续表

变量	序号	测量题项	参考文献
内容的趣味性	D1	我认为该抖音短视频中有些口碑的内容很有趣	王艳（2019）
	D2	我认为该抖音短视频中口碑内容的表达方式风趣幽默，能引起我的兴趣	
个人利己动机	E1	我希望通过该抖音短视频中的信息提升自己在此领域的专业形象	卢玉珊（2015）
	E2	我希望通过该抖音短视频中的信息提高自己的影响力	
	E3	我希望通过该抖音短视频中的信息得到别人的肯定或者表扬	
个人利他动机	F1	我会无偿向他人提供抖音短视频口碑中提到的产品信息	卢玉珊（2015）
	F2	我希望通过传播抖音短视频口碑中提到的产品信息帮助他人进行更好的决策	
	F3	我希望通过传播此类抖音短视频口碑中提到的信息让他人获取此类产品的相关信息	
口碑传播意愿	G1	如果我正在帮助朋友选购此类产品，我愿意将该抖音短视频口碑信息的内容分享给他们	章晶晶（2007）
	G2	如果我的朋友想买这种产品，我愿意使用抖音分享的功能，通过抖音私信、分享到微信等方式把这一短视频口碑信息分享给他们	
	G3	我愿意对朋友发布或转发的口碑信息进行评论	
负面口碑	H1	我会和朋友谈论有关负面口碑的抖音短视频内容	戈登和布鲁纳（2019）
	H2	我愿意发布有关该负面口碑抖音短视频的观点或者在具有负面口碑的抖音短视频下进行评论	
	H3	我会对别人说一些有关抖音负面口碑短视频中提到的信息	
人口统计变量		性别、年龄段、教育程度、抖音使用年限	科特勒（2013）

（五）问卷设计

本研究在此基础上，根据以上构建的几个量表，进行问卷的设计，内容包括问卷的结构、问卷的前测和修正。

1. 问卷的结构

本研究采取的数据收集方法是问卷调查法，把问卷划分为三个部分：

第一，卷首语。阐述了调查问卷的保密性以及用途，并致谢。同时设置了一个筛选题项，被调查者必须使用过抖音才能填写问卷，增加收集数据的严谨性。

第二，问卷的主体。此部分包括8个变量，合计24个问题。本文套用5级李克特量表进行研究。其中，数字“1~5”表示“完全不同意~完全同意”，用户同意程度逐渐增强。

第三，研究被调查者的一些基本数据：性别、年龄和教育水平，以及抖音App的使用时长，此部分为单选题。

2. 问卷的前测与修正

本研究问卷前测的方法是首先使用Credamo见数平台进行问卷设计，然后通过朋友圈、QQ空间等方式进行问卷收集，最终问卷作答量为46份，有效问卷25份。对收集到的25份问卷进行前测，整体的Cronbach's α系数为0.7249，表明每个题项的内部一致性较好，数据信度比较理想，可以大规模发放问卷，用于后续的实证分析。负面口碑和口碑传播意愿的CITC值均小于0.3，说明相应题项与其他题项相关性较差，进行修正，并对问卷语言进行优化。除此之外，由于设置问卷的失误，本次发放的问卷出现了一个明显的问题，大部分被调查者对于本研究设置的筛选题项有不一样的理解，本研究设置问卷的系统筛选题项为量表题，要求被调查者选择“1”，但是由于“1”对应“完全不同意”导致很多被调查者在认真填完问卷后，选择了“5”，于是出现了大量无效问卷。

四、实证数据分析

通过对以往文献的分析梳理，并基于抖音平台的特点，本文建立了一个调查模型，提出了假设，并设计了变量量表。下面将对数据进行实证数据分析，检验自变量与因变量之间是不是存在显著的关系。

（一）问卷的发放与回收

一般来说，样本规模对于研究结果具有较大的影响，如果样本量比较小可能引起研究结果发生偏差。理论上，样本的数量取决于测量题项，1个测量题项需要5~10个有效样本检测，本研究总共26个测量题项，最小样本量为26×5=130份问卷，本研究共计发放问卷164份，其中筛除样本14份，有效问卷样本150份，收集的样本数量大概满足研究需求。

问卷收集主要是从Credamo见数平台数据集市获得，在问卷质量控制方面，对被调查者被试信用分以及被调查者被试历史采纳率作了明确要求，要求只有被试者被试信用分大于或等于90，以及被试历史采纳率大于或等于90%才可以进行问卷的填写。本次发放问卷共计164份，由于测量题项较多，考虑到作答者要有充足的时间进行问卷的填写，本文手动筛除作答问卷时长等于或低于120秒的用户，最终有效样本为150份，尽量保证问卷结果的真实可信度。

（二）描述性统计分析

为了初始把握被调查者的基本资料，本文数据开端的分析采用了描述性统计方法，为下文的变量分析做好准备。

1. 性别

在本次问卷调查中，参与调查者男生59人，占比为39.33%；女生91人，占比为60.67%，见表3。从表3中明显可以看出本样本女生偏多。

表3 样本性别分布

性别		频率	百分比/%
有效	男生	59	39.33
	女生	91	60.67
	合计	150	100.00

2. 年龄

在本次问卷调查中，参与调查者18~25岁有28人，占比为18.67%；26~30岁有75人，占比为50%；31~40岁有40人，占比为26.67%；41岁及以上有7人，占比为4.66%，见表4。参与本问卷调查者偏年轻，符合互联网抖音平台受众主要是年轻群体的特点，可以认为本样本年龄覆盖比较合理。

表4　样本年龄分布

年龄段		频率	百分比/%
有效	18~25岁	28	18.67
	26~30岁	75	50.00
	31~40岁	40	26.67
	41岁及以上	7	4.66
	合计	150	100.00

3. 受教育程度

在本次问卷调查中，参与调查者学历高中及以下2人，占比为1.33%；专科8人，占比为5.33%；本科124人，占比为82.67%；硕士15人，占比为10%；博士及以上1人，占比为0.67%，见表5。显而易见，被调查者受教育程度以高学历为主。

表5　样本受教育程度分布

受教育程度		频率	百分比/%
有效	高中及以下	2	1.33
	专科	8	5.33
	本科	124	82.67
	硕士	15	10.00
	博士及以上	1	0.67
	合计	150	100.00

4. 使用抖音App时长

在本次问卷调查中，参与调查者使用抖音时长1年以下0人，占比为0%；1~2年9人，占比为6%；2~3年50人，占比为33.33%；3年以上91人，占比为60.67%，见表6。显而易见，被调查者使用抖音App时长较长，目标人群覆盖合理。

表6　样本使用抖音App时长分布

使用抖音App时长		频率	百分比/%
有效	1年以下	0	0.00
	1~2年	9	6.00
	2~3年	50	33.33

续表

使用抖音 App 时长		频率	百分比/%
有效	3 年以上	91	60.67
	合计	150	100.00

（三）信度与效度分析

1. 信度分析

（1）总体信度

通过对问卷资料的测试，发现该问卷的整体信度系数为0.6747（见表7）。结果表明：问卷的内在一致性、可信度和整体数据的可信度均达到标准，可为后续的分析提供依据。

表7　问卷数据总体信度

Cronbach's α	项数
0.6747	22

（2）各变量信度

经过对问卷调查数据的分析检验，得出问卷各变量信度系数，见表8。

表8　各变量信度系数

研究变量	Cronbach's α	项数
来源的可靠性	0.7219	3
来源的专业性	0.6456	3
内容的数量	0.6123	2
内容的趣味性	0.6309	2
个人利己动机	0.8146	3
个人利他动机	0.6028	3
口碑传播意愿	0.7674	3
负面口碑	0.8506	3

通过表8可知，口碑信息来源的专业性、内容的数量及趣味性、个人利他动机4个变量的Cronbach's α系数均大于0.6，数据勉强可以接受；来源的可靠性的Cronbach's α系数为0.7219、个人利己动机的Cronbach's α系数为0.8146、口碑传播意愿的Cronbach's α系数为0.7674、负面口碑的

Cronbach's α 系数为 0.8506，它们的 Cronbach's α 系数均大于 0.7，表明各题项内部一致性较好，数据信度较为理想，整体数据信度达标，可以接着对数据进行分析。

2. 效度分析

本文使用因子分析进行问卷的效度研究，见表 9。

表 9　KMO 检验与 Bartlett 球形度检验

指标	数值
有效样本量	150.0000
KMO 值	0.7881
Bartlett 球形值	335.0577
Bartlett 球形检验自由度	149.0000
Bartlett 球形检验 p 值	0.0000

KMO 值为 0.7881，Bartlett 球形度检验 $p=0<0.05$，说明数据能进行因子分析，具体见表 10 和表 11。

表 10　因子载荷系数与共同度

题项	因子载荷系数	共同度
	因子 1	
来源的可靠性	-0.6625	0.4389
来源的专业性	-0.6854	0.4698
内容的数量	-0.6896	0.4755
内容的趣味性	-0.5972	0.3567
个人利己动机	-0.6798	0.4622
个人利他动机	-0.7983	0.6373
口碑传播意愿	-0.6802	0.4627
负面口碑	0.0362	0.0013

表 11　旋转后特征根值与方差贡献率

指标	因子 1
旋转后特征根值	2.7912
方差贡献率/%	41.3000
累计方差贡献率/%	41.3000

旋转后累计方差贡献率为 41.3%，说明因子分析没有有效地提取数据信息。题项内容的趣味性、负面口碑的共同度低于0.4，说明被因子分析提取的有效信息比例过低，建议在进一步分析前先进行删除，提高 KMO 值。假如存在测量题项和某因子的因子载荷系数的绝对值大于0.4，那么可以认为此题项与该因子之间有对应关系。

综合上述分析可知，维度和因子之间的对应关系完全符合预期，调查问卷的效度较好。

（四）相关分析

本文使用相关分析方法测度两个变量之间存在的关系，见表 12。

表 12　各变量与口碑传播意愿的相关系数

	口碑传播意愿	
	相关系数	p 值
来源的可靠性	0.2326	0.0042
来源的专业性	0.3918	0.0000
内容的数量	0.4532	0.0000
内容的趣味性	0.4201	0.0000
个人利己动机	0.2847	0.0004
个人利他动机	0.4845	0.0000
负面口碑	−0.0262	0.7504

由表 12 可知，负面口碑对口碑传播意愿有较差的相关性，口碑来源的可靠性和专业性、内容的数量及趣味性、个人利己动机和个人利他动机与口碑传播意愿存在相关性。

（五）回归分析

进行回归分析，结果见表 13 和表 14。

表 13　回归分析数据描述

有效样本数	R^2	调整后的 R^2	F 值	AIC 值	BIC 值
150	0.3690	0.3379	11.8646	466.1719	490.2570

表 14　回归分析参数摘要

参数名称	系数	标准误	t 值	p 值	[0.0250]	[0.9750]
截距项	5.4532	0.9813	5.5572	0.0000	3.5134	7.3930
来源的可靠性	-0.0938	0.0684	-1.3727	0.1720	-0.229	0.0413
来源的专业性	0.2006	0.0676	2.9667	0.0035	0.0669	0.3342
内容的数量	0.2068	0.0880	2.3498	0.0202	0.0328	0.3808
内容的趣味性	0.2437	0.0899	2.7095	0.0076	0.0659	0.4214
个人利己动机	-0.0073	0.0416	-0.1764	0.8602	-0.0895	0.0748
个人利他动机	0.1995	0.0750	2.6602	0.0087	0.0513	0.3478
负面口碑	-0.0109	0.0300	-0.3626	0.7175	-0.0702	0.0485

本研究设口碑传播意愿为因变量，将口碑来源的可靠性和专业性、内容的数量和趣味性、个人利己动机与个人利他动机及负面口碑七个方面因素作为自变量进行线性回归分析。从表 13 中可以看到，模型 R^2 的数值为 0.3690，示意该模型可解释因变量变异的 36.90%；再对模型进行整体的 F 检验（$F=11.8646$，$p=0$），证明自变量中至少存在一项会对因变量产生影响。可得出研究模型的最终回归方程：

口碑传播意愿 = 5.4532 × 截距项 + 0.2437 × 内容的趣味性 + 0.2068 × 内容的数量 + 0.2006 × 来源的专业性 + 0.1995 × 个人利他动机 - 0.0938 × 来源的可靠性 - 0.0109 × 负面口碑 - 0.0073 × 个人利己动机

（六）假设验证结果总结

对以上数据的分析结果进行总结，见表 15。

表 15　假设检验结果

假设	验证结果	与前人比较
H1：口碑来源的专业性对用户传播意愿有正向作用	支持	章晶晶（2007）、李志龙（2013）
H2：口碑来源的可靠性对用户传播意愿有正向作用	不支持	
H3：口碑内容的数量对用户传播意愿有正向作用	支持	周叶（2018）
H4：口碑内容的趣味性对用户传播意愿有正向作用	支持	章晶晶（2007）、李志龙（2013）
H5：个人利己动机对用户传播意愿有正向作用	不支持	
H6：个人利他动机对用户传播意愿有正向作用	支持	
H7：负面口碑对用户传播意愿有正向作用	不支持	杨梦（2018）

五、讨论

（一）研究结论

本文对抖音平台的用户口碑传播影响因素作了一定的分析研究，通过对问卷数据的分析，从七个方面（口碑来源的专业性和可靠性、内容的数量和趣味性、个人利己动机和个人利他动机以及负面口碑）分别论述本文所得研究结论。

1. 口碑来源的专业性

本文研究结果显示，口碑来源的专业性对用户口碑传播意愿有正向的影响作用，其回归方程系数为0.2006。抖音短视频发布者的专业性越高，影响源的强度越大，决定其口碑传播的社会影响就越大，也越能激发起用户对其短视频口碑信息的传播意愿。如果用户对抖音短视频发布者发布的短视频，就其口碑的专业性产生强烈的认同感并产生归属感，那么该抖音短视频发布者就可能被此用户奉为“意见领袖”，对于该短视频发布者的口碑，用户的传播意愿也比较强。

2. 口碑来源的可靠性

本文研究结果显示，口碑来源的可靠性对用户口碑传播意愿没有正向的影响作用，其回归方程系数为 -0.0938。随着抖音短视频发布者的可靠性提高，虽然其影响源强度增大，但并不能激发用户对其短视频口碑信息的传播意愿。

由于本研究问卷的发布渠道选择为平台数据集市，每名被试者只能有一次作答机会，作答完毕后会获得相应的酬劳。虽然已筛除部分明显没有仔细填写的问卷，但是还存在一些不确定性因素，所以存在结论出现偏差的情况。

3. 内容的数量

本文研究结果显示，口碑内容的数量对用户口碑传播意愿有正向的影响作用，其回归方程系数为0.2068。抖音短视频中口碑内容的数量越多，影响源的数量越多，决定了其口碑传播社会影响越大，越能激发起用户对其短视频口碑信息的传播意愿。对于一个口碑来说，与之有关联的其他用户都会被理解为社会存在，社会存在的出现对社会产生影响，用户对该口碑的接触次数越多，越能产生深刻印象，传播口碑的意愿也就越强。

4. 内容的趣味性

本文研究结果显示，口碑内容的趣味性对用户口碑传播意愿有正向的影响作用，其回归方程系数为0.2437。抖音短视频中口碑内容的趣味性越强，口碑传播者与口碑发布者之间的相似性越高，决定其社会影响越大，越能激发用户对其短视频口碑信息的传播意愿。用户对抖音短视频发布者发布的短视频因其口碑内容的趣味性引发强烈的认同感并产生归属感，那么该抖音短视频发布者就可能被此用户奉为“意见领袖”，对于该短视频发布者的口碑，用户的传播意愿也比较强。

5. 个人利己动机

本文研究结果显示，个人利己动机对用户口碑传播意愿没有正向的影响作用，其回归方程系数为-0.0073。随着抖音用户的个人利己动机意识的增强，影响源与被影响对象距离较远，并不能激发用户对其短视频口碑信息的传播意愿。

反观问卷数据发现，个人利己动机测量题项出现比较明显的边缘化，被调查者给出的答案主要可以分为两大类：一类是完全不同意、比较不同意和不确定三种；另一类是完全同意和比较同意。出现这种情况的原因可能有两个：一方面是被调查者性格原因，因为被调查者性格的不同，对于分享短视频的看法也存在不同的见解；另一方面是被调查者观看短视频的目的不同，有些被调查者可能没有意识到自己存在这种目的。综上情况以及其他一些不确定因素的存在，可能导致结论出现偏差。

6. 个人利他动机

本文研究结果显示，个人利他动机对用户口碑传播意愿有正向的影响作用，其回归方程系数为0.1995。抖音用户的个人利他动机意识越强，影响源与被影响对象距离越近，对社会影响越大，越能激发用户对其短视频口碑信息的传播意愿。当用户的个体意见比较强烈时，对用户口碑的传播也比较有利。

7. 负面口碑

本文研究结果显示，负面口碑对用户口碑传播意愿没有正向的影响作用，其回归方程系数为 -0.0109。随着抖音短视频口碑负面性的增强，并不能激发用户对其短视频口碑信息的传播意愿。

抖音短视频口碑分为正面口碑和负面口碑，但是负面口碑是否更能影响抖音平台用户口碑的传播尚有待商榷。用户对于口碑传播的关注点或许不局限于其是正面口碑还是负面口碑，更多的可能是关注其是不是具有传播的价值和意义。负面口碑对抖音平台用户口碑传播行为的影响还有待进一步分析研究。

（二）贡献与意义

本文主要参考章晶晶（2007）和李志龙（2013）的研究模型，研究抖音平台口碑来源的专业性等因素对用户口碑的传播是否产生影响，是如何影响的，影响的程度如何。本文将口碑内容的数量引入研究模型。同时，本文考虑了口碑信息负面性的强弱对抖音平台用户口碑的传播意愿是否存在一定的影响。本文的主要贡献：对问卷数据进行实证分析，对短视频社交软件类平台用户口碑传播的影响因素进行探究，为移动网络环境下短视频社交平台类的研究提供一些参考。

口碑来源的专业性对用户口碑传播意愿有正向的影响作用。抖音平台应该严控短视频内容的真实性，尤其是在如今的网络时代，很多短视频发布者在拥有一定的流量后，都慢慢趋向于带货，然而商品的质量却参差不齐。用户在平台购物体验会影响其对平台的态度。

口碑内容的数量对用户口碑传播意愿有正向的影响作用。关于抖音平台给用户推送的口碑信息数量，一般是由大数据算法较为精准地捕捉用户最近喜欢哪一类的短视频，以便进行同类短视频口碑信息的推送，比较容易获得用户较高的满意度。

口碑内容的趣味性对用户口碑传播意愿有正向的影响作用。对于抖音平台短视频发布者来说，在进行短视频创作时应注重选择具有趣味性的内容进行短视频创作，可以相对容易获取其他用户较高的关注度。

个人利他动机对用户口碑传播意愿有正向的影响作用。抖音平台以及抖音短视频发布者要多为平台用户以及自己的粉丝谋福利，回馈用户及粉丝，从而获取更高的关注度。

（三）局限性和未来研究展望

本文提出的研究模型是参照以往学者的模型并进行了补充，对于是否存在其他因素以及对于其他类型平台是否适用，还需要做进一步的研究。由于样本量较小以及没有考虑其他变量对自变量和因变量中其他变量的影响，使得本研究中口碑来源的可靠性、个人利己动机两个因素没有得到验证，后续可以通过扩大样本量、引入其他变量、更改或增加测量题项的方式进行深入研究。

参考文献

[1]陆莉莉．地方戏曲艺术在抖音平台的传播研究——以高甲戏为例[J]．集美大学学报(哲社版)，2022,25(2)：7－13.

[2]章晶晶．网络环境下口碑再传播意愿的影响因素研究[D]．杭州：浙江大学，2007.

[3]李志龙．在华跨国企业网络口碑传播意愿的影响因素研究[D]．大连：东北财经大学，2013.

[4]卢玉珊．基于微信平台的口碑传播影响因素研究[D]．北京：北京邮电大学，2015.

[5]DICHTER E. How word－of－mouth advertising works[J]．Harvard business review，1996(44)：147－166.

[6]ARNDT J. The role of product－related conversations in the diffusion of a new product[J]．Journal of marketing research，1967，4(3)：291－295.

[7]张惠．负面网络口碑对网络消费者购买决策影响的实证研究[D]．沈阳：辽宁大学，2012.

[8]张燕．网络口碑对消费者购买决策影响研究[D]．南京：南京师范大学，2013.

[9]HE S X，BOND S D. Word－of－mouth and the forecasting of consumption enjoyment[J]．Journal of consumer psychology，2013，23(4)：464－482. .

[10]余梦雨．网络口碑对国产动画电影票房的影响研究[D]．成都：四川师范大学，2020.

[11]杨梦. 负面网络口碑对再传播意愿的影响研究[D]. 太原:山西财经大学, 2018.

[12]肖璇,王铁男,郝凡浩. 社会影响理论视角的社交媒体持续使用研究[J]. 管理科学学报, 2017,20(11):49 -60.

[13]杨云枫. 社会影响评价的概念、过程和方法[M]. 北京:中国环境科学出版社, 2011.

[14]黄敏学,郑仕勇,王琦缘. 网络关系与口碑"爆点"识别——基于社会影响理论的实证研究[J]. 南开管理评论, 2019,22(2):45 -60.

[15]LATANÉ B. The psychology of social impact[J]. American psychologist,1981,36(4): 343.

[16]张德鹏,陈少霞,彭家敏. 顾客口碑价值形成机理:基于社会影响理论视角研究[J]. 预测, 2014,33(4):35 -41.

[17]DUTTA - BERGMAN M J. The impact of completeness and web use motivation on the credibility of e - health information[J]. Journal of communication,2004,54(2): 253 -269..

[18]周叶. 微信口碑对旅游者目的地决策的影响研究[D]. 湘潭:湘潭大学, 2018.

[19]王艳. 社会化商务环境下客户价值测度研究[D]. 武汉:武汉理工大学, 2019.

基于微信平台的口碑传播研究①

刘雨洁

摘要：不同的社交平台对用户的行为选择影响不同。本研究基于微信平台探究用户两大口碑传播动机，即自我提升动机和保护他人动机对用户口碑传播意愿的影响作用，并进一步考察微信平台中用户互动性在正面口碑传播过程中的调节作用。本研究以用户根据习惯发朋友圈分享某种消费体验的情景为前提，通过调查问卷的方式收集数据，并在此基础上对概念模型假设进行检验。研究结果表明：用户的自我提升动机和保护他人动机对用户正面口碑传播意愿均有显著影响，同时用户互动性加强了自我提升动机与用户正面口碑传播意愿的关系，而对保护他人动机与用户正面口碑传播意愿的无明显影响。

关键词：口碑；微信平台；口碑传播；用户互动性

作者简介：刘雨洁，西北大学经济管理学院2022届工商管理系市场营销专业本科生。

一、引言

微信用户已超过12.6亿，成为我国第一大社交平台软件，中国互联网络信息中心（China Internet Network Information Center，CNNIC）数据显示，微信小程序日活跃用户突破4.5亿，活跃小程序数量同比提升41%；零售、旅游和餐饮行业小程序交易同比增长100%，这表明微信平台的功能不断拓

① 本文由李纯青教授指导完成。李纯青，西北大学经济管理学院教授，博士生导师，博士后，研究方向：数智化营销与品牌管理。

展、延伸，越来越多的用户利用微信小程序购物消费。这说明微信不仅在即时通信方面有着巨大的优势，购物、消费、支付等功能也越来越重要，并且朋友圈成为分享和获取信息的窗口。因此，用户在微信平台的评价对企业的口碑十分重要。互联网时代，人们获得信息更加便捷迅速，越来越多的企业注重口碑营销，除了许多评价网站，微信更是不容忽视的重要平台。以往有关微信平台口碑的研究大多是从孤立的个体特征和人格特质出发，研究影响用户传播行为的因素，并且更注重引起口碑传播的外在因素，如信息的有趣性、企业的信誉度等，对个体内在因素以及社交平台因素对用户传播意愿的影响关注较少。实际上，用户不是孤立地存在于社会之中，而是存在于特定的社会情境中，这意味着用户属于不同的社会群体，并在群体中进行互动。那么在互联网时代，这就意味着用户属于不同的社交平台，不同的社交平台有不同的传播环境，用户的行为也具有不同的特点。据报告，25%的微信用户每天查看微信次数超过30次，有86.1%的用户通过微信提高了与朋友互动的频率。那么，用户在微信平台的口碑传播意愿会受到朋友圈的影响吗？企业如何利用好用户群体庞大的微信平台进行营销，实现广泛的口碑传播呢？基于对这些问题的思考，本文从微信平台特质出发，探究用户互动性对其口碑传播动机与口碑传播意愿之间关系的调节作用，希望为企业把握微信用户口碑传播特点提供借鉴。

二、理论背景与假设提出

（一）口碑传播动机

Arndt（1967）认为口碑是发出者与接收者之间关于品牌、产品或服务的一种非商业类型的沟通。口碑之所以具有重要意义，是因为它在市场上的高发生率以及它在影响消费者态度和购买决定方面所起的说服作用（Bone，1995）。研究表明，积极的口碑（PWOM）可能会通过降低风险来提高消费者对创新产品的购买意愿（Dichter，1966），有助于为品牌和公司树立良好的形象（阿恩特，1967），从而减少公司的整体促销支出。相反，负面口碑（NWOM）可能会阻止潜在买家考虑特定产品或品牌，从而损害公司的声誉和财务状况（霍姆斯和莱特，1977）。

最早关于口碑传播动机的分类研究来自 Dichter（1966），他将用户对产品的口碑传播动机分为四类：产品涉入的动机（消费者对产品认知、体验和购后使用结果）、自我提升的动机（获得关注、展示鉴赏力、寻求他人的安慰）、与他人相关的动机（帮助他人、分享快乐、表达关心）和信息涉入的动机（分享独特或有趣的广告或销售吸引力）。章晶晶（2007）通过对网络口碑的研究，证明了网络口碑接收者的口碑传播意愿会受到利他动机和自我提升动机的正向影响。自我提升动机与用户的身份特征密不可分，安杰利斯等（2012）通过研究表明，消费者通常会通过消费选择来传达自己预期的身份特征，也就是说，消费者处于一定的社会关系中，出于社交的需求，消费者的口碑传播意愿会与自我形象呈现和印象管理相关，他们更有可能选择符合自己身份特征的内容进行分享或评价。消费者不是孤立地存在于社会之中，而是存在于特定的社会情境中，那么在社交平台，用户会不会对消费体验进行选择性分享，以此达到塑造形象和保护他人的目的，尚有待于研究。

因此，本文探究微信平台用户口碑传播的内在动机，将自我提升与保护他人动机纳入研究模型。本文提出以下假设：

H1：用户自我提升动机对用户正面口碑传播意愿有显著影响。

H2：保护他人动机对用户正面口碑传播意愿有显著影响。

（二）人际关系与口碑传播

口碑传播的过程实际上是信息交流的过程，并且是传递方和接收方信息沟通的双向过程，这一过程涉及传递信息各方所处的社会关系，在口碑信息传播过程中原有的社会关系网络不断得到扩大、加深或重塑，形成的关系网络就是口碑网络。在这一过程中人际关系要素十分重要，是影响口碑传播的一个重要调节因素（郭国庆，2011）。社会关系特征的关键因素为人际关系亲密度，是指两个人之间心理层面感知到的接近程度（Gino and Galinsky，2012），包括两个人之间感知到的感情、认知和行为重叠所产生的连接感。人际关系亲密度会对人们在社会关系中的一些行为产生影响，如人们对自己信息的公开程度、决定是否与他人合作或向他人提供帮助等。有研究表明，交谈对象会影响消费者的口碑分享，比如消费者在多人环境中更容易避免分享负面口碑（Barasch et al.，2014）。并且有实验证实人际关系亲密度会影响消费者口碑分享的属性，在人际关系亲密度强的环境下，消费者更容易分享负面口碑（安杰利斯等，2012）。这意味着消费者在亲密关系强的情况下保护他人的动机较强，容易在评价中为对方着想，所以更容易分享负面的商品评价，避免他人有不好的体验；消费者在亲密关系弱的环境下提升自我的动机更强，更想通过消费选择传达自己的身份特征，塑造自己的形象，所以更容易分享正面的商品评价。

对有关微信平台传播特点的研究显示，微信被认为是私密性较强的社交平台，也就是"熟人社会"。CNNIC的一项网络调查数据显示，在微信平台当中，在注册账号时有接近47%的用户会使用真实姓名，有35%左右的用户会使用真实头像，有接近61%的用户会暴露自己真实所在地区，仅有15%左右的用户不会使用真实资料。微信平台中有超过一半的真实信息，意味着微信用户的人际关系圈大多建立在现实人际交往关系之上。微信平台的这种社交模式被称为"熟人社会"，用户与用户之间的交流圈子基于线下交往，私信、互动较为频繁，这也就形成了微信独特的传播模式。其被称为"点对点"的传播模式，这种传播模式使得信息更容易在微信平台大规模迅速传播，提高用户之间的关系强度和信息传播效率。事实上，亲密度被认为与关系强度相关，但情况并不完全是这样，Granovetter（1973）将亲密度视为"时间量、情感强度、亲近感（或相互倾诉）和社会关系互惠服务"的组合。然而，Godes和Mayzlin（2004）认为，可观察到的互动频率并不总是与心理上的亲近感相关。所以在亲密度较高的社交平台中用户的互动性究竟是如何影响人们的传播动机的，仍值得探究。

（三）微信口碑传播

微信在建立之初只有简单的聊天通信功能，也是现在微信用户最常用的功能，这种功能实际上促进了用户之间的人际传播，将人们面对面的传播转移到线上，更加快捷方便。人际传播是个人与个人之间的信息交流，是由两个个体系统相互连接组成的信息传播系统。传播主体一般为关系确定的两个亲密度较高的个体，这种传播有利于增进两个用户之间的关系，促进人们的社交互动。在社会个体进入微信建构的网络空间后，微信平台中的人际传播和现实社会中的人际交往通常存在交叉和融合（张长乐，2013）。结合微信平台的传播特点，微信口碑传播被定义为，微信用户对口碑信息进行传播或扩散的行为，如在朋友圈发布、评论、分享口碑信息，或者通过微信向他人发送、转发、交流口碑信息。微信口碑传播意愿指的是微信用户对口碑信息进行传播或扩散的可能性和行为倾向（卢玉珊，2015）。在微信这样一个被认为亲密度高、关系强度高的平台中，有很多不同的功能，这些不同功能带给用户的感知其实是不同的，用户使用的习惯与动机也有所不同。例如，在本研究15名受访者中，90%的受访者表示会通过朋友圈分享照片、音乐、心情等，进行一定的“自我形象塑造”，但使用更频繁的是私信和社群功能，并且有70%的受访者表示会更信任朋友圈中的负面口碑，有80%的受访者表示微信好友的互动会促使自己进行下一次的口碑传播。这表明用户在私聊与朋友圈中的分享内容还是有差异的，并且用户朋友圈的互动性可能会对用户口碑传播动机产生影响，所以本研究将微信用户互动性作为人际关系要素，研究其对用户口碑传播的调节作用。本文提出以下假设：

H3：微信平台中的用户互动性在其自我提升动机对正面口碑传播意愿影响中起调节作用。也就是说，随着用户互动性水平的提高，用户自我提升动机对正面口碑传播意愿的影响幅度会提升。

H4：微信平台中的用户互动性在其保护他人动机对正面口碑传播意愿影响中起调节作用。也就是说，随着用户互动性水平的提高，用户保护他人动机对正面口碑传播意愿的影响幅度会提升。

三、研究模型与数据分析

（一）理论模型

基于以上分析，本文提出微信平台用户互动性在用户内在动机对正面口碑传播意愿的影响过程中起调节作用的研究模型。模型表明：微信平台用户正面口碑传播意愿受到自我提升动机和保护他人动机影响，并且用户互动性在这一过程中起调节作用（见图1）。

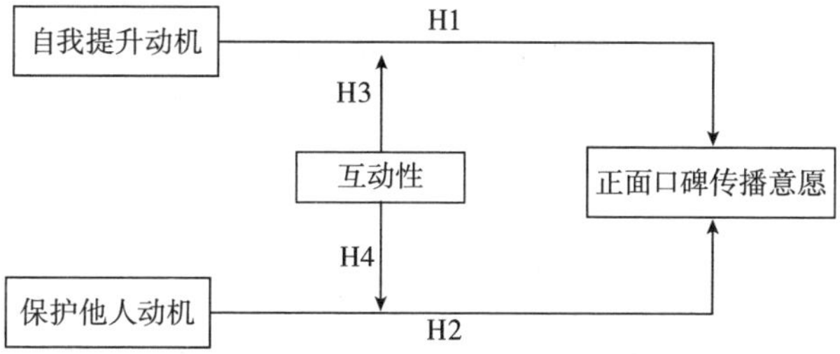

图 1　理论模型

（二）数据分析与假设验证

1. 研究设计与样本选择

本文将质化与量化两种研究方法相结合。首先访谈 15 名微信用户，收集到用户使用微信的习惯等资料，明确本研究各变量的影响关系以及提出具体的假设问题，并根据变量关系设计本研究理论模型。定量数据主要通过发放调查问卷收集，问卷中题项采用李克特 7 级量表进行测量，数据分析软件选择适合问卷分析的 SPSSAU 平台。

问卷以假设用户根据自己最近的消费行为发布一条朋友圈分享消费体验为前提，通过见数平台发放 225 份问卷，去除无效问卷后获得 200 份有效问卷作为本研究分析样本。

所获得的样本描述统计如表 1 所示。样本中男女性别比例较为平衡（男性占 46.0%）；年龄方面覆盖了 15～65 岁各个年龄段的人群，主要集中在 20～60 岁（占 92.5%）；样本中具有本科及以上教育程度的人群所占比例较高（占 76.5%）；样本微信使用年限较长，大部分在 5 年以上（占 66.5%）。从总体上看，最终样本对于本文研究内容具有一定代表性。

表 1　样本描述性统计变量结果

变量	类别	频次	百分比/%
性别	男	92	46.0
	女	108	54.0
年龄	0～20 岁	14	7
	21～30 岁	93	46.5

续表

变量	类别	频次	百分比/%
年龄	31~40 岁	38	19
	41~50 岁	29	14.5
	51~60 岁	25	12.5
	60 岁以上	1	0.5
学历	初中	18	9
	普高/中专/技校/职高	17	8.5
	专科	12	6
	本科	113	56.5
	硕士	30	15
	博士	10	5
微信使用年限	1 年以下	1	0.5
	1~3 年	8	4
	3~5 年	58	29
	5 年以上	133	66.5

2. 变量测量

本文涉及各变量定义及测量量表见表 2 和表 3。

表 2　各变量定义

变量	定义	参考文献
口碑传播意愿	微信用户对口碑信息进行传播或扩散的可能性和行为倾向，包括在朋友圈发布评论、分享口碑信息，或通过微信向他人发送、转发、交流口碑信息	菲尔普斯等（2004） 陈明亮（2009） 章晶晶（2007）
自我提升动机	微信用户传播口碑信息是为了分享自己消费或使用此类产品的经验，从而提升自己在此类产品或服务上的专业能力和社会形象，提高自己在朋友圈的影响力，或者展现自己的鉴赏力、寻求别人的肯定，或者为了获得某种物质利益	Sundaram 等（1998） Wasko 和 Faraj（2005） 李志龙（2013）
保护他人动机	微信用户传播口碑信息是为了与他人分享消费或使用某产品或服务的愉快经历，在微信平台上提供关于某产品或服务的口碑信息，帮助他人了解真实产品或服务信息，从而做出正确的购买决策	普赖斯等（1995） Sundaram 等（1998） 章晶晶（2007）
互动性	微信用户与其好友之间双向沟通的相互作用和影响程度	唐嘉庚（2006）

表3　本研究各变量测量量表

测量变量	问题	来源
自我提升动机	1. 我希望通过传播这则信息提升我在此类产品领域的形象 2. 我希望通过传播这则信息提高我在朋友圈中的影响力 3. 我希望通过传播这则信息得到别人的赞同	Sundaram 等（1998） Hennig - Thurau 等
保护他人动机	1. 我希望通过传播这则信息帮助他人获取有关此类产品的信息 2. 我希望通过这则信息帮助他人做出正确的决策 3. 我会无偿向他人提供此类产品的信息和知识	普赖斯等（1995） Sundaram 等（1998）
互动性	1. 通常我的微信好友会及时对我发布的信息进行评论和回复 2. 我和微信好友能彼此分享知识、经验和信息	伯贡等（2000） 唐嘉庚（2006）
口碑传播意愿	1. 我愿意将这则信息的链接地址发送给微信好友 2. 我愿意在朋友圈继续发布有关此类产品的信息 3. 我愿意对好友发布或转发的此类信息进行评论	迪丰佐（1994） Sun（2002） 布朗（2005）
人口统计变量	性别、年龄段、教育程度、微信使用年限	科特勒（2013）

3. 数据分析和实证结果

（1）信度分析

为确认问卷各题项间的内在一贯性，本文首先对各题项进行信度分析。分析结果为自我提升动机的 Cronbach's α 系数为 0.924。保护他人动机的 Cronbach's α 系数为 0.868。互动性的 Cronbach's α 系数为 0.913。正面口碑传播意愿的 Cronbach's α 系数为 0.894。11 个题项总体效度分析的 Cronbach's α 系数达到 0.935（见表4）。每一项 Cronbach's α 系数均大于 0.8，说明本研究问卷数据的信度质量很高。

表4　观察值处理

变量	Cronbach's α 系数	项目个数/个
自我提升动机	0.924	3
保护他人动机	0.868	3
互动性	0.913	2
正面口碑传播意愿	0.894	3
总体效度	0.935	11

（2）效度分析

为确认本研究问卷的效度，采用 KMO 和 Bartlett 球形度检验方法对收集到的所有样本数据进行验证，从表 5 可知，KMO 值为 0.888。KMO 值在 0.8 以上，说明问卷数据非常适合提取信息，并且问卷所有研究项对应的共同度值均在 0.4 以上，说明本研究所需要的信息可以从问卷所有题项中有效提取，说明问卷效度很好。

表 5　KMO 和 Bartlett 球形度检验

KMO 值		0.888
Bartlett 球形度检验	近似卡方	1963.363
	df	55.000
	p 值	0.000

（3）相关分析

本研究采用 Pearson 的相关系数测量其相关性，p 值范围一般为 $-1<p<1$，p 值越大，说明变量之间相关性越强。通过 SPSSAU 平台检验，得到结果如表6、图2 所示。口碑传播意愿与 11 个题项之间的相关性最低为 0.460，最高为 0.943，且与各变量均显著相关（$p<0.01$）；互动性与 11 个题项之间的相关性最低为 0.529，最高为 0.965，且与各变量均显著相关（$p<0.01$）；保护他人动机与 11 个题项之间的相关性最低为 0.466，最高为 0.909，且与各变量均显著相关（$p<0.01$）；自我提升动机与 11 个题项之间的相关性最低为 0.436，最高为 0.948，且与各变量均显著相关（$p<0.01$）。由此说明问卷中各变量及变量维度之间呈显著正相关。

表 6　Pearson 相关标准格式

	口碑传播意愿	互动性	保护他人动机	自我提升动机
Q1	0.549**	0.638**	0.503**	0.942**
Q2	0.574**	0.620**	0.466**	0.948**
Q3	0.595**	0.724**	0.557**	0.909**
Q4	0.481**	0.529**	0.880**	0.537**
Q5	0.473**	0.566**	0.909**	0.481**
Q6	0.460**	0.566**	0.883**	0.436**
Q7	0.766**	0.965**	0.603**	0.699**

续表

	口碑传播意愿	互动性	保护他人动机	自我提升动机
Q8	0.794**	0.956**	0.593**	0.652**
Q9	0.849**	0.705**	0.511**	0.494**
Q10	0.934**	0.768**	0.474**	0.607**
Q11	0.943**	0.739**	0.467**	0.560**

注：$^{*}p<0.05$，$^{**}p<0.01$。

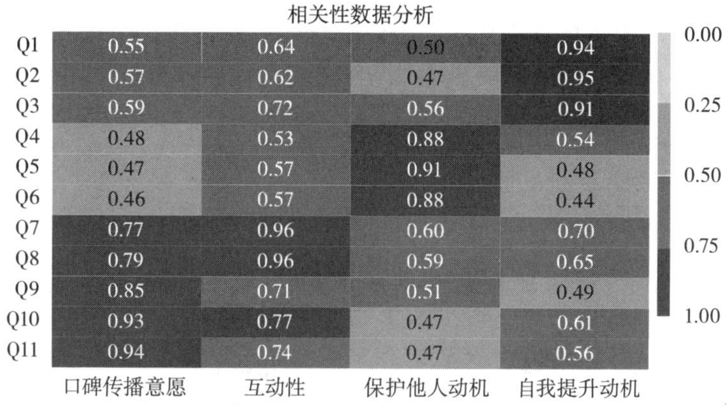

图2　相关性数据分析

（4）假设检验

根据相关分析，发现自我提升动机和正面口碑传播意愿，保护他人动机和正面口碑传播意愿之间存在显著相关关系。接下来将会对这两组变量进行线性回归分析，以研究变量之间的因果关系。

1）自我提升动机—正面口碑传播意愿

表7　线性回归分析结果（$N=200$）

	非标准化系数		标准化系数	t	p	VIF	R^2	调整 R^2	F
	β	标准误	*Beta*						
常数	2.942	0.249	–	10.549	0.000**	–	0.374	0.371	F（1198）=118.341，p=0.000
自我提升动机	0.536	0.049	0.612	10.878	0.000**	1.000			

注：因变量：正面口碑传播意愿；D−W值：1.600；$^{*}p<0.05$，$^{**}p<0.01$。

表7变量线性回归分析结果显示，此模型 R^2 值为0.374，意味着自我提升动机能够解释用户正面口碑传播意愿37.4%的变化原因。方差分析的显著性为0.00，小于0.05，说明在本次分析中自我提升动机和用户正面口碑传播意愿之间存在显著的线性关系。也就是说，自我提升动机会显著影响用户正面口碑传播意愿。本次回归方程的系数显著，在 t 检验中显著性水平为0.00，小于0.05，说明本模型具有统计学意义。并且，本模型通过 F 检验（$F=118.341$，$p=0.000<0.05$），说明自我提升动机—正面口碑传播意愿模型的构建是有意义的。微信平台中用户自我提升动机会对其正面口碑传播意愿产生影响，具体分析为自我提升动机的回归系数值为0.536（$t=10.878$，$p=0.000<0.01$），回归方程为正面口碑传播意愿 = 2.942 + 0.536 × 自我提升动机。假设H1成立。

2）保护他人动机—正面口碑传播意愿

表8　线性回归分析结果（$N=200$）

	非标准化系数		标准化系数	t	p	VIF	R^2	调整 R^2	F
	β	标准误	*Beta*						
常数	2.954	0.342	—	8.641	0.000**	—	0.280	0.276	F（1198）=76.839, p=0.000
保护他人动机	0.178	0.020	0.529	8.766	0.000**	1.000			

注：因变量：正面口碑传播意愿；D-W值：1.448；* $p<0.05$，** $p<0.01$。

从表8变量线性回归分析结果可以看出，此模型 R^2 值为0.280，意味着保护他人动机能够解释用户正面口碑传播意愿变化原因的比例为28.0%。方差分析的显著性为0.00，小于0.05，说明在本次分析中保护他人动机和用户正面口碑传播意愿之间存在显著的线性关系，也就是保护他人动机会显著影响用户正面口碑传播意愿。本模型通过了 F 检验（$F=76.839$，$p=0.000<0.05$），说明本研究构建的模型具有理论意义。具体分析为保护他人动机的回归系数值为0.178（$t=8.766$，$p=0.000<0.01$），意味着保护他人动机会对用户口碑传播意愿产生显著的正向影响，本模型公式为正面口碑传播意愿 = 2.954 + 0.178 × 保护他人动机。假设H2成立。

3）互动性的调节作用

为了研究本文的主要假设，即用户互动性在自我提升动机和保护他人动机与正面口碑传播意愿之间的调节作用，且基于模型良好的信度和效度，本文采用多元阶层回归方法，将用户互动性与自我提升动机，互动性与保护他人动机的交互项分别添加到各自的回归方程中。在处理数据时，需要先计算两种内在动机和互动性的平均值并对平均值做出均值中心化处理，再把数值相乘得到交互项，可以有效避免多重共线性的问题。

表 9　互动性对自我提升动机的调节效应分析结果（$n=200$）

	模型1					模型2					模型3				
	β	标准误	t	p	*Beta*	β	标准误	t	p	*Beta*	β	标准误	t	p	*Beta*
常数	5.875	0.071	82.510	0.000**	—	5.875	0.053	111.821	0.000**	—	5.803	0.061	95.684	0.000**	—
自我提升动机	0.536	0.049	10.878	0.000**	0.612	0.071	0.051	1.383	0.168	0.081	0.075	0.051	1.488	0.138	0.086
互动性						0.741	0.057	12.910	0.000**	0.754	0.798	0.062	12.882	0.000**	0.813
自我提升动机×互动性											0.055	0.024	2.310	0.022**	0.113
R^2	0.374					0.661					0.670				
调整 R^2	0.371					0.657					0.665				
*F*值	*F*（1198）=118.341，*p*=0.000					*F*（2197）=192.009，*p*=0.000					*F*=（3196）=132.602，*p*=0.000				
ΔR^2	0.374					0.287					0.009				
ΔF值	*F*（1196）=118.341，*p*=0.000					*F*=（1197）=166.664，*p*=0.000					*F*=（1196）=5.336，*p*=0.022				

注：因变量：正面口碑传播意愿；$^{*}p<0.05$，$^{**}p<0.01$。

从表 9 可知，互动性对自我提升动机的调节效应分析分为 3 个模型。模型 1 中仅有自变量（自我提升动机），主要研究在不考虑调节变量（互动性）干扰的情况下，用户自我提升动机对正面口碑传播意愿的影响情况。模型 2 在模型 1 的基础上加入调节变量（互动性），模型 3 在模型 2 的基础上加入自我提升动机与互动性的乘积项，研究加入用户互动性后自我提升动机对用户正面口碑传播意愿影响幅度的变化。由数据可知，自我提升动机呈现显著性（$t=10.878$，$p=0.000<0.05$），意味着自我提升动机会对用户正面口碑传播意愿产生显著影响。模型 3 中，自我提升动机与互动性的交互项也呈显著性（$t=2.310$，$p=0.022<0.05$），意味着用户微信平台的互动性在不同水平时，自我提升动机对用户正面口碑传播意愿的影响幅度具有显著性差异。假设 H3 成立。

表 10　互动性对保护他人动机影响调节效应分析结果（$N=200$）

	模型1					模型2					模型3				
	β	标准误	t	p	*Beta*	β	标准误	t	p	*Beta*	β	标准误	t	p	*Beta*
常数	5.875	0.076	76.908	0.000**	—	5.875	0.053	111.436	0.000**	—	5.869	0.065	90.332	0.000**	—
保护他人动机	0.535	0.061	8.766	0.000**	0.529	0.040	0.054	0.738	0.461	0.039	0.037	0.057	0.644	0.520	0.036
互动性						0.773	0.052	14.789	0.000**	0.787	0.777	0.061	12.790	0.000**	0.792
保护他人动机×互动性											0.006	0.038	0.160	0.873	0.008
R^2	0.280					0.659					0.659				
调整 R^2	0.276					0.655					0.653				
F值	F（1198）=76.839，p=0.000					F（2197）=190.012，p=0.000					F（3196）=126.057，p=0.000				
ΔR^2	0.280					0.379					0.000				
ΔF值	F（1198）=76.839，p=0.000					F（1197）=218.701，p=0.000					F（1196）=0.026，p=0.873				

注：因变量：正面口碑传播意愿；* $p<0.05$，** $p<0.01$。

在互动性对保护他人动机影响幅度的调节效应分析中，可从表 10 中看到，互动性对保护他人动机的多元回归分析结果包括 3 个模型，模型 1 中包括自变量（保护他人动机），模型 2 在模型 1 的基础上加入调节变量（互动性），模型 3 在模型 2 的基础上加入保护他人动机与互动性的乘积项，研究加入用户互动性后保护他人动机对用户正面口碑传播意愿影响幅度的变化。从模型 1 可以看出，保护他人动机呈现出显著性（$t=8.766$，$p=0.000<0.05$），意味着保护他人动机对用户正面口碑传播意愿会产生显著影响。根据模型 3 分析，保护他人动机与互动性的交互项并没有呈现显著性（$t=0.160$，$p=0.873>0.05$），即互动性在不同水平时，微信平台用户保护他人动机对用户正面口碑传播意愿的影响幅度保持一致，即微信平台用户互动性增强，并不会增加保护他人动机对正面口碑传播意愿的影响。假设 H4 不成立。

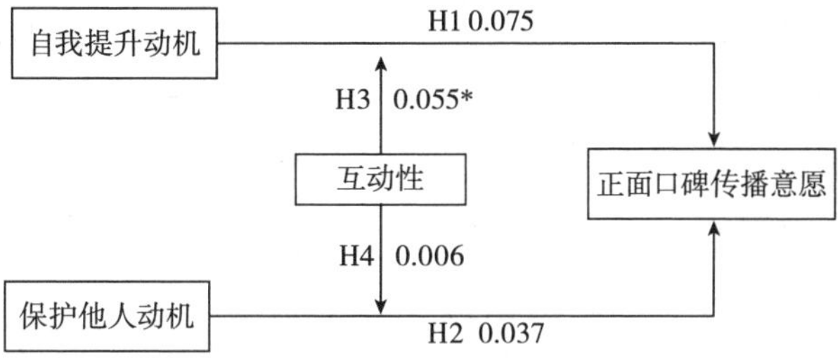

图 3　调节效应分析

四、研究结论与启示

（一）主要结论

本文通过实证研究检验了在微信平台中自我提升动机与保护他人动机对用户正面口碑传播意愿的影响以及互动性在这一过程中的调节作用。在本文提出的假设中，假设 H1、H2 成立，即用户自我提升动机与保护他人动机都对用户正面口碑传播意愿具有显著影响。假设 H3 成立，假设 H4 不成立，即用户微信平台的互动性处在不同水平时，自我提升动机对用户正面口碑传播意愿的影响幅度具有显著性差异，但保护他人动机对用户正面口碑传播意愿的影响幅度没有显著性差异，体现在现实情况中就是如果用户的微信朋友圈互动频繁，用户就更容易产生自我提升动机，进而进行正面口碑传播，塑造自我形象与好友互动。

具体而言，本文的主要研究结论如下：①用户的自我提升动机和保护他人动机对用户正面口碑传播意愿均有显著影响。②用户互动性加强了自我提升动机与用户正面口碑传播意愿的影响关系，即用户互动性越强，其自我提升动机促进正面口碑传播意愿的效果越明显。③用户互动性在保护他人动机对正面口碑传播意愿的影响作用并不明显，即调节变量（互动性）在不同水平时，影响幅度保持一致。

（二）理论贡献

第一，本文从互联网时代背景下国内最大社交平台微信出发，探究用户内在口碑传播动机对正面口碑传播意愿的影响，拓展了互联网背景下社交平台用户内在口碑传播动机对正面口碑传播意愿的研究。目前，关于口碑传播和网络口碑传播的研究，大多是探究影响用户口碑接受的因素、引起用户口碑传播动机的因素、口碑的情感程度对用户接受的影响，以及人格特质对口碑传播的影响等，忽视了在互联网时代不同社交平台塑造的传播环境、传播特点以及用户关系，并且不同平台中用户互动性与心理感知亲密度也是不同的。以往文献的研究结果显示，用户在高亲密度关系中出于保护他人动机倾向于传播负面口碑信息，在低亲密度关系中出于自我提升动机倾向于传播正面口碑信息。但不同社交平台中用户的人际关系亲密度不同，甚至不同功能带给用户的亲密度感知也不同。比如在本文研究中，用户在微信平台需要积极地展示自己，提升自身形象，也会基于强关系基础产生帮助他人、保护他人的动机。微信普遍被认为是亲密度最高的社交软件，但本文研究结果显示微信平台中互动性的增强会使自我提升动机对用户正面口碑传播意愿的影响幅度产生显著变化，而不会使保护他人动机的影响幅度产生显著变化。这说明用户在社交平台的传播特征不能一概而论，需要根据平台传播特征和不同功能进行研究。因此，本研究拓展了现有微信平台中微信用户正面口碑传播意愿的研究，并从侧面为互联网时代社交平台中口碑传播的研究打开了角度。

第二，本文探究了微信平台用户互动性在其正面口碑传播意愿形成过程中的调节作用。以往的研究大多以社会动因为中介，研究不同因素对用户口碑可信度的影响，虽然有文献表明人际关系是重要的调节因素，但很多研究忽略了在互联网时代不同社交平台的属性，以及社交平台不同功能带来的用户传播行为的差异。对于用户内在口碑传播动机，社交平台属于外部社会情境因素，是重要的调节因素。在本文的实证检验中，假设 H4 不成立，假设 H3 成立，表明在微信这一亲密度较高的社交平台中关系强度增加并不会对保护他人动机产生调节作用，而是会对自我提升动机产生显著调节作用，这就说明社交平台的传播特点会对用户的传播动机、传播行为产生影响，验证了微信平台用户互动性对正面口碑传播意愿的调节作用，并且本文注意到了社交平台不同功能中用户行为的差异，为此类研究提供了借鉴。

（三）管理启示

首先，基于微信平台用户的互动性在用户自我提升动机对正面口碑传播意愿的影响中起调节作用这一基础，企业可以充分利用小程序、企业公众号、群聊等建立品牌社区，增强用户在品牌社区中的互动性，让用户在互动中激发自我提升动机，从而提升其正面口碑传播意愿并加强与品牌的关系。另外，企业在建立虚拟品牌社区时，除要满足用户的需求外，还要注重用激励措施鼓励用户拉动周围用户，增强用户圈子活力，增强社区的可持续性，有利于企业营销活动的开展。

其次，在用户加入虚拟社区后，企业可以通过身份标签对用户细分。由于用户的自我提升动机会驱使消费者展示自我形象，从而促进其正面口碑传播意愿，身份标签会让用户觉得有身份感，是用户展示形象的一条渠道，也更容易让用户因找到“同类”而增加互动意愿。企业应为用户提供展示自己的平台和方式，如微信平台身份标识符号、相关话题交流空间等，促使用户分享，从而带来积极的口碑传播效果。

最后，企业在营销过程中需要考虑与用户之间的关系强度。由于社交平台的用户互动性会调节用户口碑传播动机对正面口碑传播意愿的影响程度，所以企业在进行营销时要尽可能营造互动性强、亲密度高的营销氛围和场景，在用户活跃度高的氛围中拉近品牌与用户的距离。例如，可以通过抽奖、转发等活动提高用户在社群中的亲密关系和互动性，从而使消费者的正面口碑传播意愿得到加强。

（四）研究局限和未来研究展望

本研究虽然通过实证数据检验了相关假设，但仍存在一定程度的局限。首先，本研究从用户内在传播动机出发研究了互动性在对正面口碑传播意愿影响中的调节作用，而正面口碑和负面口碑的传播动机并不完全相同，值得进一步探究。其次，本研究主要基于微信社交平台。虽然互联网中还有许多口碑传播平台如微博、大众点评等，但这些平台的传播特点及用户人际关系各有不同，本文并没有进行比较分析，在未来的研究中可以进一步比较探索不同社交平台人际关系网络中用户的口碑传播意愿及特征。

参考文献

[1]ARNDT J. Role of product - related conversations in the diffusion of a new product[J]. Journal of marketing research,1967,4(3): 291 -295.

[2]BONE P F. Word - of - mouth effects on short - term and long - term product judgments[J]. Journal of business research,1995,32(3): 213 -223.

[3]DICHTER E. How word - of - mouth advertising works[J]. Harvard business review,1966(44): 147 -166.

[4]HOLMES J H,LETT J D. Product sampling and word of mouth [J]. Journal of advertising research,1977,17(5):35 -40.

[5]DE ANGELIS M, BONEZZI A, PELUSO A M,et al. On braggarts and gossips: A self - enhancement account of word - of - mouth generation and transmission[J]. Journal of marketing research,2012,49(4): 551 -563.

[6]MAZZAROL T, SWEENEY J C,SOUTAR G N. Conceptualizing word - of - mouth activity, triggers and conditions: An exploratory study[J]. European journal of marketing,2007,41(11): 1475 -1494.

[7]GRANOVETTER M S. The strength of weak ties[J]. American journal of sociology,1973,78(6): 1360 -1380.

[8]GODES D,MAYZLIN D. Using online conversations to study word - of - mouth communication[J]. Marketing science,2004,23(4): 545 -560.

[9]章晶晶. 网络环境下口碑再传播意愿的影响因素研究[D]. 杭州:浙江大学, 2007.

[10]陈明亮,章晶晶. 网络口碑再传播意愿影响因素的实证研究[J]. 浙江大学学报(人文社会科学版), 2008(5):127 -135.

[11]国庆,杨学成,张杨. 口碑传播对消费者态度的影响:一个理论模型[J]. 管理评论, 2007(3):20-26,63.

[12]BARASCH A, BERGER J. Broadcasting and narrowcasting: How audience size affects what people share[J]. Journal of marketing research, 2014, 51(3): 286-299.

[13]卢玉珊. 基于微信平台的口碑传播影响因素研究[D]. 北京:北京邮电大学, 2015.

[14]孙姗. 人际关系亲密度对口碑传播影响的跨文化比较[D]. 北京:北京外国语大学, 2021.

[15]金晓彤,徐尉,姚凤. 个体需求影响消费者正面口碑传播吗? [J]. 经济管理, 2019,41(11):141-156.

[16]谢新洲,安静. 微信的传播特征及其社会影响[J]. 中国传媒科技, 2013(11):21-23.

[17]张长乐. 微信社区化网络人际传播的建构[D]. 合肥:安徽大学, 2013.

[18]黄敏学,郑仕勇,王琦缘. 网络关系与口碑"爆点"识别——基于社会影响理论的实证研究[J]. 南开管理评论, 2019,22(2):45-60.

[19]唐金杰. 微信朋友圈的人际互动模式研究[D]. 哈尔滨:哈尔滨工业大学, 2015.

[20]韩璐. 基于互动仪式链理论的移动社交媒体互动传播研究[D]. 兰州:兰州大学, 2014.

[21]徐琳. 网络口碑可信度影响因素的实证研究[J]. 财贸研究, 2007(5):113-117.

[22]唐嘉庚. 互动性对 B2C 环境下信任及购买行为倾向影响研究[D]. 上海:复旦大学, 2006.

病毒式营销对高校消费者购买意愿的影响研究

——以蜜雪冰城为例①

李大卓

摘要： 经济的突飞猛进，催生了无数的商业模式。如何吸引潜在顾客、增加现有顾客黏性、维持老客户的客户忠诚度，是大多数企业都要着重考虑的事情。随着物流体系的日趋成熟，我国新式茶饮行业发展突飞猛进，并且得到长足发展。营销内容经过信息加工，以某种传播媒介为载体进行传播，而接收者在营销主体没有直接干预的前提下，自发地、自愿地将内容本身或是再加工的信息通过自身掌控的渠道，如自媒体、社交圈等进行分享，口口相传，内容裂变，就像病毒式传播一样。病毒式营销能最大限度提升内容曝光度，这吸引了越来越多的企业寻求开展病毒式营销的方法。首先，本文研究结合文献归纳法给出理论依据。其次，选取 2021 年具有代表性的事件，蜜雪冰城的主题曲营销方案作为案例进行分析，然后从中提取出病毒式营销影响消费者购买意愿的主要因素，将中介变量定为感知价值。再次，依据提取出的影响因素设计问卷和研究模型进行实证研究。最后，得出病毒式营销在运营得当的情况下可能对高校消费者的购买意愿产生积极影响，病毒式营销对消费者的感知价值有部分影响，高校消费者的感知价值对高校消费者的购买意愿产生正向影响。

关键词： 病毒式营销；蜜雪冰城；传播渠道；购买意愿；新式茶饮

作者简介： 李大卓，西北大学经济管理学院 2022 届工商管理系市场营销专业本科生。

---

① 本文由宋思远讲师指导完成。宋思远，西北大学经济管理学院讲师，研究方向：组织行为和客户关系管理。

一、绪论

（一）研究背景

市场营销学诞生于工业革命时期，其内涵在时代的变迁中不断丰富。市场营销成为大多数企业，特别是快速消费品企业避不开的话题，也是它们需要积极深耕的领域。营销的好坏决定了企业盈利的多少，病毒式营销正是众多营销方式之一，也是本文的主要研究内容。

互联网既方便了消费者购物，也成为孕育各种营销手段的沃土。病毒式营销从互联网中诞生，并依托互联网发展得愈加迅猛。口口相传在群体间如同化学裂变一般以疯狂的态势蔓延，营销内容凭借着某个特定载体在最短时间内以最快的速度传递到最多的个体，而作为存在于市场中的重要驱动力的口碑传播通常是病毒式营销的手段之一（Bansal and Voyer, 2000），病毒式营销在使用得当的情况下是一种低成本、高回报的营销策略。有学者提出，现今社会已经具备了病毒式营销发扬光大的条件（张巨才，2011）。企业不必像以往那样铺天盖地地进行广告轰炸，以求与消费者进行全覆盖式接触。无论是电视广告还是户外广告，无疑都需要大量的资金投入，变现的效率却未必尽如人意。而病毒式营销的成本往往并不高，因为消费者在潜移默化的影响下会对营销的相关内容自发进行传播，其中不乏关键意见领袖，所以营销的成效会比覆盖式广告营销的效果要好得多（王昕、盛丽俊，2019），可谓事半功倍。所以说，病毒式营销对消费者购买意愿的影响，以及不同维度下对消费者行为的影响是本研究的核心。只有对营销的精益求精，才能让企业的付出与收入成正比。

（二）研究目的与意义

1. 研究目的

病毒式营销是一种较为新颖的营销手段，正确运用能够使得营销效果事半功倍。病毒式营销对于消费者购买意愿的影响来源于内在因素，所以本研究的目的如下：第一，整理文献，了解病毒式营销的发展历程、运作机制及对消费者的影响因素。第二，通过引入蜜雪冰城主题曲营销案例，深入研究探讨病毒式营销的作用，同时提炼出测量病毒式营销的维度及影响因素。第三，以实证研究来验证病毒式营销影响因素与消费者购买意愿的联系，为相关研究提供参考依据。

2. 研究意义

（1）理论意义

在知网等平台以“病毒式营销”为关键词进行检索，发现文献数量相对来说已经有一定规模。集合众家观点可总结出一定的规律，一般是在几个领域继续深耕：病毒式营销内涵的继续深挖、案例结合理论研究、实证研究（张宁、郑雁询，2014）。而通过翻阅文献可知，案例研究文献数量少、时效性差，故本文以国内外学者对于病毒式营销的研究理论为依托，引入2021年的案例，将实证研究作为研究方法，从多方面分析病毒式营销对高校消费者购买意愿的影响，为相关研究提供借鉴。

（2）现实意义

案例选取2021年6月的热点事件：蜜雪冰城主题曲营销事件。该案例特征与病毒式营销特征基本相同，基于该案例得出的研究成果具有一定的参考价值。对该案例进行的实证研究以问卷加结果分析为主要形式，通过对高校大学生群体进行针对性提问，引入蜜雪冰城的病毒式营销策略作为自变量，并将其划分为三个测量维度（创新性、洗脑效应、产品特性）；同时，将感知价值设定为中介变量；将因变量则设置为高校消费者购买意愿。通过对各变量的分析，推断以蜜雪冰城营销手段为代表的病毒式营销，对高校消费者的消费意愿是否存在影响，及影响因素的聚焦点。由于蜜雪冰城及类似的新式茶饮品牌在店面布局、营销策略以及目标客户等方面有较大的相似度，所以分析结果对相关行业具有一定的参考意义。而且案例选取有一定的实效性，可以对以病毒式营销为主题的相关研究案例进行补充，为相关行业的发展提供可借鉴的内容。

（三）研究内容及方法

1. 研究内容

在“互联网+”与新媒体高度融合的背景下，病毒式营销应用的案例越发常见，且成效显著。比如，五菱宏光凭借一句“人民需要什么，五菱就造什么”迅速在网络走红。原因在于这个企业在国家急需医疗物资之际，生产并捐赠了大量口罩，故而“五菱口罩”一夜间成为大家津津乐道的话题。2020年五菱宏光推出MINI EV，在前后营销的呼应之下，口碑爆棚，全年销量累计近13万辆。由此看来，基于互联网的病毒式营销的研究势在必行，所以蜜雪冰城的主题曲营销事件所代表的病毒式营销是本研究的对象。

本研究的重点在于病毒式营销的传播特征与案例的深度结合，分析策略、方法、要素对于高校消费者的卷入情况。通过提取案例中影响消费者行为的病毒式营销的基本特征进行实证研究，最后得出相应启示与结论。

本文的基本思路概括为以下几个部分：①病毒式营销的研究文献综述整理。整合文献相关论点，归纳概括病毒式营销的发展历程、定义内涵、传播特点、对消费者购买意愿的影响等。②案例分析。首先对蜜雪冰城的发展历程进行分析；其次概述蜜雪冰城的主题曲营销事件，说明病毒式营销策略在其中发挥的作用；最后引出感知价值作为中介变量来分析其对消费者购买意愿的影响。③实证研究以问卷调研为一手数据来源，利用SPSS整合数据，分析病毒式营销及其内在特征与高校消费者购买意愿之间的关联性。最后，为相关企业的营销以及策略选择提供建议。

2. *研究方法*

（1）文献归纳法

文献归纳法是以通读典章、研读图书期刊，从中总结规律与共性来全面了解某一领域，掌握某一思想学说的方法。文献是开展创新性研究的理论保障。

本研究文献来自万方数据库、中国知网等权威平台，使得本研究的准确性与可靠性具有一定保障。以“病毒式营销”“消费者购买意愿”“蜜雪冰城”“新式茶饮”“感知价值”等为关键词检索相关文献，集众家之长，完善本文论据，确保研究的科学性与严谨性。

（2）案例分析法

案例研究是以历史资料为蓝本分析挖掘社会现象的研究方法（张梦中、马克·霍哲，2002）。本文以2021年蜜雪冰城主题曲营销为案例，对其发展历程及主题曲营销的运作机制进行分析，点明病毒式营销的作用，阐明该策略与消费者购买意愿之间的联系，对相关企业的策略制定具有一定借鉴意义。

（3）问卷调查法

研究数据的一手资料以问卷调查的方式采集，调查对象为高校消费者，以问卷星制作问卷发放至各大高校群，或者以微信朋友圈转发的方式进行信息采集，旨在了解高校消费者对于蜜雪冰城主题曲营销的反应。

（4）数据分析法

本研究利用 SPSS 等统计软件进行数据处理，分析各变量之间的联系，证明假设的准确性。

3. 研究框架

本文研究框架见图 1。

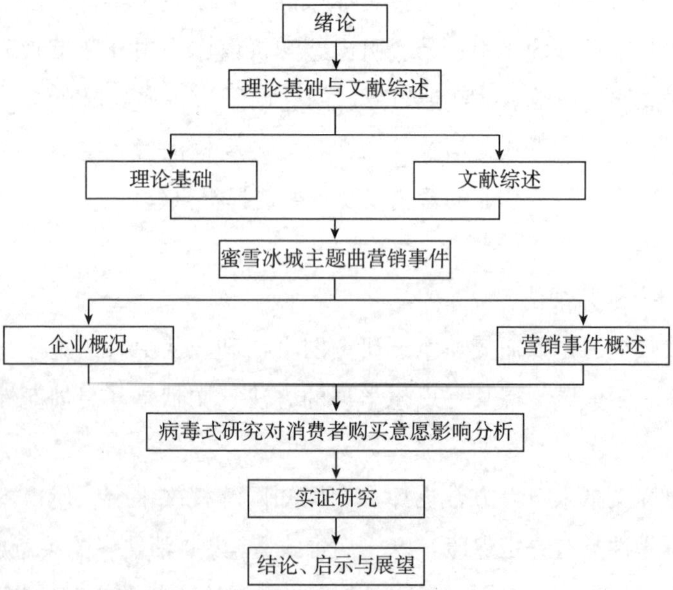

图 1　研究框架

二、文献综述

（一）病毒式营销综述

1. 病毒式营销概念

病毒式营销出现的时间不长，可查证的信息可以追溯到20世纪90年代中期。Jurvetson和Draper（1997）率先对病毒式营销的概念进行了界定，即“信息在网络上基于口碑的自发性传递。”国内学者陈焕明（2006）在前人的基础上完善了病毒式营销的概念，他认为病毒式营销是一种营销个体利用特定手段创造出的状态——市场信息由营销者发出，在市场中如同瘟疫一般传播，其影响效果与范围是爆炸性的。笔者认为，病毒式营销虽然起源于互联网却不应仅仅局限于互联网中，市场营销人员参照病毒致病原理所采用的一种具有强传播性、高度自发性、易感染性的营销策略，使营销内容的传播能事半功倍。

2. 病毒式营销研究现状

公认的病毒式营销的起源事件是Hotmail电子邮件事件，此事件标志着病毒式营销正式登上营销史的舞台。Wilson（2000）认为病毒式营销能够高效且高质量地实施，必须具备六大要素：①过硬的产品/服务；②自发性传递；③信息传播速度易呈指数式增长；④公共自愿性；⑤以互联网为依托；⑥以他人优势为己传播。唐·E. 舒尔茨等（2006）认为营销与传播关系密切，相互影响、相互依存，即整合营销传播中的一元化过程，是病毒式营销发扬光大的理论支撑之一。此后，病毒式营销这一概念便传入了我国。

病毒式营销传入我国后迅速掀起了对病毒式营销的研究热潮，病毒式营销的定义和内涵被不断完善。比如，周任慧和张仁钟（2006）用类比的方法由计算机病毒引出了病毒式营销的相关思考，提出了实现病毒性营销的原则，即正确把握界限、合理应用基本要素以及突出其特点。杨景越（2012）认为营销与传播密不可分，相互依存、相互影响，联系十分密切。杨珏（2014）认为病毒式营销是一种广告信息传播手段，不仅点明了病毒式营销与一般关系营销的区别，还点明了其传播机制，指出产品及病原体本身要具有足够的吸引力。比如，“中科院之声”利用抖音使一个科普账号“科科”一夜蹿红，短视频本身的高质量和强吸引力，使这些科普短视频累计发布量超过了300万，其背后代表的浏览量是惊人的，其传播过程就如病毒一般毫无二致，也是值得一些企业学习的地方。陈致中和石钰（2016）认为“六脉分割现象”是病毒式营销出现的前提，应从人际口碑方面入手；他们分析了病毒式营销的发展历程，指出了今后的研究方向。王桂萍和苏晨（2020）认为其是将意在传递的营销概念转化为分裂能力很强的病毒，以网络作为媒介，通过人际传递和三维流动等模式，扩大对顾客群体的接触面，最终实现营销目标，并在此基础上进一步解释了病毒式营销的一大种类——奖励性营销。这一类学者的研究重心专注于病毒式营销的基本概念及其内涵的探讨，也是主流的研究方向。

另一类学者专注于研究病毒式营销的运行机制，并就其原理提出相应的对策。黄孝俊和徐伟青（2004）认为，口碑传播是影响营销效果的一个关键因素，需要在研究方向方面找准关键点；任中峰（2005）认为在我国实施病毒式营销策略要因地制宜，要从我国实际出发，从感染渠道、信息成品、精准找到易感人群等方面人为制造病毒式传播的“按钮”；甄小虎（2007）认为实施病毒式营销策略要以创新为内生动力，结合免费策略实现创新追赶；张紫琳（2009）认为如果吸引到顾客却无法处理就会让营销效果大打折扣，所以在实施病毒式营销策略时从企业提供的产品或服务出发，对病毒式营销的信息进行精心设计，同时要考虑信息传播的硬件、软件以及渠道等要素来完善病毒式营销策略。

以上两类学者的研究共性是偏向理论化，而以“案例实证”作为关键词搜索可供参考案例，得到的案例研究数量不多，且较为分散，大部分案例研究都是2016年以前的，不具有时效性。冯丙奇等（2015）通过对杜蕾斯品牌在微博平台中的营销手段，探究病毒式营销情景下受众对该品牌认知变化的情形，其研究结论为品牌讯息的被接受度受病毒讯息的影响；袁鲸涛和盛致同（2016）以微信红包为案例进行了病毒式营销的分析，但现在微信红包也逐渐演变为传播信息的敲门砖，比如填写问卷需要发红包，请人集赞也需要发红包。在实证研究方面，关于病毒式营销的实证研究集中于传播学领域，但影响消费者购买意愿方面的文献较少。故而本文针对病毒式营销领域的研究缺失，为该领域填补新案例和实证，旨在吸引潜在客户，增加顾客黏性。

（二）感知价值文献综述

20 世纪 80 年代末，感知价值这一表述和概念由 Zeithaml 首次提出，即消费者权衡商品使用价值与获益价值后对于该产品的主观评价。感知价值讲究天时、地利、人和，因这几个原因的变化而各有差异。感知价值测量可分为多个维度。Sheth 等（1991）通过实证总结了可展现感知价值的五个维度，功能、情感、社会、情景和认知的价值。本文将感知价值的概念界定为顾客对于商品产生物超所值的情绪。采用两个维度：满足感、值得感，即从情感与功能价值两个方面入手进行相关研究设计，如量表设计、题项选定等。

（三）消费者购买意愿文献综述

通过查阅字典可以知道，意愿是人对事物的一种主观思维，即对某事或某物的观感或看法。Fishbein 和 Ajzen（1997）将消费者购买意愿定义为，在消费偏好的基础上，选择某产品的可能性。Schiffman 和 Kanuk（2006）认为，消费者购买意愿与其购买可能性呈正相关。虽然表述各有不同，但其意在表明的本质却是一致的，所谓消费者购买意愿，就是一种消费商品的可能性。

李伟（2011）在文章中系统总结了影响消费者购买行为的主要因素，从文化、社会、个人、心理等方面对影响因素进行分析，其中优秀的产品是决定性因素。徐青青（2017）认为，社交媒体的创新内容是病毒式传播的成功因子之一，所以创新性也算是病毒式营销的一个维度。

三、案例研究

（一）引子

“你爱我，我爱你，蜜雪冰城甜蜜蜜……”这句镶嵌于一段轻快而洗脑旋律中的歌词，于 2021 年 6 月突然在网络上蹿红，有人以为这种爆火可能与以前的一些洗脑歌曲一般昙花一现，殊不知就是这么一句只是音律改变了而被翻来覆去唱诵的歌词却带来了如此大的热议。注意力稀缺是这个时代的一大特征，谁在注意力争夺战中独占鳌头，谁就更有希望汇集到足够的流量。蜜雪冰城的主题曲无疑吸引了许多的注意力，以至于有人听到旋律便有歌词在脑中浮现。探究蜜雪冰城主题曲营销事件，对于类似营销策划有着重要的指导意义。

（二）新式茶饮行业概况及特征

1. 行业概况

起始于2019年的新冠疫情对全国的实体经济造成了不小冲击，许多实体店铺由于到店的客流减少而导致现金流减少，甚至有些店铺关门倒闭。但是，疫情对实体经济带来冲击的同时，也为新的经营模式以及新的营销策略的出现提供了机遇。

根据第一财经数据中心在《新式茶饮白皮书》报告中整理披露的数据，2017—2021年，新式茶饮的市场规模连年上升，如图2所示。

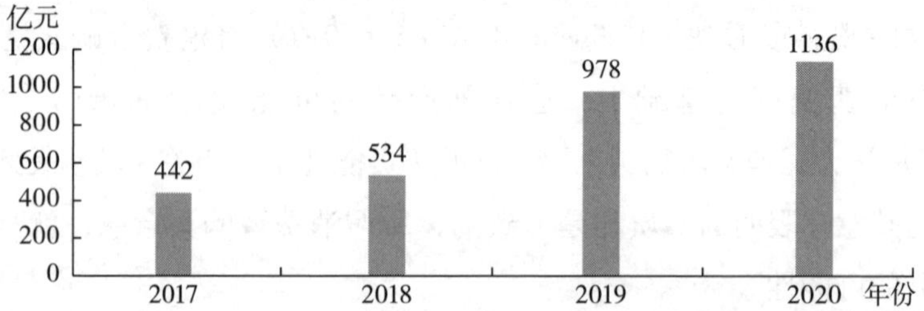

图2　2017—2020年新式茶饮市场规模

2018年新式茶饮市场规模比上一年同期增加92亿元，同比增长20.81%。2019年迎来新式茶饮的春天，尽管年底遭受新冠疫情的冲击，仍阻挡不了新式茶饮迅速扩张的步伐；其市场规模将近翻了一番，比上一年增加444亿元，同比增长83.15%。2020年，市场规模达到1136亿元，疫情常态化背景下，增幅有所放缓，同比增长6.87%。由此可见，新式茶饮的发展前景广阔。虽然市场竞争较为激烈，但是作为一家起步较早的企业，蜜雪冰城凭借多年的发展经验和独特的研发口味，一举成为家喻户晓的“雪王”也算顺势而为了。据前瞻产业研究院分析，新式茶饮的线上占比正在稳步提升。一方面，新冠疫情的确影响到了线下的购买活动；另一方面，新式茶饮相较于传统餐饮业有着丰富的使用场景内涵。场景的交互既有线上又有线下，线上因为各品牌 App（如瑞幸咖啡 App 注册可领大额优惠券）、外卖平台（如美团、饿了么等）、自媒体等的出现，使消费场景不断丰富，带动了新式茶饮的发展。尽管如此，线下实体店仍旧是主要的消费渠道，因为消费者看重的并不是产品本身，而是线下实体店优雅简约的门店氛围，如奈雪的茶、喜茶等。另外，产品原料和产品包装也是带动新式茶饮消费的主要因素。疫情后的高消费额使新式茶饮的赛道被资本看好。

2. 行业特征

由于近几年互联网与线下实体店高度结合，新式茶饮行业发展十分迅猛，其特征如下：

（1）普遍性

无论是高端茶饮还是低端茶饮在市场上都已经非常普遍，在普通商圈随处可见茶饮店的身影。在三、四线城市，甚至是普通乡镇买上一杯奶茶，已经不是什么稀罕事了。

（2）方便性

在电子商务环境中，地域与时间已不再是令消费者购物时感到烦恼的原因，顾客可便捷下单。遍布全国各地的茶饮店能够满足消费者的购买欲望，并且外卖平台能为客户提供更方便的服务。

（3）多元性

竞争激烈的茶饮市场刺激各个茶饮企业不断研发新的产品，希望开发差异化、多样化的产品序列，增加用户黏性。

（4）产品“年轻化”

年轻群体是新式茶饮的消费主力，“90 后”和“00 后”是新式茶饮消费大潮的中流砥柱（顾丽，2014）。奈雪的茶在其招股说明书中披露：新式茶饮的消费用户组成发生了微妙变化。从性别方面来看，男性消费者占比相比以前有所提升，男女比例达 4∶6。从年龄结构来看，“90 后”和“00 后”是新式茶饮的主要追捧者也是消费的主力军。“年轻化”已经成为新式茶饮的标签，年轻人更愿意为这样的产品买单。所以，新式茶饮的产品会迎合年轻人的口味与审美，在更新迭代的过程中保持年轻化。

（三）蜜雪冰城概述

1. 企业简介

蜜雪冰城可以说是一个下沉市场的传奇。从街边小摊做到全国连锁，由一家小店发展到覆盖全国的万家门店，这无疑是十分成功的。1997 年，张红超开始书写蜜雪冰城的创业史，蜜雪冰城的崛起并非一帆风顺，谁能知道一家冰激凌店还改行做过饭店，经过数年的辗转，蜜雪冰城才重回正轨。

蜜雪冰城是以冰激凌与茶为主打产品的连锁品牌，创始人提出了“让全球每个人享受高质平价的美味”的使命，并遵循其意一步步走出了自己下沉市场的一片天地。历经十余年的原始积累，蜜雪冰城用赚来的钱自建工厂以奠定生产根基；为了确保压缩成本让利消费者，蜜雪冰城还自建了供应链；同时，为了保证产品的独特风味，使自身主打产品具有差异性，蜜雪冰城自主研发并生产核心原材料。用心做好每一款冰激凌，精心制作每一杯好茶，蜜雪冰城才是更多人喝得起的甜蜜。

2. 目标市场及产品定位

蜜雪冰城创业以来的定位一直是清晰的，消费者对其已经有了固有印象，一个是价格便宜，另一个就是如同“沙尘”一般，遍地都是。上至一线城市的高校旁，下至三、四线城市的大街小巷都能够看到其身影。目标市场是依托于细分市场做出的选择，是公司基于市场调研对某一具有相同需求消费者制定的服务决策。其实蜜雪冰城的运营目标一直是有目共睹的，专注于下沉市场，从其门店布局与产品定价便可见一斑。在门店布局方面，蜜雪冰城采取的是“农村包围城市”的策略，秉持着“星星之火，可以燎原”的理念，大多数门店都选定三、四线城市和大学城周边，算是与新式茶饮的“大哥”们错位竞争。门店数量也十分庞大，相比喜茶、奈雪的茶等店铺的精致装修，蜜雪冰城单个店铺平均面积只有 20 平方米，面宽只有 3 米，可谓麻雀虽小五脏俱全。“直营 + 加盟”的模式在一定程度上分摊了开店成本，同时也让这个“雪王”更具生命力，能够存活 25 年，能打破奶茶店“寿命短”的怪圈，与其过硬的产品及其多年来灵活多变的营销策略有着很大关系。

“物美价廉的新式茶饮”是蜜雪冰城的产品定位，其中的一个打法就是极致性价比，这和小米创始人雷军当年运营 REDMI 的打法有着异曲同工之妙。以冰激凌发家的蜜雪冰城，其中一个最具代表性的爆款产品，就是摩天脆脆冰激凌。这款冰激凌首次售卖时只卖 1 元，经过多年钻研改进配方，口感与风味独树一帜、性价比极高，20 多年过去了也只是涨价至 3 元。在当今连雪糕都能卖到 60 多元的时代，蜜雪冰城能够有如此性价比已经是十分难能可贵了，并且在价格低廉的情况下，其产品依旧能够保质保量，这就是其成功的一个因素。而低价策略恰恰符合三、四线城市的市场行情，毕竟一个地区的人均可支配收入对该地区的消费者有着一定的影响，高价格的定价策略在下沉市场未必行得通。

（四）事件回顾

2020 年，蜜雪冰城实现约 65 亿元的销售额，比象征着高端茶饮的喜茶高了将近 20 亿元，比奈雪的茶更是高出 1 倍。基于此，蜜雪冰城才敢扬言，2021 年销售额要突破 100 亿元。于是，从 2020 年 7 月开始，蜜雪冰城便未雨绸缪地为 2021 年 6 月的主题曲营销筹划一系列营销工作。经过一年的发酵，这一次主题曲营销以势如破竹的速度迅速席卷整个互联网，《你爱我，我爱你，蜜雪冰城甜蜜蜜》成为许多人脑海中挥之不去的“魔音”。

俗话说：“不打无准备之仗。”就结果而言，蜜雪冰城的主题曲营销是成功的。单看营销后 B 站粉丝的数量便可见微知著，如图 3 所示。

蜜雪冰城自 2021 年 6 月 3 日将名为《你爱我，我爱你，蜜雪冰城甜蜜蜜》的主题曲 MV 上传至 bilibili（简称 B 站）的官方账号中，就一石激起千层浪，各种有意思的二次创作接踵而至，原视频播放量达上千万，点赞量也有数十万次。蜜雪冰城在 B 站的粉丝数量在短短 3 个月激增 50 万，相比之下，新式茶饮的两大头部——喜茶、奈雪的茶的粉丝量就是小巫见大巫了。

主题曲营销的成功并非偶然。“雪王”的营销早有谋划，早在一年前这首洗脑神曲便已经谱写完成，当时便已经在各线下门店循环播放。这是前

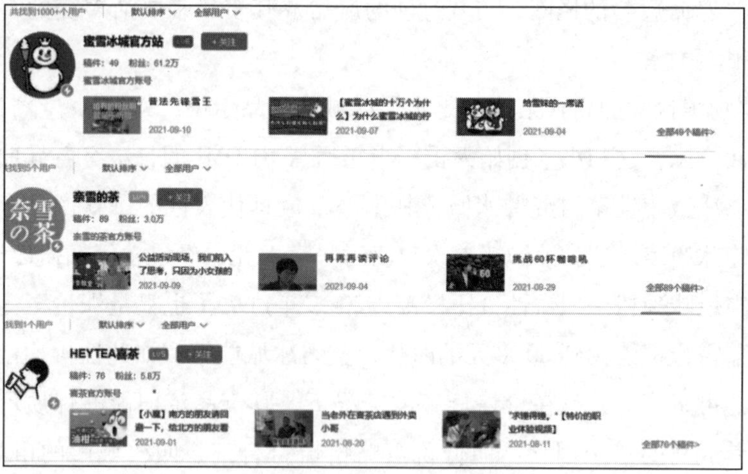

图3　2021 年 9 月 B 站蜜雪冰城与奈雪的茶、喜茶粉丝量对比

期的造势，为来年的爆发奠定基础。下面是关于病毒式传播的常见公式（1）。

$$Custs(t) = Custs(0) \cdot \frac{K^{(\frac{t}{ct}+1)} - 1}{K - 1} \tag{1}$$

其中，$Custs(t)$ 为某事物（时间）过了 t 周期后，增加的新用户数量；$Custs(0)$ 为种子用户数量；K 为病毒式传播系数，即一个老用户成功将潜在用户转换为新用户，若 K 越大，则说明病毒式传播的效果越好。比如，$K=1$，相当于一比一的推荐数，意思是一个老用户可以拉到一个新用户；而 $K<1$ 时，系统传播差，新增用户一天比一天少，以至于短期内没有新增；$K>1$ 时，认为该内容具有可传播性。而对于病毒式营销的研究聚焦在 K 因子上。结合病毒式营销的相关理论，蜜雪冰城的 2020 年线下门店播放洗脑神曲旨在尽量扩充种子用户的数量，尽管前期可传播性并不高，但随着听见该洗脑歌曲的人数越来越多，K 值便开始缓慢增大。直到 2021 年 6 月，蜜雪冰城一举将神曲搬至网上，打破了时间与空间的限制，营销之效如同加入了催化剂一般反响剧烈，因子 K 更是呈指数式增长。

病毒式营销具有几何倍数传播、信息接收精准、成本低廉可控的特点（蒋敏，2021），蜜雪冰城此次营销就将这几点全占了。市场营销的成功需要精心策划，而蜜雪冰城恰恰做到了这一点。主题曲的谱子并非胡编乱造，这是源于20世纪40年代的音韵，此曲主旋律来自一首名叫《哦，苏珊娜》（*oh*，*Susanna*）的国外乡村民谣。该曲成名已有百年，曲调早已为人所熟知，加上词曲融合且歌词简单易记、朗朗上口，简单几种元素的组合之下就形成了令人格外上头的蜜雪冰城主题曲。紧接而来的是该主题曲的双语版，此版一出迅速占领了B站的鬼畜分区，许多自媒体创作者纷纷进行二次创作，一时间“蜜雪冰城洗脑主题曲”上了各大平台的热搜，微博相关话题的讨论量达到了21万，阅读量更是达到了惊人的1.7亿。各种版本的蜜雪冰城主题曲如雨后春笋般纷纷冒出，有方言版的，如四川话、南宁话、粤语等；亦有外文版的，如俄语、日语、泰语等。让“蜜雪冰城”这四个字散布全国，就像病毒一样。蜜雪冰城的这波操作无疑打开了病毒式营销的按钮。病毒式营销能够借助互联网在目标市场快速蔓延（张建斌、栗芸，2015），线上线下双重发力，蜜雪冰城可谓功成名就，一时间风光无限。最终蜜雪冰城以营收超过65亿元、净利润8亿元左右的成果赚得盆满钵满。

四、实证研究

（一）研究假设与理论模型

1. 研究假设

（1）病毒式营销的测量维度及相关假设

宋来方（2012）认为消费者购买行为是多种因素共同作用的结果，而目前学术界对病毒式营销的维度界定还没有达成共识。传播学领域的学者认为应该从传播者特征、传播平台特征和信息接收者特征三个维度进行分析。王昕和盛丽俊（2019）认为同质化和重复率高且没有创新度的病原体是不能对消费者购买意愿产生显著影响的；杨媛媛（2016）认为想要培养客户忠诚度需要从营销本身的创新性出发；刘中静（2019）认为洗脑效应在互联网营销的应用是注意力经济发展产生的压力，也是影响消费者购买行为的因素之一，他认为洗脑效应需要搭配创意才能让营销发挥真正作用。

本次案例选择了蜜雪冰城主题曲营销，结合前人研究，总结出反映病毒式营销的三个维度：创新性、洗脑效应以及产品特性。创新程度是指营销内容的创新与创意的新颖度，营销形式多样，营销内容丰富多彩。但是营销的内容不能没有界限，否则容易成为空中楼阁，华而不实，从而使营销目的与行为南辕北辙。创新性是重要的驱动力，枯燥无味的宣传只会事倍功半。洗脑效应是指通过特定文字元素、音频元素、视频元素等的有机结合成为一个具有感染力的有机整体。近年来，随着洗脑神曲的涌现，“洗脑”一词的含义逐渐变得幽默诙谐，内涵相比以前更加丰富。通常来讲，公众将一首歌认定为“洗脑神曲”是对其传唱度的认可，比如曾经红极一时的《小苹果》就是传唱度极高的洗脑神曲。《小苹果》红遍大江南北，播放纪录也在不断刷新。作为当时电影的宣传曲，为电影带来可观的票房——上映 4 天破亿元，所以《小苹果》宣传曲营销事件本质上与蜜雪冰城的主题曲营销事件有异曲同工之妙。杨超（2011）提出，病毒式营销要有合适的病原体，“病原体”要有高传染力才能在短时间内波及最多的易感人群。产品特性是指产品本身的差异化特征，早有学者证明产品特性引发的感知价值对消费者购买意愿具有正向影响（Zeithaml，1988）。

基于以上理论可以提出以下假设：

H0：创新性、洗脑效应、产品特性是反映病毒式营销的重要因素。

H1：病毒式营销对高校消费者的感知价值有正向影响。

H1a：病毒式营销的创新性对高校消费者的感知价值有正向影响。

H1b：病毒式营销的洗脑效应对高校消费者的感知价值有正向影响。

H1c：病毒式营销的产品特性对高校消费者的感知价值有正向影响。

H2：病毒式营销对高校消费者购买意愿产生正向影响。

H2a：病毒式营销的创新性对高校消费者购买意愿产生正向影响。

H2b：病毒式营销的洗脑效应对高校消费者购买意愿产生正向影响。

H2c：病毒式营销的产品特性对高校消费者购买意愿产生正向影响。

（2）感知价值假设

根据前文的感知价值文献综述，结合案例提炼的关于病毒式营销的三个维度可以提出以下假设：

H3：高校消费者感知价值对其购买意愿产生正向影响。

H3a：病毒式营销的创新性通过感知价值对高校消费者购买意愿产生正向影响。

H3b：病毒式营销的洗脑效应通过感知价值对高校消费者购买意愿产生正向影响。

H3c：病毒式营销的产品特性通过感知价值对高校消费者购买意愿产生正向影响。

2. 模型设计

经过对案例提炼出蜜雪冰城主题曲营销的特点，结合第一章的理论，以 S－O－R 模型为基础可以得出以下模型，如图 4 所示。

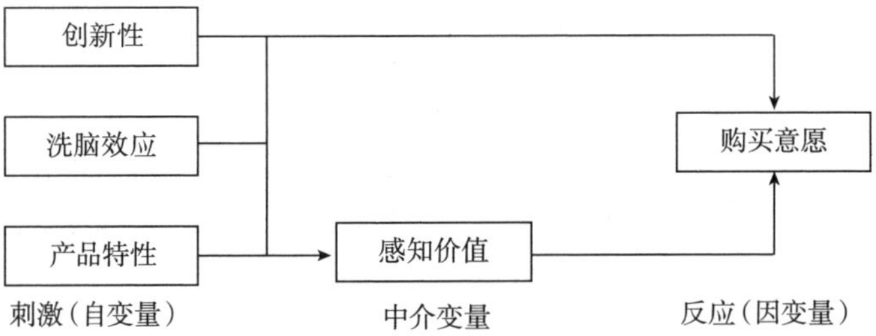

图 4　基于 S－O－R 模型的研究模型

3. 量表设计

本研究变量来自文献，同时也根据案例的特点对变量进行了一定调整与修改，以创新性、洗脑效应、产品特性三个维度作为自变量，以感知价值作为中介变量，以消费者购买意愿作为因变量。

关于创新性、洗脑效应、产品特性、感知价值和购买意愿维度的测量题项分别参考自杜迎珏和董沾溯（2022）、孙威（2011）、刘中静（2019）、张鸣民等（2021）、涂剑波等（2018）的文献，并在不改变原意的基础上进行了适当修改，结果如表 1 所示。

表 1　题项设计

对应变量	编号	题项	参考来源
创新性	CX1	我认为蜜雪冰城主题曲的词曲结合有创新性	杜迎珏、董沾溯（2022）
	CX2	我认为蜜雪冰城主题曲的二创作品有创新性	
	CX3	店铺在活动期间为唱主题曲的顾客免单，有创意	

续表

对应变量	编号	题项	参考来源
洗脑效应	XN1	我认为蜜雪冰城主题曲的旋律很洗脑	刘中静（2019）
	XN2	我认为蜜雪冰城主题曲加深了自己对该活动的印象	
	XN3	主题曲发布期间我脑中会不经意浮现该曲的旋律与歌词	
产品特性	TX1	蜜雪冰城的产品实惠	孙威（2011）
	TX2	蜜雪冰城的产品口味好	
	TX3	蜜雪冰城的产品种类丰富	
感知价值	GZ1	我能在蜜雪冰城买到满意的产品	张鸣民、叶银娇、徐萍（2021）
	GZ2	蜜雪冰城的饮品物有所值	
购买意愿	YY1	价格适合时我愿意优先购买该品牌产品	涂剑波、陶晓波、杨一翁（2018）
	YY2	我会关注蜜雪冰城的活动事件，需要时优先考虑该产品	
	YY3	我愿意向朋友推荐该产品	

（二）数据统计分析

本部分以调查问卷收集的数据为基础。首先，本文通过问卷星设计加工调查问卷，在人际关系交往社区进行问卷转发收集有针对性的信息；其次，通过 SPSS 等数据处理软件对数据进行处理和分析；最后，得出蜜雪冰城主题曲病毒式营销与消费者意愿关系的结论。

本研究发放 132 份问卷，有 128 人购买过蜜雪冰城相关产品且听过蜜雪冰城发布的主题曲，占比为 96.97%。由此可以初步看出，蜜雪冰城的主题曲营销取得了一定的成效，本文针对购买过蜜雪冰城产品和听过其主题曲的消费者回答的问题进行分析。本次调查问卷一共发放了 132 份，其中有效问卷为 128 份，由于调查对象为高校附近的消费者，故年龄段集中在 18 ~ 24 岁和 25 ~ 30 岁，而新式茶饮的主力军的确是以年轻人为主，所以此次调查具有针对性和可参考性，如表 2 所示。

表 2　蜜雪冰城产品购买情况与主题曲知名情况频数分析结果

名称	选项	频数	百分比/%	累积百分比/%
您是否购买过蜜雪冰城的相关产品	1. 是	128	96.97	96.97
	2. 否	4	3.03	100.00
您是否听过蜜雪冰城发布的主题曲	1. 是	128	96.97	96.97
	2. 否	4	3.03	100.00
合计		132	100.00	100.00

（三）信度、效度检验

本部分题目采用的是李克特五级量表，分别以 1 表示“非常不同意”，2 表示“不同意”，3 表示“一般”，4 表示“同意”，5 表示“非常同意”来测量调研者的态度倾向。并用 SPSS 进行了相关分析和回归分析，以及中介检验来确定病毒式营销各维度与消费者购买意愿的关系。

1. 信度检验

本研究采用克伦巴赫信度分析，通过 α 系数、CIT 值进行分析总结，如表 3 所示。

表 3　Cronbach 信度分析

名称	校正项总计相关性（CITC）	项已删除的 α 系数	Cronbach's α 系数
CX1	0.866	0.980	0.981
CX2	0.880	0.980	
CX3	0.855	0.980	
XN1	0.894	0.979	
XN2	0.872	0.980	
XN3	0.874	0.980	
TX1	0.901	0.979	
TX2	0.900	0.979	
TX3	0.878	0.980	
GZ1	0.913	0.979	
GZ2	0.910	0.979	
YY1	0.832	0.981	
YY2	0.849	0.980	
YY3	0.889	0.980	

注：标准化 Cronbach's α 系数为 0.981。

由表 3 可知，本次研究的信度系数值为 0.981，大于 0.9，因而关于蜜雪冰城主题曲研究的相关数据具有较高的信度。表中第 3 列说明，所列题项可以不用进行删除处理。

从第 4 列可知，每一项的 CITC 值均处于高水平，即都大于 0.3（小于 0.3 须剔除），说明各项间有较好相关性，亦说明信度不错。综上所述，蜜雪冰城主题曲营销的相关数据的信度系数值高于 0.9，信度高，可以用于进一步分析。

2. 效度检验

效度检验是用于说明量表题项设置的合理性，研究运用 SPSSAU 对维度的题项进行效度检验分析，结果如表 4 所示。

表 4　效度分析结果

名称	因子载荷系数	共同度（公因子方差）
	因子 1	
CX1	0.884	0.782
CX2	0.897	0.804
CX3	0.875	0.766
XN1	0.910	0.829
XN2	0.891	0.794
XN3	0.892	0.796
TX1	0.917	0.841
TX2	0.916	0.838
TX3	0.896	0.803
GZ1	0.927	0.859
GZ2	0.924	0.855
YY1	0.854	0.730
YY2	0.869	0.755
YY3	0.904	0.817
特征根值（旋转前）	11.268	—
方差解释率/%（旋转前）	80.486	—
累积方差解释率/%（旋转前）	80.486	—
特征根值（旋转后）	11.268	—
方差解释率/%（旋转后）	80.486	—

续表

名称	因子载荷系数	共同度（公因子方差）
	因子 1	
累积方差解释率/%（旋转后）	80.486	—
KMO 值	0.959	—
巴特球形值	2656.782	—
df	91.000	—
p 值	0.000	—

需要对以上指标进行效度分析，以验证数据的效度。根据 KMO 值可知信息的提取是否合适，方差解释率值能展现信息提取水平，共同度值可剔除多余项，根据因子载荷系数可知维度与题项是否契合。从表 4 可直观看出：各项对应的共同度值均处于高数值（在 0.4 以上）；KMO 值为 0.959，亦是高水平；1 个因子的方差解释率是 80.486%，旋转后累积方差解释率为 80.486% >50%。也就是说，各项可以被提取研究。最后，因子载荷处于高数值（ >0.4），说明选项和因子有对应关系。也就是说，假设 H0：创新性、洗脑效应、产品特性反映病毒式营销的重要因素成立。

（四）研究结果分析

1. 相关分析

在进行回归分析前需要对各项做相关分析，确定各项之间是否联系紧密，为回归方程的建立进行事前的特殊处理，经过信度与效度的检验后选用病毒式营销的三个测量维度创新性、洗脑效应、产品特性，以及中介变量感知价值和因变量购买意愿进行相关分析，如表 5 所示。

表 5 Pearson 相关－标准格式

	平均值	标准差	创新性	洗脑效应	产品特性	感知价值	购买意愿
创新性	11.258	4.370	1				
洗脑效应	12.720	4.413	0.880**	1			
产品特性	11.053	4.292	0.853**	0.853**	1		
感知价值	0.000	1.455	0.829**	0.832**	0.946**	1	
购买意愿	10.470	4.532	0.844**	0.805**	0.876**	0.894**	1

注：* $p<0.05$，** $p<0.01$。

根据 Hauke 和 Kossowski 所述，分析数据间关系紧密情况需要分三步，首先需要看 Y 与 X 之间的关系，其次解读相关关系的正负向，或通过相关系数大小说明关系紧密程度，最后进行相关的分析总结（Hauke & Kossowski, 2011）。从表 5 可以得出结论：创新性与后四行的几个变量之间均有显著性（相关系数值 >0），相关系数分别为 0.880、0.853、0.829、0.844，也就是创新性与洗脑效应、产品特性、感知价值、购买意愿这几项间有着正相关关系。

2. 回归分析

（1）创新性、洗脑效应、产品特性、感知价值

首先，以创新性、洗脑效应、产品特性为自变量，因变量设置为感知价值，探究病毒式营销的三个维度与感知价值的关系。线性回归后，可得出以下模型公式：感知价值 = −3.637 +0.013 × 创新性 +0.023 × 洗脑效应 +0.289 × 产品特性，模型 R^2 值为 0.898，认为创新性、洗脑效应、产品特性这三个变量可解释感知价值 89.8% 的变化原因。另外，$F = 374.793$，$p = 0.000 < 0.05$，通过检验，也说明三项中至少有一项会对感知价值产生影响。另外，创新性、洗脑效应的 VIF 值分别为 5.366、5.341，意味着有一定的共线性问题的可能。故针对此问题采用逐步回归方式解决，见表 6。

表 6　逐步回归分析结果（N =132）

	非标准化系数		标准化系数	t	p	VIF	R^2	调整 R^2	F
	β	标准误	*Beta*						
常数	−3.545	0.114	—	−31.076	0.000**	—	0.895	0.894	F（1，130）=1110.228，p = 0.000
产品特性	0.321	0.010	0.946	33.320	0.000**	1.000			

注：因变量：感知价值；D−W 值：1.635；$^{*}p < 0.05$，$^{**}p < 0.01$。

逐步回归模型相较于线性回归的优势在于，该模型会自动识别出有显著性的 X，不具有显著性的 X 则被剔除，一般使用方法默认为逐步 stepwise 法（*Sun Dao − de*, 2000）。将创新性、洗脑效应、产品特性作为自变量，而将感知价值作为因变量进行逐步回归分析（具体回归方式为逐步 stepwise 法），剔除不显著的 X 后，最终余下产品特性在模型中。R^2 值为 0.895，即产品特性可以解释感知价值 89.5% 的变化原因。由表 6 可知，模型通过 F 检验，模型有效。模型公式为：感知价值 = −3.545 + 0.321 × 产品特性。

另外，该模型不存在共线性问题，因为 VIF 值为 1（<5），并且 D-W 值为 1.635，说明模型不存在自相关性，模型拟合好。最终具体分析可知：

产品特性的回归系数值为 0.321（$t=33.320$，$p=0.000<0.01$），意味着产品特性显著正向影响感知价值。

总结分析为：

H1：病毒式营销对高校消费者的感知价值有正向影响，部分成立。

H1a：病毒式营销的创新性对高校消费者的感知价值有正向影响，不成立。

H1b：病毒式营销的洗脑效应对高校消费者的感知价值有正向影响，不成立。

H1c：病毒式营销的产品特性对高校消费者的感知价值有正向影响，成立。

（2）创新性、洗脑效应、产品特性与购买意愿

对病毒式营销的几个维度与购买意愿重复上述操作，先进行线性回归，发现存在一定的共线性问题，于是采用逐步回归来解决该问题，结果如表 7 所示。

表 7　逐步回归分析结果（$N=132$）

	非标准化系数		标准化系数	t	p	VIF	R^2	调整 R^2	F
	β	标准误	Beta						
常数	-0.365	0.508	—	-0.720	0.473	—	0.802	0.799	$F(2, 129)=260.614$，$p=0.000$
创新性	0.369	0.078	0.356	4.732	0.000**	3.678			
产品特性	0.604	0.079	0.572	7.607	0.000**	3.678			

注：因变量：购买意愿；D-W 值：1.745；* $p<0.05$，** $p<0.01$。

将创新性、洗脑效应、产品特性作为自变量，而将购买意愿作为因变量，采用 stepwise 法进行逐步回归分析，剔除不显著项，余下创新程度、产品特性这两项，R^2 值为 0.802，即这两项可解释购买意愿 80.2% 的变化原因。F 检验：$F=260.614$，$p=0.000<0.05$，模型通过该检验，模型有效。可得出模型公式：购买意愿 = -0.365 + 0.369×创新性 + 0.604×产品特性。此外，模型中的 VIF 值都为 3.678，无共线性；并且 D-W 值为 1.745（趋近于 2），模型无自相关性。最终具体分析可知：

创新性的回归系数值为0.369（$t=4.732$，$p<0.01$），即创新性会对购买意愿产生显著的正向影响。

产品特性的回归系数值为0.604（$t=7.607$，$p<0.01$），即产品特性会对购买意愿产生显著的正向影响。

总结分析如下：

H2：病毒式营销对高校消费者购买意愿产生正向影响，部分成立。

H2a：病毒式营销的创新性对高校消费者购买意愿产生正向影响，成立。

H2b：病毒式营销的洗脑效应对高校消费者购买意愿产生正向影响，不成立。

H3c：病毒式营销的产品特性对高校消费者购买意愿产生正向影响，成立。

（3）感知价值与购买意愿分析

将感知价值设置为X，购买意愿设置为Y，研究其影响关系，影响程度与方向，结果如表8所示。

表8　线性回归分析结果（$N=132$）

	非标准化系数		标准化系数	t	p	VIF	R^2	调整 R^2	F
	β	标准误	*Beta*						
常数	10.470	0.177	—	59.097	0.000**	—	0.800	0.798	$F(1, 130)=519.516$，$p=0.000$
感知价值	2.786	0.122	0.894	22.793	0.000**	1.000			

注：因变量：购买意愿；D-W值：1.783；$^*p<0.05$，$^{**}p<0.01$。

从表8可以看出，模型公式为：购买意愿＝10.470 ＋ 2.786×感知价值，模型R^2值为0.800，即X可以解释Y80.0%的变化原因。模型通过（$F=519.516$，$p=0$，且$p<0.05$），也就是说X一定影响Y。最终具体分析可知：

感知价值的回归系数值为2.786（$t=22.793$，$p=0$，且$p<0.01$），即感知价值会对购买意愿产生显著的正向影响。也就是说，假设H3：高校消费者感知价值对其购买意愿产生正向影响，成立。

（4）中介检验

以病毒式营销的三个测量维度创新性、洗脑效应、产品特性为自变量

X，中介变量定为高校消费者的感知价值，最后以购买意愿为因变量 Y 进行中介检验，结果如表9所示。

表9　中介作用检验结果汇总

项	c 总效应	a	b	ab 中介效应值	ab (Boot SE)	ab (z 值)	ab (p 值)	ab (95% BootCI)	c' 直接效应	检验结论
产品特性≥感知价值≥购买意愿	0.596**	0.289**	1.758**	0.508	0.111	4.565	0.000	0.265～0.705	0.088	完全中介
洗脑效应≥感知价值≥购买意愿	0.022	0.023	1.758**	0.040	0.038	1.052	0.293	−0.043～0.112	−0.018	中介作用不显著
创新性≥感知价值≥购买意愿	0.357**	0.013	1.758**	0.024	0.045	0.522	0.602	−0.059～0.121	0.333**	中介作用不显著

注：* $p<0.05$，** $p<0.01$。

由表9可知，c（总效应）表示 X 对 Y 的回归系数。a 表示 X 对 M 时的回归系数，b 表示 M 对 Y 时的回归系数，ab 为 a 与 b 的乘积，即中介效应。总结可知，只有产品特性通过感知价值对消费者购买意愿产生积极影响。由此可以检验假设。

H3：高校消费者感知价值对其购买意愿产生正向影响，部分成立。

H3a：病毒式营销的创新性通过感知价值对高校消费者购买意愿产生正向影响，不成立。

H3b：病毒式营销的洗脑效应通过感知价值对高校消费者购买意愿产生正向影响，不成立。

H3c：病毒式营销的产品特性通过感知价值对高校消费者购买意愿产生正向影响，成立。

五、研究结论

（一）主要结论

随着互联网的深入发展，对消费者行为模式的影响是潜移默化的。消费者的消费意愿通常受到多方面的影响，而网络的因素对消费者的影响越发显著。本次调查的对象主要针对高校附近，为一手资料，可信度较高，可为新式茶饮行业对高校消费者消费倾向的影响相关研究提供参考。

通过案例分析可知，蜜雪冰城作为下沉市场的传奇品牌，占领下沉市场是其长期战略，高性价比是其在下沉市场“长寿”的原因之一。线下“万店”布局，实现规模覆盖，缩短品牌与顾客之间的距离，顾客购物更加便捷。短视频的出现，使得人们对于时间的利用“碎片化”，内容营销逐渐成为主导。企业越发重视创造爆点，因为这样在高效地曝光产品本身的同时，也能大大降低营销的价格。蜜雪冰城主题曲营销的“洗脑效果”，在一定程度上增加了对消费者的接触度，各个媒介的节点自发制作相关视频为蜜雪冰城引流。通过案例分析和文献整理引出了、知道了此次蜜雪冰城主题曲营销的优势是高创新性、高洗脑性、优秀的产品特性，其中创新性能够对消费者的购买意愿产生积极影响，而产品特性能够通过高校消费者的感知价值正向影响消费者购买意愿。

从案例中能够提炼出病毒式营销的几个维度并进行分割，引入感知价值作为中介变量，并就此提出假设进行实证研究，研究病毒式营销对高校消费者购买意愿的影响。

经过对问卷的设计、发放及数据的分析整理，可以得出以下结论：

病毒式营销在运营得当的情况下可能对高校消费者购买意愿产生积极影响。创新性和产品特性能够显著影响高校消费者购买意愿，而洗脑效应对高校消费者购买意愿没有显著影响。

病毒式营销对消费者的感知价值有部分影响。其中，产品特性对高校消费者的感知价值产生正向影响，而创新性与洗脑效应对感知价值的影响不显著。

高校消费者的感知价值对高校消费者的购买意愿产生正向影响。其中，只有产品特性能够通过感知价值对高校消费者的购买意愿产生积极影响，另外二者则不行。

（二）营销启示

营销的创新性一直都是许多企业苦下功夫的地方，在这个信息大爆炸时代，营销手段如果不及时更新迭代很容易陷入同质化的困境。当消费者面对千篇一律的营销模式时，很容易忽略营销活动本身，这时就只能靠品牌力了。然而，这样被动的局面，是企业不愿意看到的，所以对于营销创新性永远应该是进行时。

就本案例而言，营销内容的洗脑效应虽没有对消费者的购买意愿产生影响，但不意味着这种特性要与营销活动绝缘。洗脑效应未必以让消费者产生购买倾向为第一目的，例如，拼多多的每日领红包活动——邀请别人注册为拼多多的新用户提供“砍价”助力来获得现金。虽然这个活动吸引了足够多的新用户，但是这些新用户大多数不能转化为到平台消费的顾客，几乎都是没有活跃度的“僵尸”用户。而且拼多多还曝出“百分之九十九的可能性等于零”的后台算法丑闻，使得这一病毒式营销活动成了反面教材。洗脑效应是增加品牌知名度、增加潜在顾客数量时需要考虑的特性，同时在具体实施的过程中要注意营销内容不能让消费者产生负面情绪，否则会适得其反。

产品不断更新迭代的同时还需要打磨。比如，蜜雪冰城的新式茶饮产品就是经过多年研究改进才有如今独特的风味以及丰富的品类，营销须以有质量保证的产品为基石，如果产品本身得不到保障，所谓爆品也只会是昙花一现。

（三）局限与展望

本研究在许多方面还存在一定的局限与不足。

本研究只是针对高校消费者开展的研究，问卷分析大部分答题来自陕西，地域上具有一定的局限性，代表性也不是很强。

问卷收集的数量不够多，本次研究共发放问卷 132 份，有效问卷 128 份，样本数量少，研究结论容易造成误差。

由于研究方法较为简单，对于病毒式营销的研究还不是很深入，而且研究的总体内容相对笼统，变量数量比较少，各因素间的关系未能全面阐明，缺乏更具体的分析。

未来，互联网与消费者的联系将会越来越紧密，对于消费者行为的研究重心应当更多地聚焦在网络上，如短视频营销等。

蜜雪冰城主题曲的营销很难复制，这个爆点的研究需要谨慎地权衡，还需要更多的变量证实。2021 年“野性消费”成为网络热词，五菱宏光疫情期间制造并捐献口罩，鸿星尔克给郑州洪水捐款，这两件事在广泛传播的同时引发了群众“野性消费”，企业赚得盆满钵满。这两件事虽然也是事件营销，但和病毒式营销有交叉之处，病毒式营销从来就不是一种独立的营销方式，想要开启“病毒传播”的按钮，还需打好病毒式营销的“组合拳”。

参考文献

[1]BANSAL H S,VOYER P A. Word – of – mouth processes within a services purchase decision context[J]. Journal of service research,2000,3(2): 166 – 177.

[2]张巨才．病毒式营销传播透视[J]. 企业研究，2011(19):16 – 20.

[3]王昕,盛丽俊．社交电商平台小红书的病毒营销研究[J]. 中国商论，2019(21):72 – 73.

[4]张宁,郑雁询．人际传播、参照群体与受众部落:以 7 喜系列视频为例解析病毒营销传播[J]. 现代传播，2014,36(4):109 – 113.

[5]张梦中,马克·霍哲．案例研究方法论[J]. 中国行政管理，2002(1): 43 – 46.

[6]DAO – DE S. Selection of the linear regression model according to the parameter estimation[J]. Wuhan university journal of natural sciences,2000,5(4): 400 – 405.

[7]陈焕明．浅谈“病毒营销”[J]. 商场现代化，2006(4):167.

[8]WILSON R F. The six simple principles of viral marketing[J]. Web marketing today,2000,70(1): 232.

[9]舒尔茨,坦纳鲍姆,劳特伯恩．整合营销沟通[M]. 上海:上海人民出版社,2006.

[10]周任慧,张仁钟．对病毒性网络营销的思考[J]. 甘肃科技，2006(10):243 – 244.

[11]杨景越．病毒营销传播分析[J]. 新闻爱好者，2012(14):9 – 10.

[12]杨珏．论“病毒式营销”的传播机制[J]. 山西高等学校社会科学学

报, 2014,26(12):29 -31.

[13]陈致中,石钰. 病毒营销的理论综述与研究前瞻[J]. 现代管理科学, 2016(8):33 -35.

[14]王桂萍,苏晨. 奖励性病毒营销的传播要件与适用情境分析[J]. 江苏商论, 2020(7):12 -15.

[15]黄孝俊,徐伟青. 口碑传播的基本研究取向[J]. 浙江大学学报(人文社会科学版), 2004,34(1):125 -132.

[16]任中峰. 病毒营销[J]. 经营与管理, 2005(2):21 -22.

[17]甄小虎. 浅议网络营销中的病毒式营销[J]. 集团经济研究, 2007(27):322.

[18]张紫琳. 病毒营销实施策略研究[J]. 全国商情(经济理论研究), 2009(7):39 -40.

[19]冯丙奇,王罡,杨婷婷,等. 病毒式营销传播受众品牌认知情形:杜蕾斯"雨夜鞋套"微博传播案例研究[J]. 现代传播, 2015,37(4):119 -125.

[20]袁鲸涛,盛致同. 如何做好病毒性营销:对微信红包病毒性营销的分析[J]. 江苏商论, 2016(7):13 -14.

[21]SHETH J N,NEWMAN B I,GROSS B L. Why we buy what we buy: A theory of consumption values[J]. Journal of business research,1991,22(2): 159 -170.

[22]FISHBEIN M,AJZEN I. Belief, attitude, intention, and behavior: An introduction to theory and research[J]. Philosophy and rhetoric,1997,10(2).

[23]SCHIFFMAN L G, KANUK L L. Consumer behavior[J]. Consumer behavior,2006,43(19): 1121 -1139.

[24]李伟. 影响消费者购买行为的主要因素探析[J]. 职业时空, 2011,7(9):27 -28.

[25]徐青青. 病毒式传播与社交化媒体 :以 Upworthy 利用 Facebook 传播为例[J]. 新闻传播, 2017(19):66 -67.

[26]顾丽. 现代病毒营销模式探析[J]. 经营者, 2014(9):27,118.

[27]蒋敏. 新式茶饮行业发展现状与未来展望[J]. 农业考古, 2021(2):221 -227.

[28]张建斌,栗芸．病毒营销的文献综述及市场应用前沿探析[J]．商业经济研究，2015(29):57-59.

[29]宋来方．简述影响消费者购买行为的因素[J]．现代商业，2012(12):24-25.

[30]杨媛媛．“互联网+”时代网络个性化营销创新研究[J]．商业经济研究，2016(11):57-59.

[31]刘中静．洗脑广告盛行的伦理学分析及解决路径[J]．新媒体研究，2019,5(15):46-47,50.

[32]杨超．网络音乐病毒营销探析[J]．美与时代(下半月)，2011(8):105-107.

[33]ZEITHAML V A. Consumer perceptions of price, quality, and value: A means-end model and synthesis of evidence[J]. Journal of marketing,1988,52(3):2-22.

[34]杜迎珏,董沾溯．老字号品牌创新性感知对消费者购买意愿的影响:基于调节定向理论的调节作用[J]．现代商业，2022(6):3-5.

[35]孙威．物联网产品特性对消费者购买意愿的影响机制研究[D]．长沙:华中科技大学，2011.

[36]张鸣民,叶银娇,徐萍．社交媒体感知价值的量表开发及验证[J]．新闻与传播评论，2021,74(5):28-42.

[37]涂剑波,陶晓波,杨一翁．购物网站服务场景、共创价值与购买意愿:顾客契合的中介效应[J]．财经论丛(浙江财经学院学报)，2018(12):95-104.

[38] HAUKE J, KOSSOWSKI T. Comparison of values of Pearson's and Spearman's correlation coefficients on the same sets of data[J]. Quaestiones geographicae,2011,30(2): 87.

第四篇

数字化转型与创新

商业模式创新、企业技术创新与企业绩效的关系研究①

刘国冰

摘要：创造新的商业模式和新的技术是企业发展的核心，而技术创新与商业模式创新的共同演化发展，能够为企业的商业模式创新注入更核心的竞争力。在数字化驱动下，很多企业的革新瞬息万变。将商业模式创新与技术创新紧密结合，已成为当下商业模式创新的必然走向。本文选取2020年国泰安科创板和创业板840份样本数据，探讨商业模式创新、技术创新与企业绩效之间的相关性。结果表明：商业模式创新对长、短期绩效的影响不同；技术创新正向调节价值传递与长期绩效的关系。

关键词：商业模式创新；技术创新；企业绩效

作者简介：刘国冰，西北大学经济管理学院2022届工商管理系工商管理（财务管理）专业本科生。

一、绪论

（一）研究背景

数字经济时代的到来推动着企业信息化技术革新，在信息技术更新迭代速度加快的同时也为不少企业注入活力，进而驱动着企业商业模式的转变。企业为市场提供商品、配置资源的同时应改变把利润作为唯一目标的

---

① 本文由张洁副教授指导完成。张洁，西北大学经济管理学院副教授，博士生导师，研究方向：企业战略与创新创业管理。

传统观念。企业应考虑到整个市场环境及信息技术发展的影响，作为市场主体的一部分仅仅将经济效益作为唯一目标的模式是短暂的、不可持续的。互联网技术飞速发展，淘宝、滴滴出行等企业采取商业模式创新的方式获得成功，表明企业不应只关注单一的模仿层面，应将商业模式创新进一步着重于竞争者难以模仿的资源和能力上，建立自己的独特优势。技术创新与商业模式创新的共同演化发展能够为企业的商业模式创新注入更核心的竞争力。商业模式创新与技术创新的紧密结合，已成为当下商业模式创新的必然走向。

“商业模式”的概念最早出现在20世纪50年代，随着计算机和网络技术的兴起，商业模式逐步走入大众的视野，并且在现有研究中，大多数的观点都赞同企业绩效差异来源于商业模式创新。在互联网飞速发展的时代，企业如何保持由商业模式创新带来的优势，避免被后发企业模仿超越，就必然要考虑技术创新对于企业的核心作用。技术创新能够帮助企业创造更具竞争力的商业模式。虽然前人在商业模式创新和技术创新的研究中更多的是剖析二者与企业绩效的关系，但是对于商业模式创新、技术创新与企业绩效的关系未形成统一结论，仍处在探索性阶段。

（二）研究目的

商业模式创新与技术创新是企业在经营过程中需要关注的重要问题，管理者要想让企业脱颖而出，就必须要注重企业自身的核心优势和价值。因此，如何通过商业模式创新和技术创新实现更高的价值成为企业管理领域的研究热点之一。商业模式创新历来被企业和学者认为是提高企业自身价值的途径之一，但如果管理者仅选择依靠单一的商业模式创新来获得市场领先地位，则这种突破方式在市场发展过程中很容易被后发企业或者竞争者模仿。例如，淘宝模仿 eBay 的商业模式、微博模仿 Facebook 的商业模式。仅靠单一的模仿不能支撑企业的长远发展，企业需要进一步创新从而形成自己的独特优势。纵观上述企业案例，我们可以明显发现这些企业在模仿之后，要进一步创新才能构建自身的核心技术优势。相比单一的商业模式创新，企业若能够将技术创新与商业模式创新完美地结合起来，便能够使自身具备更强的竞争优势。国内外学者对于技术创新、商业模式创新二者对企业绩效影响的正向作用也有着一致观点。企业的商业模式创新可以划分为价值创造、价值传递、价值实现。那么从这三个方面而言，企业可以考虑以技术创新这一新视角为切入点，这同样也是大多数企业选择的方式（武常岐等，2020）。因此，本文旨在探究国内企业的商业模式创新和技术创新与企业长、短期绩效之间的关系。

（三）研究意义

本文的研究意义如下：

第一，现有研究大多采用问卷调查或者案例研究的形式，本文将商业模式创新、技术创新与企业长、短期绩效进行对比剖析，并用数据验证商业模式创新和技术创新相关领域的理论成果，为深入认识与理解相关创新研究提供一定的借鉴。

第二，国内一些新兴企业对相关创新的理解不够成熟，如后发企业，它们需要找准自身的商业模式，通过创新获得更好的发展，进一步追赶行业领先者。通过剖析二者对企业绩效的影响，能够引导这部分企业找到竞争点，成功预测和把握市场。

第三，将企业与时代的发展潮流紧密结合，在“互联网 +”时代，技术创新与商业模式创新不仅是企业追求自身更好发展的体现，也与时代发展趋势相契合。

二、理论基础与文献综述

（一）商业模式创新

20 世纪 50 年代“商业模式”这一概念被提出，并在 90 年代开始盛行。越来越多的学者投入商业模式的相关研究中，探究其背后隐含的价值并取得了大量的成果。企业在发展或者转型时，需考虑对产品和服务进行改造，形成自己的独特性，而这种独特性便需要以技术和商业模式的创新作为支撑，即在当下市场之中必须要有产品和服务的创新。

通过归纳现有研究中的有关商业模式概念后发现，大部分学者基本是从经济类（Afuah et al.，2003）、运营类（Timmers，1998）、战略类（Dubosson et al.，2002）、整合类（Osterwalder et al.，2005）四个层面进行划分，也有文献将商业模式概念分为运营视角、价值链视角、价值活动三个层面。数字化时代背景下，这一概念得到各界的关注，并开始对“商业模式创新”的研究进一步深化。国内学者罗珉等（2015）从租金的角度对商业模式的内在驱动力进行分析，进一步发现其在互联网时代所起到连接的重要性，与此同时揭示了互联网时代下企业商业模式追逐的是红利。高闯等（2006）基于价值链的理论基础，剖析商业模式创新演化方式。田志龙等（2006）为有关企业如何选择商业模式创新途径提出了一些可参考的思路和实践框架。

从商业模式构成要素分析，现有研究主要用4～8个要素数量来描述，如Dubosson等（2002）将其分为产品、财务界面等四个要素；Christensen等（2016）、王鑫鑫等（2012）将商业模式创新划分为6个要素。张敬伟等（2010）将其分为3个要素。在现有研究中也存在对商业模式创新的多种度量方法，大部分学者采用案例研究法；部分学者会进行量表开发，利用问卷调查的方式对商业模式创新进行度量；还有一部分学者采用财务指标的方式对商业模式创新进行度量，如翟淑萍、刘正阳等。

从商业模式创新与企业绩效关系的角度进行研究，大量研究结果表明，不同的创新方式为企业带来不同的业绩、不同的模式，导致经营绩效也会有很大差别。对商业模式的深入剖析能够为公司的发展提供新的思路，为企业的产品和服务变革创造新的突破口，进而增加公司的利润。李武威等（2019）通过比较二者对企业绩效的影响，最终发现，前者的作用会更加显著，更能提升企业非财务绩效；仝自强等（2020）分析了2014—2019年沪深市场成长型公司的数据后，发现商业模式和技术创新均可以提高公司业绩，二者的平衡性和组合性对后发企业绩效有很大的促进作用，同时商业模式创新也起到一个中间性的角色；Amit和Zott（2007）对创新企业进行分析研究，并对商业模式创新进行分类，将模式分为新颖型和效率型，研究结果表明，二者均能有效地提高公司的经营业绩。

（二）技术创新

马凤娣（1999）从产品、生产方法、供应来源和企业组织四个方面来定义创新活动，当出现一项具有创新性的技术时，能够帮助企业在市场中保持其行业领先地位。熊彼特（1990）认为创新具备三个特征：首先，创新并不是局限的，也可以和技术间接相关，它可以是产品方面的创新，可以是工艺方面的创新，也可以是市场和组织创新；其次，在资本主义经济发展的过程中创新起到了极大的推动作用；最后，创新使经济发生周期性变化。企业可以通过技术创新为自身降低各类成本费用，为其带来价值效益和独特优势，进而帮助企业提升绩效。Brown 等（1992）认为在不同时期企业都需要技术创新以保持自身的竞争力，同时通过实证分析进一步证明了技术创新与企业绩效呈显著正向关系。

从技术创新的内涵出发，国内外学者从不同角度对技术创新进行了界定。就经济学视角而言，陈其荣（2000）从哲学的角度研究表明，技术创新是以企业为主体进行的一项实践活动，企业将客体转变形态，以便实现这些对象的目标价值。许庆瑞（2000）将技术创新视为一个过程，这个过程包括公司最开始的设计、实验直至其可以被投放到市场之中。

关于技术创新和企业业绩的关系，学者从不同角度进行了研究。周煊等（2012）对技术创新的数量和质量进行研究，发现技术创新的数量和质量的不同会导致企业的财务绩效出现不同程度的差别，同时企业的专利数量和自身的业绩呈正相关，从技术创新的质量水平上看，前者对绩效的作用更大。尹美群等（2018）将公司分为三类：资本、技术和劳动。技术密集型虽可以提高当前的绩效，但会降低未来业绩表现，将资本密集型和劳动密集型对比分析后，针对前者，创新投入可以明显地改善企业业绩，从而进一步提高创新投入的强度；并且无论是未来还是现在的创新投入，都与前一阶段的收益息息相关。黄禹等（2013）研究表明，R&D 投入对绩效的影响并不明显。陈建丽（2015）等通过对五年的制造业数据进行分析，发现研发强度对当期绩效起负向影响，其中的影响有滞后性与双门限作用。

三、研究假设

（一）商业模式创新与企业绩效

由于商业模式创新过程的异质性，企业的商业模式随着环境不断迭代更新。商业模式创新回归到本质的“创新”二字，就是对商业模式要素或者这些要素的关系利用现有的资源进行改进或者创造，从而获得一定效益。这种要素或要素关系的变化具有较大的作用，能够为企业带来独特的竞争优势，同时帮助企业提高业绩。随着互联网的不断发展，传统企业面临着商业模式创新变革的重大挑战，同时也为新兴企业的发展提供了机遇。商业模式创新已成为企业与管理者的选择，究其根本，商业模式的创新就是创新价值创造的方式，进而提高企业竞争力。本文参考商业模式的三要素模型，从价值创造、价值传递、价值实现三个方面进行分析，在理论基础与文献回顾的基础上，提出假设：

H1：商业模式创新对长期绩效的促进作用大于短期绩效。

H1a：价值创造对长期绩效的促进作用大于短期绩效。

H1b：价值传递对长期绩效的促进作用大于短期绩效。

H1c：价值实现对长期绩效的促进作用大于短期绩效。

（二）技术创新的调节作用

在商业模式创新的背景下，技术创新同样也是管理者应注重的问题，技术创新活动不仅成为当下企业进行商业实践活动不可或缺的一部分，而且也是企业进一步提升企业绩效的需要。“商业模式创新”与“技术创新”回归到“创新”二字便是针对商业模式要素或者这些要素的关系，企业要利用现有的资源对其进行改进或者创造，从而获得一定的效益，为企业带来独特的竞争优势。关于技术创新与企业绩效研究，大部分学者认为技术创新有助于企业绩效的提升，还有部分学者认为企业进行技术创新并不会给企业绩效带来正向影响，甚至在短期内会对企业绩效起到负向作用。本文提出以下假设：

H2a：技术创新对企业长期绩效具有促进作用。

H2b：技术创新对企业短期绩效具有促进作用。

无论是技术创新，还是商业模式创新，都是企业实践活动不可或缺的一部分，大部分企业在实践活动过程中并未将商业模式创新与技术创新相结合。已有研究结果表明，将商业模式创新与技术创新进行有效的结合具有巨大的潜力，二者可以相互联系、相互影响。将企业技术创新与商业模式创新相结合是企业绩效发展的核心问题。成功的商业模式创新与技术创新的结合能够有效促进企业绩效的发展，同时也能够帮助企业建立一个更为稳健的发展空间，但现有情况中，将企业的技术创新与商业模式创新成功结合的案例凤毛麟角。因此，企业需要正确考虑如何将二者有效结合，将其规范化纳入长期战略，这样的结合能够帮助企业更好地提高绩效。如何正确处理商业模式创新和技术创新的关系成为现实中大多数企业考虑的问题。学者对于有关技术创新与商业模式创新对绩效的作用认识并不统一，尚未达成共识，有些学者认为这是对长期绩效有益的做法，而有些学者则认为会对企业短期绩效存在一定的抑制作用，企业在短时间内绩效并不能得到提高。据此，本文提出以下假设：

H3：技术创新正向调节商业模式创新与企业长期绩效的关系。

H3a：技术创新正向调节价值创造与企业长期绩效的关系。

H3b：技术创新正向调节价值传递与企业长期绩效的关系。

H3c：技术创新正向调节价值实现与企业长期绩效的关系。

H4：技术创新正向调节商业模式创新与企业短期绩效的关系。

H4a：技术创新正向调节价值创造与企业短期绩效的关系。

H4b：技术创新正向调节价值传递与企业短期绩效的关系。

H4c：技术创新正向调节价值实现与企业短期绩效的关系。

四、研究设计

（一）数据来源与样本选取

本文以科创板与创业板所有上市公司1500余家企业作为数据样本。原因如下：①科创板的企业皆符合国家创新发展战略，获得了较高的市场认可度，并且科创板的不少企业都具备自己的核心技术；近年来创业板企业通过创新快速成长，提高市场竞争力，创业板上市企业更加重视商业模式创新和技术创新。②科创板与创业板的企业大部分属于新技术产业和战略性新兴产业。

此外，为使数据更具说服力，本文做了以下处理：①对 ST 和 * ST 企业进行筛除；②对金融行业公司进行筛除；③对数据披露及重要变量不全的企业进行剔除。通过上述处理最后得到符合条件的企业 840 家，共 840 个实证样本。本文选取了科创板与创业板 840 家企业 2020 年相关数据，所选取的样本数据皆来自 CSMAR。

（二）模型构建

根据本文提出的研究假设，进一步研究二者与企业长、短期绩效之间的关系，基于理论分析建立模型如下：

$$f(p)=\alpha_0+\alpha_1 BMI+\alpha_2 TI+\alpha_3 BMI\cdot TI+\alpha_4 age+\alpha_5 size+\alpha_6 soe+\eta$$

其中，p 是被解释变量，表示企业绩效，而在本文中分别用 *ROE* 和 *ROIC* 表示净资产收益率和资本回报率；*BMI* 表示商业模式创新；*TI* 表示技术创新；用员工人数衡量规模 *size* 以及 *age*、*soe* 三者作为本文的控制变量。

（三）变量选择及定义

本文的变量选取如表 1 所示。

表 1　变量定义

变量		维度	指标	指标说明
自变量	商业模式创新	价值创造	速动比率	流动资产/流动负债
			债务保障率	经营活动产生的净现金流/负债总额
			权益负债比率	所有者权益/总负债
		价值传递	存货周转率	销售成本/平均存货
			应收账款周转率	营业收入/平均应收账款
			总资产周转率	销售收入/平均总资产
		价值实现	营业收入同比增长率	本年营业收入/上年营业收入-1
			净利润同比增长率	本年净利润/上年净利润-1
			主营业务利润率	营业利润/营业收入
因变量	技术创新	研发投入	研发投入比	研发投入/营业收入
	企业绩效	短期绩效	净资产收益率（*ROE*）	税后净利润/平均所有者权益
		长期绩效	资本回报率（*ROIC*）	净利润/投入资本总额

1. 商业模式创新

商业模式创新回归到本质，就是通过利用现有的资源改进或者创造要素或者要素之间的关系。具体变量的度量参考刘正阳等（2019）文章中商业模式创新衡量指标，商业模式创新的价值创造主要涉及日常经营的相关因素，例如新的产品、服务或盈利点，在这个过程中更强调企业资金的运营情况及发展潜力等。价值传递涉及企业的合作伙伴与交易方式，因此该维度更侧重强调与客户往来的接触过程、运营能力。价值实现涉及盈利方式、新的合作伙伴等，强调企业的经营管理过程和活力，因此选用营业收入增长率、净利润增长率以及主营业务利润率三个指标来度量。

2. 技术创新

技术创新是向市场引进新产品、新服务等。研发投入与技术创新紧密相关，结合已有研究，用研发投入衡量技术创新。

3. 企业绩效

企业绩效是对某一期间的企业经营效益和经营者业绩的衡量，大多通过相关财务指标等来反映。在对企业绩效的衡量方法上，目前研究中大多数会采用 *ROE* 来衡量；部分学者将其进一步细化，分为财务与非财务两个方面；还有学者将企业绩效按周期划分为长期和短期。本文参考汤清等（2015）的做法，选用净资产收益率（*ROE*）来衡量企业的短期绩效，选择资本回报率（*ROIC*）来衡量企业的长期绩效。

4. 控制变量

本文的控制变量参考马文聪等（2011）以及陈菊红等（2020）的研究，选择企业年龄（*age*）、企业规模（*size*）、股权性质（*soe*）作为控制变量。用员工人数度量企业规模；产权性质主要分为国企和非国企，用 1 表示国企，用 2 表示非国企。

五、实证研究

（一）因子分析

1. 变量选取

本文选用因子分析法，所选指标如表 2 所示。

表 2　变量选取

	维度	符号	指标	变量说明
商业模式创新	价值创造	X_1	速动比率	流动资产/流动负债
		X_2	债务保障率	经营活动产生的净现金流/负债总额
		X_3	权益负债比率	所有者权益/总负债
		X_4	存货周转率	销售成本/平均存货
	价值传递	X_5	应收账款周转率	营业收入/平均应收账款
		X_6	总资产周转率	销售收入/平均总资产
		X_7	营业收入同比增长率	本年营业收入/上年营业收入–1
	价值实现	X_8	净利润同比增长率	本年净利润/上年净利润–1
		X_9	主营业务利润率	营业利润/营业收入

2. KMO 和 Bartlett 球形度检验

KMO 检验如表 3 所示。越接近 1 时，说明变量之间的关联度越高；反之，当结果数值越接近于 0 时，则关联度越低。通常用 0.6 作为衡量指标，KMO 为 0.619 >0.6，表明该变量可以有一个很好的提取效果。同时，巴特利特球形度检验结果显示为 0 <0.005，因此九项指标适合做因子分析。

表 3　KMO 和巴特利特球形度检验

KMO 取样适切性量数		0.619
巴特利特球形度检验	近似卡方	3466.742
	自由度	36.000
	显著性	0.000

3. 公因子提取

用 SPSS 25.0 进行因子分析的结果如表 4 所示，说明需要 26.884% 的 F_1，需要 23.49% 的 F_2，需要 14.146% 的 F_3，才能将变量表示为 1。累积解释的总贡献率为 64.519%，即各因子方差累积解释率为 64.519%。一般来说大于 60% 是较为理想的。

表4 总方差解释

成分	初始特征值			提取载荷平方和			旋转载荷平方和		
	总计	方差百分比	累积/%	总计	方差百分比	累积/%	总计	方差百分比	累积/%
1	2.810	31.219	31.219	2.810	31.219	31.219	2.420	26.884	26.884
2	1.822	20.250	51.469	1.822	20.250	51.469	2.114	23.490	50.374
3	1.175	13.050	64.519	1.175	13.050	64.519	1.273	14.146	64.519
4	1.001	11.127	75.646						
5	0.838	9.317	84.963						
6	0.637	7.077	92.039						
7	0.377	4.193	96.232						
8	0.295	3.279	99.511						
9	0.044	0.489	100.000						

注：提取方法为主成分分析法。

4. 因子载荷矩阵

根据旋转后的成分矩阵，将商业模式创新指标体系分为三个因子，如表5所示。根据表5，因子分析模型如下：

$X_1 = 0.955F_1 + 0.037F_2 - 0.090F_3$　　$X_2 = 0.653F_1 + 0.478F_2 - 0.109F_3$

$X_3 = 0.967F_1 + 0.033F_2 - 0.094F_3$　　$X_4 = 0.096F_1 - 0.167F_2 + 0.817F_3$

$X_5 = -0.010F_1 - 0.001F_2 + 0.146F_3$　　$X_6 = -0.211F_1 + 0.316F_2 + 0.696F_3$

$X_7 = 0.004F_1 + 0.743F_2 + 0.223F_3$　　$X_8 = 0.006F_1 + 0.844F_2 - 0.123F_3$

$X_9 = 0.303F_1 + 0.700F_2 - 0.076F_3$

表5 旋转后的成分矩阵[a]

符号	指标	成分		
		1	2	3
X_1	速动比率	0.955	0.037	−0.090
X_2	债务保障率	0.653	0.478	0.109
X_3	权益负债比率	0.967	0.033	−0.094
X_4	存货周转率	0.096	−0.167	0.817
X_5	应收账款周转率	−0.010	−0.001	0.146
X_6	总资产周转率	−0.211	0.316	0.696
X_7	营业收入同比增长率	0.004	0.743	0.223
X_8	净利润同比增长率	0.006	0.844	−0.123
X_9	主营业务利润率	0.303	0.700	−0.076

由表5可得，因子 F_1 在变量 X_1 速动比率、变量 X_2 经营活动产生的现金流/负债合计、变量 X_3 权益负债比上有着较大载荷，故将 F_1 定义为价值

创造因子；因子 F_2 在变量 X_7、变量 X_8 和变量 X_9 主营业务利润率上的影响较大，故将 F_2 定义为价值实现；变量 X_4、变量 X_5 和 变量 X_6 对因子 F_3 影响较大，故将 F_3 定义为价值传递因子。

5. 因子得分与综合评价得分

表 6　成分得分系数矩阵

指标	成分		
	1	2	3
流动比率	0.413	−0.083	0.003
债务保障率	0.245	0.159	0.106
权益负债比率	0.418	−0.087	0.001
存货周转率	0.128	−0.155	0.679
应收账款周转率	0.008	−0.010	0.117
总资产周转率	−0.073	0.134	0.521
营业收入同比增长率	−0.065	0.359	0.126
净利润同比增长率	−0.104	0.435	−0.159
主营业务利润率	0.049	0.325	−0.087

根据成分得分系数矩阵计算各因子与综合得分，根据表 6 用九个变量指标将三个因子进行线性表示如下：

$$F_1 = 0.413X_1 + 0.245X_2 + 0.418X_3 + 0.128X_4 + 0.008X_5 - 0.073X_6 - 0.065X_7 - 0.104X_8 + 0.049X_9$$

$$F_2 = -0.083X_1 + 0.159X_2 - 0.087X_3 - 0.155X_4 - 0.010X_5 + 0.134X_6 + 0.359X_7 + 0.435X_8 + 0.325X_9$$

$$F_3 = 0.003X_1 + 0.106X_2 + 0.001X_3 + 0.679X_4 + 0.117X_5 + 0.521X_6 + 0.126X_7 - 0.159X_8 - 0.087X_9$$

根据三个因子的方差累计贡献率和公因子结果，采用加权求和的方法得到：

$$F\ (BMI) \ = \ = 0.4156 \times F_1 + 0.3641 \times F_2 + 0.2193 \times F_3$$

（二）描述性统计

对 840 家样本数据进行处理，总体样本的描述性统计结果如下：首先看变量企业年龄，平均值是 17.55，最大、最小值分别是 35 和 6，说明年龄差距较为明显；员工数量被用来衡量规模，均值为 2028，最大值、最小值分别为111900和87，说明规模差距也较大。被解释变量绩效即长期绩效标准差为0.147，最大值、最小值分别为0.706和－2.538（见表7）。综合来看，这些大部分变量都有很大差别。

表7　2020年科创板及创业板840家上市公司有关变量的描述性统计结果

变量	样本	平均值	标准差	最小值	最大值
age	840	17.550	5.050	6	35
size	840	2028	5213	87	111900
soe	840	1.920	0.271	1	2
ROIC	840	0.056	0.147	–2.538	0.706
ROE	840	0.0429	0.424	–10.99006	0.741787
TI	840	8.085	6.799	0.100	58.85
F_1	840	17.680	297.9	–1.585	8479
F_2	840	–17.920	361.0	–10273	31.99
F_3	840	76.530	1580	–5.134	44968
BMI	840	17.600	338.9	–7.517	9643

数据来源：国泰安数据库。F_1为价值创造因子，F_2为价值实现因子，F_3为价值传递因子，*BMI*为商业模式创新，*TI*技术创新。

（三）相关性分析

表8为主要变量的相关性分析结果。由表8中数据可知，在没有其他控制变量影响下，我们可以发现技术创新与长期绩效相关系数为－0.083，表明技术创新与企业长期绩效在1%的置信水平下二者成反比；与短期绩效相关系数为－0.062，表明技术创新与短期绩效在1%的显著性水平呈负相关关系；同时，F_1、F_2、F_3以及*BMI*总分和*ROIC*的结果分别为－0.069、0.075、－0.070、－0.067。上述变量与长期绩效有较高的相关性。

（四）实证结果分析

采用多元回归的方法将价值创造F_1、价值实现F_2、价值传递F_3、*BMI*因子总分、技术创新以及商业模式创新与技术创新协同分别与企业长期绩效（*ROIC*）和短期绩效（*ROE*）进行回归，得到20次回归结果如表9、表10所示。首先，研究价值创造F_1、价值实现F_2、价值传递F_3与企业绩效的关系，可以发现在5%的显著水平下相比短期绩效，这三个因子与长期绩效更为显著，而因子F_1和因子F_3与*ROIC*呈负相关，而因子F_2与*ROIC*

存在正相关关系。*BMI* 又与 *ROIC* 成正比，表明商业模式创新能够对企业的长远经营业绩具有显著的正向作用，因此 H1 假设成立。根据数据，因子 F_1 与因子 F_3 与 *ROIC* 呈负相关，并且因子 F_1 和因子 F_3 与 *ROE* 不相关，因此 H1a 和 H1b 的假设不成立，H1c 假设得到验证。同样显著性水平为 5% 的情况下，技术创新与企业的 *ROIC* 存在显著的正相关关系，这也说明技术创新对 *ROIC* 的正向影响比短期绩效更为显著，而技术创新与长期绩效相关，在 10% 的显著水平下，对企业的短期经营业绩影响为负。假设 H2a 得到验证，假设 H2b 不成立。其次，通过商业模式创新和技术创新进行因子乘积与绩效回归后，我们可以发现将二者做因子乘积后，在交互作用下二者关系并不显著。因此假设 H3 和假设 H4 未能得到验证，该假设不成立。最后，将三个因子 F_1、F_2、F_3 分别与 *TI* 做因子乘积与绩效做回归，发现因子 F_2 在 *TI* 调节作用下，在 5% 的显著性水平下，对长期绩效起促进作用；在 10% 的显著性水平下，对短期绩效起促进作用。因子 F_1 和因子 F_3 在 *TI* 的调节下，关系并不显著。因此，假设 H3a、假设 H3b、假设 H4a 和假设 H4b 不成立，假设 H3c 和假设 H4c 得到验证。

表 8 Pearson 相关系数检验

	code	*age*	*size*	*soe*	*ROE*	*ROIC*
code	1					
age	-0.295^{***}	1				
size	-0.104^{***}	−0.038	1			
soe	0.087^{**}	-0.085^{**}	−0.012	1		
ROE	0.127^{***}	-0.058^{*}	0.033	−0.005	1	
ROIC	0.228^{***}	-0.076^{**}	0.049	0.008	0.871^{***}	1
TI	0.117^{***}	-0.099^{***}	-0.071^{**}	0.040	-0.062^{*}	-0.083^{**}
F_1	−0.031	−0.012	−0.009	−0.015	−0.042	-0.069^{**}
F_2	0.036	0.011	0.008	0.016	0.046	0.075^{**}
F_3	−0.035	−0.011	−0.007	−0.016	−0.042	-0.070^{**}
BMI	−0.033	−0.012	−0.008	−0.016	−0.040	-0.067^{*}
RD1	F_1	F_3	*BMI*			
RD1	1					
F_1	−0.0400					
F_2	0.0410	1				
F_3	−0.0420	-1.000^{***}	1			
BMI	−0.0420	-1.000^{***}	1.000^{***}	1		

数据来源：国泰安数据库。F_1为价值创造因子，F_2为价值实现因子，F_3为价值传递因子，*BMI* 为商业模式创新，*TI*为技术创新。

表 9　商业模式创新、技术创新与长期绩效回归结果

变量	(1)	(2)	(3)	(4)	(5)	(6)	(7)	(8)	(9)	(10)
	ROIC	ROIC	ROIC	ROIC	ROIC	ROIC	ROIC	ROIC	ROIC	ROIC
F_1	−0.000034** (−2.03)									—
F_2		0.000031** (2.20)								—
F_3			−6.52e−06** (−0.25)							—
BMI				0.000294** (−1.98)						−0.000047** (−2.45)
TI					0.001904** (−2.55)					−0.002027*** (−2.72)
BMI·*TI*						0.000020** (1.15)				0.000023 (1.31)
F_1·*TI*							−0.000018 (−0.77)			—
F_2·*TI*								0.000286** (2.56)		—
F_3·*TI*									−2.63e−06 (−0.90)	—
age	−0.021811** (−2.18)	−0.021800** (−2.18)	−0.021791** (−2.17)	−0.002179** (−2.17)	−0.001904** (−2.55)	−0.002062** (1.15)	−0.002476** (−2.45)	−0.002581** (−2.54)	−0.002481** (−2.46)	−0.002319** (−2.30)
size	1.29e−06 (1.33)	1.29e−06 (1.33)	1.29e−06 (1.33)	1.29e−06 (1.33)	1.12e−06 (1.16)	1.32e−06 (1.37)	1.10e−06 (1.13)	1.07e−06 (1.11)	1.10e−06 (1.14)	1.13e−06 (1.17)
soe	0.005550 (0.03)	0.004646 (2.19)	0.005186 (2.19)	0.005524 (0.03)	0.002626 (0.14)	0.003099 (0.17)	0.001204 (0.06)	−0.001721 (−0.09)	0.000869 (0.05)	0.004937 (0.26)
_cons	0.091266** (2.19)	0.913615** (2.19)	0.911842** (2.19)	0.911445** (2.19)	0.106376** (2.52)	0.083446** (1.98)	0.110664*** (2.60)	0.118964*** (2.81)	0.111583 (2.62)	0.101153** (2.38)

数据来源：国泰安数据库。F_1为价值创造因子，F_2为价值实现因子，F_3为价值传递因子，*BMI*为商业模式创新，*TI*为技术创新。

表 10　商业模式创新、技术创新与短期绩效回归结果

变量	(1)	(2)	(3)	(4)	(5)	(6)	(7)	(8)	(9)	(10)
	ROE	*ROE*	*ROE*	*ROE*	*ROE*	*ROE*	*ROE*	*ROE*	*ROE*	*ROE*
F_1	0.000060 (–1.23)									—
F_2		0.000054 (1.34)								—
F_3			–0.000012 (–1.23)							—
BMI				–0.000051 (–1.19)						–0.000086 (–1.54)
TI					–0.041257* (–1.91)					–0.004352** (–2.01)
BMI·TI						0.000040 (0.76)				0.000045 (0.88)
F_1·*TI*							–0.000241 (–1.85)			—
F_2·*TI*								0.000067* (1.82)		—
F_3·*TI*									-5.31e–06 (–1.92)	—
age	0.004924* (–1.23)	0.004922* (–1.70)	–0.042900* (–1.70)	–0.004920* (–1.70)	0.005425* (–1.87)	–0.004695* (–1.61)	–0.005566 (–1.91)	–0.005831** (–2.00)	–0.005574* (–1.92)	–0.005247* (–1.80)
size	2.43e–06 (0.87)	2.43e–06 (0.87)	2.443–06 (0.87)	2.44e–06 (0.87)	2.07e–06 (0.74)	2.49e–06 (0.89)	2.02e–06 (0.72)	1.94e–06 (0.69)	2.03e–06 (0.72)	2.08e–06 (0.74)
soe	0.015589 (–0.29)	–0.157576 (–0.29)	–0.156479 (–0.29)	–0.155846 (–0.29)	0.011362 (–0.21)	–0.010708 (–0.20)	–0.014272 (–0.26)	–0.021533 (–0.40)	–0.014915 (–0.28)	–0.006763 (–0.12)
_cons	0.155373 (1.29)	0.155578 (1.29)	0.155216 (1.29)	0.155131 (1.29)	0.189093 1.55	0.140388 (1.15)	0.197862 (1.61)	0.218543 (1.78)	0.199620 (1.62)	0.004352 (1.45)

数据来源：国泰安数据库。F_1为价值创造因子，F_2为价值实现因子，F_3为价值传递因子，*BMI*为商业模式创新，*TI*为技术创新。

六、研究结论与启示

（一）研究结论

本文以2020年科创板与创业板的840家公司为样本并进行分析，研究表明，在商业模式创新的三个因子中，价值创造与价值传递对企业长期绩效的负向作用更为显著；同时，与企业的短期绩效相比，商业模式创新过程中，价值实现对企业长期绩效的促进作用更大；并且，技术创新对公司的长期绩效也有着显著的积极影响作用。在技术创新与商业模式创新进行因子乘积后，二者间协同作用对绩效影响并不明显。同时发现，在价值实现环节中，技术创新起的调节作用最为明显。因此对于上述结论，企业在商业模式创新过程中要考虑三个要素的特殊性和侧重点，考虑如何选择合适的技术创新，并与之相结合。同时，在商业模式创新过程中应该考虑到与技术创新的匹配性，将技术创新与商业模式创新纳入长期性企业战略中，利用好自身资源，或者考虑以技术创新为引导开展商业模式创新活动，更好地实现二者的有效互动。在当今信息时代，技术创新和商业模式创新成为企业发展的新路标，企业可以从产品、服务、结构、渠道、激励手段、生产环节等方面考虑如何将技术创新与商业模式创新有效结合，从而提高自身竞争力。

（二）启示

当下“创新”已经成为一种新的经济资源，对技术与商业模式进行创新能够为企业带来根本性的发展。信息时代的飞速发展为企业商业模式创新提供了机遇，在网络化与智能化深度融合的今天，商业环境自身所具有的强大的不稳定性，使得企业更加清楚地认识到，进行商业模式与技术创新是发展过程中的优势抉择。本文研究具有以下启示：第一，在大数据时代，互联网科技迅速发展的背景下，不能固守传统，要积极进行商业模式创新，敢于尝试、打破常规、推陈出新、革旧取新；企业应该明确，推动生产力发展中的一个方面就是依靠创新。商业模式是企业核心战略的核心反映，企业进行商业创新应该具备战略性，不能盲目跟风、盲目创新，必须从现实出发，结合企业自身特点进行商业模式创新。第二，在进行商业模式创新与新的技术创新时，应考虑新的商业模式与新的技术的出现不会成为现有产品或服务的阻碍。更不能刻板地认为创新活动只能为企业增加成本、增加负担。第三，很多企业希望在技术创新的基础上进行商业模式创新，但是没有深入地考虑二者的匹配性，企业应将技术创新与商业模式创新深度融合，建立“技术创新+商业模式创新”的共演优势。

参考文献

[1]武常岐,施浪,张昆贤. 数字经济背景下众筹平台国际化研究:基于价值共创的视角[J]. 经济与管理研究, 2020,41(6):3-18.

[2]AFUAH A, T C L. Internet business models and strategies: Text and cases [M]. New York: McGraw-Hill,2003:384.

[3]TIMMERS P. Business models for electronic markets[J]. Electronic markets,1998, 8(2): 3-8.

[4]DUBOSSON M, OSTERWALDER A, PIGNEUR Y. E-business model design, classification, and measurements[J]. Thunderbird international business review, 2002,44(1): 5-23.

[5]OSTERWALDER A, PIGNEUR Y, T C L. Clarifying business models: Origins, present, and future of the concept[J]. Communications of the association for information systems, 2005,16(1): 1.

[6]罗珉,李亮宇. 互联网时代的商业模式创新:价值创造视角[J]. 中国工业经济, 2015(1):95-107.

[7]高闯,关鑫. 企业商业模式创新的实现方式与演进机理:一种基于价值链创新的理论解释[J]. 中国工业经济, 2006(11):83-90.

[8]田志龙,盘远华,高海涛. 商业模式创新途径探讨[J]. 经济与管理, 2006(1):42-45.

[9]DUBOSSON-TORBAY M, OSTERWALDER A, PIGNEUR Y. E-business model design, classification, and measurements[J]. Thunderbird international business review, 2002,44(1): 5-23.

[10]王鑫鑫. 软件产业发展与软件企业商业模式创新[J]. 产业与科技

论坛，2012,11(3):24－25,67.

[11]张敬伟，王迎军．基于价值三角形逻辑的商业模式概念模型研究[J]．外国经济与管理，2010,32(6):1－8.

[12]李武威，朱杰堂，张园园．商业模式创新对企业绩效的影响研究：基于Meta分析方法的检验[J]．价格理论与实践，2019(11):113－116.

[13]仝自强，李鹏翔，杨磊．商业模式创新的绩效评价体系演化研究——以海尔集团为例[J]．管理现代化，2020,40(3):43－46.

[14]ZOTT C，AMIT R. Business model design and the performance of entrepreneurial firms[J]．Organization science，2007,18(2): 181－199.

[15]马凤娣．熊彼特的经济发展理论[J]．学术论坛，1999(1):23－27.

[16]熊彼特．经济发展理论[M]．北京：商务印书馆，1990.

[17]BROWN R. Managing the "S" curves of innovation[J]．Journal of business & industrial marketing，1992,7(3):41－52.

[18]陈其荣．技术创新的哲学视野[J]．复旦学报(社会科学版)，2000(1):14－20,75.

[19]许庆瑞．研究、发展与技术创新管理[M]．北京：高等教育出版社，2000.

[20]周煊，程立茹，王皓．技术创新水平越高企业财务绩效越好吗——基于16年中国制药上市公司专利申请数据的实证研究[J]．金融研究，2012(8):166－179.

[21]尹美群，盛磊，李文博．高管激励、创新投入与公司绩效：基于内生性视角的分行业实证研究[J]．南开管理评论，2018,21(1):109－117.

[22]黄禹，韩超．研发投入对企业绩效的实证研究：基于我国新能源企业上市公司数据的经验分析[J]．会计之友，2013(11):37－41.

[23]陈建丽，孟令杰，王琴．上市公司研发投入与企业绩效的非线性关系[J]．中国科技论坛，2015(5):67－73.

[24]刘正阳，王金鑫，乔晗，等．商业模式对企业绩效的影响探究：基于新能源上市企业数据[J]．管理评论，2019,31(7):264－273.

[25]汤清，陈海燕．技术创新、营销能力对企业绩效的影响研究[J]．科

技管理研究, 2015,35(9):110 - 114.

[26]马文聪,朱桂龙. 环境动态性对技术创新和绩效关系的调节作用[J]. 科学学研究, 2011,29(3):454 - 460.

[27]陈菊红,张睿君,张雅琪. 服务化战略对企业绩效的影响:基于商业模式创新的中介作用[J]. 科研管理, 2020,41(4):131 - 139.

高管团队异质性、数字化转型投资力度与企业创新绩效的关系研究[①]

鄢宇轩

摘要：创新是企业保持竞争优势的动力源泉，高管作为企业决策的制定者，影响着企业面对不确定性的行为选择和如何最大限度地满足利益相关者。以往的文献聚焦在高管团队如何影响企业的战略实施和企业利润的实现，其中，性别、年龄等社会统计特征受到学者的关注。根据高层梯队理论，引入企业在数字化转型中的投资力度指标，通过实证检验回归分析，构建“高管特征异质性—企业投资力度—创新绩效”研究框架，发现不同的高管团队在性别、年龄和教育背景，即学历水平三个维度上的异质性对企业创新绩效产生影响。通过对2020年我国沪深A股挂牌上市的非ST企业的数据进行回归分析，本文研究证实高管团队在这三个维度上存在的异质性所产生的在决策中的作用对于企业的创新绩效有负向影响。其中，性别异质性产生的创新绩效的负向影响最小，高管的教育背景异质性对企业产生的负向影响最大。同时，企业数字化转型投资力度起到了中介的作用。

关键词：高管团队异质性；数字化转型；投资力度；创新绩效

作者简介：鄢宇轩，西北大学经济管理学院2022届工商管理系工商管理（财务管理）专业本科生。

---

① 本文由张宸璐讲师指导完成。张宸璐，西北大学经济管理学院讲师，研究方向：战略与创新管理。

一、绪论

（一）研究背景

在数字经济不断发展的大环境下，数字化转型成为企业寻求发展、谋求出路的必由之路（朱秀梅等，2020），同样企业进行创新也是发展的必然趋势。企业数字化转型是指企业为了改进经营效率，降低运营成本，依靠数字技术的变革，达到商业模式的创新（Fitzgerald et al.，2014），这是企业创新的必由之路。然而，我国各行业各企业的数字化建设仍然停留在较低阶段，大多数企业数字化转型的投入还有待加强。

数字化转型的投资力度将直接影响企业数字化转型的结果和企业创新发展的绩效。随着数字化转型的不断深入和企业创新的不断发展，对企业的高管团队提出了更高的要求。在不断变化的环境下，一个结构合理的高管团队是数字化转型时的重要因素（郭润萍等，2017；Nambisan et al.，2017）。Hambrick 等（1984）发现，企业高级管理人员的特点和功能属性决定着企业的行动和绩效结果。目前，有部分学者对高管团队的特征进行了研究，探索其对个人行为或公司决策的影响。可是，在面对转瞬即逝的市场机会时，高管只有通过积极创新行为与主动出击才能够抓住机遇，实现创新发展。本文从高层梯队理论视角出发，关注高管团队的异质性对数字化转型投资力度的作用，从而提升企业创新绩效。其中，高管团队异质性是指公司中的高级管理者在人口统计特征和职业技能等方面的差异化，主要包含年龄异质性、性别异质性和教育背景异质性，即学历水平异质性（Carpenter et al.，2004）。通过文献梳理发现，现有关于高管团队的研究很多，但缺少对数字化转型投入与创新绩效之间关系的思考，同时本文引入高管团队异质性这一作用因素，研究不同企业的高级管理人员在进行数字化转型的过程中，投入力度对企业创新绩效影响的作用机制。

（二）研究意义

本文对企业高管团队与企业创新绩效的研究，有利于企业合理规划团队人员，从组织结构上为企业创新提供支持。同时，关于企业数字化转型的研究也提醒企业在发展过程中要顺应时代变革，紧跟数字化潮流，重视研发创新的投入，在不断探索中转型变革。

（三）研究方法与思路

本文构建高管团队异质性、数字化转型投资力度和企业创新绩效三者间的中介作用模型。企业数字化转型使资源流通性、流动性增强，变得数据化、共享化，同时更好地使资源进行合理配置和使用，有利于企业价值的创造，远不同于过去技术生产带来的实际操作与生产生活上的影响（Singh，2017）。而其中，不同异质性的高管团队会选择不同的投入力度影响企业转型，影响企业的创新绩效。在高度不确定的环境下，高管团队无疑面对着更大的风险，由于数字化转型仍处在不断探索的“摸着石头过河”的阶段，这对企业提出了更高的要求（陈春花，2019）。同时，本文采用实证的方法，收集上市的100多家企业一年的研发投入和专利数，通过Logical回归的方法，实证研究企业在数字化转型中的投资力度对高管团队的异质性和创新绩效的中介作用，分析讨论其存在的线性相关关系。

二、文献综述

（一）高管团队异质性

1. 概念及其发展

高层梯队管理理论被提出以来，异质性的特点就受到学者广泛关注。部分学者证明了其对于企业数字化转型和企业创新的积极影响。企业的高层管理人员在人口特征和社会经历等方面的多样性往往代表着高管团队的异质性（Heyden et al.，2013）。不同的企业高管成员由于在各方面的差异，往往会影响个人的认知与行为价值判断。而对于高管成员在进行集体决策时，首先是企业对于外界环境等信息的接收，不同异质性的团队通常对信息的来源有各自的渠道，其中大部分企业能够通过对外界环境的感知适应，多渠道收集市场信息，从而提高企业的竞争能力（李卫宁、李莉，2015）；其次，企业分析处理信息，高管团队成员的多样化为团队信息的甄别处理提供了多种视角，同时从经验主义的角度出发，为企业的分析决策提供帮助（Bantel et al.，1989）；最后，企业根据信息做出决策，多样化的团队成员有着更复杂的人生阅历和更加丰富的从业经验（Nielsen，2010），具有这样特质的团队往往会有着高水平的创造力（Chatterjee and Hambrick，2008；淦未宇，2018）。

2. 高管团队异质性与企业创新

高管的成长经历与所处环境在一定程度上会影响其风格与特质，这对日后企业管理、组织决策和企业的发展创新都有着持久的作用。高管团队作为企业的“主心骨”往往是各项重大计划的制订者，个体特征鲜明的管理人员会在企业日常决策的过程中和衡量企业经营绩效时产生巨大作用（刘金山、刘亚攀，2017）。高管团队对于企业的影响，从性别方面来看，性别多样化一直是高管团队异质性的重要体现。企业中女性高管逐渐觉醒，并且不断参与企业的战略决策，在高管团队中占有一席之地。女性高管不同于男性高管的思维方式与情感偏好，必然会为高管团队的决策提供新的思路与思考（池毛毛等，2020）。从女性的风险规避和保守风格来看，在目前高动荡的环境下，女性对于企业的创新投入会减少，导致企业的创新绩效偏低。在我国，大部分对于高管团队的研究采取的都是对上市公司披露的数据进行回归分析。结果显示，性别仅仅是众多影响因素之一，仍需要综合考量其年龄和受教育程度等条件的作用。新时代对于学历和高管自我发展的“水涨船高”使高管团队往往拥有较高的学历水平。赵姗姗等通过分析沪深上市公司披露的数据发现，对于提高企业在研究方面的投资支出，企业高级管理人员的学术背景起到重要作用，特别是刘金山等从高管团队的人数入手进行实证分析，发现当高管团队中高学历人才不断增加时，对企业的创新绩效有正向的影响，尤其是在对这一核心力量进行实证分析时，发现高学历背景往往都产生了积极作用（肖旭、戚聿东，2019）。这些研究都为企业人才选聘提供重要指导。

综上，现有的文献主要分析了企业的高层管理人员与创新之间的关系。聚焦在高级管理人员的人口特征，如年龄、性别、教育程度，或者社会特征，如团队职能等多角度的研究，发现不同的成长经历与社会背景对创新产生不一样的影响。这些文献为企业如何充分发挥高管团队的优势提供指导，从而高效地促进企业的创新发展，丰富了高管团队异质性方面的相关理论。同时，学者对于高级管理人员的个人背景特征、团队的异质性与企业的创新绩效之间的影响机制的研究还不足，现有的研究结论仍未达成一致，由于影响企业创新的因素较多，全方位多角度地对企业进行考量更有利于指导实践。

（二）企业数字化转型及投资力度

1. 企业数字化转型及其发展

部分学者关注数字化转型对于企业的影响，分别讨论了受到的影响（吴宣，2021）；部分学者关注机制研究，研究企业如何更好地整合资源，在变化的环境下合理地进行战略决策（Freeman，1982）。本文根据已有文献的研究，将数字化转型界定为：企业为了提高竞争力，从降低生产运营成本和提高效率两个方面在数字技术上所作的改进与创新。当前，学术界的研究集中于数字化转型给企业带来的积极作用，降低交易成本、提高企业绩效。从企业数字化转型的特征来说，它促使不同产业之间打破隔阂，加强合作，发挥数据共享作用，在数字技术不断发展的背景下促进产业间的渗透、交叉与重组（Watts，2009）；促使企业竞争模式的变革，加强企业间的数字化联系，在一定程度上打破了产业壁垒，增加了企业的竞争压力；推动组织形式变革，数字化转型使得企业的组织结构由原来的垂直化变得更加扁平化；推动生产方式发生变革，数字化发展更利于企业分析市场环境，精准地满足不同消费者的需求，推动生产运营的高效化。在过往的模式中，企业作为核心处于主导地位，由企业决定引领消费者的价值获取。而随着数字化的发展，消费者更多地成为价值的创造者，由企业主导逐渐转变为消费者主导。但由于企业仍在不断探索着数字化转型发展，从资金的长期持续投入到企业不断地组织学习与探索，在持续的作用下，达到预期的效果。

2. 企业数字化转型投资力度

数字化转型投资力度是衡量企业在研发投入、企业创新和企业转型上的重要指标。吴宣（2021）使用数字化转型投资力度作为自变量来考量其对于企业绩效的促进，认为其可以通过影响企业运营效率来对绩效产生正向作用。同时，资金投入力度的程度越高对企业绩效的正向效果越显著（高建等，2004）。

（三）企业创新及创新绩效

1. 企业创新

创新是一个不断发展新技术、生产新产品的系统构建的过程（刘宁等，2012）。Watts 认为企业在各个生产过程中要不断地应用新技术，放大创新的作用（许玉云等，2021）。企业通过利用各种社会资源研发新产品、新技术，不断增加在研发资金方面的投入，提升其在各方面的竞争能力。创新是在各种资源的作用下，不断重新调配新产品、新技术，改变企业的投入与产出。企业如何获取核心竞争力，提高市场占有率是关系到企业未来发展的重要问题。在不断变化的外部环境下，企业为了在日趋激烈的市场条件下占得先机，需要开发新的核心产品、核心技术，重视创新这一活力源泉，才能在激烈的竞争中夺取优势，取得发展。

2. 企业创新绩效

作为绩效的组成部分，不同学者对于创新绩效的定义有着不同的理解。学者高建等（2004）在投入与产出理论的基础上，将企业创新绩效分为过程和产出两个方面。学者对于创新的过程绩效和产出绩效进行量化考量，来度量企业的创新绩效，将其分为两个方面：第一，企业在研究过程中投入的资金、利用的资源；第二，企业为了更好地研发而在人才引进、培训等人力资本上的投入，衡量企业在创新过程中的绩效，而由企业的申请专利数量和授权专利数量考量企业在创新产出中的绩效。刘宁（2012）认为团队在创新实践中不断地生成有效产出，可以达到团队目标的水平。许玉云等（2021）衡量在产品的新颖性以及市场因素上用新产品销售收入来体现，同时用企业的专利来体现创新绩效，考量其在技术水平上的新颖度。吴玉鸣从企业创新的不同职能角度将创新绩效具体划分为技术绩效、财务绩效和战略绩效三个维度。对于以上概念，学者并未达成统一的意见，对于概念的度量也没有统一的意见。

三、模型与假设提出

本文从高层梯队理论的视角，通过文献梳理和分析考虑到因为高管团队具有异质性，企业在做决策和行动时更加需要综合考量数字化发展情况，这会影响企业对数字化转型的投资力度。而企业的数字化转型往往会促使其在内部组织结构、业务流程、产品服务等方面进行创新。同时，高管团队异质性在企业创新的过程中也会因为决策与选择的不同而对企业的创新行为、创新绩效产生影响，据此本文建立如图 1 所示模型。

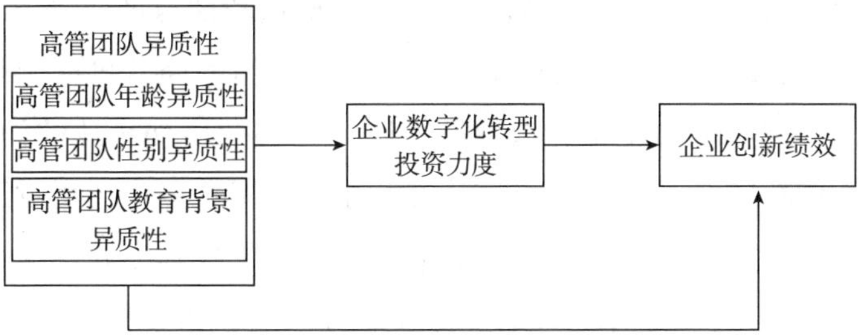

图 1　研究模型

（一）高管团队异质性对数字化转型投资力度的影响

企业在面对不确定的环境和风险时的决策显得尤为重要，尤其影响到企业在各个方面的创新与发展。正如 Hambrick 等（1984）认为的，团队异质性往往会综合考量各方面后再进行决策。高管团队年龄异质性较大会有较好的效果，不同年龄段的高管可以集思广益，较年轻的高管将会顺应时代潮流，同时富有挑战性；较年长的高管将会从企业大环境的实际出发，提出更加稳健性的思考。同时，年龄异质性较大的团队，在经历上有着很大的不同，从个人出发更容易获得更多的信息，为团队解决问题提供新的视角，但往往较大的异质性会带来思想上的激烈碰撞，难以达成统一的意见，最终导致转型、创新难以进行。

从高管团队的性别异质性来说，异质性越接近 1 说明高管团队中女性成员人数相对越多，而女性管理者相较于男性来说在决策时更多的是风险厌恶型且相对保守（刘飞，2015），与此同时接受新生事物的时间也相对较长。为了规避风险，女性高管在团队决策中会倾向于保守的选择，企业的对外扩张与发展会较大减少，降低企业的创新绩效（李秀萍等，2022）。对转型中的投资决策也会趋于保守，投资力度的选择也会较为缓和。企业的数字化转型和创新发展都需要企业资源的累积、资金的投入与优化的战略决策，在高风险下，尤其需要不断整合，而数字化转型作为一个不成熟且需要探索的过程，高管团队性别差异较高会在一定程度上影响企业的数字化转型进程。

从高管团队教育背景异质性来说，各大上市公司的高管学历不同，所形成的对于新事物的包容程度也不同，研发能力也良莠不齐（华为技术有限公司，2019），而企业数字化转型这一概念的创新性与创造性，高学历的年轻管理者可能因为经验不足而难以抉择，低学历的高管可能受限于数字化转型相关知识与能力不足。这种高管团队往往会增加企业的沟通成本，加大企业在创新发展方面的难度，无法更好地发挥数字化转型对于企业创新的有利作用，同时还无形中增加了企业不必要的成本，并且减缓或者减少企业对于数字化转型的投资力度。据此，本文提出以下假设：

H1：高管团队异质性对数字化转型投资力度产生影响。

H1a：高管团队在年龄方面的异质性对企业数字化转型投资力度产生作用。

H1b：高管团队在性别方面的异质性对企业数字化转型投资力度产生作用。

H1c：高管团队在教育背景方面的异质性对企业数字化转型投资力度产生作用。

（二）数字化转型投资力度对企业创新绩效的影响

企业的数字化是企业在组织形式、企业发展上更多引进数字技术，加快企业信息迭代、优化企业对于外界的研判，畅通内外沟通渠道，是在原有的结构、资源上的整合。数字化转型投资力度的增加，首先有利于推动企业的数字化进程，使得企业在知识的获取、储存、应用和沟通中更加高效，充分调动企业现有和未来可能获取的资源，促使技术发展的完整化，核心技术的开发，增加创新价值，提升创新绩效；其次，企业对于数字化投资力度的加大，加强数据间的流通，促进企业间的知识交互，提升知识整合和重组的高效性，激发企业的创新思维，为企业创新提供新思路，同时推动创新成果转化，有利于其创新绩效的提升。而且，较高的数字化水平能够更容易突破企业的发展障碍，促使企业利用数字技术获取外界信息，向外开拓市场，为其谋取新的竞争优势与发展空间。据此，本文提出以下假设：

H2：数字化转型投资力度越大，企业创新绩效越高。

（三）数字化转型投资力度的中介作用

对企业来说，高管团队在数字化转型中的决策起到了关键的作用。有学者研究发现，多样性为企业高管团队注入了新鲜活力。不同的高管团队异质性会影响团队整体的认知偏好差异和转型投入力度的大小，影响企业的数字化转型。而企业数字化转型的投资力度影响了企业在数字化进程中的速度与发展变化。企业的数字化进程往往与企业内部创新和产品服务升级相关，数字化的发展推动着企业变革与创新。在资金投入的支持下创新会部分转化为企业的创新绩效，这就意味着企业在数字化转型的过程中，投资力度越大，越有利于企业进行创新，从而提高企业的创新绩效。据此，本文提出以下假设：

H3：企业数字化转型投资力度在异质性和企业创新绩效之间起中介作用。

四、数据与研究设计

（一）数据收集

本文选取2020—2021年沪深A股挂牌上市的公司作为研究样本。在了解本文的研究目的下对数据进行选择性使用：①筛除与数字化、数字经济高度相关的企业，如计算机企业等其他电子设备企业，难以区分其在业务上的投入与数字化转型的投资。②筛除有特殊变动，如破产等发生的公司。③筛除有数据缺失的上市公司样本。总计对135家企业、945个数据进行分析。本文数据中有关高管团队异质性方面的内容来源于CSMAR数据库，通过手动筛选计算得出各企业高管团队的统计数据。企业数字化转型投入则通过查阅上市公司年报资料获得，用企业IT投资和营业收入的比值作为考量，IT投资为硬件投资和软件投资之和。专利数据来源于国家知识产权局（专利检索系统），同时参考企业年报披露的附录内容。

（二）变量定义及度量

1. 高管团队异质性

对于高管团队异质性的测量，本文借鉴广泛使用的 Herfindal – Hirschma 系数（Blau 系数）将变量先处理为分类变量，再进行计算。

$$H = 1 - \sum_{i=1}^{n} P_i^2$$

其中，P_i 为第 i 类中的人员百分比，n 为 n 个不同的类别，H 值的大小体现差异化程度的高低，通常位于 0 ~ 1，值越接近 1 表示高管团队在性别、年龄和教育背景的异质性程度越高。

2. 数字化转型投资力度（IT）

由于 IT 投资与企业营业收入的比值是数字化转型投资力度的关键指标，本文将其命名为 ITP。选择立足 ITP 这一数据，借此表示企业在数字化转型上的资金投入力度。借鉴学者刘飞对 IT 投资测量的方法，将其分为硬件和软件两个方面，前者源于财务报表附注中的固定资产部分，包括企业投资的计算机、电子设备、通信设备等；后者则来自报表附注中的无形资产部分，包括大数据平台、软件等（华为技术有限公司，2019）。

3. 创新绩效

通过梳理相关文献发现，企业在创新时涉及内外部多个系统的综合行为，结果也具有多样性，世界范围内对于如何测量创新绩效仍无统一意见，尚未有定论。因为专利是企业在进行技术创新时的重要结果之一，而且企业专利数易于获取，大多数学者用这一指标衡量企业的创新绩效。学者孙刚（2018）、魏江（2013）的测量方法得到广泛认可与使用，因此本文也采用企业年度申请的新专利个数来度量企业的创新绩效。

4. 控制变量

本文参考其他文献中关于高管团队异质性的考量引入可能影响高管团队和对创新绩效产生影响的变量作为控制变量。参考我国学者王雪莉等（2013）、吴建祖等（2016）的研究，根据本文对于高管团队的测量，将企业规模作为控制本文的模型。具体变量测量见表 1。

表 1　变量及其测量

变量		变量测量
自变量	高管团队年龄异质性	30 岁以下 =1，31 ~40 岁 =2，41 ~50 岁 =3，51 ~60 岁 =4，60 岁以上 =5
	高管团队性别异质性	男性 =1，女性 =2
	高管团队教育背景异质性	中专及以下 =1，大专 =2，本科 =3，硕士 =4，博士 =5
因变量	企业创新绩效	企业专利授权数
中介变量	企业数字化转型投资力度	IT 投入/营业收入
控制变量	企业规模	总资产的自然对数

五、实证分析

（一）描述性统计与相关性分析

根据各变量的统计分析结果发现，性别、年龄和教育背景的均值和标准差分别为 0.298、0.136、0.620、0.092、0.724、0.099。对于企业的高管团队来说，在性别上的差异较大，女性高管在企业中的数量仍有较大差异。企业间的年龄异质性和教育异质性相差较小，但整体的教育程度与年龄水平仍有差异。从因变量来看，创新绩效的均值和标准差分别为 138.728、469.525；公司间的差异明显，说明各公司对于创新的重视程度不一样，投入的力度各不相同也导致各公司创新成果产出，即绩效上有着较大的不同。

根据相关性分析，企业数字化转型投资力度、企业的创新绩效与企业高管团队在性别、年龄和教育背景上的异质性有一定的关系，但这些关系仍需要进一步的验证（见表 2）。

表 2　均值、标准差与相关性分析

变量	均值	标准差	1	2	3	4	5	6
1. 创新绩效	138.728	469.525	1.000					
2. 年龄异质性	0.620	0.092	-0.218 **	1.000				
3. 性别异质性	0.298	0.136	-0.163 **	0.427 ***	1.000			

续表

变量	均值	标准差	1	2	3	4	5	6
4. 教育异质性	0.724	0.099	0.050	0.129	0.225**	1.000		
5. 投资力度	0.034	0.058	−0.087	0.196**	0.121	0.076	1.000	
6. 企业规模	24.295	1.288	0.487***	−0.303***	−0.365***	−0.095	−0.124	1.000

注：$p<0.10$；* 说明 $p<0.05$；** 说明 $p<0.01$；*** 说明 $p<0.001$，下文同。

（二）回归分析

1. 高管团队异质性对企业创新绩效的回归分析

分析表 3 发现，不同的高管团队在年龄和学历水平方面的异质性会影响企业的创新绩效。具体来说，高管成员在年龄的异质性上对企业的创新绩效有不利作用，而在学历水平的异质性上对企业的创新绩效有正向影响。同时，不认为企业在性别方面的异质性会正相关作用于企业的创新绩效，假设 H1 得到部分验证。

表 3　高管团队异质性对企业创新绩效的回归结果

变量		企业创新绩效		
控制变量	企业规模	0.054***	0.544***	0.568***
	高管规模	−0.209*	−0.204*	−0.198*
自变量	性别	−0.035		
	年龄		−0.076*	
	教育背景			0.106*
R^2		0.376	0.375	0.371
调整后 R^2		0.346	0.351	0.352
F		9.083	11.395	14.96

2. 企业数字化转型投资力度的中介效应检验

对高管团队异质性、企业数字化转型投资力度和创新绩效之间进行两两回归。通过表 4、表 5 的回归结果可以发现，高管团队异质性对于企业的数字化转型投资力度有一定影响。其中，年龄、性别和学历水平的团队异质性越高，企业的数字化转型投资力度越大。同时，在数字化转型投资力度的作用下，高管团队异质性对企业的创新绩效产生了一定的作用。高管团队异质性的标准化系数都有较大程度的降低，同时，投资力度显著正向作用于企业的创新绩效。高管成员在性别与年龄上的异质性越高，数字化转型投资力度对于创新的作用越小；学历水平的异质性越低，数字化转型投资力度对于创新绩效的作用越大，假设 H2、假设 H3 得到验证。

表 4　高管团队异质性对企业数字化转型投资力度的回归分析

变量		企业数字化转型投资力度		
控制变量	企业规模	-0.075	-0.04	-0.031
	高管规模	-0.048	-0.076	-0.100
自变量	性别	0.165*		
	年龄		0.030*	
	教育背景			0.075*
R^2		0.480	0.480	0.530
调整后 R^2		0.240	0.170	0.130
F		14.050	13.560	12.780

表 5　企业数字化转型投资力度的中介作用

变量		企业创新绩效		
控制变量	企业规模	0.534***	0.524***	0.538**
	高管规模	-0.172	-0.171*	-0.214
自变量	性别	-0.370		
	年龄		-0.038*	
	教育背景			0.0129*
中介变量	投资力度	0.320**	0.360**	0.450**
R^2		0.363	0.364	0.378
调整后 R^2		0.338	0.333	0.341
F		10.701	18.538	17.576

六、结论与启示

（一）结论

本文通过实证分析证明了，首先，高管团队的异质性并不一定对企业的创新绩效产生影响，说明企业在面对商业信息的吸收、加工、处理和产出的过程中，由于高管之间的性别、年龄和教育背景的差异所导致的意见不一致与冲突在某种程度上削弱了企业对于创新的决策判断，进而反向作用于企业的创新绩效。其次，在三种异质性中，高级管理人员在学历水平上的异质性与企业创新绩效有正相关的关系，而在成员的年龄和性别异质性上则线性相关性较弱。最后，企业数字化转型投资力度对团队异质性与创新绩效有显著地中介作用，同时证实了团队异质性在企业数字化转型投资力度的作用下，对企业的创新绩效产生了较大影响。

（二）贡献、启示与不足

本文讨论了三种高管团队异质性对于企业创新绩效的影响。本文通过高层梯队理论讨论了企业数字化转型与创新成果的影响，丰富了该领域研究的视角。强调了数字化转型的重要性，促使企业加大企业数字化转型投资力度，加速推进企业的数字化转型。企业应尽量减少高管团队的差异性，关注新市场、新产品、新技术，从而促进企业的创新与发展。

高管团队中，女性高管的人数几乎处于劣势，企业间的异质性几乎没有差异，本文未充分考虑到女性高管的作用，没有考虑到企业内部的治理问题与外部环境的不确定性。对于高管团队与企业创新的研究视角具有一定的局限性，还需要进一步拓展。

参考文献

[1]朱秀梅,刘月,陈海涛．数字创业：要素及内核生成机制研究[J]．外国经济与管理，2020,42(4):19－35.

[2]FITZGERALD M，KRUSCHWITZ N，BONNET D,et al. Embracing digital technology：A new strategic imperative[J]．MIT Sloan management review，2014,55(2)：1.

[3]郭润萍,陈海涛,蔡义茹,等．战略创业决策逻辑的理论基础、类型分析与研究框架构建[J]．外国经济与管理，2017，39(5):33－45.

[4]NAMBISAN S，LYYTINEN K，MAJCHRZAK A,et al. Digital innovation management：Reinventing innovation management research in a digital world[J]．MIS quarterly,2017,41(1).

[5]HAMBRICK D C,MASON P A. Upper echelons：The organization as a reflection of its top managers[J]．Academy of management review,1984(2)：193－206.

[6]CARPENTER M A, GELETKANYCZ M A, SANDERS W G. Upper echelons research revisited: Antecedents, elements, and consequences of top management team composition[J]. Journal of management,2004, 30(6): 749 –778.

[7]SINGH A HESS T. How chief digital officers promote the digital transformation of their companies[J]. MIS quarterly executive,2017,16(1): 1 –17.

[8]陈春花. 传统企业数字化转型能力体系构建研究[J]. 人民论坛学术前沿, 2019(18): 4 –12.

[9]HEYDEN M L, VAN DOORN S, REIMER M,et al. Perceived environmental dynamism, relative competitive performance, and top management team heterogeneity: Examining correlates of upper echelons' advice – seeking[J]. Organization studies,2013, 34(9): 1327 –1356.

[10]李卫宁,李莉. TMT 异质性、战略变革与绩效改善的关系研究:基于绩效下滑的非多元化企业的数据实证[J]. 中国管理科学, 2015, 23(6): 153 –161.

[11]BANTEL K A, JACKSON S E. Top management and innovations in banking: Does the composition of the top team make a difference? [J]. Strategic management journal,1989, 10(S1): 107 –124.

[12]NIELSEN S. Top management team diversity: A review of theories and methodologies[J]. International journal of management reviews,2010,12(3): 301 –316.

[13] CHATTERJEE A HAMBRICK D C. It's all about me: Narcissistic CEOs and their effects on company strategy and performance[J]. Strategic direction, 2008,52 (8): 351 –386.

[14]淦未宇. 女性高管抑制了企业 R&D 投资吗?——基于中国上市公司的实证检验[J]. 西南政法大学学报, 2018,20(2):124 –135.

[15]刘金山,刘亚攀. 智变赢未来:企业家学术背景与企业创新绩效[J]. 杭州师范大学学报(社会科学版), 2017,39(6):110 –117.

[16]池毛毛,叶丁菱,王俊晶,等. 我国中小制造企业如何提升新产品开发绩效:基于数字化赋能的视角[J]. 南开管理评论, 2020, 23(3): 63 –75.

[17]肖旭,戚聿东. 产业数字化转型的价值维度与理论逻辑[J]. 改革,2019(8):61－70.

[18]吴宣. 数字化转型投资力度对企业绩效的影响[J]. 商业会计,2021(10):61－65.

[19]FREEMAN C. The economics of industrial innovation[J]. Social science electronic publishing, 1982,7(2):215－219.

[20]WATTS D. Are view of innovation research in economics, sociology and technology management[J]. International journal of management science, 2009, 25(1):15－28.

[21]高建,汪剑飞,魏平. 企业技术创新绩效指标:现状、问题和新概念模型[J]. 科研管理, 2004(S1):14－22.

[22]刘宁,张正堂,张子源. 研发团队多元性、行为整合与创新绩效关系的实证研究[J]. 科研管理, 2012,33(12):135－141.

[23]许玉云,王军,张一飞,等. 国内外技术获取与高技术产业创新绩效差异:基于时滞视角的比较分析[J]. 科技进步与对策, 2021,38(3):70－78.

[24]HARRIS C R, JENKINS M, GLASER D. Gender differences in risk assessment: Why do women take fewer risks than men[J]. Judgment and decision making,2006,1(1).

[25]熊艾伦,蒲勇健,王睿. 女性高管对企业创新决策的影响[J]. 管理工程学报, 2019,33(1):30－36.

[26]REGER R K. Strategic leadership: Top executives and their effects on organizations[J]. The academy of management review, 1997,22(3): 802－805.

[27]赵子夜,杨庆,陈坚波. 通才还是专才:CEO 的能力结构和公司创新[J]. 管理世界, 2018,34(2).

[28]刘飞. 中小企业上市公司 IT 投资的影响因素研究[J]. 企业经济, 2015, 34(10):37－42.

[29]李秀萍,付兵涛,郭进. 数字金融、高管团队异质性与企业创新[J]. 统计与决策, 2022(7):161－165.

[30]华为技术有限公司,IDC. 数字平台白皮书:数字平台破局企业数字

化转型[R/OL]. (2019-03-19)[2020-10-21]. https://e.huawei.com/cn/material/enterprise/ee02c2a1ab2a4e949fd78c9d470288fc.

[31]王雪莉,马琳,王艳丽. 高管团队职能背景对企业绩效的影响:以中国信息技术行业上市公司为例[J]. 南开管理评论, 2013,16(4):80-93.

[32]吴建祖,曾宪聚,赵迎. 高层管理团队注意力与企业创新战略:两职合一和组织冗余的调节作用[J]. 科学学与科学技术管理, 2016,37(5):170-180.

数字经济对企业创新绩效的影响研究①

杨小露

摘要：数字经济的发展为企业的创新提供了新的条件和机遇，以企业创新意愿、数据信息交互、创新要素的资源配置效率为理论基础，本文选取了2012—2018年A股上市公司的数据资料，实证分析了数字经济对企业创新绩效的影响。实证结果显示：数字经济的发展对企业创新绩效具有显著的促进作用，在制度环境好的地区和非国有企业中较为显著。依据上述结论，本文建议政府制定有利于数字经济发展的政策，提升企业的创新绩效；改善地区制度环境，提高地区的市场化进程；制定差异化措施，激励不同性质的企业积极开展创新活动。

关键词：数字经济；企业创新绩效；制度环境；产权性质

作者简介：杨小露，西北大学经济管理学院2022届工商管理系市场营销专业本科生。

一、引言

21世纪以来，以数字技术和信息技术为依托的数字经济正逐步成为我国经济发展中最具生命力和最有价值的一个领域。中国信息通信研究院披露的数据显示，2020年我国数字经济规模已接近40亿元，且占GDP的比重约为39%，增长速度约为GDP增速的3倍。随着新一代信息技术的出现和发展，新的业态和新的商业模式不断涌现，数字经济正逐渐成为世界各

① 本文由惠宁教授指导完成。惠宁，西北大学经济管理学院教授，博士生导师，研究方向：产业经济理论、企业发展理论和人力资本理论。

国经济增长速度最快的部分，因此在推动经济质量变革及动能转换方面起到重要作用（李晓华，2019）。数字经济通过互联网、云计算、区块链、物联网等信息技术，使人们处理大数据的能力得到提升，从而大幅地减少了社会交易费用，促进了资源的最优化配置，推动社会生产力快速发展与经济高质量发展（荆文君、孙宝文，2019）。企业是创新的主体，强化创新主体作用，促进各类创新要素向企业集聚，是推动高质量发展的关键。因此，发展数字经济关系到是否可以提高公司的创新绩效。

已有研究对数字经济发展产生的影响作用主要体现在宏观方面。例如，数字经济对要素配置率（李治国、王杰，2021）、产业结构升级（陈晓东、杨晓霞，2021）、经济增长质量（荆文君、孙宝文，2019）等的影响。尽管数字经济对提高资源配置效率、促进产业结构升级以及经济更高质量的发展具有重要意义，但其主要的作用机制均是通过微观企业实现的。然而，相比数字经济对宏观经济层面的研究，少有研究从企业微观层面探讨数字经济产生的经济后果。具体来看，现在围绕数字经济对企业层面产生的影响研究主要包括企业管理变革（戚聿东、肖旭，2020）、企业经济绩效（何帆、刘红霞，2019）、价值链攀升（裘莹、郭周明，2019）等方面。

创新是企业的核心能力和提高国际竞争力的一个重要标志，数字经济的快速发展能否促进企业创新取得进一步的突破，是学者非常关注的重要问题。谢康等（2021）、余东华和李云汉（2021）分别从理论层面探讨了数字经济发展给生产方式和产业组织创新带来的变革影响，他们认为数字经济一方面加速了企业内部生产力的数字化转型，另一方面也催生了组织内部以及外部生态环境的转型，使企业在转型时期能够更好地适应环境。夏杰长等（2021）、李雪等（2021）、韩璐等（2021）分别利用宏观经济数据进行实证检验，研究发现我国各地区数字经济的发展显著促进了当地总体创新水平的提升。

综观现有研究，虽然学者对数字经济对企业创新绩效的影响进行了有益探讨，但仍然存在一些不足。其一，虽然大多数研究认为数字经济对企业创新起到主要助推作用，但是否符合我国现实还需要进一步检验；其二，尽管有的研究采用实证方法进行相关分析，但大部分关注的是数字经济对部分区域或城市创新的影响，缺乏对微观企业层面创新的影响及其二者关系影响的研究。因此，本文以企业创新意愿、数据信息交互、创新要素的资源配置效率为理论基础，分析了数字经济对企业创新绩效的影响，并利用2012—2018年A股上市公司专利和财新智库测算的中国数字经济指数数据进行实证检验，并进行了相关的稳健性检验。进一步地，本文从我国特殊的制度环境出发，探讨了地方制度环境优劣以及产权性质对于二者关系的调节作用，不仅丰富了数字经济对企业创新绩效的影响研究，而且为更好地发展数字经济，为数字经济促进企业创新提供相关的政策建议。

二、理论分析与研究假设

（一）数字经济与企业创新

数据作为一种新的生产要素，赋予了数字经济强大的发展活力。数字经济可以提高企业的创新意愿、加快数据信息的交互、提高创新要素的资源配置效率等。数据要素为数字经济有效提高企业的创新能力提供了可能。

第一，数字经济的发展为企业研发创新提供了精准的市场定位和发展方向，进一步调动了企业的创新意愿和积极性，并通过促进多元主体合作创新的方式降低企业创新风险。一方面，创新活动具有周期长、风险高等特点（Holmstrom，1989），导致企业很难在创新项目中大规模地投入，并且容易陷入模仿式创新的路径依赖困境。随着数字经济的不断发展，大数据等新兴数字技术逐渐在企业实践中得到运用，企业可以对消费者行为进行数据采集、存储、挖掘与分析，并借助大数据技术将消费者行为数据可视化，为企业创新活动提供更加精准的市场定位。不仅如此，企业内部和外部信息闭塞的状况也得到了改善，同时还减少了企业和市场的协调成本，使得企业产品供给与外部市场需求更加匹配，明确了企业创新的市场定位，减少了创新收益的不确定性，从而极大地调动了企业创新活动开展的积极性（李慧泉、简兆权，2022）。另一方面，数字经济的发展有助于推动多元创新主体的形成，降低企业创新风险。数字经济背景下，企业不再作为唯一的创新主体，而是可以利用网络空间借助大学、科研院所以及个人开发者力量参与整个创新过程（Caloghirou and Giotopoulos，2021），推动创新生态系统的演化升级，降低企业内部创新失败风险，提高企业创新能力。

第二，数字经济的发展加速了企业间的知识共享和交换，知识的外溢为企业创新提供了智力基础。数字经济的开放性、无边界性、注重数字化资源的流动和价值共享等特点，都是知识流动、交流与共享的基础。在数字经济的背景下，信息交互的强化会使企业在创新过程中与团队成员、部门成员、组织与外部的研发合作、合作联盟等组织中产生知识共享，从而使组织经营系统形成一个跨组织、跨行业、跨时空、跨层次的知识共享网络，而创新主体提高创新绩效的重要原因就在于对知识以及经验的学习能力（Akcigit et al.，2018）。企业在知识共享上的吸纳能力越强，其知识广度与深度越广，越能更好地应对环境变迁，也能够更好地识别出能够提高公司创新绩效的有价值的知识（Tanriverdi，2005）。因此，数字经济的发展为企业间的知识共享与交换提供了重要媒介，加强了企业之间的知识分享，从而提高了企业的创新能力。

第三，数字化经济有助于提高企业创新资源要素的配置效率。一方面，数字化技术的嵌入能够不断优化企业内部的生产和运营方式，进而改善企业内部间创新要素资源的优化配置（韦庄禹，2022）。新一代数字技术的应用和兴起，使企业信息结构出现质的变化，企业组织结构也由科层制向网格制发展转变，信息可以通过网络技术在云端进行实时分享，使得企业创新过程中所需的各种要素可以通过企业数字化平台进行协调。另一方面，信息化发展可以有效突破企业的时空限制，使企业外部间信息的传输、处理更加便捷，并扩大了创新资源配置的空间范围，使得创新资源与多元创新主体形成连接，在很大程度上提高了创新资源的配置效率（张昕蔚，2019）。以大数据、人工智能、物联网和云计算为基础的数字经济可以对市场中的不对称信息进行整合，增加信息的有效性，为企业开展创新活动奠定良好的物质基础。综上所述，本文提出以下假设：

H1：数字经济对企业创新绩效具有显著的促进作用。

（二）制度环境对数字经济和企业创新的调节作用

不同于其他市场化国家，由于我国不同省份开展市场化改革的时间不同，加之我国幅员辽阔，不同省份受历史、文化、地理等多重因素的影响致使不同地区的制度环境存在显著差异，故而探索数字经济对于企业创新的影响需要充分考虑我国特有的制度背景。

其一，良好的制度环境有助于为企业创新提供较好的产权保护和完善的市场环境，为企业创新提供较为稳定的收益预期，从而更有助于激发企业的创新意愿，推动企业创新活动的开展。一般而言，制度环境较好的地区企业市场竞争环境更加公平有序，创新成果被侵权的概率较低，企业家利用创新活动获取超额收益的动机更为强烈。除此之外，较为完备的法律制度以及市场基础既有助于保护企业创新的合法权益，也为企业创新成果的产业化提供了良好的市场条件，解决了企业创新的后顾之忧。也就是说，数字经济的发展程度对企业创新的积极效果会在制度环境较好的地区更加显著。

其二，良好的制度环境意味着市场更加开放包容，从而促进企业间的知识共享，放大数字经济对企业创新绩效的积极效果。正如 North 指出，制度为规范社会行为提供了“游戏规则”，即良好的制度环境为企业创新提供了一个较为稳定运行的框架，通过抑制个体的机会主义行为来降低交易成本。当其他主体开展合作创新活动时，当地较好的制度环境将约束企业创新过程中的机会主义行为、知识窃取及“搭便车”等，促进不同组织之间在研发合作过程中的知识共享，最终帮助企业提升创新绩效。

其三，良好的制度环境意味着政府对市场交易行为的干预较少，从而降低了市场交易成本，提高了企业创新要素的配置效率。企业在创新过程中需要大量人才、资金等相关资源要素的投入，制度环境决定企业创新资源配置的成本，良好的制度环境可以有效地对企业创新资源进行配置（沈群红等，2014）。制度环境较好的地区更容易吸引优秀人才，且各种要素资源能够更加自由地流动，政府对创新要素资源干预较少，创新要素资源的流动由市场化决定，因此资源配置效率更高。尤其在数字经济发展背景下，企业的创新过程更加依赖上述资源要素的投入，故而数字经济对企业创新绩效的激励作用在制度环境较好的地区更加显著。综上所述，本文提出以下假设：

H2：相比制度环境较差的地区，数字经济对企业创新的正向激励作用在制度环境较好地区的效果更加显著。

（三）产权性质对数字经济和企业创新的调节作用

由于不同性质企业在治理结构、经营目标等方面存在显著差异，所以探讨数字经济对企业创新绩效的影响不能一概而论，需要充分考虑我国企业产权结构的特殊背景。

其一，国有企业产权的特殊性以及薪酬业绩考核目标的差异容易使其本身的创新意愿不足。一方面，我国的国有企业产权属于全民共有，现实中一般由政府代替全民享有国有企业的所有权，因而所有企业通常更加注重地方政府经济发展目标的实现，以及社会就业等政策性负担的考核。尽管通过创新能够给企业带来超额收益，但创新活动本身需要耗费企业大量的资源。相比市场中需要通过激烈竞争才能存活的民营企业，国有企业自身创新意愿不足。另一方面，国有企业“半政半企”的特点使国有企业经理人更加注重短期经营业绩目标的实现，而企业创新是一个周期漫长、风险较高的经营活动，因此相比民营企业，国有企业经理人对企业内部创新的风险偏好相对较低。

其二，国有企业与民营企业的内部管理对应着不同的激励和约束机制。尽管数字经济的发展为企业创新带来了前所未有的便利，但是数字经济也会发生突发、难以预料的外部风险。一方面，国有企业受体制机制的约束比较严重，在应对外部风险时存在认识不足，且在企业知识共享方面存在一定困难，因此其利用外部知识资源转化为创新成果的效率较低。另一方面，国有企业的大部分决策是政府干预的结果，这可能会妨碍市场机制下企业逐利的规律，非国有企业直接面对市场的经营决策行为需要从价值最大化的目标出发。相比非国有企业，国有企业资源配置效率相对比较低，创新产出效率较为低下。也就是说，即使数字经济对企业创新具有显著的促进作用，不同企业的治理结构及经营目标的差异也会使其效果存在一定差异。综上所述，本文提出以下假设：

H3：相比国有企业，数字经济对企业创新的正向激励作用在非国有企业的效果更加显著。

三、研究设计

（一）变量选取

1. 被解释变量

本文用公司当年独立申请发明专利数量加 1 后取自然对数来衡量企业创新水平（*Patent*1），用公司当年独立申请发明专利数量与当年联合申请发明专利数量之和加 1 后取自然对数来衡量企业创新水平（*Patent*2）。

2. 解释变量

本文解释变量数字经济（*DIGI*）来源于财新智库测算并披露的“中国数字经济指数”。该指数包含大量微观数据，数据质量较高，能够客观地反映出我国数字经济的发展现状，具体指标见表 1。

表 1　数字经济具体指标

一级指标	二级指标
数字经济产业指数	大数据产业
	互联网产业的劳动投入
	人工智能产业
数字经济融合指数	工业互联网
	智慧供应链
	共享经济
	金融科技
数字经济溢出指标	制造业占比
	其他行业对数字经济的利用率
	其他行业分别占比
数字经济基础设施指数	数据资源管理体系
	互联网基础设施
	数字化生活应用普及程度

3. 控制变量

本文的控制变量为企业规模（*size*）、财务杠杆（*lev*）、现金持有水平（*cash*）、经营性现金流比率（*cfo*）、净资产收益率（*roe*）、成长性（*growth*）、企业年龄（*age*）、最大股东控股比例（*lhr*）、两权分离率

（*sep*），主要变量的定义见表 2。

表 2　变量定义

变量名称	变量	变量定义
企业创新水平	*Patent*1	In（1 + 独立申请发明专利数量）
	*Patent*2	In（1 + 独立申请发明专利数量 + 联合申请发明专利数量）
数字经济水平	*DIGI*	财新智库测算并披露的“中国数字经济指数”
企业规模	*size*	In（总资产）
财务杠杆	*lev*	负债合计与资产总计的比值
现金持有水平	*cash*	货币资金与总资产的比值
经营性现金流比率	*cfo*	经营活动现金净流量与总资产的比值
净资产收益率	*roe*	净利润与总资产的比值
成长性	*growth*	营业总收入的增长率
企业年龄	*age*	In（当年年份 - 成立年份 +1）
最大股东控股比例	*lhr*	最大股东控股比例
两权分离率	*sep*	实际控制人拥有上市公司控制权与所有权之差

（二）模型设定

根据上述理论分析，本文基准回归模型设定如下：

$$Patent1(Patent2) = \alpha_{0+} \alpha_1 DIGI + \sum_{m=2}^{9} \alpha_m \cdot Control + \mu + \lambda + \varepsilon$$

其中，被解释变量 *Patent*1 和 *Patent*2 表示企业创新水平；*Control* 表示一系列会对创新产生影响的控制变量集合；λ 和 μ 分别表示年份固定效应和行业固定效应；ε 表示随机误差项。α_1 的正反符号和显著性是本文关注的重点。若 α_1 大于 0 且具有显著意义，则说明数字经济与企业创新能力呈显著的正相关关系，反之则不成立。

（三）数据来源

本文以 2012—2018 年 A 股上市公司为研究样本，参照既有文献的做法，首先剔除了金融行业公司样本数据；其次剔除了样本期间被 ST、*ST、PT 的公司；最后剔除了财务数据异常以及主要变量数据缺失的样本。经过上述筛选，最终获得 17393 个观测值。同时，为避免异常值对实证结果的影响，本文对所有连续变量进行了前后各 1% 的缩尾处理。

其中，企业财务数据来源于 CSMAR 数据库；企业专利数据来源于 CNRDS 数据库；数字经济指数来源于财新智库测算并披露的“中国数字经济指数”，市场化指数来源于王小鲁等（2021）发布的《中国分省份市场化指数报告（2021）》。

四、实证结果分析

（一）描述性统计分析

描述性统计分析如表 3 所示。

表 3　描述性统计分析

variable	*N*	Mean	sd	min	p50	max
*Patent*1	17393	1.6600	1.5323	0.0000	1.6094	8.7413
*Patent*2	17393	1.7999	1.5771	0.0000	1.6094	8.9229
DIGI	17393	0.4357	0.2125	0.0145	0.4050	0.9204
size	17393	22.1443	1.2920	19.5113	21.9861	26.0591
lev	17393	0.4361	0.2146	0.0542	0.4242	0.9492
cash	17393	0.1755	0.1253	0.0127	0.1413	0.6224
cfo	17393	0.0401	0.0719	−0.1970	0.0401	0.2384
roe	17393	0.0327	0.0634	−0.2906	0.0330	0.1913
growth	17393	0.2006	0.5567	−0.6201	0.1031	3.9634
age	17393	2.7771	0.3588	1.6094	2.8332	3.4012
lhr	17393	36.4937	14.9003	8.0400	35.0000	74.8900
sep	17393	4.8686	7.4910	0.0000	0.0000	28.3360

（二）回归结果分析

1. 数字经济与企业创新

表 4 显示了模型的回归结果，第 1 列和第 2 列是上市公司当年独立申请发明专利数量（*Patent*1）的回归结果。从表 4 的列（1）可以看出，在没有任何控制变量的情况下，*DIGI* 对应的系数为 0.6770（$t=10.6857$），且在 1% 的水平上显著；从列（2）可以看出，加入其他控制变量之后，*DIGI* 对应的系数为 0.5978（$t=10.6021$），且在 1% 的水平上显著。第 3 列和第 4 列是上市公司当年独立申请发明专利数量与当年联合申请发明专利

数量之和（*Patent2*）的回归结果。从表 4 的列（3）可以看出，在没有任何控制变量的情况下，*DIGI* 对应的系数为 0.8136（$t=12.4631$），且在 1% 的水平上显著；从表 4 列（4）可以看出，加入其他控制变量之后，*DIGI* 对应的系数为 0.7169（$t=12.7007$），且在 1% 的水平上显著。上述实证结果支持了假设 H1，即数字经济对企业创新绩效有显著的促进作用。

这表明在数字经济环境下，企业创新意愿的提高、数据信息交互共享、创新要素的资源配置效率的提高可以显著提高企业的创新能力。

在控制变量中，企业规模（*size*）、现金持有水平（*cash*）、经营性现金流比率（*cfo*）、净资产收益率（*roe*）、两权分离率（*sep*）与数字经济水平呈现显著的正相关关系；财务杠杆（*lev*）、成长性（*growth*）、企业年龄（*age*）、最大股东控股比例（*lhr*）与数字经济水平呈显著的负相关关系。

表 4　数字经济影响企业创新水平的基本回归结果

VARIABLES	(1)	(2)	(3)	(4)
	Patent1	*Patent1*	*Patent2*	*Patent2*
DIGI	0.6770***	0.5978***	0.8136***	0.7169***
	(10.6857)	(10.6021)	(12.4631)	(12.7007)
size		0.5260***		0.5944***
		(52.9659)		(59.6702)
lev		−0.1183**		−0.2371***
		(−2.1179)		(−4.2172)
cash		0.0439		−0.0547
		(0.5478)		(−0.6854)
cfo		0.1072		0.2463*
		(0.7624)		(1.7492)
roe		1.3882***		1.3652***
		(8.2072)		(7.9666)
growth		−0.0520***		−0.0559***
		(−2.9124)		(−3.1221)
age		−0.1366***		−0.1190***
		(−4.7868)		(−4.1796)

续表

VARIABLES	(1)	(2)	(3)	(4)
	*Patent*1	*Patent*1	*Patent*2	*Patent*2
lhr		-0.0024***		-0.0019***
		(-3.6374)		(-2.8323)
sep		0.0032**		0.0024*
		(2.5716)		(1.9296)
Constant	0.3568***	-10.4579***	0.4572***	-11.8134***
	(5.3099)	(-45.8596)	(6.5071)	(-51.6259)
Observations	17393	17393	17393	17393
R-squared	0.2573	0.4167	0.2613	0.4501
Year&Ind	Yes	Yes	Yes	Yes

注：Robustt-statisticsinparentheses。$^{***}p<0.01$，$^{**}p<0.05$，$^{*}p<0.1$。

2. 制度环境的调节作用

制度环境是本文的一个调节变量，借助以往研究，本文按照王小鲁等（2021）发布的《中国分省份市场化指数报告（2021）》中的各省份、各年度市场化总指数衡量不同省份的制度环境。具体地，按照各年度、各省份地区市场化总指数的中位数进行上下50%分组，将其划分为制度环境较好和制度环境较差两组，如果某省份在某一年的市场化总指数高于当年所有省份的市场化指数的中位数，则为制度环境较好的一组；反之，则为制度环境较差的一组。

为了进一步揭示地区制度环境优劣与数字经济对企业创新绩效的影响，本文按照各年度、各省份地区市场化总指数的中位数进行上下50%分组，并根据分组结果进行回归检验，回归结果如表5所示。

表5的回归结果显示，上市公司当年独立申请发明专利数量（*Patent*1）在回归结果中，在加入控制变量后，*Patent*1 对应的系数0.2159（$t=3.1448$）在企业所属地区制度环境较好组中系数在1%的水平上显著为正，但在制度环境较差的一组中系数却并不显著，并且采用费舍尔组合检验，发现概率 p 值在1%的水平上显著，说明两组系数存在显著差异；上市公司当年独立申请发明专利数量与当年联合申请发明专利数量之和（*Patent*2）在回归结果中，在加入控制变量后，*Patent*2 对应的系数0.3350（$t=$

4.9065）在企业所属地区制度环境较好组中系数在1%的水平上显著为正，但在制度环境较差的一组中系数却并不显著，同样采用费舍尔组合检验，发现概率 p 值在1%的水平上显著，说明两组系数存在显著差异。上述实证结果支持假设H2，即相比制度环境较差的地区，数字经济对企业创新的正向激励作用在制度环境较好的地区中效果更加显著。

表5 制度环境调节作用的回归结果

VARIABLES	*Patent*1		*Patent*2	
	较差	较好	较差	较好
	(1)	(2)	(3)	(4)
DIGI	-0.0885 (-0.1767)	0.2159 *** (3.1448)	-0.3885 (-0.7756)	0.3350 *** (4.9065)
size	0.4171 *** (20.5705)	0.5524 *** (49.1435)	0.4791 *** (23.3127)	0.6226 *** (55.7525)
lev	-0.1656 (-1.5169)	-0.0787 (-1.2143)	-0.2674 ** (-2.4153)	-0.1979 *** (-3.0421)
cash	0.4520 *** (2.6506)	-0.0268 (-0.2995)	0.4260 ** (2.4568)	-0.1393 (-1.5696)
cfo	-0.4956 * (-1.6587)	0.2187 (1.3828)	-0.5551 * (-1.8234)	0.3688 ** (2.3375)
roe	0.7779 ** (2.2776)	1.4539 *** (7.5244)	0.5854 * (1.7012)	1.4822 *** (7.5700)
growth	-0.0083 (-0.2577)	-0.0647 *** (-2.9936)	-0.0085 (-0.2577)	-0.0703 *** (-3.2574)
age	-0.1242 * (-1.7823)	-0.1270 *** (-4.0805)	-0.1269 * (-1.7897)	-0.1032 *** (-3.3367)
lhr	-0.0014 (-1.0062)	-0.0022 *** (-2.9335)	0.0007 (0.4592)	-0.0019 *** (-2.6090)
sep	-0.0034 (-1.3036)	0.0057 *** (4.0366)	-0.0067 ** (-2.5343)	0.0055 *** (3.9933)
Constant	-8.2330 *** (-18.5979)	-10.9509 *** (-41.2241)	-9.4566 *** (-20.8853)	-12.3476 *** (-46.8139)
p	0.000		0.000	

续表

VARIABLES	Patent1		Patent2	
	较差	较好	较差	较好
	(1)	(2)	(3)	(4)
Observations	3266	14127	3266	14127
R - squared	0.4052	0.4230	0.4267	0.4607
Year&Ind	Yes	Yes	Yes	Yes

注：Robustt - statisticsinparentheses。*** $p<0.01$，** $p<0.05$，* $p<0.1$。

3. 产权性质的调节作用

为了进一步揭示产权性质与数字经济对企业创新绩效的影响，本文按照产权性质把企业分为国有企业和非国有企业两组。根据分组结果进行回归检验，结果如表6所示。

表6的回归结果显示，上市公司当年独立申请发明专利数量（*Patent*1）的回归结果中，在加入控制变量后，*Patent*1 对应的系数为0.9043（$t=9.6129$），在非国有企业组中系数在1%的水平上显著为正；在国有企业组中，*Patent*1 对应的系数为0.5326（$t=7.4273$），在国有企业组中系数在1%的水平上也显著为正。虽然国有企业与非国有企业都在系数为1%的水平上显著为正，但是非国有企业系数0.9043大于国有企业系数0.5326，并且采用费舍尔组合检验，发现概率 p 值在1%的水平上显著，说明两组系数存在显著差异。上市公司当年独立申请发明专利数量与当年联合申请发明专利数量之和（*Patent*2）的回归结果中，在加入控制变量后，*Patent*2 对应的系数为0.9922（$t=10.4036$），在非国有企业组中系数在1%的水平上显著为正；在国有企业组中，*Patent*2 对应的系数为0.7005（$t=9.8203$），在国有企业组中系数在1%的水平上也显著为正，虽然国有企业与非国有企业都在系数为1%的水平上显著为正，但是非国有企业系数0.9922大于国有企业系数0.7005，同样采用费舍尔组合检验，发现概率 p 值在1%的水平上显著，说明两组系数存在显著差异。上述的实证结果支持假设H3，相较于国有企业，数字经济对企业创新的正向激励作用在非国有企业中效果更为显著。

表 6　产权性质调节作用的回归结果

VARIABLES	*Patent1*		*Patent2*	
	非国有	国有	非国有	国有
	(1)	(2)	(3)	(4)
DIGI	0.9043***	0.5326***	0.9922***	0.7005***
	(9.6129)	(7.4273)	(10.4036)	(9.8203)
size	0.5405***	0.4724***	0.6237***	0.5166***
	(36.3461)	(33.8001)	(41.6971)	(37.2581)
lev	-0.3433***	-0.0725	-0.5453***	-0.1472**
	(-3.6566)	(-1.0424)	(-5.6832)	(-2.1275)
cash	-0.1401	-0.0571	-0.4166***	-0.0806
	(-0.9575)	(-0.5927)	(-2.8722)	(-0.8402)
cfo	-0.2627	0.4014**	-0.1719	0.5543***
	(-1.1409)	(2.3133)	(-0.7421)	(3.2104)
roe	1.5864***	1.3569***	1.5605***	1.3909***
	(5.1957)	(6.7385)	(4.9560)	(6.8883)
growth	-0.0098	-0.0633***	-0.0074	-0.0654***
	(-0.2925)	(-3.0640)	(-0.2265)	(-3.1454)
age	-0.3018***	-0.1365***	-0.3127***	-0.1126***
	(-5.2993)	(-4.1452)	(-5.5214)	(-3.4281)
lhr	-0.0050***	-0.0020**	-0.0044***	-0.0022***
	(-4.5811)	(-2.3626)	(-3.9406)	(-2.6324)
sep	0.0043**	0.0032**	0.0026	0.0034**
	(1.9935)	(2.0833)	(1.2215)	(2.2511)
Constant	-10.2324***	-9.2628***	-11.7969***	-10.1138***
	(-28.2978)	(-28.9172)	(-32.5532)	(-31.8587)
p	0.000		0.000	
Observations	10861	6532	10861	6532
R-squared	0.5384	0.3514	0.5698	0.3840
Year&Ind	Yes	Yes	Yes	Yes

注：Robustt-statisticsinparentheses。*** $p<0.01$，** $p<0.05$，* $p<0.1$。

（三）稳健性检验

1. 替换被解释变量

为了结论的稳健性，本文选取企业对当年获批的发明专利申请加 1 并取自然对数重新衡量企业创新绩效（*Patent*3），具体回归结果如表 7 所示。可以看到，数字经济对企业创新绩效影响的系数依然是显著为正的，说明数字经济对企业创新的影响效应是稳健的。

表 7　稳健性检验

VARIABLES	(1)	(2)
	*Patent*3	*Patent*3
DIGI	0. 2022 *** (5. 3704)	0. 2147 *** (5. 6990)
size		0. 0744 *** (10. 8415)
lev		-0. 0837 *** (-2. 6792)
cash		0. 0029 (0. 0568)
cfo		0. 1545 ** (2. 2076)
roe		0. 1361 (1. 5157)
growth		-0. 0000 ** (-2. 1501)
age		-0. 0953 *** (-4. 7484)
lhr		0. 0006 (1. 3869)
sep		0. 0010 (1. 2862)
soe		0. 1289 *** (8. 6167)

续表

VARIABLES	(1)	(2)
	Patent3	*Patent3*
Constant	0.0125 (0.4286)	−1.3998*** (−9.3738)
Observations	17554	17393
R-squared	0.0434	0.0659
Year&Ind	Yes	Yes

注：Robustt-statistics in parentheses。*** $p<0.01$，** $p<0.05$，* $p<0.1$。

2. 内生性分析

由于各省份数字经济发展对企业创新的影响可能存在一定的滞后效应，所以本文将数字经济指标滞后一期重新回归检验，具体回归结果如表8所示。

在考虑了内生性后，数字经济对企业创新绩效的影响依然成立，其结果具有稳健性。

表8 内生性分析

VARIABLES	(1)	(2)	(3)	(4)
	Patent1	*Patent1*	*Patent2*	*Patent2*
DIGI	0.7748*** (10.3008)	0.6911*** (10.2953)	0.9371*** (12.0969)	0.8387*** (12.4593)
size		0.5218*** (46.2453)		0.5869*** (52.0095)
lev		−0.1817*** (−2.9068)		−0.3119*** (−4.9633)
cash		0.0277 (0.2978)		−0.0916 (−0.9897)
cfo		0.1819 (1.1578)		0.3707** (2.3647)
roe		1.2351*** (6.6925)		1.1984*** (6.4178)
growth		−0.0011 (−0.3863)		−0.0016 (−0.5608)

续表

VARIABLES	(1)	(2)	(3)	(4)
	*Patent*1	*Patent*1	*Patent*2	*Patent*2
age		-0.1980*** (-5.8516)		-0.1841*** (-5.4929)
lhr		-0.0031*** (-4.0584)		-0.0026*** (-3.3593)
sep		0.0045*** (3.1610)		0.0038*** (2.7096)
soe		0.1632*** (6.5873)		0.1929*** (7.8135)
Constant	0.3552*** (4.9111)	-10.2424*** (-39.1114)	0.4575*** (6.0626)	-11.5313*** (-43.9987)
Observations	14113	14110	14113	14110
R-squared	0.2645	0.4252	0.2693	0.4592
Year&Ind	Yes	Yes	Yes	Yes

注：Robustt-statisticsinparentheses。*** $p<0.01$，** $p<0.05$，* $p<0.1$。

五、研究结论与政策建议

本文选取了2012—2018年A股上市公司的数据资料，以企业创新意愿、数据信息交互、创新要素的资源配置效率为理论基础，采用实证分析的方法，研究了数字经济对企业创新绩效的影响。实证研究结果表明：①在控制其他因素保持不变的情况下，数字经济的发展对企业创新绩效具有显著的促进作用；②相比制度环境较差的地区，数字经济的发展对企业创新绩效的正向激励作用在制度环境较好地区的企业中更加显著；③相比国有企业，数字经济的发展对企业创新绩效的正向激励作用在非国有企业中更加显著。最后，上述结论在经过一系列的稳健性检验后依然成立。为此，本文对我国数字经济的发展提出了几点建议：

第一，政府要大力发展当地的数字经济，完善数字经济所需的基础设施建设，助力企业创新绩效产出。本文研究表明，数字经济的发展有助于提升当地的企业创新绩效，因此政府要加强完善数字经济所需要的基础设施，为企业发展数字经济奠定坚实的基础，通过对数字技术、大数据、云计算、人工智能等技术手段的应用，可以有效地促进我国传统企业的数字化转型，提高企业的创新资源配置效率和创新能力。

第二，政府要不断优化当地的制度环境，提高地区的市场化进程，以良好的制度环境发挥数字经济的作用。政府要重视加强企业的市场化改革，健全知识产权保障体系，加强对知识产权的保护，提高执法效率，促进区域开放经济，不断完善区域体制，提高科技创新的效率，提高创业投资的创新产出，为我国加快形成以创新为主要引领和重要支撑的经济体系提供更加完善的外部制度支持与保障。

第三，针对产权性质不同的企业，政府要采取差异化措施鼓励其开展创新活动。本文研究发现，数字经济的发展对非国有企业创新绩效的正向激励作用更加明显。因此，政府在做好数字经济基础设施建设的同时，应当不断优化对非国有企业研发创新活动的支持政策，加强对非国有企业资金的支持，不断提升企业创新意愿。对于国有企业，政府应适当减少干预行为，鼓励其依照市场化的原则开展创新活动，依靠创新提高企业的综合竞争力。

参考文献

[1]李晓华. 数字经济新特征与数字经济新动能的形成机制[J]. 改革, 2019(11):40－51.

[2]荆文君,孙宝文. 数字经济促进经济高质量发展:一个理论分析框架[J]. 经济学家, 2019(2):66－73.

[3]李治国,王杰. 数字经济发展、数据要素配置与制造业生产率提升[J]. 经济学家, 2021(10):41－50.

[4]陈晓东,杨晓霞. 数字经济发展对产业结构升级的影响:基于灰关联熵与耗散结构理论的研究[J]. 改革, 2021(3):26－39.

[5]戚聿东,肖旭. 数字经济时代的企业管理变革[J]. 管理世界, 2020, 36(6):135－152,250.

[6]何帆,刘红霞. 数字经济视角下实体企业数字化变革的业绩提升效

应评估[J]. 改革, 2019(4):137-148.

[7]裘莹,郭周明. 数字经济推进我国中小企业价值链攀升的机制与政策研究[J]. 国际贸易, 2019(11):12-20,66.

[8]童红霞. 数字经济环境下知识共享、开放式创新与创新绩效:知识整合能力的中介效应[J]. 财经问题研究, 2021(10):49-61.

[9]夏杰长,姚战琪,徐紫嫣. 数字经济对中国区域创新产出的影响[J]. 社会科学战线, 2021(6):67-78,281-282.

[10]李彦臻,任晓刚. 科技驱动视角下数字经济创新的动力机制、运行路径与发展对策[J]. 贵州社会科学, 2020(12):113-120.

[11]李雪,吴福象,竺李乐. 数字经济与区域创新绩效[J]. 山西财经大学学报, 2021,43(5):17-30.

[12]谢康,吴瑶,肖静华. 生产方式数字化转型与适应性创新:数字经济的创新逻辑(五)[J]. 北京交通大学学报(社会科学版), 2021,20(1):1-10.

[13]韩璐,陈松,梁玲玲. 数字经济、创新环境与城市创新能力[J]. 科研管理, 2021,42(4):35-45.

[14]余东华,李云汉. 数字经济时代的产业组织创新:以数字技术驱动的产业链群生态体系为例[J]. 改革, 2021(7):24-43.

[15]李慧泉,简兆权. 数字经济发展对技术企业的资源配置效应研究[J]. 科学学研究, 2022(4):1-17.

[16]韦庄禹. 数字经济发展对制造业企业资源配置效率的影响研究[J]. 数量经济技术经济研究, 2022,39(3):66-85.

[17]张昕蔚. 数字经济条件下的创新模式演化研究[J]. 经济学家, 2019(7):32-39.

[18]沈群红,封凯栋. 企业组织战略导向、资源配置与技术创新:对不同企业组织系统的比较研究[J]. 江苏行政学院学报, 2014(2):51-57.

[19]彭硕毅,张营营. 区域数字经济发展与企业技术创新:来自A股上市公司的经验证据[J/OL]. [2022-03-24]. 财经论丛 2022(9):3-13.

[20]蒋殿春,潘晓旺. 数字经济发展对企业创新绩效的影响:基于我国上市公司的经验证据[J]. 山西大学学报(哲学社会科学版), 2022,45(1):

149 – 160.

[21]胡山,余泳泽. 数字经济与企业创新:突破性创新还是渐进性创新?[J]. 财经问题研究, 2022(1):42 –51.

[22]党琳,李雪松,申烁. 数字经济、创新环境与合作创新绩效[J]. 山西财经大学学报, 2021,43(11):1 –15.

[23]侯世英,宋良荣. 数字经济、市场整合与企业创新绩效[J]. 当代财经, 2021(6):78 –88.

[24]黄节根,吉祥熙,李元旭. 数字化水平对企业创新绩效的影响研究:来自沪深A股上市公司的经验证据[J]. 江西社会科学, 2021,41(5):61 –72,254 –255.

[25]夏清华,黄剑. 市场竞争、政府资源配置方式与企业创新投入:中国高新技术企业的证据[J]. 经济管理, 2019,41(8):5 –20.

[26]陈岩,翟瑞瑞,张斌. 科技资源配置、协同效应与企业创新绩效[J]. 财经论丛, 2014(3):68 –76.

[27]庄新霞,欧忠辉,周小亮,等. 风险投资与上市企业创新投入:产权属性和制度环境的调节[J]. 科研管理, 2017,38(11):48 –56.

[28]HOLMSTROM B. Agency costs and innovation[J]. Journal of economic behavior & organization, 1989,12(3): 305 –327.

[29]AKCIGIT U, CAICEDO S, MIGUELEZ E, et al. Dancing with the stars: Innovation through interactions (No. w24466)[J]. National bureau of economic research,2018.

[30]TANRIVERDI H. Information technology relatedness, knowledge management capability, and performance of multibusiness firms[J]. MIS quarterly, 2005,29(2): 311 –334.

[31]TRIPSAS M. Surviving radical technological change through dynamic capability: Evidence from the typesetter industry[J]. Industrial and corporate change, 1997,6(2): 341 –377.

[32]HOENIG D, HENKEL J. Quality signals? The role of patents, alliances, and team experience in venture capital financing[J]. Research policy,

2015,44(5): 1049 – 1064.

[33]CALOGHIROU Y, GIOTOPOULOS I, KONTOLAIMOU A, et al. Industry – university knowledge flows and product innovation: How do knowledge stocks and crisis matter? [J]. Research policy, 2021,50(3): 104 – 195.

第五篇

数字化及其工具应用

拟人化程度对心理咨询聊天机器人的接受度影响研究①

蔡承诚

摘要： 随着人工智能技术的日益成熟，心理咨询行业的电子化、智能化曾经遥不可及的概念在今天已然是将要实现的未来。随着心理咨询聊天机器人设计的专业化，人工智能成为咨询师也将不再是“天方夜谭”。当这种服务即将进入市场时，消费者的接受度必然是需要考量的因素，因此成为学者关注的重点。本文基于广泛的文献阅读，关注心理咨询聊天机器人外观拟人化程度对消费者接受度的影响，并且提出了以自我暴露水平和交流意愿作为中介变量。在经过准实验设计以及数据结果的量化分析后，我们发现，消费者感知到的外观拟人化程度对其接受心理咨询聊天机器人有积极的影响，其中自我暴露的中介作用是显著的。基于研究结论，本文也提出了理论与实际产品设计的建议，并且在综合本次研究过程的基础上总结了研究的不足，提出了未来的研究方向。

关键词： 心理咨询；聊天机器人；拟人化；自我暴露

作者简介： 蔡承诚，西北大学经济管理学院2022届工商管理系工商管理（财务管理）专业本科生。

① 本文由刘伟副教授指导完成。刘伟，西北大学经济管理学院副教授，硕士生导师，研究方向：品牌管理和消费者行为。

一、绪论

（一）研究背景与意义

1. 研究背景

（1）现象背景

最新的一项流行病学调查显示，截至2021年，除痴呆症外，我国18岁以上人口的各类精神疾病加权终生患病率为16.57%（任志洪等，2020），与之相并行的是人们在心理疾病知识上的匮乏，以及心理求助动机的消极（江光荣等，2021）。但据学者的调查表明，我国心理咨询与治疗收费缺乏整体规范（张爱莲等，2017），部分地区与机构的收费存在诸多不合理现象。

现代科学技术与传统心理治疗技术的融合是临床心理学的一大趋势（郑霞等，2010）。一方面，现代科技正在成为传统治疗技术在疗效上的延伸。虚拟现实技术为传统神经心理评估的实验控制与生态效度的平衡带来了新思路（许百华等，2005），为恐惧症、焦虑症以及创伤后应激障碍的治疗带来了技术上革命性的进展（姚玲玉等，2016）；人工智能技术衍生出的聊天机器人（Chatbot）也被赋予心理咨询与治疗的相关技术，在临床心理上发挥着更大效用。另一方面，现代技术为解决污名化问题与不合理费用的问题提供了一条全新思路。研究表明，与聊天机器人的聊天让患者体验到电子疗法具有更多的“游戏感”，在时间上的灵活性显著地优于传统疗法，延伸了传统疗法中的部分分支，并且成本更低（Abd - Alrazaq et al.，2019）。

（2）理论背景

正如Nowak和Hoffman在2019年指出的，市场营销和心理学界认为，拟人化对于理解顾客如何体验无生命物体很重要。这项研究中的拟人化是站在顾客感知角度，而非产品设计角度。这充分说明，相比设计者构想的拟人化，消费者感知到的拟人化更为重要。

从理论层面看，外观拟人化是一个颇具争议性的角度，也是对心理咨询聊天机器人的设计至关重要的部分。一方面，部分学者认为，高程度的视觉拟人性会促进消费者对聊天机器人的选择：高视觉拟人性会影响消费者感知到的信度与同质性（Nowak et al.，2008），进而同质性对自我暴露水平（Prisbell，1980）与交流意愿（Mull，2015）产生积极的影响。另一方面，也有部分学者认为高拟人化不见得会促进交流。例如，更加拟人的形象设定了更高的期望，当这些期望没有得到满足时，可能会导致失望（Nowak，2005），以及拟人化程度过高会使消费者产生奇怪（eeriness）的感受，引起认知失调，从而激发消费者的自我防卫机制，反而使接受度降低（Appel，2020）。

基于聊天机器人产品专业化、临床化的发展，也基于上述学者的讨论与研究，一个问题浮出水面：心理咨询聊天机器人在外观上到底应该如何设计呢？当聊天机器人不再只是“玩伴”或者“服务人员”，而附加心理咨询师身份时，人们的喜好会发生变化吗？人们更愿意对一个看起来像人的虚拟咨询师吐露心声，还是倾向于卡通、动画的形象？本研究将关注这个问题，从消费者视角进行探索。

2. 研究意义

从学科沟通与视角整合的角度，本研究从理论层面对临床心理咨询与消费者行为做出整合的尝试。一方面，在现有服务型聊天机器人的研究基础上，本研究加入对聊天机器人“心理咨询师”身份的探索，在人机交互的基础上更加关注心理咨询专业领域的交互，并且关注了自我暴露意愿作为中介变量的作用；另一方面，在心理咨询聊天机器人现有设计逻辑的基础上，本研究关注了消费者的接受度视角，并且以外观拟人化为研究切入点，从来访者感知的角度探索心理咨询聊天机器人与来访者建立适配性咨访关系的更优可能性。

从产品设计与市场调研的角度，本研究尝试为心理咨询聊天机器人产品的研发与改进提供思路。出于心理咨询服务化、市场化趋势的考量，消费者接受度与心理咨询聊天机器人相关产业的营收密不可分，进而与行业的可持续发展紧密相关。外观是产品或服务被消费者所感知的第一线索，在心理咨询理念尚未深入普及的当下，外观拟人化程度对于消费者的喜好有直接且鲜明的影响。

（二）研究思路与方法

1. 研究思路

心理咨询聊天机器人的外观拟人化程度究竟如何？为了进一步探索和厘清这个问题，我们在广泛阅读文献的基础上总结了心理咨询聊天机器人的外观拟人化维度，发现了可能的中介变量，在此基础上构建了心理咨询聊天机器人外观拟人化与消费者接受度的关系模型，提出了相关的假设，设计准实验并对假设进行验证，并使用SPSS 26.0分析软件对结果进行定量分析。最后，探究本文提出的理论模型所具有的理论价值、在临床产品开发层面的意义，指出未来的研究方向。

2. 研究方法

文献研究法。本研究广泛且深入地阅读和整理了现有文献，分析心理咨询智能化的发展现状与前景，总结聊天机器人拟人化的前因后果，并在此基础上发现视觉拟人化对接受度影响研究的不足之处，发现并强调自我暴露作为中介变量在因果链之间的中介作用。

准实验法。参考大量相关文献，本研究设计单因素间准实验，选取交互性视频材料作为刺激物进行被试感知拟人化的启动操纵，并且通过问卷进行收集和定量分析被试反应数据，得出研究结论。

（三）研究内容与框架

本文通过操纵被试对心理咨询聊天机器人外观拟人化水平的感知，研究感知拟人化程度被试对心理咨询聊天机器人接受度上的影响，如图1所示。

（四）研究特色与创新点

本文在研究视角、研究方法上有一定的创新性。

从研究视角看，本研究尝试以消费者感知的视角探索临床心理学的技术与产品应用，在现有研究的基础上补充了心理咨询聊天机器人设计角度。心理咨询的顺利进行很大程度在于咨访关系的构建，而咨访关系的构建有赖于咨询师的专业能力与适配性。过往研究大都关注聊天机器人咨询专业能力的构建，注重聊天机器人的“心理咨询”功能，强调情绪识别智能性、

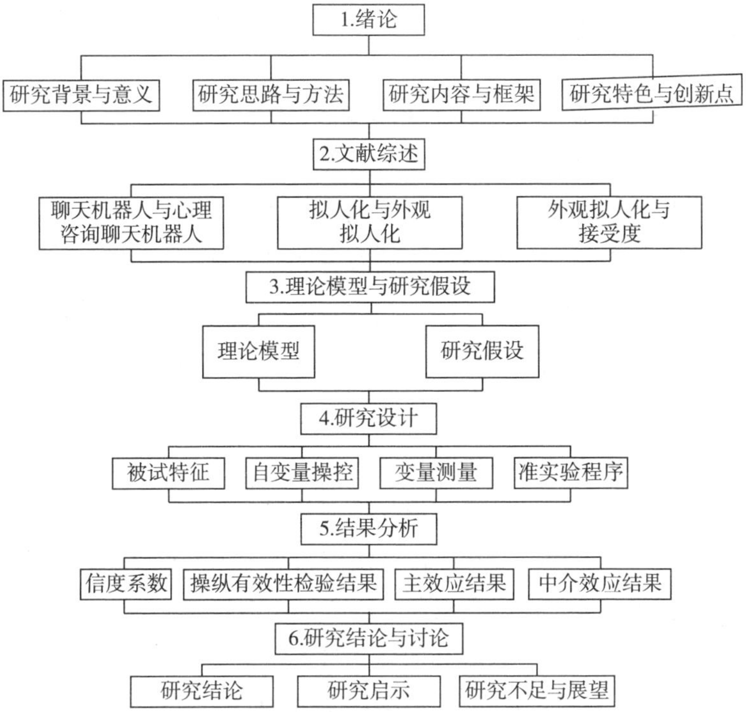

图1　研究内容与框架

自然语言识别智能性与咨询师语言体系的向内输入，少有研究关注到适配性，即来访者所感知到的舒适程度、安全感以及愿意自我暴露的倾向。本研究对于消费者视角的关注有利于促进双方的沟通，让聊天机器人更好地为心理咨询赋能。

从研究方法看，本研究在准实验材料的选取上具有创新性。已有研究对于“拟人化程度”刺激物的选择多为静态的平面图片材料，但学者提出，拟人化程度的图片感知并不一定能够完全涵盖交互过程的动态评估。基于这一发现，本研究在参考已有研究用于拟人化程度划分的图片材料的同时，选取心理咨询聊天机器人与来访者的实际工作过程，在对被试拟人化感知启动的同时，创设交互环境，更加贴合心理咨询聊天机器人的实际工作过程，使研究更加具有推广性。

二、文献综述

（一）聊天机器人与心理咨询聊天机器人

聊天机器人是一种通过交互界面与人进行文本或语音对话的计算机程序，用户可以与技术系统进行对话（Abdul - Ka De et al. ，2015）。从特性来看，聊天机器人是基于网络的；响应方式是基于决策树，而非机器学习方法；具有对话主导性；并且有特定的输入方式（Abd - Alrazaq et al. ，2019）。聊天机器人目前主要用于在线购物的线上客服交流，也用于教学和游戏行业。与此同时，新技术的快速发展也为医疗保健，尤其是临床心理学、心理治疗带来了变化和新机遇。

聊天机器人的程序可以模仿治疗性对话风格，实现类似于治疗性对话的互动（Fitzpatric et al. ，2017），这使聊天机器人与临床心理咨询和精神卫生的结合成为可能。美国心理咨询协会（ACA）将心理辅导定义为“一种能够帮助不同的个体、家庭和团体达成心理健康、福祉、教育和职业目标的专业关系”（Kaplan et al. ，2014）。学者认为，这个定义可以分为三部分：①建立职业关系，②授权；③实现目标。如果人工智能满足了其中一个或两个要求，那么人工智能就越来越接近充当咨询师（Fulmer，2019）。

目前，投入应用的心理咨询聊天机器人主要有两种类型。第一种是通过基于文本的机器人，如 Woebot——一种基于文本的心理健康服务。Woebot 使用认知行为疗法（CBT），提供有关睡眠、释放焦虑、减压的建议，缓解年轻人的抑郁和焦虑症状（Fitzpatric et al. ，2017）。第二种形式是通过虚拟现实技术，如 Ellie。Ellie 能够通过生物反馈仪器监测的数据分析客户的语言反应、面部表情和语调（Darcy et al. ，2016），在通过数据得出结论后，以储备的算法进行反馈。目前，Ellie 的识别能力被证实对抑郁、焦虑和创伤后应激障碍（PTSD）的诊断和治疗有益（Devault et al. ，2014）。

作为一项新的技术融合，现阶段的心理咨询聊天机器人具有显而易见的优势，但与此同时存在一些局限性。这种融合的优越性体现在适用群体的延伸。聊天机器人可能会鼓励那些传统的不愿寻求心理健康咨询的人进行互动，并且让患者感受到更多的游戏化体验、时间灵活性上的优越性

(Gratzer et al., 2020)。而与之相对的，这种融合所具有的风险是技术缺陷造成的。从咨询伦理看，聊天机器人的使用方式和时间的有效性、聊天机器人在多大程度上可以替代人类咨询师，以及使用过程中产生数据的安全问题与披露程度等（Fulmer，2019），都是值得注意的问题；从咨询技术看，现阶段的情绪识别技术具有初级性。目前，大多数研究只使用一种类型的数据，如语音、声音、图像数据，因此这些数据在性能上有一定的局限性（Oh et al., 2017)。此外，在情绪压力评估的准确性与对意外情况的反应灵活性上，仍有很多的开发空间（Simon et al., 2017)。

（二）拟人化与外观拟人化

众多学者虽提出了拟人化的定义，但主要是围绕“外观”和“行为”的拟人化，可以参照定义“一个角色具有人类的外观或行为属性的程度”(Araujo，2018)。基于定义的稳定性，拟人化的维度是由浅入深、由单向到交互、由聚焦到整合的。起初，学者更加关注机器人外表的拟人化程度，将其划分为身体—机械手、表皮构造和面部表情（Mull，2015)；随着机器人的智能化发展，对拟人化的衡量逐渐从单纯的外部表象向内部特征扩散，并且从基于静态观察慢慢转向基于交互过程。在外观的基础上，研究者更关注交互中的人类特质，如热情和能力（Roy，et al., 2021)，并且这些特质包括言语性与非言语性的交互。言语性的交互如自然语言的识别（Oh，2017)、对话情绪关键词的识别（Złotowski et al., 2015)；非言语性的交互如表情（Torre et al., 2020)、手势确认、眼神路径（Wilson et al., 2017）以及外表温度等。基于拟人化维度的不断扩展，学者在综合已有研究的基础上进行整合，提出了类人视觉线索、类人身份线索、类人交流线索（Go et al., 2019)，从一个更广泛和全面的视角，为拟人化的衡量提供了思路。

在理论层面上，“外观拟人化”的广义概念不是一维的，而是可以进一步分解为三个外观维度：身体—机械手、表面和面部（Zhao et al., 2019)。Disalvo 和 Gemperle（2002）提出，设计具有拟人形态物体的四个主要原因：保持事物的一贯性、解释未知、反映产品属性和投射人类价值。

在拟人化的众多维度中，外表的拟人化与内部性能的拟人化不是毫无关系的。研究表明，外表的拟人化程度会影响消费者对机器人“拟人内部特质”的感知（Zhao et al.，2019）。消费者会根据机器人的外部拟人化程度，推断机器人在感知、学习和与环境互动的能力，设定预期。具体来说，从外观（如手臂、腿、手指）推断出情感能力；根据机器人的面部特征（如眼睛、嘴巴）和表面特征（如皮肤、头发、衣服）感受到爱、感激、压力或痛苦，甚至从机器人的面部特征和表面特征推断出道德能力。

（三）外观拟人化与接受度

视觉拟人化的影响是复杂的，并且这种影响的形态以及学者的观点也在随着时代的发展不断变化。

在过去的一个世纪里，学者和设计师一直在努力提高聊天代理的人性化。过去的研究表明，当拟人化涉及视觉（如人形）和语言线索时，它可以唤起人类图式（Boland，2013），进而影响人们的判断和行为。具体来说，比如可信度（Nowak et al.，2005）、熟悉感（Nowak et al.，2008）、生动性（Christoph，Bartneck et al.，2009）、亲和力（Mathur et al.，2016）、支配力（Yao et al.，2020），以及一种类人思维的预期（Zhao et al.，2019），进而会促进消费者更高的交流意愿（Mull et al.，2015）、更多的信息披露意愿（Hooi et al.，2014）、更积极的情绪体验（Tao et al.，2010）。

随着生产与服务自动化水平的提高，学者的观点发生一些变化，提出了机器人拟人化程度不宜过高的观点。有学者提出，机器人看起来越像人类，人们反而越觉得它们令人毛骨悚然，喜爱度跌入了“神秘谷”（Mori，1970）。这种怪异感会引起认知失调，从而激发消费者的自我防卫机制，反而降低接受度（Bass et al.，2011）。从期望的角度看，更加拟人的形象设定了更高的期望，当这些期望没有得到满足时，可能会导致失望（Nowak et al.，2005）；从身份认知的角度看，外表拟人化的聊天机器人对人类构成了特定的威胁（Ferrari et al.，2016）。拟人化的设计模糊了人与机器人之间的界限，进而可能会威胁人类自我的独特性。基于此，有学者提出了“非拟人化”的设计理念，将设计方向转向“动物化”和“机械化”（Kai et al.，2020），探寻如何设计出既能引起熟悉的反应，又不挑战人类独特性的机器人（Ferrari et al.，2016）。

在CG建模、虚拟现实技术发展的今天，有学者提出，“恐怖谷理论”对人机交互的影响是有限的。之前所有关于“恐怖谷理论”假说的研究都使用了机器人的静态图像或视频，但这与实际的人机交互有一定区别。有可能“恐怖谷理论”对交互没有影响，或者仅限于最初几秒的互动（Złotowski et al.，2015）。与此同时，也有学者观察到CG人脸的“弱恐怖谷”效应（Ktsyri，2015），提出在CG模型的拟人化亲和度测试中，拟人化程度和亲和力之间存在一种微弱的正向线性关系，即不太真实的面孔引发了更大的怪诞感，产生了更多的负面亲和力。

关于视觉拟人化程度对于消费者接受度的影响，不同学者从不同角度进行了具体且深入的阐述，但是目前对于“心理咨询师”身份线索的加入还未有系统全面的研究，并且对相关中介变量的验证缺乏研究。本研究将结合准实验，对这部分进行实证探索（见图2）。

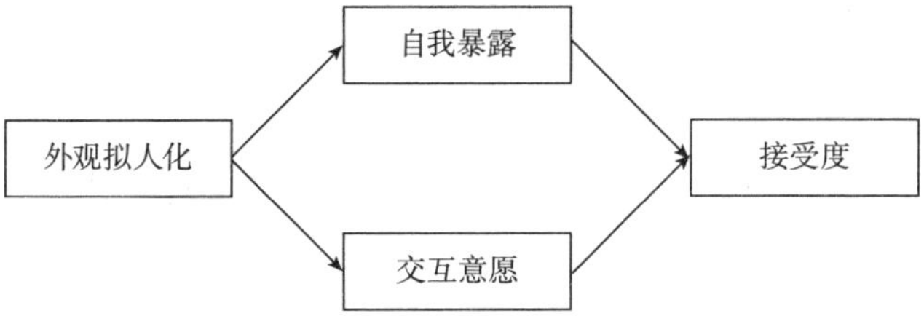

图2　理论模型图

三、理论模型与研究假设

（一）心理咨询聊天机器人视觉拟人化对消费者接受度的影响

心理咨询聊天机器人（Therapy Chatbot）是指被赋予了心理咨询师职能的聊天机器人。传统的心理咨询涉及咨询师的直觉和策略。在许多方面，咨询师的沟通与其说像一种技术，还不如说更像一门艺术。这种艺术依赖各种形式：口头、书面、非语言、艺术和音乐治疗。在沟通交流的同时，咨询师需要营造安全、私密的环境，结合来访者的情绪体验和认知方式实施治疗，这种关系的建立也离不开严格规范且稳定的伦理设置。

当聊天机器人成为咨询师时，从咨询规范化的角度讲，基本胜任力的建立排在其他设计因素之前。在临床咨询方面，学者关于拟人化的研究主要关注聊天机器人内部能力的建立，如自然语言理解、情感对话分析与情感交流能力（Oh et al.，2017）；表现热情的能力（Roy，et al.，2021）；传统疗法（如 CBT）的运用能力（Jang，et al.，2021）。同时，学者也提出了在数字化背景下，信息安全漏洞对于咨询伦理中的保密设置提出的挑战（Frye，et al.，2010）。

如前文所述，外表的拟人化程度会影响消费者对机器人内部“拟人特质”的感知（Zhao，2019）。出于这个角度，当我们重视感知到的胜任力时，内部特质如“情绪智力”以及“自然语言识别”的拟人化就显得尤为重要，并且这些因素可能受到聊天机器人外表拟人化程度的影响。

因此，本文提出以下假设：

H1：消费者感知到的外观拟人化程度对心理咨询聊天机器人的接受度有积极的影响。

（二）自我暴露意愿的中介作用

自我暴露是向他人透露自己内心的想法、感受和过去经历的过程。关于内在自我的信息交流被认为是人与人之间关系发展的主要过程。学者总结了自我暴露的基本参数或维度，以广度、深度和持续时间作为维度，提出了“披露诚实性”的重要性（Wheeless，1976）。

在心理咨询与治疗中，自我暴露有极大的价值。学者提出，披露过程最初会使患者产生羞耻感和预期焦虑，但最终会产生安全感、自豪感和真实感，让人从身体和情感的紧张中解脱出来（Farber et al.，2004）；并且，基于情绪调节理论，研究者发现，抑郁症状尤其与情绪性自我暴露减少有关（Kahn et al.，2006）。

在聊天机器人与自我暴露程度相关的研究中，学者持不同意见。一方面，部分学者认为，高拟人化的外表对自我暴露水平有积极的影响。在服务型聊天机器人的研究中，有学者发现，拟人化在信息披露中起着重要的作用，进而积极影响回购的过程（Schanke et al.，2021）。也有学者的研究显示，外观拟人化水平会通过消费者感知到的同质性影响自我暴露水平（Leonhardt et al.，2020；Teng，2021）。但另一方面，在机器人进行的医疗检查中，有学者有不同的发现。与外观更加拟人化的机器人相比，患者在使用更加“机械化”的机器人时，更不容易体验到尴尬（Bartneck et al.，2010），这会导致人们更愿意披露不受欢迎的行为。

虽然心理咨询探索话题的私密性与心理咨询技术的规范性使其具有一些“医疗”的意味，但另一方面，咨询伦理所营造的“无条件积极关注”“助人自助”等理念为心理咨询师的身份注入了“服务”性的灵魂。

因此，我们提出假设：

H2：自我暴露程度在感知到的外观拟人化程度与心理咨询聊天机器人的接受度之间起中介作用。

（三）交流意愿的中介作用

根据社会存在理论，个人可以通过人机界面体验不同程度的社会互动，而社会反应理论假设个人对计算机或机器的反应就像计算机是另一个人一样，当交互被认为类似于人与人之间的互动时，消费者会认为计算机更像人类（Leite et al.，2008）。

如上所述，在以往研究中学者发现，拟人化的外观会唤起人类图式，进而影响人们的判断和行为，如熟悉感、可信度，这与消费者的交流意愿有直接的关系（Linget al.，2021）。具体来说，如果一个人认为某个信息源缺乏可信度、同性和吸引力，那么他与该信息源互动的意愿就低。参照Mull 等在 2015 年的研究，本研究中的互动可以描述为“愿意选择聊天机器人进行心理咨询”。所以，我们提出以下假设：

H3：交流意愿在感知到的外观拟人化程度与心理咨询聊天机器人的接受度之间起中介作用。

四、研究设计

本研究采用单因素（拟人化程度：高拟人化组、低拟人化组）组间准实验设计，操控拟人化程度，目的是探究当感知到的拟人化程度不同时，消费者对心理咨询聊天机器人的接受度有什么不同，以及自我暴露程度与交流意愿是否起中介作用。

（一）被试

本研究采用方便取样法，使用微信平台招募到被试 109 人，其中男性

47 人、女性 62 人。年龄段平均分布为 18 ~ 30 岁（M = 24，SD = 0.49）。通过“作答时间超过 70 秒”“此项请直接选择 7”等排除了无效问卷，最终确定有效被试 91 人，其中男性 45 人、女性 46 人，具体如表 1 所示。

表 1　被试特征分布

类型	内容	频数	百分比/%
性别	男	45	49.45
	女	46	50.54
年龄	18 岁以下	0	0
	18 ~ 30 岁	78	85.71
	30 ~ 45 岁	9	9.89
	45 ~ 60 岁	4	4.44
	40 岁以上	0	0
是否有心理学相关专业背景	是	23	25.27
	否	68	74.73

（二）拟人化程度操控

本研究采用视频材料对被试感知到的拟人化程度进行操控。为了避免静态图片材料在交互感上的欠缺，研究采用不同外观拟人化程度的心理咨询聊天机器人的视频作为刺激物。其中，两组选取的视频内容分别为低视觉拟人化的“Woebot”和高视觉拟人化的“Ellie”与来访者的实际工作过程，视频时长控制在 3 分钟左右。图 3 与图 4 分别为心理咨询聊天机器人 Woebot 与 Ellie 的设计形象。

图 3　Woebot

图 4　Ellie

（三）变量测量

本研究采用Likert7级量表对所需变量进行测量（1=非常不认可，7=非常认可）。

对于被试感知到的外观拟人化程度测量，选用Nowak与Rauh在2005年研究中使用的测项“看起来很像人”“看起来具有现实性”与“看起来是卡通的”（Nowak et al.，2005）。

对于自我暴露程度的衡量，借鉴Hooi等于2014年的研究，选用Miller等在1983年的研究中提出的自我暴露量表中的设问为：“你在多大程度上愿意披露以下信息”？测项包括“我喜欢和不喜欢自己的部分”“使我成为今天的我的事物”以及“我和他人的亲密关系”。

对于交互意愿的衡量，借鉴Mull在2015年的研究，改编自Nowak与Rauh于2006年对交互意愿衡量的测项，设问为“我愿意与这位咨询师交流”和“我愿意和这位咨询师一起工作”。

对于接受度的衡量，参考Gursoy等在2019年对于人工智能产品接受度的研究，选取测项：我认为这款人工智能咨询师是“有用的”“高效的”“让人眼前一亮的”“友善的”。

（四）准实验程序

本研究的被试招募信息在微信平台发布后，志愿者仅被告知将参与毕业设计的相关实验并进入微信群，后被随机分配至两组（Woebot组与Ellie组）。

分配完成后，使用腾讯会议在同一时间对两组被试进行屏幕共享式的线上视频播放，完成视频观看后，被试填写一份问卷，反馈在视频中看到的心理咨询聊天机器人的感受，问卷包括对视频中咨询师拟人化程度的感知、对其个人信息自我暴露意愿的倾向、与其进行交流的意愿调查，以及从实用性与人性化两个维度对视频中心理咨询聊天机器人的评估。除测试主体外，问卷还包含个人基本信息汇总题、筛选有效样本的题目“本题请直接选择7”以及问卷填写的诚信声明。

问卷填写结束后，被试可选择退出腾讯会议组及微信群。

被试酬劳附于问卷后，根据作答时间与筛选项进行甄别后，审核成为有效样本的被试将得到 3 元红包奖励。

五、结果分析

（一）信度分析

本研究采用 Cronbach's α 系数，利用 SPSS 26. 0 对所测变量使用的测项进行数据分析，得到以下数据。

如表 2 所示，总问卷的 Cronbach's α 系数为 0. 915，较为良好，可用于研究。其中，拟人化程度的测项信度系数为 0. 918；交流意愿的测项信度为 0. 895；自我暴露的相关测项信度为 0. 821；接受度的相关测项信度为 0. 958，均符合分析要求。

表 2　问卷信度分析

<table>
<tr><th rowspan="2">测量</th><th colspan="3">各变量信度分析</th><th colspan="3">量表总体信度分析</th></tr>
<tr><th>校正项总计相关性（CITC）</th><th>项已删除的 α 系数</th><th>Cronbach's α 系数</th><th>校正项总计相关性（CITC）</th><th>项已删除的 α 系数</th><th>Cronbach's α 系数</th></tr>
<tr><td>拟人化 1</td><td>0. 849</td><td>—</td><td rowspan="2">0. 918</td><td>0. 424</td><td>0. 919</td><td rowspan="11">0. 915</td></tr>
<tr><td>拟人化 2</td><td>0. 849</td><td>—</td><td>0. 348</td><td>0. 923</td></tr>
<tr><td>交流意愿 1</td><td>0. 832</td><td>—</td><td rowspan="2">0. 895</td><td>0. 594</td><td>0. 911</td></tr>
<tr><td>交流意愿 2</td><td>0. 832</td><td>—</td><td>0. 659</td><td>0. 908</td></tr>
<tr><td>自我暴露 1</td><td>0. 59</td><td>0. 85</td><td rowspan="3">0. 821</td><td>0. 61</td><td>0. 91</td></tr>
<tr><td>自我暴露 2</td><td>0. 768</td><td>0. 653</td><td>0. 797</td><td>0. 9</td></tr>
<tr><td>自我暴露 3</td><td>0. 731</td><td>0. 703</td><td>0. 728</td><td>0. 904</td></tr>
<tr><td>接受度 1</td><td>0. 929</td><td>0. 936</td><td rowspan="4">0. 958</td><td>0. 859</td><td>0. 897</td></tr>
<tr><td>接受度 2</td><td>0. 91</td><td>0. 942</td><td>0. 816</td><td>0. 899</td></tr>
<tr><td>接受度 3</td><td>0. 872</td><td>0. 953</td><td>0. 784</td><td>0. 901</td></tr>
<tr><td>接受度 4</td><td>0. 88</td><td>0. 95</td><td>0. 803</td><td>0. 9</td></tr>
</table>

（二）操纵检验

如图 5 与表 3 所示，以拟人化程度为因变量的方差分析显示，观看高拟人化心理咨询聊天机器人工作过程视频的被试感知到的拟人化水平（M = 5. 54，SD = 1. 00）要明显大于观看低拟人化视频被试报告的拟人化水平（M = 2. 71，SD = 1. 33），$p < 0.05$，数据结果与预期相一致，说明对自

变量的操控是有效的。

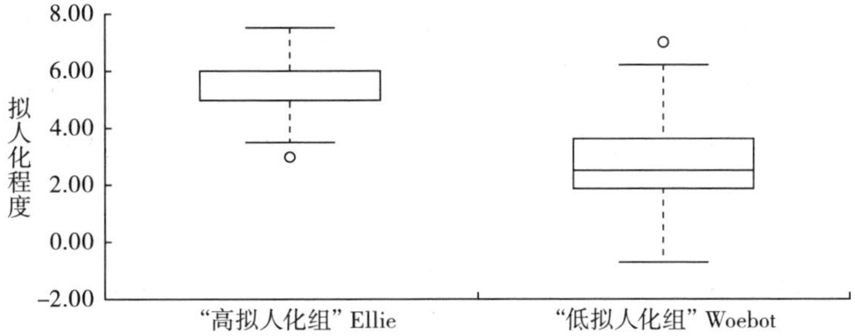

图5　操作检验

（三）主效应分析

以接受度为因变量的方差分析，结果如表3所示，观看高拟人化程度视频的被试对视频中心理咨询聊天机器人的接受度（M = 5.32，SD = 1.54）显著高于观看低拟人化视频被试报告的接受度（M = 4.49，SD = 2.00），其中 $F = 4.805$，$p = 0.031$（< 0.05）。

结果说明在外观维度，拟人化程度更高的心理咨询聊天机器人更容易在交互过程中获得更多的消费者接受度，拟人化程度在一定程度上可以推进人工智能聊天机器人在心理咨询工作中的顺利进行，主效应显著，假设H1得到验证。

表3　接受度方差分析

	您观看了哪个聊天机器人的视频？（平均值 ± 标准差）		F	p
	"高拟人化组" Ellie（n = 45）	"低拟人化组" Woebot（n = 46）		
接受度	5.32 ± 1.54	4.49 ± 2.00	4.805	0.031*

注：* $p < 0.05$，** $p < 0.01$。

（四）中介效应检验

本研究使用Bootstrap抽样法进行检验，以在95%置信区间下感知到的拟人化程度作为自变量，自我暴露程度作为中介变量1，交流意愿作为中介变量2，购买意向作为因变量。

由表4可知，总效应为0.227，其中在拟人化程度≥自我暴露程度≥接受度的检验中，中介检验的结果未包含0（LLCI = 0.035，ULCI =

0.359），说明自我暴露程度在拟人化程度与接受度之间的中介效应显著，假设 H2 得证。此外，由于 c' 直接效应的不显著，所以为完全中介；同理，由于拟人化程度≥交流意愿≥接受度路径中，中介检验的结果包含 0（LLCI = -0.041，ULCI = 0.196），所以交流意愿的中介作用不显著，H3 假设未得证。

表 4　中介检验结果汇总

项	c 总效应	a	b	a·b 中介效应值	a·b (Boot SE)	a·b (z 值)	a·b (p 值)	a·b (95% BootCI)	c' 直接效应	检验结论
拟人化程度≥自我暴露程度≥接受度	0.227*	0.231*	0.837**	0.193	0.083	2.334	0.020	0.035 ~ 0.359	0.011	完全中介
拟人化程度≥交流意愿≥接受度	0.227*	0.291**	0.080	0.023	0.054	0.430	0.667	-0.041 ~ 0.196	0.011	中介作用不显著

注：* $p < 0.05$ **，$p < 0.01$。

六、研究结论与讨论

（一）研究结论

本文基于国内的心理咨询发展现状与心理咨询聊天机器人的研究现状，探讨了消费者感知到的外观拟人化程度对消费者自我暴露程度，进而对消费者接受度产生影响的内在机制。准实验选择视频材料作为刺激物，通过对被试感知到拟人化程度、自我暴露水平以及对心理咨询聊天机器人接受度的测量，发现心理咨询聊天机器人外观拟人化程度对消费者接受度有影响，主要结论如下。

其一，验证了外观拟人化程度对心理咨询聊天机器人接受度的积极影响。准实验设计的量化分析显示，观看高拟人化心理咨询聊天机器人视频的被试，报告了对其更多的接受度，并且与低拟人化组的差异显著。

其二，验证了自我暴露水平的中介作用。中介检验中，自我暴露的中介作用显著，并且直接效应不显著，因此判断为完全中介。说明在高拟人化的视觉线索下，接受度会通过自我暴露意愿的提高而提高，并且这种影响是显著的。

与前两者形成对比的是，交流意愿的中介作用没有得证。在交流意愿的中介作用检验中，交流意愿的中介作用不显著。综观对交流意愿文献的整理以及衡量，笔者认为不显著也许是由其理论定义的界定不清、准实验样本量不足，以及测项本土化适应不良导致的，后续研究可在严格遵守流程的前提下，扩大被试数量，对问卷测项进行一定的本土化改编。

（二）研究启示

本研究探索了视角的融合，关注了消费者感知到的拟人化程度，并且使用问卷测项进行中介变量的探索，为临床咨询专业领域收集了消费者的偏好与感受，为理论研究与实体产品设计融入了消费者的视角。基于研究的结论，有以下启示。

1. 理论启示

其一，交互可能增强视觉拟人化程度对心理咨询聊天机器人接受度的积极影响。在视觉拟人化程度的研究综述中，有学者提出了CG技术与交互过程对于“恐怖谷理论”的减弱。本文的研究设计在刺激材料的选择上，选取了动态的视频资料作为拟人化感知的刺激物，这也许与结论中的积极影响有一定的关系。后续研究可在交互性与拟人化感知的关系上进行深入的探索。

其二，感知到的拟人化与自我暴露意愿之间存在探索的空间。已有研究提出，感知到的拟人化程度通过用户感知到的同质性与信度对自我暴露程度产生影响，但在设计临床咨询技术时，有更多值得探索的变量，如“安全感”“阻抗”（马志国，2013）等。未来研究可在此基础上，对拟人化程度和自我暴露意愿在临床咨询领域的中介变量上做出一定的探索。

其三，量表的本土化不适问题可能对结果产生影响。心理咨询相关理论的本土化一直是重要的议题（王进等，2019）。学者在调查中发现，中美对于心理健康的定义有很大区别（祁双翼等，2019），对部分变量的衡量可能在中英直译的语境下会对理解造成影响，进而影响结果。

2. 实践启示

其一，拟人化人工智能心理咨询机器人与远程咨询的结合具有无限前景。刁欣越等（2021）研究指出，线上心理咨询平台商业系统的可持续发展方向是机器人流程自动化（Robotic Process Automation）与人工智能（Artificial Intelligence）结合。随着技术界限的模糊与产品设计的多元化，远程心理咨询将会越来越多地融入机器学习、人工神经网络、自然语言处理技术、虚拟现实技术（靳宇倡等，2022）。外观更加拟人化的人工智能心理咨询机器人能与远程平台有更好的结合。

其二，数据安全与咨询伦理需要被更加重视。虚拟咨询师的拟人化水平使来访者愿意进行自我暴露，进而更能接受咨询的同时，对其实际利益的保护也提出了更高的要求。无论是远程平台与咨询师后台对用户数据隐私性与安全性的保证（陈红等，2010），还是测量过程中对咨询伦理的遵守（郭怡等，2021；姜力铭等，2022）。

（三）研究局限与未来研究展望

虽然本研究选取了权威的量表，遵守了临床咨询研究的相关伦理准则，但受时间与现实条件的影响，本研究具有以下局限性。

样本局限性。本研究样本的选取采用方便取样法，所选择的群体多为18~30岁在校学生。受到其经济能力和阅历的影响，被试对于心理咨询的实际需求不同，体验与感知也不同，这可能代表了不同的倾向性，即对于“接受度”与“自我暴露程度”的初始理解与衡量不同。此外，部分被试有心理学相关的学习背景，这可能导致被试对于调研目的的提前预判，也可能对其行为造成一定的引导性，造成准实验数据的污染。

操作的局限性。在准实验材料的选取中，考虑到先前研究指出的“恐怖谷效应”在交互过程中的弱化，本实验选取了两段心理咨询聊天机器人（Woebot 与 Ellie）工作过程的视频作为刺激物，但这可能给研究带来了某些未能控制的额外变量，其中包括但不限于咨询师的特征（如声音特征、感知到的情绪智力等）、工作所涉及话题的具体内容、视频中来访者所表现出的接受度等。这些额外变量并不利于“外观拟人化”研究的纯粹性，可能影响假设检验的结果。与此同时，由于大量可供参考的研究中所使用的量表测项原始语言均为英语，且缺乏国内学者的本土化翻译，所以本研究的量表均为自主翻译，在尽可能保留测项原意与便于中文理解之间，可能没有做到专业化的平衡，研究方法不够严谨。

笔者认为，未来研究仍需关注心理咨询聊天机器人的消费者接受度。从研究视角看，现有心理咨询聊天机器人的研究多聚焦在开发者角度，消费者的接受度影响因素与相关心理的研究仍然有许多探索的空间。随着心理咨询的大众化与服务化，消费者的偏好需要更多地被重视。从研究方法看，部分量表缺乏本土化翻译，对于中国本土的研究具有不适应性。未来研究可对现有量表作出适宜本土化研究的翻译与修订。

参考文献

[1]任志洪,赵春晓,田凡,等. 中国人心理健康素养干预效果的元分析[J]. 心理学报, 2020,52(4):497－521.

[2]江光荣,李丹阳,任志洪,等. 中国国民心理健康素养的现状与特点[J]. 心理学报, 2021,53(2):182－201.

[3]徐青,徐沙贝,陈祉妍. 心理咨询与治疗中的费用问题讨论[J]. 中国心理卫生杂志, 2003(11):796－799.

[4]张爱莲,王宗谟,黄希庭. 国内心理咨询与治疗收费的现况调查[J]. 中国心理卫生杂志, 2017,31(1):40－45.

[5]郑霞,SAUZEON HELENE,周明全,等. 虚拟现实技术应用于神经心理评估的研究概述[J]. 心理科学进展, 2010,18(3):511－521.

[6]许百华,赵业. 虚拟现实技术在心理治疗中的应用[J]. 心理科学, 2005(3):654－655.

[7]姚玲玉,李晶. 虚拟现实技术及其在临床心理学的应用[J]. 心理技术与应用, 2016,4(12):763－768.

[8]ABD－ALRAZAQ A A, ALAJLANI M, ALALWAN A A, et al. An overview of the features of chatbots in mental health: A scoping review[J]. International journal of medical informatics, 2019(132): 103978.

[9]PRISBELL M, ANDERSEN J F. The importance of perceived homophi-

ly, level of uncertainty, feeling good, safety, and self – disclosure in interpersonal relationships[J]. Communication quarterly,1980, 28(3): 22 –33.

[10]NOWAK K L, RAUH C. The influence of the avatar on online perceptions of anthropomorphism, androgyny, credibility, homophily, and attraction [J]. Journal of computer – mediated communication, 2005,11(1): 153 –178.

[11]APPEL M, IZYDORCZYK D, WEBER S,et al. The uncanny of mind in a machine: Humanoid robots as tools, agents, and experiencers[J]. Computers in human behavior, 2020(102): 274 –286.

[12]ABDUL – KA D E R S, WOODS J C. Survey on chatbot design techniques in speech conversation systems[J]. International journal of advanced computer science and applications,2015,6(7).

[13]GURSOY D, CHI O H, LU L, et al. Consumers acceptance of artificially intelligent (AI) device use in service delivery[J]. International journal of Information management, 2019(49):157 –169.

[14] FITZPATRICK K K, DARCY A, VIERHILE M. Delivering cognitive behavior therapy to young adults with symptoms of depression and anxiety using a fully automated conversational agent (Woebot): A randomized controlled trial [R]. JMIR Mental Health,2017, 4(2): e7785.

[15]KAPLAN D M,TARVYDAS V M, GLADDING S T. 20/20: A vision for the future of counseling: The new consensus definition of counseling[J]. Journal of counseling & development, 2014,92(3): 366 –372.

[16] FULMER R. Artificial intelligence and counseling: Four levels of implementation[J]. Theory & psychology, 2019,29(6): 807 –819.

[17]DARCY A M, LOUIE A K, ROBERTS L W. Machine learning and the profession of medicine[J]. Jama network, 2016,315(6): 551 –552.

[18]GRATZER D, GOLDBLOOM D. Therapy and e – therapy – preparing future psychiatrists in the era of apps and chatbots[J]. Academic psychiatry, 2020,44(2): 231 –234.

[19] D'ALFONSO S, SANTESTEBAN – ECHARRI O, RICE S, et

al. Artificial intelligence – assisted online social therapy for youth mental health [J]. Frontiers in psychology, 2017(8): 796.

[20] ARAUJO T. Living up to the chatbot hype: The influence of anthropomorphic design cues and communicative agency framing on conversational agent and company perceptions[J]. Computers in human behavior, 2018(85): 183 – 189.

[21] ROY R, NAIDOO V. Enhancing chatbot effectiveness: The role of anthropomorphic conversational styles and time orientation[J]. Journal of business research, 2021(126): 23 – 34.

[22] TORRE I, GOSLIN J, WHITE L. If your device could smile: People trust happy – sounding artificial agents more[J]. Computers in human behavior, 2020(105): 106 – 215.

[23] GO E, SUNDAR S S. Humanizing chatbots: The effects of visual, identity and conversational cues on humanness perceptions[J]. Computers in human behavior, 2019, 97: 304 – 316.

[24] BOLAND M V, CHIANG M F, LIM M C, et al. Adoption of electronic health records and preparations for demonstrating meaningful use: An american academy of ophthalmology survey [J]. Ophthalmology, 2013, 120(8): 1702 – 1710.

[25] BARTNECK C, KANDA T, MUBIN O, et al. Does the design of a robot influence its animacy and perceived intelligence? [J]. International journal of social robotics, 2009, 1(2): 195 – 204.

[26] MATHUR M B, REICHLING D B. Navigating a social world with robot partners: A quantitative cartography of the uncanny valley[J]. Cognition, 2016 (146): 22 – 32.

[27] HOOI R, CHO H. Avatar – driven self – disclosure: The virtual me is the actual me[J]. Computers in human behavior, 2014(39): 20 – 28.

[28] ZHANG T, KABER D B, ZHU B, et al. Service robot feature design effects on user perceptions and emotional responses[J]. Intelligent service robotics, 2010, 3(2): 73 – 88.

[29] FERRARI F, PALADINO M P, JETTEN J. Blurring human – machine

distinctions: Anthropomorphic appearance in social robots as a threat to human distinctiveness[J]. International journal of social robotics,2016, 8(2): 287 -302.

[30]YAM K C, BIGMAN Y E, TANG P M,et al. Robots at work: People prefer - and forgive - service robots with perceived feelings[J]. Journal of applied psychology,2020, 106(10): 1557.

[31]ZŁOTOWSKI J, PROUDFOOT D, YOGEESWARAN K, et al. Anthropomorphism: Opportunities and challenges in human - robot interaction[J]. International journal of social robotics, 2015,7(3): 347 -360.

[32]KäTSYRI J, FöRGER K, MÄKÄRÄINEN M, et al. A review of empirical evidence on different uncanny valley hypotheses: Support for perceptual mismatch as one road to the valley of eeriness[J]. Frontiers in psychology,2015(6): 390.

[33]JANG S, KIM J J, KIM S J,et al. Mobile app - based chatbot to deliver cognitive behavioral therapy and psychoeducation for adults with attention deficit: A development and feasibility/usability study[J]. International journal of medical informatics,2021(150): 104 -440.

[34]FRYE N E, DORNISCH M M. When is trust not enough? The role of perceived privacy of communication tools in comfort with self - disclosure[J]. Computers in human behavior, 2010,26(5): 1120 -1127.

[35]WHEELESS L R. Self - disclosure and interpersonal solidarity: Measurement, validation, and relationships[J]. Human communication research, 1976,3(1): 47 -61.

[36]FARBER B A, BERANO K C,CAPOBIANCO J A. Clients' Perceptions of the process and consequences of self - disclosure in psychotherapy[J]. Journal of counseling psychology,2004,51(3): 340 -346.

[37]KAHN JR P H, ISHIGURO H,FRIEDMAN B,et al. What is a human? Toward psychological benchmarks in the field of human - robot interaction[J]. Interaction studies,2006,8(3): 363 -390.

[38]SCHANKE S, BURTCH G, RAY G. Estimating the impact of "humanizing" customer service chatbots[J]. Information systems research, 2021,32(3):

736 – 751.

[39]LEONHARDT J M, PEZZUTI T, NAMKOONG J E. We're not so different: Collectivism increases perceived homophily, trust, and seeking user – generated product information[J]. Journal of business research,2020(112):160 – 169.

[40]TENG C I. How can avatar's item customizability impact gamer loyalty?[J]. Telematics and informatics,2021(62):101 – 626.

[41]BARTNECK C, BLEEKER T, BUN J, et al. The influence of robot anthropomorphism on the feelings of embarrassment when interacting with robots[J]. Paladyn,2010, 1(2): 109 – 115.

[42]LING E C, TUSSYADIAH I, TUOMI A, et al. Factors influencing users' adoption and use of conversational agents: A systematic review[J]. Psychology & marketing, 2021,38(7): 1031 – 1051.

[43]姜力铭,田雪涛,等. 人工智能辅助下的心理健康新型测评[J]. 心理科学进展, 2022,30(1):157 – 167.

[44]马志国. 面对求询者的阻抗,心理咨询师如何成功应对[J]. 心理技术与应用, 2013(3):50 – 53.

[45]王进,李强,魏晓薇."多元文化认同整合"视角下的心理咨询议题(综述)[J]. 中国心理卫生杂志, 2019,33(11):829 – 832.

[46]祁双翼,西英俊,马辛. 中国人心理健康研究综述[J]. 中国健康心理学杂志, 2019,27(6):947 – 953.

[47]刁欣越,魏文博,李洁,等. 线上心理咨询平台商业生态系统与可持续发展方式:基于"AI + RPA"模式的互联网平台研究[J]. 现代商业, 2021(6):25 – 29.

[48]靳宇倡,张政,郑佩璇,等. 远程心理健康服务:应用、优势及挑战[J]. 心理科学进展, 2022,30(1):141 – 156.

[49]陈红,汪卫华,袁水平,等. 远程心理咨询与面对面咨询的对比研究[J]. 精神医学杂志, 2010,23(2):128 – 129.

[50]郭怡,侯晨雨. 人工智能在中小学心理健康服务中的应用探新[J]. 中国学校卫生, 2021,42(8):1124 – 1128.

在线零售情境下人机交互对消费者购买意愿的影响

——感知价值的视角①

张　甜

摘要：随着互联网的发展，消费者日常行为活动越来越依赖于交互设备和数字服务，以技术为媒介的体验也逐渐占据购物时间。并且，人工智能数字化技术使之与消费者的交互加速融合，正不断创新消费者参与和企业运营的方式，日益增强着与消费者的交互作用。为进一步探究人机交互与消费者购买意愿的深层次关系，基于在线零售情境前提下，本文在探寻人机交互与消费者购买之间关系的同时，加入顾客感知价值作为调节变量，通过在线问卷调查方法收集285个在线购物者样本进行实证分析，得出如下结论：人机交互过程中的连通性、个性化、控制性、响应性与购买意愿呈正相关；在人机交互与消费者购买意愿影响机理之中，感知价值调节作用较为显著。本文拓展了人机交互的研究情境，证实了人机交互对感知价值的影响，拓宽了影响消费者购买意愿的因素情境研究，为在线零售情境下的平台与商户提供一定启示与经验。

关键词：在线零售；人机交互；消费者购买意愿；感知价值

作者简介：张甜，西北大学经济管理学院2022届工商管理系市场营销专业本科生。

① 本文由张宸璐讲师指导完成。张宸璐，西北大学经济管理学院讲师，研究方向：战略与创新管理。

一、绪论

（一）研究背景

在线零售情境的发展产生了许多新零售模式、新形态和新体系，以超出以往的速度融入消费体验和实体零售之中（Romano et al.，2021）。技术正在影响零售格局，大数据、人工智能、购物媒体、社交媒介以及物联网被不同的消费者使用和采纳（Grewal et al.，2020）。人工智能技术和算法的发展不断优化人机交互的手段和方式，促进以计算机和智能手机为终端的交互界面发展，加速场景交互、语音交互、人脸识别等交互技术在在线零售情境下的应用，有效提升了在线零售场景中人机交互的水平和人们的购物体验，而如此种种交互，对消费者购买意愿的研究有重要价值。探究人机交互特性与内部机理，对研究消费者购买意愿有重大的理论意义和现实实践价值。万德敏等（2021）研究了人机交互对消费者幸福感的影响，在信息管理和计算机科学领域强调了人机交互的设计与应用，但在人机交互中对消费者购买意愿的影响研究仍较稀少。

此外，有学者把感知价值划分为功能、情感和社会三个维度（刘敬严，2008），虽然各方对其的测量维度存在差异，但在已有研究中大多数研究者都认为顾客感知价值会对人机交互过程进行权衡和选择，而且在不同方面对在线购买意愿有不同影响。在特定的人机交互环境和情境下，在线购物的消费者在不同维度上会有不同的选择，进而实施购买行为。研究感知价值在人机交互与消费者购买意愿之间的调节中介作用，有利于在线零售商家更清楚地了解顾客的需求和意愿全过程，并在此基础上提出针对性措施，可以更好地提升消费者购买意愿。

一个好的人机交互设计能够提升消费者购买过程中的自我控制感，强化自身满意度，对消费者购买意愿有重要影响。本文将根据人机交互的特点探索人机交互感知在何种情境下以何种方式影响消费者购买意愿，以人机交互作为自变量的同时，将感知价值作为调节变量，分别从产品、服务和社会三个方面，以问卷调查的研究方法对消费者购买意愿进行研究，从而更全面地探究在线零售情境下，人机交互过程中对消费者购买意愿的影响和感知价值的调节作用，为在线零售企业提供一定的启示与经验。

（二）研究意义

本研究拓宽了人机交互的情境领域，构建了人机交互、感知价值、消费者购买意愿的影响机制。通过对现有研究结果的梳理，发现在此之前的研究或更加侧重人机交互的信息化科学和计算机系统领域，或更注重消费者幸福感的影响研究，而忽略了由人类主导的新时代的人的地位，即对消费者本身的购买意愿的研究较少。本文在前人学者研究的理论成果基础上，结合顾客感知价值，侧重从消费者自身角度探究在在线零售情境下的一系列感知，以问卷调查法进行测量，丰富了在线零售情境下消费者购买意愿的影响因素，开发了人机交互过程的研究情境，证实了感知价值在消费者购买行为过程中的调节作用，为在线零售情境下人机交互的研究做出了一定的补充与贡献。

第一，为设计多元信息融合的人机交互系统提供一定的依据。本研究通过问卷调查法，验证了在线零售情境下人机交互与消费者购买意愿的有效性，从人机交互的活动和与消费者交互的过程中，在线零售商家与平台可从连通性、个性化、控制性和响应性出发优化人机交互的形式与内容。

第二，探究消费者购买意愿的调节作用机制。本文验证了以感知价值为调节变量的三大价值维度对在线购买消费者购买意愿的调节影响机制，发现在线零售情境下产品、服务和社会方面对消费者购买意愿起积极作用，感知价值会刺激消费者购买欲望，促进购买行为。

（三）研究思路与方法

研究思路上，本文首先对人机交互、感知价值等相关文献进行梳理与整合，对相关概念进行界定后，以此作为深入研究的基础，最后通过已知理论构建研究模型并提出假设。

研究方法上，本文以问卷星为助手，采取线上、线下相结合的方式进行调研。借助初步调研结果，编制问卷，在预调研以后对问卷进行修改和完善，最终开启正式调研。对有效数据进行数据分析，并根据结果得出结论及建议。

二、文献综述

（一）人机交互

随着技术的发展，消费者通过众多电子技术接触点与零售商交互。就发展过程而言，人机交互总体来说经历了三个阶段，从手工到机器再到信息化，并且呈现出由弱到强的演进特点，人的地位从主导到缺少再进入更先进的形式（谢玉进，2009）。人机交互指使用者与人机交互系统中各相关要素的交互行为（吴继飞等，2019），重视技术、人、任务的互动。当人们生活的各个方面都受到在线服务的影响时，更好的人机交互服务体验需求越来越受到重视。从用户需求及感知角度看，交互表现在计算机媒介环境下对消费者或个人沟通行为的回应程度，涵盖了连通性、控制性、个性化和响应性四个维度（Wu，2006）。在智能技术的交互环境下，交互性受用户控制、连通、响应、个性化、连接性、情境六个要素影响（Lee，2005）。总而言之，不应以分析过程来衡量其特性，而应从用户的感知和体验角度进行调查和探究。尤其是在在线零售情境下，从用户视角感知人机交互较为直观，能较好地预测用户的态度和行为，了解消费者的购买意愿。

与以往不同，在线零售情境下的人机交互在众多方面都有不同特点：一方面，之前的人机交互研究更偏向系统和用户的交互，交互界面体现在键盘等各种识别设备以及对应的操作系统软件，研究重点主要是网络界面的信息交互、智能界面交互构建以及信息整合。在线零售情境下的人机交互则更偏向消费者与网络零售平台的交流和互动行为，界面主要是电脑、智能手机、显示屏以及网站和购物类 App 等应用软件，通过点击手机屏幕或者鼠标等方式在线浏览产品、查找信息和分享消费体验，最终完成购买过程。在线商家也通过产品推荐、客服窗口、弹出式广告等方式提供智能交互服务，促进顾客购买和提升交互感、体验感。另一方面，以往的人机交互探究重在围绕非购物意愿进行信息交换的过程及行为，侧重突出系统交互界面的实用性，更多地以设备的执行交互来满足需求。现如今，消费者在购物过程中使用智能手机更加频繁，改变了以往购物过程中与在线商家交互时的体验和购买商品方式（Kokho and Hoang，2018）。在线零售的人机交互更加注重应用平台的界面设计，以在线购物过程中的智能互动和信息交换为主，利用人工智能等人机交互技术不断提升消费者购物体验，刺激消费者的购买意愿。

企业和平台的技术支持与消费者之间存在交互作用，以此判断消费者是否具有购买意愿。研究显示，人类行为中计算机的存在使一部分人能够与人机有效交流并培养良好的人机关系，促进他们的购买意愿（Wheatley et al.，2019）。通过对在线网站的研究发现，活跃积极的消费者通过体验及与其他消费者的交流，增加消费者之间的连通性，会有利于提高购买意愿。同时，在数字化技术环境中，智能手机通过网站或应用程序可以通过手机摄像头或从手机上传图片来虚拟体验商品（Pantano and Gandini，2017），从而赢得虚拟消费的乐趣以刺激消费者的购买意愿。技术可以更好地处理人机交互关系中的个性化，如抖音、淘宝等平台利用个性化定制技术通过大数据分析出用户行为和使用数据，发现消费者的需求和购买偏好（Huang and Rust，2017），为消费者提供个性化服务，同时提供符合消费者需求的产品场景，以此激发消费者的购买意愿。随着互联网的发展，各平台为用户提供了精准的控制，由情境认知理论可知，将顾客的信息进行加工后放入虚拟环境中，并通过模拟和行为表现出来，从而使顾客能实时地通过观察虚拟事实来了解产品。AR、VR 等技术将产品与个人相关环境相结合，对产品进行物理控制和模拟，这些技术增强了消费者在购买环境中的参与度和趣味性。通过对网络交互的控制性和可掌控性以及易用性体验，对消费者在在线服务过程中的体验产生影响，使得一些认为自己在人机交互过程中有更多控制力的消费者产生积极的感受和购买行为。同时，在线零售场景中的智能技术交互服务也促进了用户控制和对用户的响应能力，积极影响消费者在服务中的情感态度和行为，平台营销人员根据消费者的基本信息，为其提供与情境相关的最佳信息或服务，用户从平台收到反馈时，若反馈符合期望，就会增加对该网站或平台的情感反应（Ong et al.，2015），进而提高消费者满意度，刺激消费者的购买意愿。综上所述，在线零售情境下，在消费者与人机交互的过程中，对交互关系的控制性、响应性、个性化、连通性的服务感知越好，越有利于促进购买意愿的产生与形成。

（二）感知价值理论

高雪倩（2021）得出在“VR + 网络购物”的人机交互模式中，感知价值与特定群体之间即大学生的购买意愿有正相关关系的结论。吴琼等（2021）指出对价值的感知和意识对假冒奢侈品的购买意愿也有显著影响。杨玉琴等以商品价值和情感价值研究为中介变量，提出网络电商直播中消费者的购买意愿影响机制（戢芳等，2021）。王影等（2019）基于感知价值的起点，指出移动短视频中，潜在消费者的感知价值和行为有利于消费者态度的改善和购买决策的产生。综上研究表明，在人机交互的情境下，消费者对人机交互过程中的感知获得性增强时，价值感知随之增强，相应的购买意愿也会提高。

尽管对感知价值存在不同的解释，但是在人机交互过程中，功能判断、价值，整个购物行为中的便捷性、情感性以及消费需求的满足，都会对消费者的购物体验产生影响。互联网的发展为购物带来了高效和便捷优势，与线下消费有着不同的感知价值和体验。本文认为在人机交互的在线零售情境下，产品、服务和社会构成了感知价值的三个方面（李宗伟等，2017）。在人机交互过程中，基于产品感知价值，消费者对价格及质量进行判断，通过商家服务水平和质量体现服务感知价值，消费者以商家的社会评价获取社会感知价值。以价格、销量、商家信誉、好评率、服务评价、消费者在线评论次数和长度来衡量感知价值，并以此探究感知价值在人机交互过程中与消费者购买意愿之间的调节作用。

1. 产品感知价值

让渡价值理论指出，消费者购买商品时第一考虑的是商家的能力，即哪位商家会为自己提供更高程度的感知价值，商家应从顾客满意的角度出发提供满足顾客需求的优质服务。李国鑫等（2012）通过对2006年和2009年的调查数据的比较发现，消费者在线购物时对低价格有着独特的青睐，但随着时间的流逝这种影响会逐渐减弱。王林等（2015）指出由于每个消费者在购买时都会对细节和价格关注，价值的感知和信息的驱动会在一定程度上增加消费者的认可度，从而促进情感体验并营造一种情感氛围。

2. 服务感知价值

在线零售情境下的人机交互过程中，消费者的信念很大程度上取决于对在线商家的信任度。为了规避风险，商家信任度高使得消费者好感增加，更易提升消费者购买意愿。也就是说，商家的信誉能够增强顾客的服务感知价值然后产生购买意愿。例如，当在线购买存在复杂烦琐的商品或服务时，由于消费者自身对产品或服务有一些疑问，需要找到在线客服询问并交流，此时无论是人工客服还是智能客服在解决了消费者的问题后，都能减少消费者的购买风险，并根据此经验逐步了解消费者购物特点后，为特定消费者提供更加完善和精准的商品或服务，提高消费者的心情愉悦性以产生服务感知价值。此外，提高服务质量是企业提升客户满意度的重要保障，如在线下电影中，因为消费者一般看完后会在线上评论，通过对此研究发现，评论的优劣对票房有显著影响，尤其是一些精选评论，会吸引还未看过的潜在消费者增强购买意愿（郝媛媛等，2009）。与此同时，评论对消费者愿意支付价格和在线商家信誉度也会产生影响，像淘宝基于服务评级和评分系统设计的 DSR 系统机制，主要就是针对商家的各种服务如沟通交流质量、发货速度、配送服务等，淘宝会根据这些信息对在线商家进行评级。评分等级分为好评、中评、差评，等级高平台则会提供成交费折扣等奖励，随着时间的推移，消费者为了降低风险都会先关注商家的服务评级，尤其是商品评价中的好评率，好评率高意味着商家的服务感知价值高，因此会选择这家店铺或商家购买，反之消费者就会继续浏览和考虑。

3. 社会感知价值

在线零售情境下，社会价值指产品或服务对于社会的价值或意义，人机交互过程中在线评论凸显出消费者的主观意见，体现其对产品和服务的看法，成为其他消费者了解产品和服务质量的重要途径。评论数量的多少与消费者的关注有着紧密关系，正常情况下会提升购买意愿。例如，视频软件的预告对在线电影的评论内容影响不大，但评论数量却正向影响票房收入。因为评论数量代表了广大观看者的关注度，这时潜在消费者会对电影产生好感度，产生社会感知价值并影响其更高概率选择线下观影，以此增长票房收入。除此之外，评论长度也会影响社会感知价值，电子商务零售平台亚马逊对图书销售数据分析后发现，部分消费者购买图书后，会在评论区发表一些看法和评论，而那些评论字数多的图书销量往往高于评论字数少的，调查发现在线消费者认为越长意味着消费者对图书的描述越仔细，越能刺激消费者的阅读兴趣，增强消费者购买信心，促进购买行为。

三、研究模型与研究假设

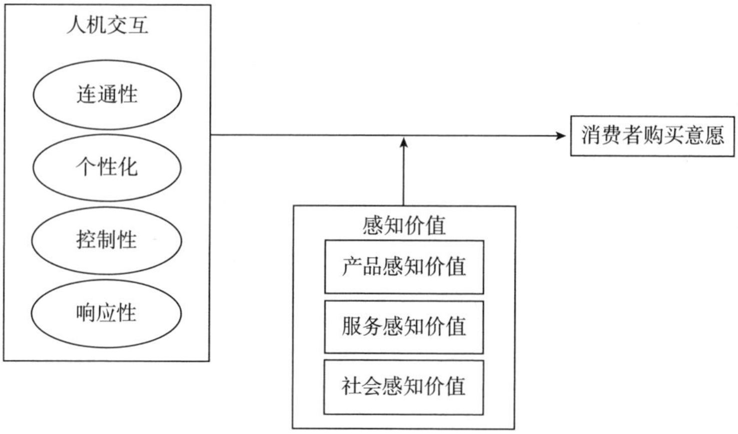

图 1　理论模型图

如图 1 所示，本文旨在探究在线零售情境下自变量（人机交互）对因变量（消费者购买意愿）的影响。根据已有研究，在此之中将人机交互四大特性分为连通性、个性化、控制性和响应性，同时将感知价值作为调节变量，从产品、服务和社会三个方面探讨其在人机交互与消费者购买意愿影响过程中的调节作用。

（一）人机交互与购买意愿

本文将在线零售情境下人机交互定义为消费者运用电脑、手机等电子设备以及网站和购物类 App 等应用软件，将与在线零售商家的交互过程中所产生的交互活动分为四大价值特性，包括连通性、个性化、控制性和响应性。连通性表现在消费者通过电子设备和应用软件与在线零售商家交流及分享的程度，同时消费者之间分享和交换有益信息达到互动效果，以此促进购买意愿，从而刺激购买欲望。个性化体现了定制化程度，即商家或者平台对信息和服务的定制程度，用来满足消费者访问需求，注重消费者浏览的信息内容、产品特点和服务功能与个人需求相符合，体现了在线商家站在用户的角度，以消费者的身份浏览时间及位置等特点，提供与消费者购买需求相关的信息和服务，以此为消费者提供个性化购买引导服务，刺激购买意愿。控制性注重个人进行人机交互的时间、顺序的程度，表现在消费者浏览、搜索和购买的可操作性和可获得性，为消费者提供便捷的购物体验。响应性则是指对人机交互系统的快速回应和提供信息服务的程度，表现在响应的速度、效率和需求的相关性，更注重精细化交互和服务。

在在线购物平台上与消费者直接或间接的交流活动中，对购买意愿有一定的积极作用，即在一定程度上促进购买意愿产生。数字化环境中智能手机应用程序显示的虚拟体验和尝试会促进购买乐趣和购买意愿；抖音、淘宝等平台通过大数据为消费者提供个性化服务，以此激发消费者的购买意愿；VR 等技术将产品与相关环境结合，增强消费者在购买环境中的参与度和趣味性，个人对人机交互过程中的控制性能产生积极的感受和购买行为；智能技术交互服务对消费者的响应能力会积极影响消费者的情感态度和行为。因此，本文提出假设：

H1：人机交互对消费者购买意愿有正向影响。

H1a：连通性对消费者购买意愿有正向影响。

H1b：个性化对消费者购买意愿有正向影响。

H1c：控制性对消费者购买意愿有正向影响。

H1d：响应性对消费者购买意愿有正向影响。

（二）感知价值的中介作用

感知价值会使消费者产生购买行为，满意度又会促进价值感知，进而影响购买意愿及购买行为。产品表现在对价格及质量的判断，服务体现在在线零售商家的服务水平和能力，社会则是对零售商家服务或产品的社会性评价。

在在线零售情境下人机交互过程中进行在线购物时，消费者对产品价格的判断有利于产生产品感知价值，体验型消费尤其强烈，因而产品价格是影响购买行为的重要因素。商家的信誉能够增强顾客的服务感知价值然后产生购买意愿，智能客服对消费者的答疑解惑能减少消费者的购买风险，增强心情愉悦性以产生服务感知价值。评论对消费者愿意支付的价格和在线商家信誉度也会产生影响，在线商家的等级评定高，意味着商家的服务感知价值高，因此消费者会选择这家店铺或商家购买，反之消费者就会继续浏览和考虑。在线评论数量的多少与消费者的关注有着紧密联系，为降低不确定性，正常情况下会提升购买意愿，评论长度也会影响社会感知价值，消费者在购买商品后发表的看法和评论能刺激消费者的阅读兴趣，增强消费者的购买信心，促进购买行为。由此，提出假设：

H2：产品感知价值对人机交互与消费者购买意愿有正向调节作用。

H3：服务感知价值对人机交互与消费者购买意愿有正向调节作用。

H4：社会感知价值对人机交互与消费者购买意愿有正向调节作用。

四、研究设计及分析

（一）研究方法及设计

本文旨在探讨在线零售情境下的人机交互与消费者购买意愿之间的关系，并在其中插入感知价值作为调节变量。基于现有资源的考虑，本研究采用问卷调查方法，问卷测项的设计均参考了已有的成熟量表或概念。整个问卷的设计思路是参考2019年鲍瑞雪社会交互与消费者购买意愿研究的宏观结构；人机交互部分主要引用的是沈鹏熠在线零售情境下人机交互感知的量表并根据本文内容改编为16个题项；购买意愿根据鲍瑞雪社会交互研究中对购买意愿的定义并改编为3个题项；感知价值则由李宗伟对在线购买决策的研究中引出感知价值驱动作用的量表改编为3个调节变量8个题项。此外，在问卷结尾处记录了受访者的性别、年龄、网购年限、收入信息，以便筛除无效问卷。

针对本文研究的内容，我们将调查对象主要锁定在有网上购物经验或者有人机交互平台使用经验的消费者。本研究的调查问卷共五部分：第一部分是填表说明，向被调研者说明本次调查问卷的研究目的、数据用途，同时承诺被调研者此次数据仅用于学术研究。第二部分为筛选题（您有淘宝购物的经历吗?），被调研者选择“有”则开始本次调研，选择“无”则视为无效问卷。通过筛选题确保被调研对象是经常使用淘宝平台购物的人群，以保证调研结果数据的有效性和真实性。第三部分是相关变量的测量题项，包括在线零售情境下人机交互的四个特点和维度、感知价值的三大价值特性和购买意愿。文章使用 Likert 七点量表进行测量，被调研者选择1~7代表其真实感受。第四部分是统计被调研者的购物年限、年龄等个人信息。第五部分是结语部分，感谢被调研者对此次调研的配合。以上五部分完整构成了调研问卷。

（二）预调研、数据收集与样本特征

为保证问卷的准确性、有效性及科学性，本研究首先开展了预调研，希望在预调研的过程中及时发现问题，提前修正和修改调查问卷。在预调研时，选取了不同身份和领域的人员作为调研对象，主要对象为学生及部分人力资源公司的上班族。预调研对象共 45 人，男女比例较平衡，年龄范围在 18~40 周岁，并且都是经常使用淘宝购物的用户。进行数据分析并结合被试的意见反馈，发现信效度较为匹配合理，再次与被调研者沟通，对人机交互四个特点、感知价值测项进行措辞上的修改，提高问卷的信度和效度，同时使问卷更加严谨合理。

本研究选取使用过淘宝平台购物的消费者和对人机交互有基本看法的消费者群体发放问卷，记录购买过程中人机交互对购买意愿产生的影响并进行以下研究，时间集中于一周内。本文采取两种方法：首先，使用平台“问卷星”，以互填问卷的形式发放并回收问卷 130 份，样本来源丰富多样。其次，借助微信、QQ 等社交媒体进行转发，发放并回收问卷 210 份，二者共计 340 份，样本集中反映学生及上班族群体观点。最后，通过审查“您有淘宝购物的经历吗?”和筛选项“直接选择非常不赞同”等具体筛查选项排除无效问卷，最终保留有效问卷 285 份，用于后续的数据分析，样本有效率 83.82%。经过最终的数据统计，样本情况如表 1 所示。

表 1　样本特征分布

类别	内容	频率	百分比/%
性别	男	138	48.4
	女	147	51.6
年龄	18 ~ 25 周岁	35	12.3
	26 ~ 30 周岁	66	23.2
	31 ~ 40 周岁	114	40.0
	41 ~ 49 周岁	47	16.5
	50 周岁以上	23	8.1
月收入水平	5000 元及以下	86	30.2
	5001 ~ 7000 元	61	21.4
	7001 ~ 10000 元	54	18.9
	10001 元及以上	84	29.5
网购年限	4 年以下	38	13.3
	4 ~ 6 年	67	23.5
	6 ~ 8 年	103	36.1
	8 ~ 10 年	38	13.3
	10 年以上	39	13.7

从性别看，样本性别差异基本均衡。从年龄看，被访者主要集中于 18 ~ 49周岁，共计 262 人，占比超过 90%；31 ~ 40 周岁被访者 114 人，占比 40.0%，这是由于这个年龄段的人购买力相较其他年龄段的消费者更强。从网购年限看，6 ~ 8 年及以下共计 208 人，占比最高，占比接近 75%。从月收入信息看，各部分相对均衡，5000 元及以下共计 86 人，占比 30.2%；10001 元及以上的被访者 84 人，占比 29.5%；5001 ~ 7000 元共计 61 人，占比 21.4%；7001 ~ 10000 元共计 54 人，占比 18.9%。由此可见，该样本切实反映使用过淘宝购物、年龄存在一定差距且月收入水平有限的群体的真实想法，同时也兼顾了网购年限不同的群体与高收入的中年群体，使得研究样本在聚焦消费者购买意愿的同时具有代表性和广泛性。

（三）数据分析与假设检验

本文使用SPSS 26.0进行数据处理分析。对样本进行统计分析后，在在线零售人机交互、感知价值与消费者购买意愿的关系中，再对假设的8个变量测验信效度、假设检验回归分析及调节作用进行检验，并对提出的假设关系进行验证。

1. 信效度检验

信度检验可以反映出所收集数据的可信度和可靠性，信度越高，则变量因子之间的稳定性和一致性越强，问卷设计就越合理，所收集的数据越有利于实现研究目标。本研究以 Cronbach's α 数值作为指标，利用SPSS 26.0进行数据分析。数据显示，人机交互中连通性、个性化、控制性、响应性、购买意愿、产品感知价值、服务感知价值和社会感知价值标准化信度系数分别为0.915、0.861、0.861、0.901、0.870、0.795、0.894、0.844（见表2），均高于0.7，信度非常好；标准化系数均大于0.6，信度较好，可用来进行数据分析。由表2可知，各变量项已删除的信度系数与总体化信度系数相等，变量的维度和测项不需要进行调整。此外，信度取值位于0～1，越接近1信度越高，量表总体的标准化信度系数为0.98，明显高于0.8。由结果可知，调查问卷的信度良好，且无须进行调整的问项。

量表准确度是用来测量数据效度的，越高意味着变量越准确。本节首先采用指标KMO值和巴特利特球形度检验，判断数据是否适合探索性因子分析。然后由探索性因子分析出效度结果，结果如下：

以KMO和Bartlett的检验对数据能否进行探索性因子分析检验做出判断。根据表3可知，量表KMO值为0.987 > 0.8，检验显著；Bartlett球形度（$\chi^2 = 7464.843$，$df = 55$，$p = 0.000$）满足显著性效果，因此数据适合探索性因子分析。

表2 信度分析

测量题项	各变量信度分析		量表总体信度分析	
	项已删除的α系数	Cronbach's α系数	项已删除的α系数	Cronbach's α系数
连通性1	0.896	0.915	0.98	0.98
连通性2	0.894		0.98	
连通性3	0.891		0.98	
连通性4	0.899		0.98	
连通性5	0.898		0.98	
个性化1	0.812	0.861	0.98	
个性化2	0.803		0.98	
个性化3	0.801		0.98	
控制性1	0.811	0.861	0.98	
控制性2	0.803		0.98	
控制性3	0.801		0.98	
响应性1	0.870	0.901	0.98	
响应性2	0.875		0.98	
响应性3	0.884		0.98	
响应性4	0.890		0.98	
响应性5	0.874		0.98	
购买意愿1	0.815	0.870	0.98	
购买意愿2	0.810		0.98	
购买意愿3	0.824		0.98	
产品感知价值1	—	0.795	0.98	
产品感知价值2	—		0.98	
服务感知价值1	0.866	0.894	0.98	
服务感知价值2	0.877		0.98	
服务感知价值3	0.858		0.98	
服务感知价值4	0.855		0.98	
社会感知价值1	—	0.844	0.98	
社会感知价值2	—		0.98	

表3　KMO 和 Bartlett 的检验

KMO 取样适切性量数		0.987
巴特利特球形度检验	近似卡方	7464.843
	自由度	55
	显著性	0.000

探索性因子分析：由表4和表5可知，所有测项可分为八类，第一类包括感知连通性1、2、3、4、5五个测项；第二类包括感知个性化1、2、3三个测项；第三类包括感知控制性1、2、3三个测项；第四类包括感知响应性1、2、3、4、5五个测项；第五类包括产品感知价值1、2两个测项；第六类包括服务感知价值1、2、3、4四个测项；第七类包括社会感知价值1、2两个测项；第八类包括购买意愿1、2、3三个测项。由此可知，其分类与本研究中的变量较为匹配，所属类别清晰且都高于0.5，故通过了效度检验，全部保留。

表4　解释的总方差

成分	初始特征值			提取载荷平方和			旋转载荷平方和		
	总计	方差/%	累积/%	总计	方差/%	累积/%	总计	方差/%	累积/%
1	18.155	67.239	67.239	18.155	67.239	67.239	4.028	14.920	14.920
2	0.851	3.151	70.390	0.851	3.151	70.390	3.611	13.373	28.294
3	0.643	2.380	72.771	0.643	2.380	72.771	3.515	13.020	41.314
4	0.530	1.964	74.735	0.530	1.964	74.735	2.963	10.975	52.289
5	0.478	1.771	76.505	0.478	1.771	76.505	2.600	9.631	61.920
6	0.450	1.665	78.171	0.450	1.665	78.171	2.033	7.529	69.449
7	0.430	1.593	79.764	0.430	1.593	79.764	1.863	6.899	76.348
8	0.385	1.426	81.191	0.385	1.426	81.191	1.307	4.842	81.191
9	0.378	1.399	82.589						
10	0.366	1.355	83.944						
11	0.348	1.287	85.231						
12	0.337	1.247	86.478						
13	0.330	1.223	87.701						
14	0.308	1.140	88.841						
15	0.286	1.061	89.902						

续表

成分	初始特征值			提取载荷平方和			旋转载荷平方和		
	总计	方差/%	累积/%	总计	方差/%	累积/%	总计	方差/%	累积/%
16	0.269	0.996	90.898						
17	0.266	0.985	91.883						
18	0.260	0.964	92.847						
19	0.253	0.939	93.785						
20	0.244	0.902	94.687						
21	0.230	0.850	95.537						
22	0.226	0.836	96.373						
23	0.213	0.790	97.164						
24	0.205	0.759	97.922						
25	0.196	0.725	98.648						
26	0.187	0.691	99.339						
27	0.179	0.661	100						

注：提取方法为主成分分析法。

表5 旋转后的成分矩阵

题项	成分							
	1	2	3	4	5	6	7	8
连通性1	0.646							
连通性2	0.615							
连通性3	0.755							
连通性4	0.553							
连通性5	0.632							
个性化1		0.667						
个性化2		0.723						
个性化3		0.822						
控制性1			0.632					
控制性2			0.752					
控制性3			0.658					
响应性1				0.586				
响应性2				0.675				
响应性3				0.657				

续表

题项	成分							
	1	2	3	4	5	6	7	8
响应性 4				0.823				
响应性 5				0.758				
产品感知价值 1					0.678			
产品感知价值 2					0.756			
服务感知价值 1						0.632		
服务感知价值 2						0.657		
服务感知价值 3						0.725		
服务感知价值 4						0.821		
社会感知价值 1							0.602	
社会感知价值 2							0.635	
购买意愿 1								0.756
购买意愿 2								0.654
购买意愿 3								0.757

注：提取方法为主成分分析法。旋转方法为凯撒正态化最大方差法，a 旋转 12 次迭代后已收敛。

2. 假设检验

由假设 1 可知人机交互与消费者购买意愿存在正向回归关系，同时人机交互四个方面的价值维度连通性、个性化、控制性、响应性分别正向影响消费者购买意愿，即人机交互四大价值特性分别与消费者购买意愿存在正向回归关系。综上可知，人机交互及其四大价值特性与消费者购买意愿存在一元回归关系，采用 SPSS 26.0 分析，具体结果如下：

由表 6 可知，R^2 在连通性、个性化、控制性、响应性、人机交互中分别为 0.721、0.724、0.725、0.766、0.809，意味着连通性、个性化、控制性、响应性、人机交互能够解释消费者购买意愿变化情况的 72.1%、72.4%、72.5%、76.6%、80.9%，均大于 30%。

再由表 7 可知，四个价值特性自变量连通性、个性化、控制性、响应性的影响系数分别为 0.820、0.871、0.986、0.938，都大于 0 且显著性均小于 0.05，故连通性、个性化、控制性、响应性对消费者购买意愿有显著正向影响；再对四个价值特性总体线性回归得到表 8，发现 VIF 值均小于10，显著性均小于0.05且不存在多重共线性，所以假设1成立，即人机交互感知会提升消费者购买意愿，且假设1中四大价值特性的假设也均成立，即连通性与消费者购买意愿呈正相关，个性化与消费者购买意愿呈正相关，控制性与消费者购买意愿呈正相关，响应性与消费者购买意愿呈正相关。

表6 人机交互对消费者购买意愿的模型摘要

	R^2	调整后 R^2	F
感知连通性	0.721	0.720	730.392
感知个性化	0.724	0.723	740.776
感知控制性	0.725	0.724	746.755
感知响应性	0.766	0.765	927.473
人机交互	0.809	0.806	295.521

表7 自变量价值特性与因变量回归分析表

模型	未标准化系数		标准化系数	t	显著性	共线性统计	
	β	标准误差	*Beta*			容差	VIF
感知连通性	0.820	0.030	0.849	27.026	0.000	1.000	1.000
感知个性化	0.871	0.032	0.851	27.217	0.000	1.000	1.000
感知控制性	0.986	0.167		27.321	0.000	1.000	1.000
感知响应性	0.938	0.031	0.875	30.454	0.000	1.000	1.000

注：因变量，购买意愿。

表8 自变量与因变量回归分析

模型		未标准化系数		标准化系数	t	显著性	共线性统计	
		β	标准误差	*Beta*			容差	VIF
人机交互	感知连通性	0.15	0.065	0.160	2.385	0.018	0.153	6.551
	感知个性化	0.25	0.062	0.244	4.061	0.000	0.189	5.292
	感知控制性	0.26	0.088	0.195	3.003	0.003	0.162	6.176
	感知响应性	0.37	0.079	0.342	4.633	0.000	0.126	7.958

注：因变量，购买意愿。

3. 调节变量

将产品感知价值纳入人机交互与购买意愿的回归分析，探究其调节作用，得到表9和图2。结果表明调节作用显著（$p<0.01$），H2成立，即在

在线零售情境下人机交互与消费者购买意愿的关系中，产品感知价值有正向调节作用。通过斜率分析由图2得知，随着人机交互的增加，低的产品感知价值有利于消费者购买意愿的提升，高的产品感知价值作用则较为缓和。

表9　产品感知价值的调节作用分析

	标准化 β	S. E.	t	p
人机交互	0.533	0.069	7.701	0.000
产品感知价值	0.237	0.052	4.529	0.000
调节	-0.184	0.063	-2.911	0.004

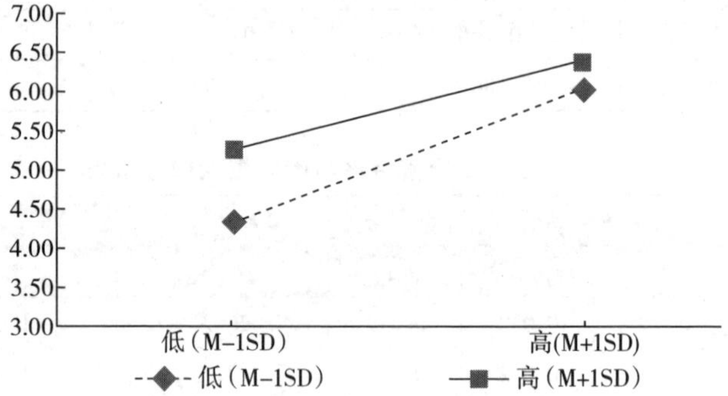

图2　产品感知价值的调节作用

将服务感知价值纳入人机交互与购买意愿的回归分析，探究其调节作用得到表10和图3。结果表明调节作用显著（$p<0.01$），H3成立，即在在线零售情境下人机交互与消费者购买意愿的关系中，服务感知价值有正向调节作用。通过斜率分析由图3得知，随着人机交互的增加，低的服务感知价值有利于消费者购买意愿的提升，高的服务感知价值作用则较为缓和。

表10　服务感知价值的调节作用分析

	标准化 β	S. E.	t	p
人机交互	0.432	0.080	5.405	0.000
服务感知价值	0.273	0.067	4.046	0.000
调节	-0.240	0.084	-2.85	0.004

将社会感知价值纳入人机交互与购买意愿的回归分析，探究其调节作用得到表11和图4。结果表明调节作用显著（$p<0.01$），H4成立，即在在

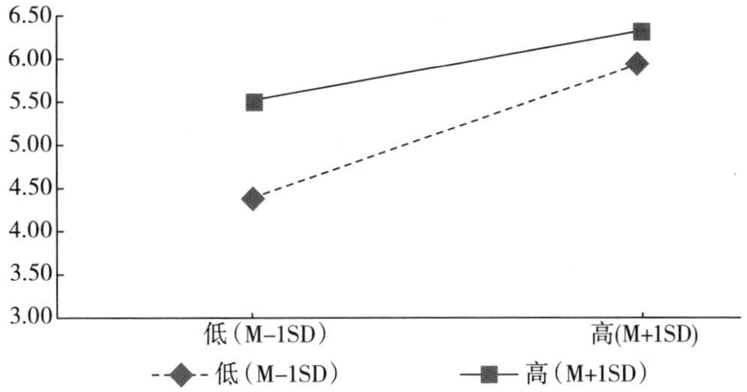

图 3　服务感知价值的调节作用

线零售情境下人机交互与消费者购买意愿的关系中，社会感知价值有正向调节作用。通过斜率分析由图 4 得知，随着人机交互的增加，低的社会感知价值有利于消费者购买意愿的提升，高的社会感知价值作用则较为缓和。

表 11　社会感知价值的调节作用分析

	标准化 β	S. E.	*t*	*p*
人机交互	0. 521	0. 081	6. 462	0. 000
社会感知价值	0. 134	0. 050	2. 661	0. 008
调节	−0. 291	0. 074	−3. 954	0. 000

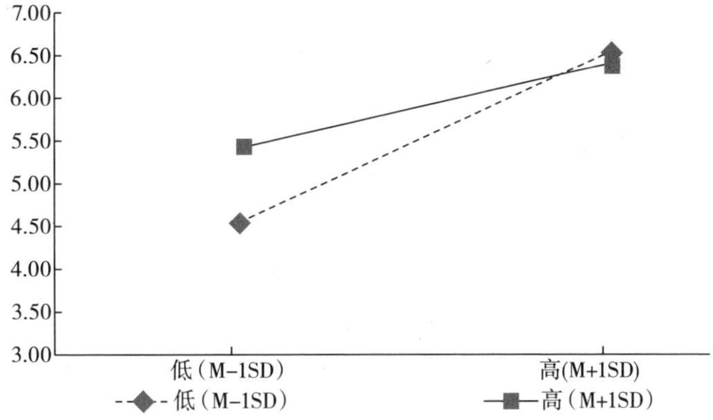

图 4　社会感知价值的调节作用

（四）研究结果

对本文构建的模型中 8 个假设进行验证后，汇总结果参见表 12。本研究提出的所有假设均成立，即在在线零售情境下，人机交互及其过程中的四大维度对消费者购买意愿有正向影响；产品、服务和社会感知价值对在线零售情境下的人机交互与消费者购买意愿关系起正向调节作用。

表 12　假设检验汇总

假设	结果
H1：人机交互对消费者购买意愿有正向影响	成立
H1a：连通性对消费者购买意愿有正向影响	成立
H1b：个性化对消费者购买意愿有正向影响	成立
H1c：控制性对消费者购买意愿有正向影响	成立
H1d：响应性对消费者购买意愿有正向影响	成立
H2：产品感知价值对人机交互与消费者购买意愿有正向调节作用	成立
H3：服务感知价值对人机交互与消费者购买意愿有正向调节作用	成立
H4：社会感知价值对人机交互与消费者购买意愿有正向调节作用	成立

五、结论与展望

本文以在线零售情境下人机交互的概念和具体特征为切入点，四个特点分别是连通性、个性化、控制性和响应性，实证分析了人机交互四个价值特性对消费者购买意愿的影响，再将感知价值三个方面作为调节变量构建了理论模型。以问卷调查的方式并使用SPSS 26.0 分析，由分析得出的结论支持了全部假设，明晰了在线零售情境下人机交互、感知价值与消费者购买意愿的关系机制，其基本结论包括以下几个方面。

在在线零售情境下人机交互四大价值特性、消费者的感知连通性、感知个性化、感知响应性和感知控制性对购买意愿有显著正向影响。对285份有效问卷进行有效分析后，我们发现在新零售情境下良好的人机交互可以提高购买意愿，包括与淘宝平台的沟通交易。淘宝平台是否能满足消费者个性化购物需求，从淘宝可以找到想要的商品类型，均与消费者购买意愿呈正相关关系。不同于以往笔者对人机交互的研究，本文切实从消费者购买意愿角度出发，聚焦消费者对淘宝这类购物平台的需求，为在线零售平台提供一些启示与经验，以更好地对人机交互的方法进行改进和完善，促进购物平台的发展。

在在线零售情境的前提下，对问卷进行分析后，顾客感知价值理论中的三个维度，即产品、服务和社会感知价值都对人机交互与消费者购买意愿有正向调节作用，包括对商品的价格感知、店铺的评论和服务调节作用均显著，在以往研究感知价值与消费者购买行为的内在影响机制基础上，作为调节变量检验其调节作用，为在线零售平台中的商家提供借鉴，以此提升服务，促进消费者购买意愿的产生。

虽然我们严格按照问卷调查的方式和步骤进行研究，但仍存在局限。首先，样本局限性。本研究部分被访者来源于笔者生活环境，以学生群体及本地上班族居多，该群体的经济情况会对其消费偏好和选择产生影响，缺乏覆盖多样群体的高质量充足数据，样本的局限性可能会影响研究数据的分析结果。所以，希望今后能够获取更加具备广泛性特征的样本数据，从而提高数据的科学性。其次，操作分析局限性。问卷部分由于测项不够充分且问卷分析方法只能验证自变量及因变量之间的相关性，无法合理地诠释其中的因果关系。为更好地探究影响消费者购买意愿的因素，未来或将通过实验法或其他研究方法进行进一步研究。同时，未来学者可考虑纳入多来源、多身份、高质量的数据，在保证过程完备严谨的基础上，对人机交互与消费者购买意愿进行更深入的探索。最后，研究视野的局限性。本研究探索了以淘宝购物经历为例的在线零售情境下人机交互过程和消费者购买意愿的内在关系，情景设置于单一购物平台下，结论不具有普适性。未来可考虑进行多平台研究，纳入其他因素，考虑增加新的中间变量，揭示影响消费者购买意愿的更深层次原因。

参考文献

[1] ROMANO B, SANDS S, PALLANT J I. Augmented reality and the customer journey: An exploratory study[J]. Australasian marketing journal, 2021, 29(4): 354-363.

[2] GREWAL D, ROGGEVEN A L. Understanding retail experiences and customer journey management[J]. Journal of retailing, 2020, 96(1): 3-8.

[3] 沈鹏熠，万德敏，许基南. 在线零售情境下人机交互感知如何影响消费者幸福感:基于自主性的视角[J/OL]. [2021-10-22]. 南开管理评论:1-21.

[4]刘敬严. 顾客感知价值决定要因与关系质量的影响研究[J]. 软科学, 2008(5):18 - 22.

[5]谢玉进. 人机互动演进的哲学解读[J]. 学术论坛, 2009,32(7):10 - 14.

[6]吴继飞,于洪彦,刘容. 触摸屏幕,还是点击鼠标:人机互动对游客愉悦体验的影响[J]. 旅游学刊, 2019,34(1):34 - 43.

[7]WU G,WU G. Conceptualizing and measuring the perceived interactivity of websites[J]. Journal of current issues & research in advertising,2006,28(1):87 - 104.

[8]LEE T. The impact of perceptions of interactivity on customer trust and transaction intentions in mobile commerce[J]. Journal of electronic commerce research,2005,6(3): 165 - 180.

[9]SIT J K, HOANG A, INVERSINI A. Showrooming and retail opportunities: A qualitative investigation via a consumer - experience lens[J]. Journal of retailing and consumer services, 2018(40): 163 - 174.

[10]WHEATLEY D, BUGLASS S L. Social network engagement and subjective well - being: A life - course perspective[J]. The British journal of sociology,2019,70(5): 1971 - 1995.

[11]PANTANO E, GANDINI A. Exploring the forms of sociality mediated by innovative technologies in retail settings[J]. Computers in human behavior, 2017(77): 367 - 373.

[12]HUANG M H, RUST R T. Technology - driven service strategy[J]. Journal of the academy of marketing science,2017,45(6): 906 - 924.

[13]ONG C S, CHANG S C, LEE S M. Development of WebHapp: Factors in predicting user perceptions of website - related happiness[J]. Journal of business research,2015,68(3): 591 - 598.

[14]高雪倩."VR + 网络购物"模式下大学生购买意愿影响因素研究[J]. 知识管理论坛, 2021,6(4):181 - 192.

[15]吴琼,余海晴,赵树宽. 价值意识、社会风险感知与仿冒奢侈品购买

意愿:态度的中介作用[J]. 经济管理文摘, 2021(18):167 – 168,171.

[16]戢芳,李晋静,杨玉琴,等. 电商直播特征及情境因素对顾客购买意愿的影响研究:感知价值的中介作用[J]. 湖北经济学院学报(人文社会科学版), 2021(11):53 – 57.

[17]王影,黄利瑶. 移动短视频感知价值对消费者购买意愿影响研究:基于用户参与和态度的中介效应[J]. 经济与管理, 2019,33(5):68 – 74.

[18]李宗伟,张艳辉,栾东庆. 哪些因素影响消费者的在线购买决策:顾客感知价值的驱动作用[J]. 管理评论, 2017,29(8):136 – 146.

[19]李国鑫,李一军,李兵,等. 我国电子商务用户网上购物行为的影响因素及其演变:基于 2006 年与 2009 年数据的实证研究[J]. 管理评论, 2012,24(7):56 – 62.

[20]王林,曲如杰,赵杨. 基于评论信息的网购情景线索类型及其作用机制研究[J]. 管理评论, 2015,27(4):156 – 166.

[21]郝媛媛,邹鹏,李一军,等. 基于电影面板数据的在线评论情感倾向对销售收入影响的实证研究[J]. 管理评论, 2009,21(10):95 – 103.

数字化产品的客户满意度影响因素研究①

马启龙

摘要：数字经济的快速发展推动数字化产品升级迭代，市场竞争日趋激烈，数字化产品同质化现象严重，研究数字化产品客户满意度对于数字化产品发展有重要意义。本文利用文献分析法、问卷调查法、实证分析法等展开研究，全文首先参考了数字化产品、客户满意度的相关文献及近年来的研究现状。其次，根据访谈和网上对数字产品的评价，从用户和产品视角，总结数字化产品客户满意度影响因素为产品特性、品质口碑和服务特性。参考相关研究模型分析数字化产品客户满意度影响因素，并通过收集问卷数据进行实证分析，最后得出结论并给出以下建议和措施。提高数字化产品客户满意度，注重数字化产品的评价质量，重视客户对其的正面评价以及数字化产品在互联网上的良好评分；加强数字化产品创新和产品设计的革新，改进产品设计，符合客户个性，满足客户需求，给予客户难忘的体验；改善产品功能和服务体验，提高客户的体验和生活感知，实现客户的预期，增强客户黏性，提高数字化产品客户的忠诚度，最终实现数字化产品的客户满意度。

关键词：数字化产品；客户满意度；口碑

作者简介：马启龙，西北大学经济管理学院2022届工商管理系市场营销专业本科生。

---

① 本文由张洁副教授指导完成。张洁，西北大学经济管理学院副教授，博士生导师，研究方向：企业战略与创新创业管理。

一、绪论

（一）研究背景及意义

在区块链、人工智能及云计算等技术的快速发展下，数字经济影响着人们日常生活的方方面面。在数字经济日益发达的今天，商品市场受到了冲击，尤其是传统产业延续着原有的生产、销售和服务模式，且在很大程度上依赖线下老客户，没有重视线上销售这一新模式，而许多先行者都将线上与线下结合起来，发展用户社区，特别注重客户，加强客户传播和客户裂变。在数字经济的冲击下，各企业都进行了数字化转型的尝试，尤其是互联网企业已先行一步，加大对创新的投入，加强产品研发和技术升级与开拓。对于传统产业来说，数字化转型更是迫在眉睫。在企业进行数字化转型时，数字化产品的同质化现象较为严重。数字化产品的特征就是更新换代快，使用周期短，注重用户体验。这种情况下，企业应该加强技术创新，依靠人工智能、大数据、云计算技术获得已有客户和潜在客户的信息，对其信息进行数据分析，根据数据分析的结果进行产品设计，提升产品口碑，加强用户服务。当今时代，产品和服务是数字化产品竞争力的重要内容和表现形式，通过大数据、云计算和人工智能等数字技术，能抢先了解客户的需求，提高客户的满意度，通过数字技术建立产品社区，加强产品宣传和用户间的交流，提高客户忠诚度，提升用户对产品的评价，增强客户黏性。本文的研究意义在于通过研究影响数字化产品客户满意度的因素，为企业提升数字化产品客户满意度提供科学依据。企业则可以利用大数据、人工智能及云计算等数字技术分析用户信息，节约人、财、物资源，提高效率，提高企业效益和用户体验。

（二）研究思路及方法

查阅相关文献，获得数字化产品、客户满意度及口碑的文献，参考相关研究，确定客户满意度的测量模型和可能的数字化产品客户满意度的影响因素。通过访谈获得与参考文献重叠的一些因素，再查阅文献与访谈及与人的体验进行结合，得出本文研究的量表和测量题项。将收集的数据进行实证分析和检验，得到影响数字化产品客户满意度的因素，为提升数字化产品客户满意度提供建议。

本文运用的研究方法如下：

（1）文献分析法

通过知网等平台，查询影响数字化产品、客户满意度及数字化产品客户满意度因素的相关文献，把这些文献作为本文的研究综述、研究思路以及量表的确定。参考客户满意度测量体系相关文献来设计本文的研究模型和数字化产品的测量体系。

（2）问卷调查法

对参考相关文献和访谈得来的量表和题项以问卷调查的形式发布于见数平台和朋友圈，获取关于数字化产品客户满意度影响因素的一手数据，为本文后续的研究提供数据支撑，也为提高数字化产品客户满意度提供借鉴。

（3）实证分析法

将问卷调查所获取的一手数据进行实证分析和检验，包括信度、效度及中介检验，保证所得的一手数据的有效性和可信性以及其中各影响因素之间是否存在中介效应。对一手数据进行因子分析和回归分析，确定调查问卷中的题项与因素是否对应，以及影响客户满意度及各影响因素的大小。

除此之外，本文研究过程中也遇到了一些困难，由于相关参考文献过少，导致本文的研究综述部分内容过少；刚开始很难确定数字化产品客户满意度的测量体系以及相关量表和题项；问卷的收集过程也不太顺利，有些数据填写不完整，有些不符合要求，而且对数据进行实证分析时，数据的检验和研究不符合预期；等等。本文从用户和产品角度进行研究，归纳影响因素，收集一手数据进行实证分析，证明本文假设的正确性，为后文提升数字化产品客户满意度提供理论支持。

二、文献综述

（一）数字化产品的相关理论

1. 数字化产品的定义

数字化产品是指信息、计算机软件、视听娱乐产品等可用数字化表示并可用计算机网络传输（陈雪，2007）。在数字经济的推动下，传统企业进行数字化转型，引进先进的数字技术，如自动化技术等，将其应用于生产流程中，有助于提高效率、降低成本，为企业创造更大的竞争优势。所以简单来说，数字化产品是指包含数字化格式的交换物。

2. 数字化产品的特征

数字化产品的存在形式与传统产品相比有着明显区别，传统产品是有形的，是可以看得见、摸得着的实物，而数字化产品可以是有形的也可以是无形的（周长青，2010）。传统的数字化产品是可以感知到的实物，也就是依托数字技术的电子产品，如数码产品等。具有实物形态的数字化产品在根本上就是承载着电子技术的传统技术。无形的数字化产品就是在数字经济体系下广泛使用的人工智能、区块链、大数据、云计算等互联网技术，将其运用到提供某项服务上，解决用户的一些需求。

运用区块链技术对已有的市场进行划分，整合各区域的分销渠道，使用大数据技术对客户信息进行分析，获得客户的消费习惯、消费水平等信息，以此向这些客户推荐相对应的产品，减少客户花费过多的时间和精力寻找相应的产品。运用大数据技术能及时了解消费者的消费动向，由此制定营销策略和进行产品设计，制定企业的发展策略。大数据也有“杀熟”的作用，可以检测某些用户对某种产品使用频率。运用人工智能技术，生产智能产品来替代人的作用去服务消费者。在数字经济大背景下，智能产品被运用于各领域，小到日常生活的辅助，大到智能生产系统。尤其是人工智能技术广泛运用到无人驾驶领域之后，促进了这一领域的发展。通过利用互联网建立一个数字平台，可以为用户提供数字计算服务。该云计算平台内部有一套运算体系，当客户提出自己的一些要求时，该云计算平台通过内部的运算体系，为消费者提供一整套的解决方案。

数字化产品的盈利方式与传统产品有着显著的区别，传统产品通过销售获得收入，然后用获得的总收入减去各种成本和费用，两者的差额就是传统产品的盈利额。但是数字化产品与之存在异同，有形的数字化产品的盈利方式与传统产品差不多，就是用销售该产品的总额减去所有成本和费用之差；无形的数字化产品的盈利方式则不尽相同且多种多样，采取其他手段实现收益的间接收益模式（俞明南、鲍琳琳，2008）。大多数数字化产品免费向消费者开放，不是依靠数字化产品本身盈利，而是依靠其所提供的服务或者运用这个免费的想法吸引客户，将这些客户转化为巨大的流量，将这些流量变现。

区块链技术被广泛应用于企业中，其设计开发公司在提供该技术时可以收取一定的技术服务费用。大数据技术被广泛运用到一些软件中，通过大数据运算向客户推荐其所关注的或浏览频率高的信息，这些软件的盈利方式也各不相同。一些软件或数字化平台是免费的，但使用该软件时会收取一定的中介费用。收取的部分费用减去维护该数字化平台、软件的成本就是该数字化平台或软件的盈利。有些数字化平台或软件虽然是免费向客户提供的，但客户想要享受其中最好的服务时就要付费，或者是固定时间付费，只有成为数字化平台或软件的会员，才能体验到最便利、最好的服务；或者通过建立社区等手段来培养自己忠实的客户，让这些客户认同该数字化平台或软件，形成客户黏性，然后该软件或数字化平台推出一些付费内容，这些忠实客户会主动为其买单，其所支付的费用就是该数字化平台或软件的盈利来源。

有些则是利用免费的数字化平台或软件，发布自己的一些作品或内容，客户对其进行打赏，而该数字化平台或软件抽取一定的提成，该提成减去维护运营成本的差额就是该数字化平台或软件的盈利。有些数字化平台或软件免费向用户提供，用户利用其以及发布的内容等吸引粉丝，这些粉丝群体就是网络时代急缺的流量，利用团队将这些流量进行商业变现，变现后的收入由数字化平台或软件按照一定的比例抽成，这些抽成与维护和运营该数字化平台的差额就是盈利。

（二）客户满意度相关理论

客户满意度是指客户对一个产品可感知的效果与期望值相比较后，顾客形成的愉悦或失望的感觉状态（Cardozo，1965）。简单来说，就是该数字化产品是否满足了用户需求，是否达到了用户的预期目标，以及后续整个数字化产品的功能及服务是否符合用户的自身情况。目前，关于客户满意度的研究很多且比较复杂，客户对某个数字化产品的满意度高不仅取决于该数字化产品满足了客户的需求，达到了客户的预期，而且在后续使用过程中其功能或服务持续良好，并存在数字化产品社区，以及品牌口碑等情况。

客户满意度不仅与数字化产品本身有关，而且与用户的个人情况息息相关，用户的消费水平低，其要求也就降低，对数字化产品的预期也较低，购买数字化产品的动机也比较简单，对数字化产品的功能要求也简单，这样就很容易使客户满意。而那些消费水平高，本身学历、见识、生活水平高的用户，对数字化产品不仅是基本的功能需求，而且强调好的服务和独特的用户体验，以及该数字化产品带来的附加价值，如通过该数字化产品体现自身的个性、价值等，这里的客户满意度不再是浅层次的功能需求。客户满意度也可能受周围环境的影响，用户会对相同类型的数字化产品进行比较，很容易得到满意或不满意的结果。

（三）数字化产品客户满意度相关研究及研究现状评述

通过查阅相关文献不难看出，大部分研究集中于传统产品客户满意度方面，对数字化产品客户满意度影响因素的研究很少，尤其是对客户满意度的实证研究更少。国内外相关研究均聚焦于依据某个理论来评价某个传统产业和产品的客户满意度水平及如何提升客户满意度，并为此制定策略；或者是研究客户满意度模型及如何将其运用到某个产业或产品当中，如 ASCI、SCSB、ECSI 等宏观的测评模型。在模型中建立客户满意度测评体系，这方面国内研究还没有形成一套科学的确定客户满意度各指标权重方法的体系，大多采用传统的实地调查法（沈蕾等，2003）。国内较流行的是运用因子分析、主成分分析方法来分析产品客户满意度影响因素（王进富等，2006；张宗益等，2006）。最新与产品客户满意度有关的实证研究是将品质口碑、产品特性作为客户满意度的影响因素（黄海敏，2016），也有研究将产品性能、服务等作为客户满意度的影响因素（田瑜，2021）。而本文以数字化产品客户满意度研究为切入点，研究数字化产品客户满意度的影响因素，从而找到能有效提高数字化产品客户满意度的方法。

三、研究模型及假设

（一）研究模型的构建

本文在研究数字化产品客户满意度影响因素时，首先，从用户和产品角度对影响因素进行分析，通过参考相关文献获得数字化产品客户满意度的测评体系。其次，通过数字化产品客户满意度影响因素的相关研究，得到产品特性、服务特性和品质口碑是数字化产品客户满意度的影响因素，参考 ASCI、SCSB、ECSI 等宏观的测评模型，运用目前国内通用的因子分析、主成分分析等方法对数字化产品客户满意度影响因素进行研究分析。本文研究模型，如图 1 所示。

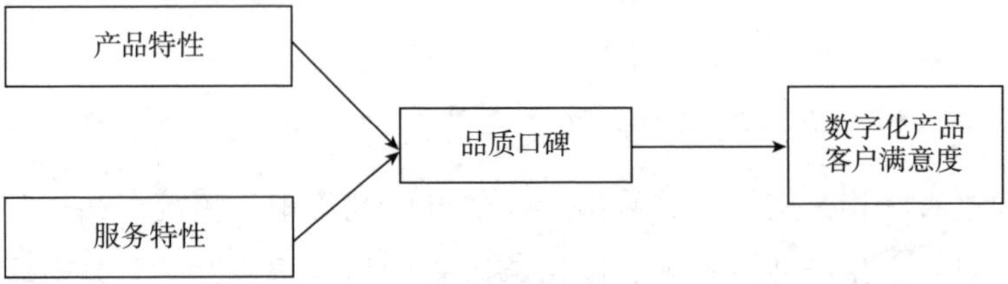

图 1　研究模型

（二）研究变量的设计与测量及假设提出

1. 研究变量的设计与测量

将用户和产品角度下的影响因素细化，确定数字化产品客户满意度影响因素研究量表，然后对测量体系进行测量。测量之前将这些量表做成问卷发布，对收集的数据进行测量和实证分析，如表 1 和表 2 所示。

表 1　关键变量定义表

变量类型	变量名称	文献来源
自变量	产品特性	田瑜（2021），黄海敏（2016）
	服务特性	田瑜（2021），黄海敏（2016）
因变量	客户满意度	田瑜（2021），黄海敏（2016）
中介变量	品质口碑	田瑜（2021），黄海敏（2016）
控制变量	年龄	黄海敏（2016）
	学历	黄海敏（2016）

表 2　测量题项

因素编号	测量变量	编号	题项	参考文献
T1	产品特性	T11	该数字化产品设计美观	黄海敏（2016）田瑜（2021）
		T12	该数字化产品能突出个性	黄海敏（2016）田瑜（2021）
		T13	该数字化产品保护了个人信息安全	黄海敏（2016）田瑜（2021）
T2	品质口碑	T21	该数字化产品宣传力度大	黄海敏（2016）田瑜（2021）
		T22	该数字化产品品质好	黄海敏（2016）田瑜（2021）
		T23	该数字化产品受欢迎	黄海敏（2016）田瑜（2021）
		T24	该数字化产品网上评价高	黄海敏（2016）田瑜（2021）
T3	服务特性	T31	该数字化产品的功能满足要求	黄海敏（2016）
		T32	该数字化产品给予了别样的服务体验	黄海敏（2016）
		T33	客户反馈的问题得到了解决或答复	黄海敏（2016）

2. 研究假设提出

新一代消费者的成长环境、受教育程度、经济状况、生活态度都与上一代有着极其明显的区别，使得消费主体和消费观发生了本质上的变化，他们最先考虑的不再是基本需求，而是更加注重方便程度、品质、新鲜感，这是对产品特性的需求。消费的数字化触点在不断增加，影响消费的因素也变得丰富，同时媒介形态也在快速变化，数字化正在重构消费场景，用户根据产品评分以及月销量进行选择，消费导向从功能导向向价值导向转变。今天，消费者更加关注产品的品质、设计、特性和情绪价值。通过改善产品功能和服务体验，提高客户的体验和生活感知，这是数字化产品服务特性的表现。因此，本文提出以下 3 个假设：

H1：产品特性因素对数字化产品客户满意度具有显著的影响。

H2：品质口碑因素对数字化产品客户满意度具有显著的影响。

H3：服务特性因素对数字化产品客户满意度具有显著的影响。

四、研究设计与分析

（一）问卷设计与调查回收

1. 问卷的设计

本文通过查阅相关文献及访谈，确定数字化产品客户满意度影响因素研究量表，问卷包括填写个人信息、产品特性因素细分的题项、品质口碑细分的题项、服务特性细分的题项。对后面三个影响因素的题项采用李克特量表，用1~5标度值对题项的选项分别赋予“非常不符合”“不符合”“一般”“符合”“非常符合”这5个选项。

2. 正式调查与问卷回收

调查问卷包含16个问题，正式调查总共发放180份问卷。在正式发放问卷之前，提前发放30份问卷进行预调查分析，对问卷进行简单的信度检验，α系数为0.739，说明各题项的内部一致性好，信度较高。最后正式发布问卷，收到问卷180份，但由于个别问卷的填写不规范，最终保留了160份有效问卷。

（二）实证分析

1. 信度和效度检验

表3　信度检验

变量名称	CITC	题项删除后的Cronbach’α系数	Cronbach’α系数
产品特性	0.6589	0.7165	0.7919
客户满意度	0.5919	0.7451	
品质口碑	0.7021	0.6812	
服务特性	0.4719	0.8063	

表4　效度检验

指标	数值
样本量	160
KMO值	0.7472

续表

指标	数值
Bartlett 球形值	78.1212
Bartlett 球形检验自由度	59
Bartlett 球形检验 p 值	0

由表3可知，本文数字化产品客户满意度影响因素研究调查问卷的α系数为0.7919，说明本问卷的信度较好，问卷所设置的各题项的内部一致性较好，问卷数据的可信度较高，符合问卷调查的标准，可进行后面的分析。

由表4可知，本文数字化产品客户满意度影响因素研究调查问卷的KMO值为0.7472，Bartlett球形度检验 $p=0<0.05$，说明本问卷的效度较好，问卷所设置的各题项和与之对应的数字化产品客户满意度影响因素的预期较好，符合问卷调查的标准，可进行后面的分析。

2. 因子分析

表5　因子分析

指标	因子
旋转后特征根值	2.1424
方差贡献率/%	62.3700
累计方差贡献率/%	62.336

由表5可知，本文数字化产品客户满意度影响因素研究的调查问卷旋转后累计方差贡献率为62.336%，说明因子分析有效地提取了数据的信息。

3. 回归分析

表6　回归分析

参数名称	系数	标准误	t 值	p 值	[0.025	0.975]
截距项	2.1193	1.7324	1.2234	0.2263	-1.3510	5.5896
年龄	0.4499	0.3315	1.3570	0.1807	-0.2154	1.1152
学历	0.1410	0.4595	0.3067	0.7603	-0.7812	1.0631
产品特性	0.4643	0.1382	3.2010	0.0014	0.1700	0.7412
品质口碑	0.2769	0.1274	2.1739	0.0340	0.0217	0.5320
服务特性	-0.0057	0.1098	-0.0521	0.9587	-0.2257	0.2142

由表6可知，本文在对问卷进行回归分析时，将客户满意度作为因变量，将产品特性、品质口碑、服务特性作为自变量，得到模型 R^2 为0.4225。通过回归分析，得到产品特性因素的回归系数为0.4643，且 p 值 =0.0014，说明产品特性因素对数字化产品客户满意度有显著影响，支持假设H1；而品质口碑因素的回归系数为0.2769，服务特性因素的回归系数为 -0.0057。

4. 中介检验

本文在对数字化产品客户满意度影响因素进行实证分析时，将品质口碑因素作为中介变量，证明产品特性因素和服务特性因素对数字化产品客户满意度产生影响。采用Hayes（2013）提出的Bootstrap方法进行中介效应检验。由表7可知，在95%置信区间下，中介检验的结果区间（LLCI = -0.0673，ULCI = 0.9944）包含0。因此，品质口碑变量在产品特性变量对客户满意度的影响中发挥了中介作用，且是唯一的中介变量。在95%置信区间下，中介检验的结果区间（LLCI = -0.2469，ULCI = 0.3164）包含0。因此，品质口碑变量在产品特性变量对客户满意度的影响中发挥了中介作用，且是唯一的中介变量。

表7　中介检验

参数名称	系数	标准误	t 值	p 值	[0.025	0.975]	LLCI	ULCI
截距项	2.0980	1.6710	1.2550	0.2140	-1.2480	5.4450	-1.9990	6.1960
产品特性	0.4635	0.1362	3.4041	0.0012	0.1909	0.7362	-0.0673	0.9944
品质口碑	0.2743	0.1168	2.3488	0.0223	0.0405	0.5082	-0.0012	0.5499
服务特性	0.0348	0.1186	0.2932	0.7704	-0.2027	0.2722	-0.2469	0.3164

表8　研究假设

假设	验证结果	与前人比较
H1：产品特性因素对数字化产品客户满意度具有显著的影响	支持	田瑜（2021） 黄海敏（2016）
H2：品质口碑因素对数字化产品客户满意度具有显著的影响	支持	田瑜（2021） 黄海敏（2016）
H3：服务特性因素对数字化产品客户满意度具有显著的影响	支持	黄海敏（2016）

五、结论与措施

（一）研究结论

本文通过中介检验，证明品质口碑这一影响因素作为中介变量，在产品特性对客户满意度的影响中发挥了中介作用，且是唯一的中介变量。本研究采用因子分析方法，发现各题项与所对应因素有显著的对应关系。进行回归分析时，将客户满意度作为因变量，将产品特性、品质口碑、服务特性作为自变量进行线性回归分析，得到 R^2 为 0.4225，模型整体的 F 检验（$F=13.6578$，$p=0$），证明自变量中至少存在一项会对因变量产生影响。通过回归分析，得到产品特性因素的回归系数为 0.4643，品质口碑因素的回归系数为 0.2769，服务特性因素的回归系数为 -0.0057。

本研究发现评价质量、客户对其的正面评价，以及数字化产品在互联网上的良好评分都会影响客户满意度；进行数字化产品创新、产品设计的革新，个性化设计保护用户安全，给予客户难忘的体验是用户相对关心的，它能使客户满意。数字化产品的服务是否满足了用户对其功能的要求，是否服务了用户，用户通过使用数字化产品提高了体验和生活感知，这些在本文的分析中影响程度较小，可能的原因在于有些数字化产品客户具有一定的选择惰性，选用一种数字化产品之后面对新的数字化产品不再有选择的冲动，由此在本文的研究中，服务特性对客户满意度的影响是最小的。

（二）数字化产品客户满意度提升措施

1. 产品特性

加强数字化产品创新，运用数字化技术，提升用户体验；进行产品设计的革新，满足用户需求。很多用户越来越注重数字化产品的功能，更加注重服务和产品附加值，所以在进行产品设计时，要不断提高服务水平，通过建立数字化产品社区，加强产品的社交属性和社会属性，加强用户之间的交流，打造用户归属感，增强用户黏性。

2. 品质口碑

在互联网时代下，人们购买产品时特别注重对其品质的要求。因此，要重视数字化产品的品质口碑，保持好数字化产品口碑与商业化之间的平衡，加强对数字化产品的创新，将最先进的数字技术运用到数字化产品当中，给予用户最好的体验，还要满足用户的要求；要注重社区的建立，重视数字化产品的网上评价和线上评分，根据用户反馈进行不断改进，进行跨界联名，或进行公益活动等公关营销，提升数字化产品的口碑美誉，从而形成忠诚客户群，增强客户黏性。

3. 服务特性

在当今时代，消费群体和消费观念的改变使得人们越来越注重服务体验。在服务特性方面，改善产品功能和服务体验，提高客户的体验和生活感知，实现客户的预期。所以，要加强数字化产品的创新，提高其服务水平，满足客户的多样化要求。

参考文献

[1]宁振波. 数字化产品的过去[J]. 现在和未来飞机工程，2016,29(5):31-35.

[2]陈雪. 数字产品研究综述[J]. 天中学刊，2007,44(4):15-19.

[3]蒋倩雯. 数字化技术作用下产品与服务创新:综述及展望[J]. 科学进步与对策，2020,19(24):21-27.

[4]俞明南,鲍琳琳. 数字产品的经济特征分析[J]. 情报研究，2008,33(7):37-42.

[5]周长青. 数字化产品与数字产品辨析[J]. 合作经济与科技，2010,17(24):25-31.

[6]刘振华. 数字化技术在电网客服域的探索与应用[J]. 微型电脑应用，2021,23(1):32-37.

[7]许宪春. 数字经济、数字化技术和数据资产在经济社会发展中的作用[J]. 经济研究参考，2020,34(24):55-61.

[8]巫滨,曹卫群. 面向数字化产品展示的信息架构优化策略研究[J]. 包装工程，2021,28(18):79-95.

[9]梁成修,任和,王志强. 德沃克:助力生产制造业打造数字化质量工厂[J]. 上海质量，2021,47(1):17-22.

[10]王辉．车企重视用数字化技术手段提升售后服务质量[J]．中国质量报，2021,33(18):56－67.

[11]刘纯丽．产品数字化设计实践[J]．科技风，2014,15(8):66－71.

[12]肖光恩,方凯．数字化产品定价策略浅析[J]．市场经济研究，2001,38(3):112－121.

[13]王刊良．数字化产品的经济特征、分类及其定价策略研究[J]．中国软科学，2002,24(6):77－82.

[14]王龙庆．基于CCSI模型构建客户满意度评价指标体系研究[J]．绿色科技，2021,14(4):96－103.

[15]吕瑞华．数字产品质量的不确定性与市场效率[J]．河北经贸大学学报，2001,29(4):39－45.

[16]BALDWIN C Y, CLARK K B. Modularity in design: An analysis based on the theory of real options[J]. Harvard business school working paper, 1994,12(24):356－373.

[17]陈旭,武振业．基于有限理性的顾客满意及其波及效应研究[J]．经济体制改革，2000,34(2):55－62.

[18]杨恒．客户关系驱动因素研究及实证分析:以电信行业为例[J]．浙江大学，2004,18(3):29－33.

[19]刘新燕,刘雁妮,杨智,等．构建新型顾客满意度指数模型:基于SCSB、ACSU、ECSI的分析[J]．南开管理评论，2003,11(6):47－56.

[20]黄海敏．银行信用卡客户满意度影响因素实证研究[J]．广西大学，2016,21(3):89－95.

[21]田瑜．基于网购评论的手机客户满意度影响因素研究[J]．曲阜师范大学，2021,13(5):44－50.

[22]沈长霞,车万留,桂海霞．基于贝叶斯网络的电商客户满意度影响因素分析:以京东运动鞋为例[J]．数学的实践与认识，2020,41(5):113－119.

[23]许彩明,汤雪桃．江苏省健身俱乐部顾客客户满意度影响因素的研究[J]．体育与科学，2014,23(2):73－80.

[24]李薇．铁路货运客户满意度评价及实证研究[J]．西南交通大学，

2014,8(3):27－33.

[25]汪莉霞．基于改进结构方程模型的平台企业顾客满意度的实证[J]．统计与决策，2019,15(9):44－51.

[26]乔均,康玉兰．国内 B2C 购物网站顾客满意度影响因素研究[J]．南京财经大学学报，2015,39(5):83－92.

[27]黄枫,卓志,吴纯杰．保险客户满意度研究[J]．保险研究，2015,29(9):37－43.

[28]曾剑豪．对于提升客户满意度的几点思考[J]．科技经济导刊，2018,22(35):106－112.

[29]杨浩雄,王雯．第三方物流企业顾客满意度测评体系研究[J]．管理评论，2015,9(1):66－72.

[30]张圣亮,李小东．网上购物顾客满意度影响因素研究[J]．天津大学学报，2013,37(2):178－185.

[31]徐自跃．基于京东手机在线评论的客户满意度影响因素研究[J]．安徽理工大学，2018,22(7):55－62.

[32]杨恒．客户关系驱动因素研究及实证分析[J]．浙江大学，2006,6(3):23－29.

[33]卢海燕．商业银行客户满意度研究[J]．学术论丛，2008,32(44):332－340.

[34]王进富,张道宏,刘希民．国有商业银行顾客满意度研究[J]．华东经济管理，2006,33(7):37－45.

[35]张宗益,邹睿,李军锋．商业银行零售业务客户满意度指标的甄别[J]．金融论坛，2006,19(10):123－134.

[36]沈蕾,邓丽梅．构建商业银行客户满意度的测评体系[J]．华东科学学报，2003,21(6):47－53.

[37]ANDERSON E W, FOMEEL C, LEHMANN D R. Customer satisfaction, market share, and profitability: Findings from Sweden[J]. Journal of marketing,1994, 58(3): 53－66.

[38]CHURCHILL J R G A. A paradigm for developing better measures of marketing constructs[J]. Journal of marketing research,1979,16(1): 64－73.